法人税法解釈の検証と実践的展開

Interpretation of Corporate Tax Law: Verification & Application

第 III 巻

中央大学名誉教授 大淵 博義 [著]

税務経理協会

はしがき

　本書(「第Ⅲ巻」)は,「第Ⅰ巻(改訂増補版)」(2013年),「第Ⅱ巻」(2014年)に続く「法人税法解釈の検証と実践的展開」のシリーズの最後のものである。本書は,「第Ⅱ巻」発刊の近接した時期に上梓する計画であったが,種々の事情から3年後の今日に至って発刊する運びとなったものである。

　この「第Ⅰ巻」から「第Ⅲ巻」の拙著は,税務経理協会の「税経通信」の平成18年3月号から平成25年1月号までの74回の長きに亘り連載した論稿を土台にして,それに最近の新たな論点を加筆修正したものである。しかし,「第Ⅲ巻」では,本来,取り上げて検討すべき判例等について,時間の関係等から未掲載のものもあり,この点については,今後,機会があれば補充,補足したいと考えている。

　ところで,最近の税務判決の中には,一見すると,当該判決の判示内容は結果として妥当であるように思われるものであっても,より細部の論点を検証し,その判決の解釈を前提とすると,他の類似事例の取扱いとが齟齬又は矛盾を来たし,その課税上の差異が合理的に説明できない事例に遭遇することがある。それは,その判決の解釈に疑問又は誤謬があるということに帰着することが掘り起こされず,意識されていないために,その判決の解釈に基づいて課税実務が運用,実践されているためである。

　しかして,このような矛盾点等が認識され理解されていたのであれば,その判決のような解釈には至らなかったのではないかと感じられる。

　例えば,オウブンシャ・ホールディング事件判決では,第一審判決(藤山判決)は,同法人は増資発行会社の株主であるから法律行為の当事者にはなり得ないという正鵠を射た判示に対して,控訴審及び最高裁判決は,この判示内容に対して格別の合理的な根拠をもって批判も否定もしていないし,しかも,最高裁は,この重要な論点を捨象したまま,旧株主(オウブンシャ・ホールディ

ング）と増資発行会社及び新株主の三者間の合意の下で、オウブンシャ・ホールディングが経済的利益を供与したものという認定の下で、この行為は法人税法22条2項の「取引」に当たると判示している。

　この事件の判決については、本書「第Ⅰ巻」において、旧株主のオウブンシャ・ホールディング所有の発行会社株式は1株も移転していないのに、何故に、資産の所有・支配の移転の際に譲渡損益を認識することができるのか、かかる「税務の常識」に反する理論が、何故に、最高裁によって支持されたのか、旧株主の持株割合の減少をもって「譲渡」というのであれば、その譲渡収益に見合う「譲渡原価」を何故認めないのか、反対株主がいる場合にはどのような課税関係となるのか、という多くの論点及び問題点を指摘して検証したところである。

　ところが、その後、この判決の射程は、同事件のような完全支配関係にある法人間の場合に限定すべきである、という現実的弊害論からの論考が発表されたこと、また、最高裁判決及びその差戻し控訴審判決では、本来、配当還元価額によることができる持株割合であるにもかかわらず、配当期待のみの保有ではなく、経営に関心を寄せている株主が保有する株式であるという主観的理由から、配当還元価額の採用が否定される等、これまでに例のない判決が言い渡されたこと等から、本書「第Ⅲ巻」において、再度、この事件判決の問題点を論じて批判的に検討したところである。

　そのほか、収益の年度帰属の問題、国際課税の税務判決にみる問題点等を取り上げて、論じているが、必ずしも網羅的に取り上げて検証したものではない。この点に関しては、機会があれば、改定等の際に補充していきたいと考えている。

　ところで、本書で論じた論点に関する筆者の解釈論に関しては、賛同されない論者もいることと思われるが、そうであれば、論者の御指摘、御批判をいただければと考えているところである。その上で、筆者の理解との合理的検証するための研究が、学問的な発展を、ひいては、課税実践の公正な運用に機能するものと確信している。

はしがき

　本書「第Ⅲ巻」が,「第Ⅰ巻」及び「第Ⅱ巻」とともに,税法の解釈適用の進歩,発展に少しでも貢献できればと願っているところである。

平成29年9月

　　　　　　　　　　　　　　　　　　　　　　　　　　　大淵　博義

目　　次

はしがき

第1章　判例等にみる税法上の収益計上時期を巡る諸問題の検証

- Ⅰ　研究の方向性 ……………………………………………………… 1
- Ⅱ　課税実務における収益計上基準とその変遷 ………………… 4
  - 1　所得税法の収益計上基準の変遷 ……………………………… 4
  - 2　法人税法の収益計上基準の変遷 ……………………………… 6
- Ⅲ　企業会計の実現主義における「実現」の概念 ……………… 9
  - 1　会計上の実現主義の意義 ……………………………………… 9
  - 2　税法上の実現概念の考察 ……………………………………… 11
- Ⅳ　実現主義と権利確定主義の交差 ……………………………… 17
  - 1　税法上の収益認識基準の特殊性 ……………………………… 17
  - 2　従前の権利確定主義とその限界 ……………………………… 18
  - 3　実現主義の限界 ………………………………………………… 18
  - 4　会計上の「実現概念」とその不明確性 …………………… 21
  - 5　税務会計上の「実現概念」の構築の必要性 ……………… 22
- Ⅴ　最高裁判決に見る収益の認識基準 …………………………… 25
  - 1　輸出取引における収益計上時期（最高裁平成5年11月25日判決・民集47巻9号5278頁） ……………………………………… 25
  - 2　過払電気料に係る精算返戻金の収益計上時期（最高裁平成4年10月29日判決・判例時報1489号90頁） ……………………… 39
- Ⅵ　「一般に公正妥当な会計処理の基準」と収益計上基準 …… 56
  - 1　収益計上基準における公正処理基準 ………………………… 56
  - 2　プリペイドカードの収益計上と公正処理基準 ……………… 57

| 3 | 冠婚葬祭互助会における長期中断払込掛金の計上時期 ……… 71
| Ⅶ | 態様別類型化に基づく収益計上時期の考察 …………………… 76
| 1 | 収益計上時期の形態別・態様別類型化 ……………………… 76
| 2 | 収益計上時期を巡る事例と形態別類型化による検証 ……… 78

第2章　判例等にみる税法上の損金計上時期を巡る諸問題の検証

| Ⅰ | 法人税法上の債務確定基準の意義とその内容 …………………… 123
| 1 | 企業会計と法人税法における費用の認識基準 ……………… 123
| 2 | 債務確定の意義 ………………………………………………… 127
| 3 | 債務確定の具体的内容 ………………………………………… 130
| 4 | 損失と債務確定基準の関係 …………………………………… 134
| Ⅱ | 売上原価と債務確定基準の関係 ………………………………… 139
| 1 | 売上原価が未確定の場合の損金計上時期 …………………… 139
| 2 | 売上原価等における債務確定の内容 ………………………… 143
| 3 | 判決に見る売上原価等と債務確定との関係 ………………… 148
| Ⅲ | 販売費・一般管理費の損金計上時期 …………………………… 157
| 1 | 短期前払費用である浚渫船傭船料の支出時損金算入特例の是非 …… 157
| 2 | 販売コンテスト成績優秀者に対する海外旅行招待費用の損金計上時期 ………………………………………………………… 167
| Ⅳ | 法人の無効利得返還債務の確定と遡及是正の可否 …………… 175
| 1 | 問題の所在 ……………………………………………………… 175
| 2 | 更生会社における制限超過利息の返還債務の確定と更正の請求の可否 ……………………………………………………… 176

第3章 過大な役員給与（報酬）認定の今日的課題
～「倍半基準」による類似法人選定と過大認定の不当性を中心として～

Ⅰ はじめに
～役員給与制度改正後の過大な役員給与認定の変質と課題～ ……… 207

Ⅱ 過大な役員給与の否認法理の原理とその本質 ………………… 210
1 過去の不相当に高額な役員給与の損金不算入の訴訟事例の実態 …… 210
2 法人税法34条2項の「不相当に高額な部分」の文理上の意義とその判断基準 …………………………………………………………… 212
3 平成18年度税制改正後の過大役員給与（報酬）の損金不算入規定の法的性質～その過大認定の困難性の根拠～ ……………………… 215

Ⅲ 同業種・同規模法人選定の「倍半基準」と平均値課税の問題点 ………………………………………………………………… 219
1 「倍半基準」出現の経緯～調査非協力者に対する推計課税の「倍半基準」との関連～ …………………………………………………… 219
2 役員給与の過大認定における「倍半基準」の不当性と新たな類似法人の選定基準～推計課税の「倍半基準」から不相当に高額な役員給与（報酬）認定の「売上高5倍基準」へ～ …………………… 221

Ⅳ 「不相当に高額な部分」の認定要素の個別的論点と具体的当て嵌め ……………………………………………………………… 228
1 法人税法施行令70条と「不相当に高額な部分の金額」の認定基準 … 228

Ⅴ 結びに代えて ………………………………………………… 238
1 役員給与（報酬）の支給と節税（租税回避）との関連 ………………… 238
2 役員の経営等の「能力」の評価と役員給与（報酬）額の決定との関連 ……………………………………………………………… 239
3 ま と め ……………………………………………………… 242

第4章 退職給与を巡る税法上の諸問題の検証

Ⅰ はじめに …………………………………………………… 245

| Ⅱ | 退職給与の意義 …………………………………………………… 245 |

1 退職給与の意義 ……………………………………………………… 245
2 短期定年制の退職給与の性格 …………………………………… 248

| Ⅲ | 役員の分掌変更等の場合の退職給与の 損金性を巡る諸問題 …………………………………………………………………… 261 |

1 法人税法における分掌変更等の場合の退職給与の損金性 ………… 261
2 分掌変更の役員退職給与の分割支給の損金計上時期 ……………… 265
3 具体的事例による退職給与の打切支給の検証 …………………… 268

| Ⅳ | 使用人等の地位の変動に伴う退職給与の打切支給と退職所得該当性に関する判決事例 …………………………………… 322 |

1 使用人から執行役に就任した場合の退職給与の打切支給の是非 …… 322
2 学校法人の校長職を退任して学長に就任した際に退職給与として支払われた金員の性格 ……………………………………………… 325

| Ⅴ | 使用人兼務役員に対する退職給与の打切支給等を巡る問題点 …………………………………………………………………… 328 |

1 問題の所在〜最高裁（第2小）昭和56年5月11日判決と税務への影響〜 …………………………………………………………… 328
2 最高裁判決の論旨と課税上の問題点の検証 ……………………… 330

| Ⅵ | 過大退職給与認定における個人時代の 勤続期間の考慮と税務上の問題点 …………………………………………………… 334 |

1 過大退職給与の認定と勤続年数 …………………………………… 334
2 法人成り後の退職に際して支払われる個人経営時代の在職期間に対応する退職給与の性格 ……………………………………… 335

第5章　国際課税を巡る税務訴訟の実際と課題(1)
〜移転価格税制を巡る税務訴訟の検証〜

| Ⅰ | はじめに ………………………………………………………… 343 |
| Ⅱ | 我が国の移転価格税制の論点 ………………………………… 344 |

1 我が国の移転価格税制導入の背景と法益 ………………………… 344

2　移転価格税制における「独立企業間価格」……………………346
　3　移転価格税制の問題点と運用のあり方～独立企業間価格の幅の活用～ ……………………………………………………………………356
Ⅲ　移転価格税制を巡る税務訴訟の分析と検証 ………………………367
　1　はじめに ……………………………………………………………367
　2　船舶建造請負取引に移転価格税制を適用した判決 ……………368
　3　その他の移転価格税制を巡る税務訴訟の概要 …………………401
　4　おわりに ……………………………………………………………405

第6章　国際課税を巡る税務訴訟の実際と課題(2)
～タックス・ヘイブン対策税制を巡る税務訴訟の論点～

Ⅰ　はじめに ………………………………………………………………413
Ⅱ　制度創設の背景と趣旨目的と派生する論点 ………………………414
　1　制度の趣旨目的 ……………………………………………………414
　2　タックス・ヘイブン対策税制創設の背景と派生する論点 ……415
　3　制度の概要 …………………………………………………………419
Ⅲ　特定外国子会社等の欠損金を内国親会社に合算して課税することの是非 ………………………………………………………………422
　1　双輝汽船事件判決の概要 …………………………………………422
　2　事実の概要 …………………………………………………………422
　3　判決内容の検討とタックス・ヘイブン対策税制の問題点 ……429
　4　実質所得者課税の原則とタックス・ヘイブン対策税制の関連 ……435
Ⅳ　タックス・ヘイブン対策税制の適用除外制度を巡る税務訴訟の現状とその論点 …………………………………………………………443
　はじめに ………………………………………………………………443
　1　適用除外基準の意義 ………………………………………………443
　2　「主たる事業」の意義 ……………………………………………445
　3　管理支配基準の判断基準 …………………………………………446

4　来料加工貿易のタックス・ヘイブン対策税制適用の是非～東京地裁平成21年5月28日判決 ……………………………………… 448
   5　タックス・ヘイブン対策税制と租税条約との関係 …………… 460
Ⅴ　結びに代えて ………………………………………………………… 461

第7章　オウブンシャ・ホールディング事件判決再論
～第三者有利発行による収益認定の是非と株式評価の疑問～

Ⅰ　はじめに ……………………………………………………………… 465
Ⅱ　オウブンシャ・ホールディング事件判決の問題点とその検証
　 ……………………………………………………………………………… 467
　 1　判決の概要とその矛盾 ……………………………………………… 467
　 2　第三者有利発行に伴う既存株主の収益認定の論理矛盾と不整合性 … 468
   3　最近の論説の検証 …………………………………………………… 474
Ⅲ　オウブンシャ・ホールディング事件における非上場株式の
　　評価上の論点 ………………………………………………………… 490
   1　非上場株式の保有状況 ……………………………………………… 490
   2　本件判決による非上場株式の評価額の認定 …………………… 491
   3　本判決が認定した非上場株式の評価方法の問題点 ……………… 498
Ⅳ　結　　語 ……………………………………………………………… 510

■用語索引 ………………………………………………………………… 513
■判決・裁決等索引 ……………………………………………………… 516

判例等にみる税法上の収益計上時期を巡る諸問題の検証

I 研究の方向性

　法人税法及び所得税法における所得課税は，人為的な一定の課税年度（年分）における損益計算に基づいて課税所得金額を算定することとされている。そのため，事業活動により稼得した収益がどの課税年度（年分）に属するかという収益の年度帰属（タイミング・収益計上時期）の問題は，期間損益計算において避けることのできない基礎的な制度上の問題である。

　企業会計上の収益計上時期の認識基準は，近代的な企業会計における期間損益計算の普遍的，包括的な認識基準としての発生主義から生ずる未実現利益の排除を主眼として発展せられた実現主義に求められる。もっとも，未実現の利益を排除するという点では，現金主義によることも可能であるが，企業会計及び税務会計では，基本的にはこれを排除し，例外的な場面又は取引に限定しているところである。それは，信用取引が一般的な取引社会において，現金収受の一時点を収益計上時期とすることは，債務者の資金繰りによる収入時期が変動すること，租税負担を一時的に回避するために，現金回収時期を恣意的に選択できること等を根拠としている。

ところで，実現主義における「実現」については，古くからその概念の曖昧さが指摘され，それに代わる「税法上の統一的運用の必要性から導き出された，リーガル・テストとしての性格をもつ収入金額計上基準」(1)としての権利確定主義が主張されていたものである。かかる「権利確定主義」は，「発生主義」又は「実現主義」の一形態と理解される場合が通常であるとされているものの(2)，権利確定主義を排斥する立場とこれを支持する立場との対立があり，「両者は微妙な距離を置いたまま今日に至っている。」(3)といわれている。

　このような対立はあるが，それは単なる呼称の問題にすぎず，実践的な場面では，そのほとんどの場合に顕著な差異は生じないということができよう。しかし，例えば，違法所得については返還しなければならない金員であるから，権利確定主義では収益計上は許されないが，収益の実現という意味では，現実に自己のものとして支配管理しているのであるため（管理支配基準(4)），違法な収益であるとしても，実現しているといえるから，両者の収益計上時期は相違することになる。

　ところで，現実の判例では，権利確定主義の観点から判示しているものも多く，それは，法人所得や個人の事業所得に係る所得課税においては，企業会計の概念は容認されるが，個人の譲渡所得等の単発的所得については，実現主義という概念はなじまないという点も権利確定主義の用語が根強く使用されている理由である。

　その意味では，実現主義と権利確定主義の射程範囲を探求して，それが統一化できないかどうか，できないとすれば，その適用の場面の異なる態様を明確に区分して，その具体的，合理的論理をもって論ずる必要がある。そのためには，収益計上時期の適用場面に関して具体的態様を類型化することが妥当であると考える(5)。

　そこで，本書では，実現主義の「実現」の概念と権利確定主義の「確定」の概念について，判例の動向を探り，その上で，収益計上時期の基準を確立するために，従前の判例等の事例から，その具体的態様に基づいて類型化を図り，それを踏まえて，個別具体的な判例の収益計上時期のあるべき理論を探求する

第1章 判例等にみる税法上の収益計上時期を巡る諸問題の検証

こととしたい。

(注)
(1) 植松守雄「収入金額(収益)の計上時期に関する問題」租税法学会『租税実体法の判例と解釈』租税法研究第8号（1980年）44頁。
(2) 植松守雄同上論文44頁。
(3) 川端康之「法人税法における収益の計上時期」総合税制研究 No.5（1977年）66頁。そこでは，今日の状況は，むしろ権利確定主義の意義を再評価する所論が有力であると指摘されている。
(4) 管理支配基準については，金子宏『所得概念の研究』有斐閣（1995年）302頁において述べられている概念である。その内容等については後に触れることとする。
(5) 金子宏同上書301頁は，権利確定主義の適用に当たっては，取引の態様に応じた基準の設定が必要であり，その類型化が今後の重要な課題であるとされている。

II 課税実務における収益計上基準とその変遷

　法人税法及び所得税法では，収益又は収入の期間帰属の原則を定めた明文の規定はない。収益計上時期に関して規定されているのは，延払基準や工事進行基準，所得税法での小規模事業者の現金基準の収益計上の特例的規定が手当てされているにすぎない。このように実定法では，一般的な収益計上時期に関する基準は法の解釈によることになる。先ず，所得税法から検討してみよう。

1　所得税法の収益計上基準の変遷

　所得税法36条1項は，その年分の各種所得の金額の計算上，収入金額とされる金額は，「その年において収入すべき金額とする。」と規定している。ここでの「収入すべき金額」の解釈について，旧所得税基本通達194は，「収入すべき金額とは，収入すべき権利の確定した金額をいうものとする。」と定めていた。かかる規定が，所得税法が権利確定主義を採用している淵源ということができるであろう。

　そこで，同通達での「収入すべき権利の確定した金額」ということの具体的基準として，事業所得は「契約の効力発生の時」，譲渡・山林所得については，「所有権等の財産権の移転の時」とされていたが，財産権移転の時が明らかでないときは，「契約の効力発生の日」として取り扱われていた。

　このように，事業所得について契約効力発生日基準を採用したのは，売買以外の役務提供等における事業所得全体の収益計上時期についてもカバーする必要があったからであるとされている(6)。

　この場合の契約効力発生日基準の具体的内容は，売買等については，譲渡所得等と同様に，所有権移転基準であると解される。そうであれば，「権利確定

主義＝所有権移転主義」として理解することができる。

　ところが，このような所有権移転の時期という法的視点からの権利確定主義によれば，その所有権の移転の時期は，民法上の物権変動の時期に左右されることになるが，当時の解釈には，意思主義による契約締結時，代金支払時，登記時，引渡等があった時とする説の対立があり，私法上，所有権移転時期を確定することが困難であるという問題が生じた。また，意思主義によると，所有権移転時期を特約で別途成約した場合には，税務もそれに左右されるという所有権移転時期の恣意的な選択という弊害もあり得たのである。

　加えて，詐欺，強迫による資産の移転は，瑕疵ある意思表示ではあるが，その資産の所有権が移転するから課税対象となる一方，窃盗，横領等は所有権が移転しないから課税できないという課税実務に至っては，論理的合理性も結果的妥当性も認められないという弊害が生ずることになった。

　そのような矛盾を解消するために，昭和45年の所得税基本通達の改正において，「収入すべき金額」を「収入する権利が確定した金額」とされていた統一的規定は削除され，それに代わるものとして，各種所得の金額の収入計上時期が詳細に規定されるに至った。そのうちの山林所得又は譲渡所得の金額は引渡基準が採用され，例外的に，契約効力日基準が採用されて今日に至っている（所基通36－12）。

　このような通達の変遷は，所得税法36条の「収入すべき金額」の意味内容が所有権移転主義から引渡基準に移行し，所得税法も実現主義が採用されることになったというものである。

　ところで，農地転用許可前の農地の譲渡について，権利確定主義によれば，引渡しが行われ代金も受領しているにもかかわらず，農地転用が未許可という理由により，譲渡所得課税が行われないという農地転用許可日基準の不合理が問題とされていた。そこで，かかる矛盾を解消するために，平成3年12月に，許可前においても，引渡しが完了していれば，収益に計上する引渡基準が採用され，許可日基準を廃止する改正が行われている。

　ところが，法人税法における同様の農地の譲渡の事例では，原則は引渡基準

であるが,例外として,許可日基準を採用していることから(法基通2－1－15),法人税法と所得税法との間で齟齬を来しているという矛盾が新たに浮上することになった。

この点については,法人税の基本通達を改正し所得税の規定と同様の規定にするか,許可日前であっても,代金を受領している場合には,いわゆる管理支配基準により収益に計上することとするか,いずれかの改正が必要であろう。そうでないと,例えば,個人が農地転用許可日前に引渡代金の一部が未収となっている場合であっても,引渡基準により収益に計上することとなるが,仮に,これが争われた場合には,代金収受部分は適法であるとしても,売買契約の効力が発生していない以上,法的な代金請求権は未確定である未収部分の収益計上は誤りであるという解釈が考えられるからである[7]。

2 法人税法の収益計上基準の変遷

法人税法は旧法当時も企業会計を前提としての所得計算が行われていたことから,企業会計の影響を受けていたと思われるが,企業会計においても現在ほど厳密な議論が行われていたわけではないこともあって,当時は,権利確定主義により取り扱われていたものと思われる。

旧法人税基本通達249は,「資産の売買による損益は,所有権移転登記の有無及び代金支払いの済否を問わず売買契約の効力発生の日の属する事業年度の益金又は損金に算入する。但し,商品,製品等の販売については,商品,製品等の引渡の時を含む事業年度の益金又は損金に算入することができる。」と規定しており,前段では,所得税基本通達と同様の契約効力発生日基準による権利確定主義が,後段の商品等の販売の場合には,引渡基準(実現主義)が採用されていたものである。

しかしながら,昭和42年の法改正において,法人税法22条4項に「別段の定め」を除いて,「公正妥当な会計処理の基準」(以下「公正処理基準」という)によることとする改正が行われた。これを受けて基本通達の改正が行われ,棚

卸資産は引渡基準が採用され，固定資産については，原則として引渡基準であるが，例外的に，固定資産のうち，土地建物等については，契約効力発生日基準を採用している。その結果，企業会計上の実現主義が法人税法上の収益計上基準の主流を占めるに至った。

当時，「権利確定主義からの脱皮」という議論が盛んに行われていたが，かかる議論は，「権利確定主義＝所有権移転主義」と実現（引渡）基準との関連が議論の中心であったといえよう。その後，公正処理基準の登場と企業会計の理論的発展の影響も受けて，実現主義による収益計上基準の妥当性が容認されたということができる。

ところが，利息制限超過利息の未収利息の収益計上の是非が問われると，企業会計の「実現主義」からのアプローチによる公正な会計慣行は認められず[8]，しかして，制限超過利息による金銭消費貸借契約の利息収入の収益計上時期は，法律的視座からのアプローチを要することになる。そこで，判例は，制限超過分の利息を収受している場合には収益を構成するとし，未収利息の場合には，貸付自体が違法であるから未収利息も違法であり，したがって，制限超過分の未収利息は，法的には存在しない債権として，収益を構成しないとする権利確定主義からの検討を行って，その収益性を否定した。

租税法の収益計上時期は，一般的には企業会計の実現主義によることが妥当するが，租税法はあらゆる経済取引について，その収益発生の年度帰属を決定することを要することから，利息制限超過の未収利息のように，法的なアプローチが適合する場合もあり得る。つまり，実現主義による収益計上基準は，あらゆる取引に万能的に対応できるものでもないから，権利確定主義自体の概念を一切不要として否定すべきものではない。むしろ，経済行為は法律行為を解して行われるものであるから，法律上すべての納税者に画一的にかつ統一的に取り扱う権利確定主義が，租税法の全体の構造として収益計上時期を画する概念として正当性を有しているという見方もある[9]。

(注)
(6) 植松守雄前掲論文（注1）40頁。
(7) この点は，利息制限超過部分の未収利息の収益計上が認められないことと同様である。
(8) 企業会計において，このような違法貸付けに係る収益計上時期が問題にされていないのは，そもそも，企業会計の学問は，「公正性」という基礎的概念の下で研究される分野であるから，かかる違法収益又は違法支出は，研究の対象とされていないものと思料する。
(9) 金子宏『所得概念の研究』有斐閣（1995年）297頁は，「所得ないし収益の実現時期の判定に関するなんらかの法的な基準の必要性は依然として否定できない。そのような観点から見るとき，筆者は，権利確定主義は，例外的な場合を除いて，そのような必要性を満たすことができ，したがって，今後とも妥当性を認められるべきであると考える。」とされている。

III 企業会計の実現主義における「実現」の概念

1 会計上の実現主義の意義

　我が国の「企業会計原則」では，「すべての費用及び収益は，その支出及び収入に基づいて計上し，その発生した期間に正しく割り当てられるように処理しなければならない。未実現の収益は原則として当期の損益計算書に計上してはならない。」（損益計算書原則一Ａ）とし，「売上高は，実現主義の原則に従い，商品等の販売又は役務の給付によって実現したものに限る。」とされている。このような「企業会計原則」は，発生主義に基づいて費用，収益を認識するとしながらも，収益については，実現したものに限り計上するとし，実現主義により収益を認識することを宣明したものということができる。

　かかる実現主義の意義は，すでに述べたように，未実現収益の計上を排除するところにその意義がある。その上で，収益の認識基準としての「実現」の概念が問われることになるが，この実現概念は，確実な事実に基づいて客観的に収益の発生を認識するための基準として，発生主義会計の下での基礎的概念として位置づけられている。

　伝統的には，収益の実現とは，財貨又は役務の提供が企業外部に実際に販売され，収益の獲得が確実となることをいうものであり，実際的には，財貨又は役務が外部に販売されたときに収益を認識する販売基準として機能している[10]。

　このような実現主義が採用される根拠としては，通常，次の三つが挙げられている[11]。

① 収益認識の確実性
② 収益測定の客観性
③ 貨幣的な裏付け（分配可能性）のある収益の計上

加えて，商品等の販売（引渡）が行われた場合には，その販売までに投下した製造及び営業費用はすべて認識され，費用と収益の対応関係の正当性が確保され，公正な損益計算が担保されるという点も指摘できる。

　上記①は，実際の販売（引渡）という事実により収益を容易かつ確実に認識できるということであり，②は，現実に行われた外部者との取引による販売価格に基づいて客観的に収益を認識できるということである。③は，販売による対価として金銭又は金銭債権を取得したときに収益を認識することにより，貨幣的な裏付け，つまり，配当等としての分配が可能な収益のみが計上できるという点である。

　ところで，会計上のこのような実現概念は，単に発生主義会計における収益の認識として理解する伝統的な実現概念から発展拡大し，実現の本質は，資産又は負債における変動が，会計記録上での認識計上を正当化するに足るだけの確実性と客観性を備えるに至ったものとして理解されている[12]。

　また，収益の実現概念についても，未実現利益排除という要請を満たす一定の重要な事象の発生により，その段階で収益の獲得が確実になるという場合には，「実現」を広義の実現概念として理解される場合がある。これに属するものが，継続的役務提供契約における時間基準[13]，長期請負工事の工事進行基準，農産物の生産又は鉱物資源の採掘における生産基準である。

　しかしながら，伝統的な狭義の実現概念によれば，上記の広義の収益の実現基準は実現主義の例外として位置づけられることになる。ところが，工事進行基準は，工事契約の段階で工事代金も確定していること，その取引慣行として，工事着手金の授受，中間金の授受等，工事進行度合いに応じて工事代金が授受されるのが一般的であることから[14]，その収益の確実性と客観性は満たしており，かつ，貨幣的な裏付け（分配可能性）のある収益としても認識できることから，実現主義の収益認識基準の一つとして理解することもできる。

2 税法上の実現概念の考察

(1) 税法上の収益認識基準と公正処理基準

　法人税法は，収益計上の特例としての工事進行基準等，個別の収益計上基準について規定するが，そのほかには，格別の規定はおかれていない。同法22条2項で，「内国法人の各事業年度の所得の金額は，当該事業年度の益金の額から…」としているのみで，具体的な年度帰属のルールは規定されていない。同規定は，昭和40年度の税法改正に当たり，当初，「当該事業年度において実現した」とする法文が検討されていたようであるが，「実現」の意味が熟していないということから，現行法の文言とされた経緯があるようである[15]。

　したがって，法人税法の規定からは，同条4項の「一般に公正妥当な会計処理の基準」により，収益計上時期を確定することになる。その公正処理基準による行政解釈が，法人税基本通達に詳細に規定されている収益計上基準の取扱いである。そして，かかる通達の収益計上の公正処理基準には格別の問題は生じていない。

　かかる公正処理基準の理解には，種々の議論があるものの，「客観的な規範性を持つ公正妥当な会計処理の基準」という意味であり，ただちに「企業会計原則」を意味するものではないし，むしろ，企業が会計処理において用いられている基準ないし慣行のうち，一般に公正妥当認められないものをのみを税法で認めないこととし，原則として企業の会計処理を認めるという基本方針を示したものと理解すべきである[16]。

　ところが，企業会計における公正処理基準は，一般的，規範的な基準は，「企業会計原則」や「会計処理基準」等で示されているが，企業社会の実践における多種多様な取引に対して，すべての基準が明確に示されているわけではない。

　ところが，税務会計の実践においては，かかる多様な取引（会計事象）のすべてについて解決しなければならない宿命を負っていることから，最終的には，

企業会計における公正処理基準が明確ではない場合には，税法独自に公正処理基準を探求することが必要となる。筆者の税務訴訟の経験では，争われた大半の事案が，企業会計の公正処理基準が明確ではないために，企業会計理論を背景としながらも，税法の解釈適用において，独自に「客観的な規範性を持つ公正妥当な会計処理の基準」を探求する必要に迫られるのである。

　税務訴訟で争われる収益計上時期の事例では，典型的な実現主義が適用される場面が，そもそも，訴訟の対象となることは稀である。しかして，税務争訟の事例においては，企業会計では議論さえも行われていないものも多い。また，「実現」の概念には不明確な点もあることから，実現主義が新しい事例の解決のために明確な基準を提供できるかという疑問も指摘されているところである。このために，権利確定主義を支持する論説も多くみられるが[17]，そうであるからといって，必ずしも実現主義を排除するというものではないように思われる。

　ところで，企業会計では，実現主義にいう「実現」は，販売基準として論じられるのが一般であり，土地等の固定資産の譲渡損益の計上時期についての議論は，比較的少ないように思われる。しかし，企業会計においても，買戻条件付売買，セール・アンド・リースバック等の特殊な取引形態における実現の時期を何時とみるか，という問題について，本来，会計学的見地からの十分な研究が望まれるところである[18]。

　税務上，問題となる収益計上時期に関する事例は，会計慣行（公正処理基準）によっては明確になされていない事例であることは，ある意味では当然のことであるが，そのために，収益計上時期が争われる争訟では，税務会計又は税法的視点からの検討が必要となる。

　例えば，長期間に亘る矯正期間を要する矯正歯科治療の矯正料は，一時金として受領するか，3年間の分割払いで行われる場合が多いようであるが，この場合の受領した矯正料の収益は，現金受領時か歯列矯正の役務提供期間に応じて計上するか，また，役務提供の完了時か，という問題がある。さらには分割払いの場合には，未収金として収益を計上するのか，現金受領時かの問題があるが，業界における公正妥当な会計処理基準が議論されていないために，税法

的視座からの検討を余儀なくされる。

　その結果，当該矯正料は，患者の都合で治療が中止になったとしても返還されていないという実態から現金受領時という判決が出ているが，分割払いの場合には，未収金として全額収益に計上した更正処分が行われた事例がある。この課税処分については，公正な裁決により，現金受領ベースで計上すべきとして未収金課税は取り消されている[19]。このような困難な事例について，企業会計において一定の基準が検討されていれば，少なくとも，未収金計上の不当性が明らかとされ，課税処分がなされることはなかったと考えられる。

(2) 企業会計と税務会計の実現概念の関連

　企業会計における実現概念は，種々の見解があり必ずしも統一されていないものの，その基本的な部分である「収益は販売が行われたときに実現する時」という点は異論がないところである。

　ところで，企業会計においては，ファイナンス取引社会の発展と取引の国際化による産業構造の変化により，ストックの時価会計が重要視されるのが現在の企業会計であり，その影響を受けて税法においても，売買目的有価証券等の期末の時価評価制度が導入されている。

　このような近代の企業会計は，経営業績評価指標としての利益測定が益々重要視されることになるが，一方で，税務会計手法で算定される課税所得金額は，企業から租税として国等への分配可能な所得を算定するためには，租税負担能力を配慮する必要がある。それに加えて，租税負担の公平，行政の便宜・画一性等の税務会計原則ないし基準の視点から，税務会計上の所得概念が構成されるという点[20]において，企業会計とは相違する。

　また，会計学では，かかる業績評価という視点から，実現概念が拡大する傾向にあるが，そうであるからといって，その実現概念が税法の解釈適用において，そのまま踏襲されるというものでないことはいうまでもない。そこで，企業会計とは会計目的感の異なる税務会計の実現概念は，企業会計の「伝統的実現概念」に立脚して，これに税務会計的な観点から修正を加えて，税務会計独

自のいわば「税務会計的実現概念」の形成を図ることが必要となる(21)。

　企業会計における収益の実現とは，「財貨又は役務の移転の対価として，現金又は現金等価物その他の資産の取得」(22)をいうものであり，そこでの「その他の資産」とは，現金又は現金等価物と類似した資産というのが，ここでの「その他の」という法律用語としての意味であるから，貨幣性資産か流動資産を意味しているという議論があり得る(23)。現代会計におけるかかる議論の当否はともかく，その議論は，企業会計の収益の実現は短期間における現金化の可能性として捉えようとしていると考えられ，しかも，売上収益の実現基準である「販売基準」が中心の議論であり固定資産の譲渡収益の実現の議論は活発ではない。

　一方，税務会計における収益計上時期の実現の時期は，販売の対価としての現金化の可能性，流動性の有無は問題とはされていない。商品を販売しその対価として土地等の固定資産や株式を取得したとしても，それは異種資産の交換として，譲渡収益を認識して課税対象とされる。このような税務上の理解は，課税の公平という視座，つまり，商品の販売対価を現金で受領し，その現金で土地等を取得した場合と経済的実質は異ならないから，同質の課税関係を構成することになる。

　また，企業会計における割賦販売は，支払日基準のほかに回収基準（現金基準）が認められているが，税法では，この回収基準は認められていない。これも，回収基準という現金ベースを許容した場合には，納税者が回収日を恣意的に操作することで，租税負担を先送りする租税回避を容認することになるからである。これも，課税の公平を確保するための制度であり，企業会計とは異なるところである。

　ちなみに，企業会計が回収基準を容認しているのは，会計学（企業会計）が，このような租税回避という不正義な行為を前提とするのではなく，その企業行動の「公正性」を基礎的概念（条理）として成り立っている学問領域であるということが背景にある。すでに述べたように，この点が，企業会計と税務会計の実現主義に顕著な差異が生じているといえるし，また，このことが，不法所

得等の収益の実現という議論が企業会計の実現主義では取り上げられていないことの理由であるといえよう。

多くの税務上の争訟において問題となる課税事例の是非を検証する場合に、現実の会計上の公正処理基準はほとんど機能しないということを述べたが[24]、会計学と税務会計学又は税法学の拠って立つ基盤の相違がその大きな要因であると思われる。

(注)
(10) 石川鉄郎『財務会計論』税務経理協会（2004年）2頁参照。
(11) 石川鉄郎同上書3頁。
(12) この点の実現概念の拡大的変転につき、富岡幸雄『税務会計学原理』中央大学出版部（2003年）888-902頁、高松和男『アメリカ会計原則の展開』同文館（1982年）134頁参照。
(13) この時間基準は、例えば、受取利息を利息支払日以前の時間の経過に応じて計上するものであるが、決算日に一括弁済される場合には、その日までの利息を受け取る権利は発生しているのであり、利息の支払日は、債務者の期限の利益であるから、決算日には実現していると見ることもできるものの、本文の「③貨幣的な裏付け（分配可能性）のある収益の計上」という要素を欠くという点で、狭義の実現主義の例外として位置づけられているものであろう。
(14) 森藤一男『現代企業会計通論』税務経理協会（1985年）60頁は、厳密にいえば、工事進行得基準は、工事前受金の受領がない場合や工事代金が確定してない場合には適用がなく、この場合は工事完成基準が適用されるとしている。
(15) 租税法学会『租税法における判例と解釈』租税法研究第8号（1980年）の「シンポジューム」における武田昌輔発言（171頁）。
(16) 武田昌輔『立法趣旨・法人税法の解釈（四訂版）』財経詳報社（平成10年度版）62頁。
(17) 金子宏『所得概念の研究』有斐閣（1995年）284頁、297頁、同『租税法（第21版）』弘文堂（2016年）327-328頁は、法人税法においても権利確定主義が妥当するとしている。山田二郎『税務訴訟の理論と実際』財経詳報社（1973年）36頁、松沢智『租税実体法（増補版）』中央経済社（1990年）104頁も同旨。
(18) この点に関する会計学からの問題提起と検討を行ったものとして、森田松太郎「取引実態への『実現概念』テスト」企業会計30巻9号（1978年）61頁及び編集部「混乱して用いられる『実現』の基本思考」同28頁参照。
(19) 平成11年3月26日裁決（タインズＦＯ-1-004）。この点についての検討は、朝倉洋子「歯列矯正料の収益計上時期」山本守之監修『検証　国税非公開裁決』ぎょうせい（2005年）98頁を参照。この問題については後述する予定である。
(20) この点に関して、富岡幸雄「税務会計理論における『実現』の基本思考」企業会計

⑳ 30巻9号（1978年）46頁以下参照。

㉑ 富岡幸雄同上論文51頁。

㉒ 「税法と企業会計原則との調整に関する意見書」（昭和27年）第一・二参照。

㉓ 商品と株式又は固定資産の交換は，収益は実現していないとするものに，ステファン・ギルマン（片野一郎監修・久野光朗訳）『ギルマン会計学（上）』同文館（1969年）133頁参照。

㉔ 金子宏前掲論文（注17）297頁は，「筆者の知る限りでは，一般に企業会計の網は相当に粗くて，今日まで訴訟で年度帰属が問題となった事案においては，見るべき会計慣行がなく，また，会計学説もない場合が多かった。状況は今後も変わらないと思う。」と述べられている。これが税務に携わる者の真の思いであるが，それは，会計が「公正性」を基礎的概念（条理）としているのに対して，資本の変動をもたらす「簿記上の取引」の対象となるすべての会計事象について，税法上の結論を提示し課税の公平を図るという学問的な研究領域の相違が大きな要因であると思われる。

第1章　判例等にみる税法上の収益計上時期を巡る諸問題の検証

Ⅳ　実現主義と権利確定主義の交差

1　税法上の収益認識基準の特殊性

　税法上の収益の認識基準については，棚卸資産のほか，固定資産の土地等の収益計上時期についても統一的な認識基準が必要である。加えて，企業という事業又は業務主体を対象とした企業会計に属さない消費生活主体の個人に属する単発的な資産の譲渡の収入計上の認識基準についても，統一的な基準を構築することが必要であるという点に，税法上の収益認識基準の特殊性があるといえよう。

　そして，会計理論によって構築される制度会計上の収益認識基準に比較して，税務会計上の収益認識基準は，会計理論を前提としながらも，個人，法人を通じ，さらに，適法又は違法な取引から生じた所得か否かの如何にかかわらず，課税適状にある所得に課税するという共通の基盤に立って，合理的な収益認識基準を模索している。しかも，租税法の執行に伴って，納税者と課税庁との間で収益計上時期について紛争が生じ，その認識基準が判例として定着し，税務実践における通用力のある収益計上基準として影響を与えている。ところが，このような判例の存在は企業会計ではあまり研究の対象とされていないために，企業会計上と税法上の収益認識基準の論議にズレが生じているという点は否定できない。

　このような収益認識に関する判例の研究は，租税法研究の射程範囲に属することは当然であるが，現実の企業会計に大きな影響を与えている判例は，税法学のみならず会計学の分野においても積極的にその研究の対象とすべきものである。現在の税務会計又は企業会計の分野において，このような研究が積極的に行われていないために，会計概念から法的概念に昇華したはずの「実現主

義」の概念が，税務会計又は租税法の分野において，いまなお不明確で統一的な理解がなされていない一因となっているのではないかと考えられる。

2　従前の権利確定主義とその限界

　個人所得税の土地等の譲渡収入の収益計上基準について，従前の最高裁判例は「権利確定主義」という認識基準に立ち，しかも，この「権利確定主義」の意味内容は，土地等の「所有権移転基準」つまり，資産の所有権が移転したときに収益として認識するという基準として理解されていた[25]。このような権利確定主義は，法人税法及び所得税法の旧法時代から受け継がれたものであるが，昭和42年の「一般に公正妥当な会計処理の基準」の導入，さらに昭和44年の法人税基本通達の改正により，従前の所有権移転基準を中心とした収益計上基準から引渡基準に変更したことに伴い，「従来の意味での『権利確定主義』は終息を告げた」[26]という見解が論者の多数の意見とみられていた。

　しかし，租税法学者の有力な見解として，租税法の収益計上時期は権利確定主義という法的な基準によるべきであるとして，その正当性を強調するものがある[27]。

　いずれにしても，収益計上基準を権利確定主義という概念で把握する場合には，「この権利確定主義を複雑多岐にわたる所得形態に適用するに当たっては，それぞれの場合に即応した内容と限界を考慮しなければならない。」[28]ということに留意すべきである。

3　実現主義の限界

　ところで，権利確定主義を否定して，実現主義を税法上の収益認識基準にするとしても，企業会計上の実現主義の概念は，販売基準としての概念を中心として発展したものであって，税務が取り扱う複雑かつ多岐にわたる経済的，法律的事象に基づいて発生する収入又は収益の計上時期について，このような従

来の「実現」という概念で把握することが妥当であるかという点については，限界を認めなければならない。

　企業会計は，「公正性」という概念が基礎的概念として位置づけられるものであるから，横領等による不法所得の収益計上の当否につき実現主義という概念から議論されることはないように思われるし，また，不法所得であるが故に不安定な利得という点からは，実現主義の「実現」の内容である「確実性」という観点から疑問があるが，会計上の議論はみられない。

　ところが，税法上は，このような不法所得についてもその課税時期について確定する必要があり，税務の現状は，このような不法な利得であっても自己のものとして支配管理している以上，課税適状にあるものとして課税の対象としている。この場合の不法所得の収益計上時期の認識基準については，権利確定主義や実現主義という概念では説明が困難である。この場合には，経済的実質の観点から，不法な手段により得た利得を自己のものとして支配し収益しているという点で課税適状にあるという，「租税支払能力配慮の原則」や不法に利得した者に課税しないことの課税の公平原則違背という観点から，この不法による収益は「管理支配基準」[29]により，その利得を自己のものとして支配したときに収益に計上するということが妥当である。

　また，役員等の横領に係る損失に対する損害賠償請求権の収益計上時期については，企業会計では議論されているものはないように思われるが，この点について，税法上は古くから議論されている[30]。

　ところで，実現主義又は権利確定主義といっても，税法上の統一的基準として，すべてのケースにおいて機能し有効であるということはできないであろう。それぞれの収益計上基準の限界を認識する必要があるということである。しかして，それぞれの法的，会計的事実について課税適状の観点から，収益計上時期を確定するということが現実的側面では妥当するが，税法上は，個別の収益認識基準を設定することも重要であり，その探求を怠ってはならない。このような要請に対しては，法人税法22条4項の「公正妥当な会計処理基準」の規定から，健全な会計慣行としての収益認識基準である実現主義を基本として，そ

の具体的適用の妥当性を探求するという基本姿勢が堅持されるべきであると考える。

しかし，現実の会計実践では，税法上の規制が本来の健全な会計慣行の醸成と定着を阻害しているという現実的側面もある。すなわち，企業会計が税務上の取扱いと異なる会計処理基準を選択するならば，その後，課税庁の更正処分によって企業の税務処理が是正されることから，企業会計は税務で許容される会計処理を選択するということが一般的であろう。その結果，企業会計の新たな会計処理が「健全な会計慣行」として醸成され定着することが困難な現状にあるということも否定できない。

法人税法22条４項の基本規定が導入された当時は，一定の基本的な問題について健全な会計慣行が定着していたが，昨今のように，従前にはない全く新しい，そして複雑な取引事象の生じている現状の会計的事実と，加えて，特殊異例な事実関係の下での収益認識基準は，これまで，企業会計が議論してきた，販売収益を中心とした実現主義（販売基準）の「実現概念」においては律しきれないものがある。

ここに，租税法学者を中心とする論者が，実現主義における「実現」の概念が不明確であるということから，権利確定主義による収益認識基準を払拭しきれない理由がある。

殊に最近の国際財務報告基準「ＩＦＲＳ」の収益認識については，日本基準との間でどのような相違が発生するのかは必ずしも明らかとはいえないが，仮に差異が発生するというのであれば，従前の企業会計における実現概念（販売基準）と税法上の権利確定主義における現実の収益計上時期には，実務的には大きな差異は生じないと解されていたところ，「ＩＦＲＳ」の会計基準により，税法と企業会計との間に収益計上基準に関して新たな差異が生ずる余地があるということになろう。

4　会計上の「実現概念」とその不明確性

　会計上の「実現概念」について概観したところからでも，「実現」の最も重要な要素である，販売により受け入れた「流動性資産」「受取債権」及び「貨幣資産」という資産概念の範囲は明確ではないし，また，これに関して，「ＦＡＳＢ」の実現概念委員会による「実現概念」が流動性と測定可能性を前提とする「実現概念」を発展させて，測定可能性を強調する等「実現概念」の拡大発展的理論が企業会計上どのように位置づけられるのかは明確とはいえない。その意味では，企業会計の「実現概念」は必ずしも明確であるとはいえないように思われる。

　ところで，制度会計の中での「実現概念」は，「会計記録上，確実性と客観性にいたったとき」という抽象的概念としては理解されているが，これを税務の収益計上時期の認識基準の意味内容として，具体的に適用して解決するに当たっては，すべての場合に有効であるということはできない。

　それは，これまでに議論されている企業会計上の「実現」の具体的内容が不明確であるということ，特に，個々具体的な取引形態における収益の認識の場面のすべてにおいて，企業会計上の「健全な会計慣行」が存在するというものではないからである。

　さらに，「実現」の内容である「客観性」と「確実性」という概念は，それが最も強調され一般化したのは，1957年の「ＡＡＡ会計原則」で「会計の基礎的概念」の一つとして提唱された「実現」の意味内容として提言されてからであろう。そこでは収益の認識にとどまらず費用の認識及び資産負債の認識という，広く発生主義会計の中での会計記録上の認識計上の妥当性という観点から主張されたもので，客観的で検証可能な証拠により認識して会計記録を行うという会計の基本概念として提唱された概念であった。

　しかして，この「確実性と客観性」という「実現」の要件は，「ある項目が永続性をもち，取り消されないであろうという見通しのある値として，しかも，

測定者間の不一致が少ないような形で，測定可能であることを意味する」[31]と理解すべきであろう。収益の「確実性」とは，配当又は租税として，企業からの分離・分配が可能となるに至る決定的な段階，つまり，商品等の価値が受取債権等に確実に転換された販売又は引渡しという事実によって認識されるということであるし，また，その金額が確定的に算定できるという二つの側面を持っているといわれている[32]。

　ところで，税務会計や租税法における収益認識基準としての「実現概念」は，このような会計記録上の「客観性」と「確実性」という概念を基本的前提としながらも，会計記録上の規範として拡大発展しつつある「実現概念」を税務会計がそのまま容認するというのは疑問がある。

　特に，税務会計上の具体的な収益の計上時期の決定においては，その収益の一部を租税として企業から分離するに適した状況にあるかという課税適状の観点がより重視されるのは当然であり，しかして，税務会計又は租税法において，企業会計独自の経営成果指標開示に重きをおいた「実現概念」を公正処理基準とすることは疑問である。

5　税務会計上の「実現概念」の構築の必要性

　法人税法22条4項の「一般に公正妥当な会計処理の基準」は，「企業会計原則」自体ではないが，税法固有の観点からこの基準の該当性を判断すべきものではないというのがこれまでの多数の見解である。このような抽象的議論については格別異論を唱える必要もないが，企業会計独自の会計目的から構築される「実現」の概念を税務会計が無条件に受け入れなければならないというものでもない。しかして，税務会計上「実現」の内容の明確性を企業会計の立場から追求するということよりも（このことは会計観の異なる両会計分野ではあまり重要ではない），税務会計の立場からの「実現主義」の概念を構築するということが重要であるように思われる。

　従前，法人の課税所得は，企業会計上の利益計算に依存するという点が強調

され，公正妥当な会計慣行という観点からの実現主義の概念も，企業会計における「実現」の概念が前提とされていた。しかし，税務会計ないし租税法における「実現主義」は，企業会計の「実現概念」の伝統的概念を基礎的概念として，税務会計目的観からの概念内容を構成する必要があるように思われる。

　税務会計が対象とする収益計上時期は，多岐に亘り複雑な具体相を示しているが，これらのすべての収益認識について，企業会計に「健全な会計慣行」の定着を要求することは困難であり，今後もこの点については多くを期待できない。そうであれば，税務会計又は租税法の「実現概念」についても，企業会計において定着した議論も慣行もなく税務処理の指針たり得ない場合には，税務会計や租税法の立場からその概念を構成することが必要であり，それが，公正妥当な会計処理基準と考えるべきである。

　そして，筆者は，税務会計又は租税法の収益の認識基準は，実現主義を統一的基準とし，具体的適用において，従前の企業会計における狭義の「実現基準」で律しきれない場合には，「権利確定基準」又は「管理支配基準」等の独自の基準を設定して収益を認識すべきであると考える。この場合の「権利確定基準」というのは，旧通達や従前の古い判例が採用する「所有権移転基準」を内容とするものではなく，収益を生ずる取引において，その対価を請求する具体的な権利を取得し，また支払う具体的な義務を負うに至ったとき（例えば，土地の譲渡であれば，売主の土地の引渡しという行為により買主が同時履行の抗弁権を喪失したとき）という「租税支払能力配慮の原則」を前提とした「権利確定基準」であり，したがって，このような権利確定主義は，税務会計上の広義の実現主義の一つの基準として理解することが妥当であると考える[33]。

（注）
[25]　判例の変遷と権利確定主義の内容については，大淵博義『法人税法の解釈と実務』大蔵財務協会（1993年）72頁以下参照。
[26]　植松守雄「収入金額（収益）の計上時期に関する問題」租税法学会『租税実体法の判例と解釈』租税法研究第8号（1980年）65頁。
[27]　松沢智『新版租税実体法（補正第2版）』中央経済社（2003年）104頁参照。実現概

念の不明確性を指摘して，法的基準としての権利確定主義の妥当性を論ずるものに，金子宏『所得概念の研究』有斐閣（1995年）297頁がある。

なお，川端康之「法人税法における収益の計上時期」総合税制研究 No.5（1977年）66頁においても，「今日の状況では，むしろ権利確定主義の意義を再評価する所論が有力となっている。」とされている。

(28) 田中二郎『租税法（第三版）』有斐閣（1990年）503頁。
(29) 金子宏前掲書（注27）302頁。
(30) この点については，大淵博義『法人税法解釈の検証と実践的展開 第Ⅰ巻改訂増補版』税務経理協会（2013年）第7章及び第8章において，詳細に検討を行っているので参照されたい。
(31) 中野勲「会計測定論からみた実現概念の基本的性格」企業会計30巻9号（1978年）41頁。
(32) 中野勲同上42頁参照。
(33) 金子宏前掲論文（注27）305頁では，実現主義は権利確定基準と管理支配基準の二つの基準により構成されるとしている。

第1章　判例等にみる税法上の収益計上時期を巡る諸問題の検証

 最高裁判決に見る収益の認識基準

　最高裁において収益認識基準が争われた事案は，それほど多くはないが，その中から注目される判決を取り上げて，その事例における収益認識基準の解釈について検証を加えておく。

1　輸出取引における収益計上時期（最高裁平成5年11月25日判決・民集47巻9号5278頁）

(1)　事案の概要

　納税者（法人）は，ビデオデッキ等の商品を船積みして船荷証券を取得し，同証券を担保として，納税者（法人）の取引銀行を指図人（受取人）とする荷為替を取り組んでこれを当該銀行に譲渡して代金回収を図ったものである。当該法人は，かかる輸出取引の収益計上基準は，荷為替取組日に収益に計上する為替取組日基準を採用して収益に計上して申告したところ，課税庁は，輸出取引の収益計上に関する「公正処理基準」は，船積日基準であるとして更正処分が行われたものである。

　このように，商品の輸出取引における収益計上基準は，為替取組日基準か船積日基準のいずれが合理的かが争われたものであるが，最高裁（第1小法廷）の法廷（多数）意見は，船積日基準が「公正処理基準」であるという見解に立って更正処分の適法性を容認した。

　ところが，最高裁判決には，二人の裁判官の反対意見が付されている。税務の事件では稀有な例であるといえよう。また，原審判決及び一審判決は結論において最高裁の法廷意見と同様であるが，その下級審の審理期間は，合わせて7年間に亘っており，事案の解釈の困難性を窺うことができる。

(2) 判決の概要

　最高裁の法廷意見の概要は次のとおりである。

＜法人税法上の収益計上基準＞

　法人税法上，内国法人の各事業年度の所得の金額の計算上当該事業年度の益金の額に算入すべき金額は，別段の定めがあるものを除き，資本等取引以外の取引に係る収益の額とするものとされ（法法22②），当該事業年度の収益の額は，一般に公正妥当と認められる会計処理の基準に従って計算すべきものとされている（同条④）。したがって，ある収益をどの事業年度に計上すべきかは，一般に公正妥当と認められる会計処理の基準に従うべきであり，これによれば，収益は，その実現があった時，すなわち，その収入すべき権利が確定したときの属する年度の益金に計上すべきものと考えられる。

　もっとも，法人税法22条4項は，現に法人のした利益計算が法人税法の企図する公平な所得計算という要請に反するものでない限り，課税所得の計算上もこれを是認するのが相当であるとの見地から，収益を一般に公正妥当と認められる会計処理の基準に従って計上すべきものと定めたものと解されるから，その権利の確定時期に関する会計処理を，法律上どの時点で権利の行使が可能となるかという基準を唯一の基準としなければならないとするのは相当でなく，取引の経済的実態からみて合理的なものとみられる収益計上の基準の中から，当該法人が特定の基準を選択し，継続してその基準によって収益を計上している場合には，法人税法上もその会計処理を正当なものとして是認すべきである。しかし，その権利の実現が未確定であるにもかかわらずこれを収益に計上したり，既に確定した収入すべき権利を現金の回収を待って収益に計上するなどの会計処理は，一般に公正妥当と認められる会計処理の基準に適合するものとは認め難いものというべきである。

＜商品の輸出取引の収益計上時期＞

　これを本件のようなたな卸資産の販売による収益についてみると，前記の事実関係によれば，船荷証券が発行されている本件の場合には，船荷証券が買主に提供されることによって，商品の完全な引渡しが完了し，代金請求権の行使

が法律上可能になるものというべきである。したがって，法律上どの時点で代金請求権の行使が可能となるかという基準によってみるならば，買主に船荷証券を提供した時点において，商品の引渡しにより収入すべき権利が確定したものとして，その収益を計上するという会計処理が相当なものということになる。しかし，今日の輸出取引においては，すでに商品の船積時点で，売買契約に基づく売主の引渡義務の履行は，実質的に完了したものとみられるとともに，前記のとおり，売主は，商品の船積みを完了すれば，その時点以降はいつでも，取引銀行に為替手形を買い取ってもらうことにより，売買代金相当額の回収を図り得るという実情にあるから，右船積時点において，売買契約による代金請求権が確定したものとみることができる。したがって，このような輸出取引の経済的実態からすると，船荷証券が発行されている場合でも，商品の船積時点において，その取引によって収入すべき権利がすでに確定したものとして，これを収益に計上するという会計処理も，合理的なものというべきであり，一般に公正妥当と認められる会計処理の基準に適合するものということができる。

＜為替取組日基準の合理性の有無＞

これに対して，上告人が採用している会計処理は，荷為替手形を取引銀行で買い取ってもらう際に船荷証券を取引銀行に交付することによって商品の引渡しをしたものとして，為替取組日基準によって収益を計上するものである。しかし，この船荷証券の交付は，売買契約に基づく引渡義務の履行としてされるものではなく，為替手形を買い取ってもらうための担保として，これを取引銀行に提供するものであるから，この交付の時点をもって売買契約上の商品の引渡しがあったとすることはできない。そうすると，上告人が採用している為替取組日基準は，商品の船積みによってすでに確定したものとみられる売買代金請求権を，為替手形を取引銀行に買い取ってもらうことにより現実に売買代金相当額を回収する時点まで待って，収益に計上するものであって，その収益計上時期を人為的に操作する余地を生じさせる点において，一般に公正妥当と認められる会計処理の基準に適合するものとはいえないというべきである。このような処理による企業の利益計算は，法人税法の企図する公平な所得計算の要

請という観点からも是認し難いものといわざるを得ない。

以上のとおり，為替取組日基準によって輸出取引による収益を計上する会計処理は，公正妥当と認められる会計処理の基準に適合しないものであるのに対し，船積日基準によって輸出取引による収益を計上する会計処理は，公正妥当と認められる会計処理の基準に適合し，しかも，実務上も広く一般的に採用されていることからすれば，被上告人が，船積日基準によって，上告人の昭和55年3月期及び同56年3月期の所得金額及び法人税額の更正を行ったことは，適法というべきである

＜反対意見（要約）＞

① 裁判官味村治氏の意見

多数意見は，法人税法22条4項の「一般に公正妥当と認められる会計処理の基準」の意義は明らかではないが，同項は，同法74条1項と統一的に理解すべきであって，その「一般に公正妥当と認められる会計処理の基準」とは，法人税の納税義務者である内国法人がその確定決算の内容について従うべき規範をいい，納税義務者が株式会社である場合には，株式会社の計算書類の内容に関する商法の規定がその基準に該当する。

会計慣行によれば，商品の引渡義務が消滅した時に，代金債権が貸借対照表能力を取得し，商品が貸借対照表能力を失うこととなるから，商品の引渡しを収益の計上時期とする会計慣行は合理的であり，これに従った会計処理は，商法の前記規定に適合するというべきである。

本件においては，商品の輸出契約に基づき商品が船積みされて船荷証券が発行された場合に，取引銀行に荷為替手形を譲渡して船荷証券を交付した時に収益を計上する会計処理は商法の前記規定に適合するか否かが問題となるが，船荷証券は運送品の引渡請求権を表象し，運送品に関する処分は船荷証券をもってしなければならず，船荷証券と引換えでなければ運送品の引渡しを請求できないから，買主に船荷証券を引き渡さなければ売主の商品引渡義務は消滅しない。そうすると，船荷証券を買主に引き渡した時に収益を計上する会計処理が商法の前記規定に適合するというべきであるが，荷為替手形の仕組みにおいて

は，売主が荷為替手形を譲渡した取引銀行又はその銀行の取引銀行が買主から荷為替手形の支払等を受けるのと引換えに船荷証券を買主に引き渡すこととなっていて，売主による取引銀行への船荷証券の交付は，買主への船荷証券の発送と類似するから，売主が取引銀行に荷為替手形を譲渡して船荷証券を交付した場合には，売主としては買主への商品の引渡しのために行うべきことは完了し，国際的銀行取引の現状からすれば，船荷証券が荷為替手形の支払等と引換えに買主に引き渡されることは確実とみられ，船荷証券の引渡費用を含め商品の引渡しに要する付随費用の額も確定しているとみられること，売主は船荷証券の所持を失い，運送中の商品の所有権を実質的に失うことなどを考慮すると，船荷証券の取引銀行への交付の時に，代金債権が貸借対照表能力を取得し，商品が貸借対照表能力を失うとして，収益を計上する会計処理も，商法の前記規定に適合し，「一般に公正妥当と認められる会計処理の基準」に適合するものである。

② 裁判官大白勝氏の意見

今日の国際間取引の実情からすると，売主が取引銀行に船荷証券を交付する行為は，買主に対するその引渡義務を履行するために必要な行為であるとみることができ，しかも，売主としては，取引銀行に船荷証券を交付することによって，売買契約に基づく商品の引渡義務を履行するために自らが行うべきすべての行為を完了したこととなる上，これによって，売主が取引銀行に交付した船荷証券は，為替手形の支払いと引換えに買主に引き渡されることが確実になったものということができる。そうすると，このような輸出取引の場合には，売主が取引銀行に船荷証券を交付した時点で，商品の引渡しがあったものとして，当該商品の輸出取引による収益を益金に計上するという為替取組日基準による会計処理も，前記の一般に公正妥当と認められる会計処理の基準に適合するものということができるものと考えられるのである。

(3) 輸出取引の収益計上基準における本判決の解釈の合理性とその問題点
ア 公正処理基準の曖昧さによる解釈の分岐

　本判決は，裁判官3人の法廷（多数）意見と二人の裁判官の反対意見が付されたものであり，その事案の困難さを示している。このことは，一審2年間，控訴審5年間，そして，最高裁2年間の計9年間の審理期間を要したことからも窺うことができる。その理由は奈辺にあるのであろうか。

　推測するに，第一に，法人税法22条4項の「公正妥当な会計処理の基準」（「公正処理基準」）の概念の意味内容の不明確性が挙げられる。すなわち，企業会計における公正処理基準は，合理的な会計慣行として定着している会計処理基準を意味するが，これと同義として法人税法22条4項の「公正妥当な会計処理の基準」を理解するのであれば，格別の問題は生じなかったともいえよう。なぜならば，輸出取引の収益認識に関する多くの会計処理の説明では，船積基準が一般的な収益認識基準として説明されているからである。

　ところが，脱税協力金の会計処理に関する会計慣行が存在しないにもかかわらず，当該脱税のための支出金の損金性が争われた最高裁平成6年9月16日判決（刑集48巻6号135頁）において，同条項の「公正処理基準」を根拠として，その損金控除を否定したことからも明らかなように，法人税法上の「公正処理基準」の理解が，一般の企業会計における会計慣行にのみ依存して解釈されているということでもないという解釈が可能であると解されるからである。

　すなわち，公正処理基準の内容に関しては，次のような見解があるとされている。

　「(i)客観的な規範性をもつ公正かつ妥当と認められる会計処理の基準という意味であり，特に明文の基準があることを予定しているわけではないとする見解，(ii)あくまでも税法の目的理念に即して基準の取捨選択を行ったうえでその範囲を画定すべきであるとする見解，(iii)企業会計審議会の『会計原則』そのものを意味するわけではないがこれを中心として構成されるべきとする見解，(iv)旧商法第32条第2項の「公正ナル会計慣行」さらに，会社法第431条の『一般に公正妥当と認められる企業会計の慣行』そのものではないが，

それを中心として事実たる慣習として現実に継続して適用され会計処理として妥当視されながら法的規範性を帯びたものとする見解，などが提起されている」(34)。

　脱税協力金の非損金性を判断した最高裁判決の解釈は，上記(ⅱ)のいわゆる「税法目的理念による公正処理基準」による判断であり，輸出取引の収益認識基準について判断した本判決の多数意見は，(ⅳ)の「事実たる慣習としての規範性ある会計処理基準」を模索して，船積基準が事実たる慣習としての会計処理基準と判断したものである。

　これに対して，少数意見は，「一般に公正妥当と認められる会計処理の基準」とは，法人税の納税義務者である内国法人がその確定決算の内容について従うべき規範をいい，納税義務者が株式会社である場合には，株式会社の計算書類の内容に関する商法の規定がその基準に該当するという前提をおき，輸出取引において船荷証券が発行されている場合には，売主が買主に船荷証券を引き渡さなければ売主の商品引渡義務は消滅しないという原則を踏まえて，本件の輸出取引における荷為替手形の仕組みは，売主が荷為替手形を譲渡した取引銀行又はその銀行の取引銀行が買主から荷為替手形の支払等を受けるのと引換えに船荷証券を買主に引き渡すこととなっていることから，売主による取引銀行への船荷証券の交付は，買主への船荷証券の発送と類似すると解して，売主が取引銀行に荷為替手形を譲渡して船荷証券を交付した場合には，売主としては買主への商品の引渡しのために行うべきことは完了したものとみられ，しかも，その代金は確実に回収されることの経済的実態を前提として，為替取組日基準の公正処理基準の合理性を示しているところである。

　かかる公正処理基準の見解は，具体的な事実たる慣習として適用されている会計処理基準ということに着眼するのではなく，前記見解の(ⅰ)で示されている「理念的な客観的規範性のある会計処理基準」というべき見解に属する理解がなされているものと思われる。

　この点に関しては，いずれの理解が正当か又は誤りかということを断定することはできないように思われるが，「IFRS」を含む最近の新しい個別的な会計

基準は，利害関係者に対する適正な業績判断に資するための基準であるだけに，それが企業会計慣行として定着したとしても，会計目的観の相違する税務会計又は税法において，無条件に公正処理基準として採用されるべきものではない場合もある。そうであれば，単なる会計慣行としての会計処理基準，つまり，前記(iv)の「事実たる慣習としての規範性ある会計処理基準」という理解は，時として問題が発生する余地がある。

そうであれば，前記(i)の理念的な客観的規範性のある会計処理規範又は(ii)の「税法目的理念による公正処理基準」による解釈の合理性が認められるべきであるという見解も検討の余地があるように思われる。

ちなみに，本判決の反対意見について，「反対意見には，為替取組日基準が企業間で広く会計慣行として現実に行われてきているとの指摘は全くみられないのである。」[35]という指摘がなされている。かかる指摘は，多数意見が公正な会計処理基準は船積日基準であると判示しているのに対して，反対意見は，上記(iv)の「事実たる慣習としての規範性ある会計処理基準」の一つに為替取組日基準が認められているという証明がなされていないという批判である。

しかしながら，本判決の反対意見が，公正処理基準の意義について，多数意見のように「事実たる慣習としての規範性ある会計処理基準」として理解したものではなく，法人税法上の確定決算主義から，内国法人がその確定決算の内容について従うべき規範，すなわち，確定決算を基にする以上，商法を前提とした「理念的な客観的規範性のある会計処理規範」として解釈したものであるという理解に立てば，むしろ，「事実たる慣習としての会計処理基準」の存否を証明することを要しないということになるであろう。

以上の考察のように，本件事案が9年の長い審理期間を要したのは，法人税法22条4項の「公正処理基準」の理解が必ずしも明確ではないことが，一つの要因としてあるように思われる。

イ　一般的な収益認識基準時前に到来する為替取組日基準の合理性の有無

次に本件事案について，素朴な疑問が生ずるのは，例えば，検収を要する場合の検収基準，また，検収を要しない商品の場合でも，買主の支配管理に入る

第1章　判例等にみる税法上の収益計上時期を巡る諸問題の検証

「相手方到達日基準」を収益計上基準とした場合には，船積日基準はもとより，為替取組日基準による収益計上時期よりも遅延することになるという点である。つまり，複数の合理的な収益計上基準による収益計上時期よりも前に到来する為替取組日基準について，敢えて，会計処理基準として合理性がないということができるのかという疑問である。この点については，二つの視座から検証することを必要とする。

第一には，本判決によるアプローチである。すなわち，本件輸出取引のように，船積み前において信用状が交付されているものであるから，代金回収は確実であり，その代金債権の回収の客観性と確実性は，船積み日において具体化されており，かかる個別的な取引実態からすれば，もはや，販売した商品が買主の管理支配に入る「相手方到達日基準」の採用の余地はなく，本件船積日基準が合理性を有するというものである(36)。

この点は，本判決が，今日の輸出取引においては，すでに商品の船積時点で，売買契約に基づく売主の引渡義務の履行は，実質的に完了したものとみられるとともに，売主は，商品の船積みを完了すれば，その時点以降はいつでも，取引銀行に為替手形を買い取ってもらうことにより，売買代金相当額の回収を図り得るという実情にあるから，右船積時点において，売買契約による代金請求権が確定したものとみることができるとしていることは，このことを判示しているものである。

その意味では，一般的な「相手方到達日基準」や検収基準は，本件輸出取引にはなじまないものであるから，それとの比較による収益計上時期の早期認識は問題にはならないということになろう。しかしながら，そうであるからといって，本件輸出取引に関する解釈が，その経済的実態を異にする輸出取引の一般的収益認識基準に該当することにならないことは，いうまでもないことである。

つまり，製造した機械装置等が輸出されて相手先に搬入されたとしても，試運転により一定の性能が達成されるかどうかについて検収が行われるのであれば，その実体は，本件輸出取引とは異なるものであり，加え，発注者のかかる

検収が条件とされているのであれば，船積みの法的，実際的意味も異なるものであるし，また，代金決済の方法もビデオデッキの輸出に係る本判決とは異なるものであるから，自ずと，異なる収益計上基準，つまり，検収基準が採用されることは当然のことである(37)。

　第二には，為替取組日基準が何故に不合理であるといえるのか，という視座からの検討が行われなければならないということである。すなわち，本判決は，本件輸出取引の経済的実態から，船積日基準による収益計上基準が公正処理基準であるということを判示したものであるが，そうであるからといって，かかる判示が，納税者の採用した為替取組日基準が公正処理基準に該当しない不合理な収益計上基準であるということまでも証明したことにはならない。換言すれば，一般的な商品の「相手方到達日基準」以前に収益計上される為替取組日基準が不合理であるという検証が必要であるということである。

　この点について，本判決は，為替取組日基準は，為替手形を取引銀行に買い取ってもらうことを人為的に操作する余地を生じさせることから，その収益計上時期を一般に公正妥当と認められる会計処理の基準に適合するものとはいえないというべきである，とし，唯一，収益計上時期の人為的な操作を根拠としている。

　この点については，商品の搬出や船積みの時期を人為的に操作することも皆無ではないとはいえるが，相手先との関係や船会社の航海日程との関連で，倉庫からの搬出や船積みの時期を自由に選択することには制限があるのに対して，荷為替手形を銀行に譲渡する時期を人為的に選択できるということの弊害につき，本判決は指摘している。もとより，荷為替の譲渡の時期が自由に操作できるというのであれば，収益計上時期の人為的操作による課税上の弊害は看過できないであろう。本判決の多数意見はこの点の弊害を指摘して，為替取組日基準の公正処理基準性を排斥している。

　この点に関して，一審において，課税庁は荷為替の取組みを早めたり，また，本件船積日から5か月後に銀行に対して為替手形が譲渡されていることを指摘して，本件納税者の収益計上の人為的操作の存在を主張しているが，これに対

第1章 判例等にみる税法上の収益計上時期を巡る諸問題の検証

して，本件納税者は次のとおり反論している。

「荷為替手形の取組日を，早めたり遅らせたりすることはできない。まず，荷為替手形を銀行で取り組めるのは，船荷証券その他がすべてそろったときであって，これ以前に取組日を早めることは物理的に不可能であることから被告の取組日を早めるとの主張は失当である。次に，以下の理由から，右取組日を遅らせたりすることもない。すなわち，信用状には，通常，船積期限，書類呈示期限，有効期限が記載されるものであり，書類呈示期限が明示されていないときは，荷為替信用状に関する統一規則及び慣例（Uniform Customs and Practice for Credits 以下「統一規則」という）47条aに定めるとおり，信用状の有効期限を限度として，運送書類発行日後21日が書類呈示期限となり，これを過ぎると荷為替の取組みが拒絶されることとなっている。右を，別表3昭和55年3月船積分のインボイス No.1122に基づき説明すると，船積期限1980年6月30日，有効期限同年7月15日であるので，荷為替取組期限は同年3月27日から21日目の同年4月15日と右有効期限である同年7月15日のうちいずれか早い方すなわち同年4月15日となる。これを同日以降に遅らせることはできない。そして，事実は同表記載のとおり，船積日は同年3月27日，荷為替取組日は同年4月7日である。

船積みから約5か月後に荷為替手形を取り組んでいる（インボイス番号K18663等）事情は以下のとおりである。すなわち，右は，レバノン及びイラン向けの商品であり，当時レバノン及びイランは戦争状態であつたため，荷為替手形は取り組んでもらえず，東京銀行に船荷証券等書類一切を預けその取立てを依頼していた。5か月後になって，やっと，同書類の引渡しとともに代金受領があり，同銀行から代金取立手形代り金計算書とともに原告に入金があった。原告は，買主にいつ船荷証券の引渡しがあつたかは，同計算書によってはじめて知ったもので，この時をもって収益が実現したものとして計上した。したがって，右処理も船荷証券引渡日基準にしたがったものである。」

かかる納税者（本件原告）の主張する事実は，本件収益計上時期の判断につ

いてかなり重要な要素である。なぜならば，かかる納税者の主張が真実であれば，少なくとも，本件のような輸出取引の収益計上時期は，船積日から21日間のタイムラグによる計上時期の差異の合理性の有無が検討されなければならないからである。

　換言すれば，本件輸出取引は，レバノンの特異な情勢がなければ，1980年3月27日の船積みの荷為替取組日（荷為替手形の譲渡・船荷証券引渡日）期限は同年4月7日であり，納税者の収益計上時期は遅くとも当該日に行われていることになり，船積みからわずか11日後の収益計上ということになる。しかして，一般の取引は，その船積日と荷為替取組日の最大21日間の誤差は，同一事業年度内に収まり，そのために，これまで，このような収益計上時期に関する税務訴訟が提起されることはなかったものと思料される。

　かかる輸出取引の規則や慣習法の取扱いによれば，荷為替の取組みは，一定のルールにより制限的に行われているということができるものであり，本判決が指摘するほどの人為的，恣意的操作が介入するというほどの弊害は存しないという評価も可能であろう。

　このような収益計上基準の判断に重要な要因として機能する納税者の前記の主張事実について，一審判決は，格別の認定判断をすることもなく，双方の主張が判決文に摘示されているにすぎず，判決の税法の解釈適用の前提となる事実認定による「事実の確定」がなされていないという問題点を指摘することができる。本件の一審判決は，かかる事実関係の重要性について認識していないということであろうが，それが認識されていたのであれば，船積日基準による当該船積日を含む事業年度と，為替取組日を含む事業年度とは同一となり，格別の事業年度の差異は生じないということができるであろう。

　収益計上事業年度に差異が発生する余地があるのは，本件のように，事業年度末の3月27日に船積みした事例であるが，棚卸資産の収益計上時期については，出荷基準の内容をなす「倉庫等から搬出した時」，「船積みした時」，「貨車・トラックに積み込んだ時」，「相手方の受入場所に搬入した時」というタイムラグを合理的な範囲として容認しているところであり，また，資産の内容に

より，それよりも遅くなる検収基準も認められているところであるから，「倉庫搬出基準」から「相手方到達日基準」又は「検収基準」という合理的期間内の一定時期を公正な収益計上基準として容認している現行制度上，船積日基準に限定せずに，それよりも最大21日間のタイムラグを容認することを敢えて否定することの合理性が議論の対象とされなければならなかったといえよう。

それに加えて，船荷証券を保有している者が，輸出のために船積みした商品の実質的な所有権（処分権）を保有し貸借対照表能力が失われていないという反対意見の解釈にも，合理的な一貫性があるということができることからも，船積日基準とともに為替取組日基準も公正処理基準として容認すべきであるという解釈もあり得るように思われる。

ウ　まとめ

企業会計上及び税法上，船積日基準が輸出取引の公正処理基準としての収益計上基準であることは疑問の余地はないし，本件輸出取引では信用状が交付されて荷為替手形を取引銀行に譲渡して，実質的な輸出代金を取得することができる輸出取引であるから，船積日において，代金債権を客観的かつ確実に取得することが可能であるということができる。したがって，船積日において輸出取引の代金債権を取得し収益が実現しているということができることはいうまでもないことである。

このような船積日基準が公正処理基準であり，それ以外の為替取組日基準は事実たる慣習としての会計処理が行われていないというのであれば，本件訴訟に9年間の審理期間を要したことは説明ができない。かかる長期間を要した理由は，すでに述べたように，船積日基準が唯一の公正処理基準であり，為替取組日基準は公正処理基準に当たらないという具体的論証が困難であるいう点にあると思われる。

加えて，税法上，船積日基準が公正処理基準であるとする解説は，課税庁が船積日基準により取り扱っていることから，納税者は為替取組日基準による収益計上基準の否認による更正処分を回避するために，船積日基準の採用が一般的であるということもできる。その意味では，何が公正処理基準であるのかと

いう検証は，現実に採用されている合理的な会計処理基準の他に，課税庁の採用の有無とは無関係に，論理的に合理的な会計処理基準の是非が検討されるべきであるということができよう。

そして，本件反対意見が摘示している為替取組日基準の合理性を否定するのであれば，僅か21日間のタイムラグと事業年度末の一定の船積みに伴い発生する限定された問題であるという点の収益計上基準の是非の検討が必要であったと思われる。

しかしながら，かかる検討の結果は，21日間の収益計上時期の選択可能性が疑問視され，また，実現主義の根拠とされる収益実現の客観性と代金の回収の確実性は，本件輸出取引においては充足していることから，船積みの日に収益は実現したということができるから，法廷意見の合理性は否定できないということもできよう。

その意味では，信用状が交付されて代金回収が担保されている本件輸出取引の場合には，商品の船積みにより売主の義務の履行は完了しているものであり，その後の船荷証券の取引銀行への交付は，実質的な代金回収段階での行為であり，かつ，輸入者に対する義務の履行として，実現概念における引渡概念とは無関係であると理解することができる(38)。

筆者は，このような見解を披瀝したところであるが，本判決が荷為替の取組期間の制限に関する事実認定を捨象したという実態に鑑みれば，為替取組日基準も公正処理基準の一つという解釈も可能であろう(39)。

それにしても，一審判決及びその後の訴訟審理において，貿易取引の規則等により船積日から21日間に荷為替を取り組む必要があるという規制があり，それを超えれば，荷為替の取組みが拒絶されるという事実が検討されていないのは疑問がある。仮に，荷為替の取組みが拒絶されれば，通常の為替手形の取立てにより代金の回収が図られることになるが，そうであれば，船積日が収益が実現した唯一の基準とはいえない。現実的な代金回収可能性は，取引銀行に荷為替を譲渡して代金回収が図れる場合とは異なり，船荷証券の買主への交付義務を履行して初めて具体的な代金回収が可能となるからである。

このような論点について，判決において事実関係を確定した上で，事業年度末という特定の時期の輸出取引の問題として発生するにすぎない収益計上時期のタイムラグについて，複数の公正処理基準の存在と課税上の弊害の有無との合理的関連性及び本判決の反対意見の論理的一貫性と整合性について検証することにより，為替取組日基準の合理性に関しては異なる判断がなされる可能性は皆無ではなかったように思われる(40)(41)。

2 過払電気料に係る精算返戻金の収益計上時期（最高裁平成4年10月29日判決・判例時報1489号90頁）

(1) 事案の概要

　自動車部品製造業を営むX社は，電力会社K社との間で電気供給契約を締結していたところ，昭和59年12月に行った同社の検針において，計器用変成器の設定ミスにより，X社は過去12年間に亘り電気料金を過大に支払っていることが判明，K社はX社に対して過去の過払分について返還をすることを申出，陳謝した。そして，同月21日に，K社はX社に対して，過払いの概算精算金は1億5,200万円，年6％の計算した利息4,000万円程度となること，具体的な金額の確定は，資料が保存されていない年分があることから相当の期間を要する旨の申出を行い，X社はこれについて了承した。

　昭和60年3月29日付で，X社はK社との間で，過払精算金1億5,311万円とする確認書を作成し，同金額と年6％の利息相当額を収受したことから，当該利息相当額は昭和60年12月期における収益として申告したが，過払電気料については同55年12月期から同59年12月期に対応する部分の金額約9,000万円については，当該事業年度の費用を減額する修正申告を行った。

　これに対して，Y税務署長は，その精算返戻金の全額は，その金額が当事者間の合意した日を含む昭和60年12月期の収益であるとして更正処分を行った。これに対して，X社は，過去の電気使用料の過払いによる損失は，その損失の発生した事業年度の過少申告の是正によるか，精算返戻金の概算額が提示され

た昭和59年12月期の収益に計上すべきであるとして訴えを提起したものである。

(2) **判決の要旨**

　本件過収電気料金の支払いについて，上告人（X社）は，昭和47年4月から同59年10月までの12年間余もの期間，K社による電気料金等の請求が正当なものであるとの認識の下でその支払いを完了しており，その間，上告人はもとよりK社でさえ，上告人から過大に電気料金等を徴収している事実を発見することはできなかったのであるから，上告人が過収電気料金等の返還を受けることは事実上不可能であったというべきである。

　そうであれば，電気料金等の過大支払いの日が属する各事業年度に過収電気料金等の返還請求権が確定したものとして，右各事業年度の所得金額の計算をすべきであるとするのは相当ではない。上告人のK社に対する本件過収電気料金等の返還請求権は，昭和59年12月ころ，K社によって，計量装置の計器用変成器の設定誤りが発見されたという新たな事実の発生を受けて，右両者間において，本件確認書により返還すべき金額について合意が成立したことによって確定したものとみるのが相当である。したがって，本件過収電気料金等の返戻による収益が帰属すべき事業年度は，右合意が成立した昭和60年3月29日が属する本件事業年度であり，その金額を右事業年度の益金の額に算入すべきものであるとした原審の判断は，正当として是認することができ，原判決に所論の違法はない。論旨は採用することができない。

＜反対意見＞

　上告人は，昭和47年4月から同59年10月までの間，電気料金等を過大に支払い，過大支払いの事実を昭和59年12月14日に知ったというのであり，上告人は，この間に電気料金等として支払った金額を，支払いの時の属する各事業年度における損金の額に算入していて，その算入の根拠は，右の金額が法人税法22条3項1号の原価に該当するとしたことにあったと認められる。しかし，実は，その間の電気料金等の支払いは過大であったのであるから，過収電気料金等の額に相当する額は，同号の原価の額には該当しなかったというべきであり，上

第1章　判例等にみる税法上の収益計上時期を巡る諸問題の検証

告人の当該各事業年度に関する確定申告における所得金額の計算には，原価の過大計上ひいては損金の過大計上という違法があり，その結果，所得金額が過少であったものと認められる。したがって，右の各事業年度について，上告人は，国税通則法等の定めるところにより修正申告することができ，被上告人は，同法等の定めるところにより，電気料金等の過大計上の有無を調査し，その結果に基づき，損金の過大計上を理由として右の各事業年度の所得について更正すべきであって，被上告人が返還を受けるべき過収電気料金等の額を右の各事業年度以外の事業年度の益金の額に算入する更正をすることはできないというべきである。

(3)　本件事案の問題点

　本件の争点は，①電気料金の過払いの各事業年度の水道光熱費の損金の是正を図るべきものか，また，②過年度の過払いにより発生したX社の電力会社・K社に対する不当利得返還請求権を各事業年度の収益として計上すべきか，③K社の不当利得返還請求権（精算返戻金）の概算額の支払いの申出のあった事業年度（昭和59年12月期）の収益に計上すべきか，④精算返戻金が具体的に確定した確認書作成時（昭和60年12月期）の収益に計上すべきかという問題である。

　この点について，①費用の過大計上の修正と考えるべきか，また，②K社の不当利得返還請求権は過払時の各事業年度に発生した債権と認識して，それを収益に計上すると解するのが妥当かという点については，単純な電気料の過払いの誤謬とは異なり，計量装置の計器用変成器の設定誤りに基づく電気料の支払いであり，しかも，支払ったX社はもとより，電力会社のK社もそのミスに長年気がつかないまま12年間も経過し，その間，当事者は正当な電気料の支払いとして認識して処理されていたものであるから，会計事実として確定していた（本件原審判決・東京高裁平成3年5月29日判決・税資183号856頁）というべきであり，それが，最高裁判決の判示するように，昭和59年12月ころ，K社によって，その計器用変成器の設定誤りが発見されたという「新たな事実の発

生」を受けて、右両者間において、本件確認書により返還すべき金額について合意が成立したことによって確定したものとみるのが相当である。その意味では、過去の費用計上の誤りの是正というよりも、その設定ミスにより発生したK社に対する不当利得と理解した上で、②その返還請求権が過払時の事業年度の収益と認識するか(42)、上記③の精算返戻金の概算額を提示した事業年度又は④の確認書締結した時の事業年度の収益計上と認識すべきかという点が議論されるべきであろう。

そこで、ここでの検討は、②、③及び④の収益認識の計上時期の是非について考察を加えることとする。

(4) 精算返戻金は過払時の収益とする論理（反対意見の論理）の是非

精算返戻金は、電力会社K社の計量装置の計器用変成器の設定誤りから発生したものであるから、X社が過払いの事実を発見し認識することは困難であり、そもそも、X社が過払電気料金等の返還を受けることは事実上不可能であったというべきである。その過払いが行われた時に不当利得返還請求権が発生し、したがって、その不当利得返還請求権は各事業年度において収益として計上すべきであると解釈することは、その不当利得返還請求権の発生原因等の実態、実質に鑑みれば、実体に即さないものと考えられる。

ところが、一方で、従前の課税実務及び判例においては、法人の役員や使用人（以下「従業員等」という）の横領等により被害を受けた当該法人の損失に係る損害賠償請求権の収益計上時期は、当該横領等が行われた時に同額の損害賠償請求権が発生しているという理解に立っていることからすれば、むしろ、本件事案の不当利得返還請求権の収益計上時期は、その過払いにより損害が発生した時の過去の各事業年度における収益として計上すべきであるという解釈に帰着し、かかる解釈が、むしろ合理的であるということができよう。本判決の反対意見は、このような視点からの解釈と軌を一にするものである。

仮に、筆者が横領損失に係る損害賠償請求権の収益の計上時期につき、横領時にその損失と同額の損害賠償請求権が発生しているから、その横領損失との

見合いで収益に計上すべきであるといういわゆる「同時両建説」に立脚しているのであれば、本件の過払電気料の不当利得返還請求権の収益も、同様に過払時に潜在的に発生している債権として、その事業年度の収益に計上すべきという解釈を展開したことはいうまでもないことである。

しかしながら、筆者は、従業員等の横領等に係る損害賠償請求権の収益計上時期は、その権利が行使できることとなった時、つまり、現実に権利行使が可能になった時に収益に計上すべきであるという「異時両建説」、さらには、その債権の現実の回収不能性に鑑み、回収基準説によるべきことを、夙に強調していたところである(43)。

それは、横領等の違法行為により現実に発生している損失に係る損害賠償請求権につき、法人自体が横領等の事実を認識していない以上、その横領等の事実が行われた事業年度において、当該損害賠償請求権の発生を具体的な存在として認識することは不可能であり、しかして、その権利の行使も事実上不可能という実体があるからである。

しかも、横領等に係る損害賠償請求権の特異性から、その回収は期待できない場合が多く、かかる法形式的に発生した経済的価値に疑問のある債権の発生（収益）と横領損失とが相殺されて、損失として認識されずに、実質的に当該横領損失に課税する事態を招来することは、納税者の租税負担能力の喪失という経済的実質を全く捨象する不合理な課税関係を形成することになる。同時両建説に反対しているのは、このような理由からである。

これに対して、異時両建説は、その横領等の事実を認識した時に損害賠償請求権を収益として認識して計上し、その上で、その回収不能金額を算定して個別見積りによる貸倒引当金として損金に繰り入れることが可能となる。また、その資力の程度に応じて、その大半が回収困難と認められるのであれば、現実に回収された時に収益に計上する回収基準説が合理的であることも強調し、現実の課税実務の運用は、法人税基本通達2－1－43（損害賠償金等の帰属の時期）の後段に規定する回収基準説を積極的に活用すべきであることを強調しているところである。

ちなみに，代表取締役等の役員や使用人の横領等の不法行為により受けた損失に対する損害賠償請求権と商事債権とは同質の債権と理解した最高裁昭和43年10月17日判決（訟務月報14巻12号1437頁）が，その後に続く判決に影響を与えたものであるが，その最高裁判決前の昭和42年に，同時両建説の矛盾を指摘していた福岡家庭裁判所行橋支部の渡辺伸平判事（昭和40年度司法研究員）の秀逸な古典的論文を紹介しよう(44)。

　同論文は，損害賠償請求権はその発生原由が一般に複雑多様であり，契約等のように合意を基礎にしていないだけに，その発生及びその額について争いがある場合が多いことを指摘し，そのような点で，一般の商取引上の代金債権等に比べるとその経済的価値も乏しいものと見られるとして，「もし法律上の形式論に拘泥して，損害賠償請求権の発生とともに直ちに収益が発生するものとしたら，損益計算上，一面における損失の発生は通常他面における収益の発生を伴うこととなり，両者は相殺され，結局その結果損失は現実（物権）的に生じているのに，その填補は観念（債権）的にのみ賄われるという事態を招来する問題点も指摘している。もちろん右請求権（債権）が実現されると，損害の填補も現実的なものとなるが，問題はその間の納税者について生ずる現実の経済的負担であって，実際上は軽視できないであろう。このようなことから，損害賠償請求権についての収益発生時期は，一般には，現実の収入のとき，と解すべきである。」と論じている。さらに，同時両建説の判決を取り上げて，「損害賠償請求権についてのこのような形式的な扱いは債権の経済的多様性を無視したもので，課税所得の範囲を不当に拡大する結果にもなる。正当なものとはいえないであろう。」と的確に指摘している。

　このような損害賠償請求権の収益計上時期の見解（異時両建説又は回収基準）に立つ筆者は，本件の過払電気料に係る精算返戻金に相当する不当利得返還請求権について，その発生の事実を現実の債権として客観的かつ確実に認識できた時に収益に認識することが，実現主義からは合理的であると考えている。各過払いの時の各事業年度末においては，電気料として過払いの事実の存在を承知しておらず，具体的な債権としての存在を認識することは困難だからであ

る。

　この点に関して，経理部長の1億8,000万円の詐欺被害に係る損害賠償請求権の収益の計上時期は，当該法人がその詐欺損失の事実を認識した時に収益に計上すべきという画期的な「異時両建説」を採用した東京地裁平成20年2月15日判決（判例時報2005号3頁）は，次のように判示している。

　「不法行為による損害賠償請求権の場合には，その不法行為時に客観的には権利が発生するとしても，不法行為が秘密裏に行われた場合などには被害者側が損害発生や加害者を知らないことが多く，被害者側が損害発生や加害者を知らなければ，権利が発生していてもこれを直ちに行使することは事実上不可能である。この点，民法上，一般の債権の消滅時効の起算点を，権利を行使することができる時としている（166条1項）のに対し，不法行為による損害賠償請求権については，これを，被害者又はその法定代理人が損害及び加害者を知った時としている（724条）のも，上記のような不法行為による損害賠償請求権の特殊性を考慮したものと解される。このように，権利が法律上発生していても，その行使が事実上不可能であれば，これによって現実的な処分可能性のある経済的利益を客観的かつ確実に取得したとはいえないから，不法行為による損害賠償請求権は，その行使が事実上可能となった時，すなわち，被害者である法人（具体的には当該法人の代表機関）が損害及び加害者を知った時に，権利が確定したものとして，その時期の属する事業年度の益金に計上すべきものと解するのが相当である（最高裁平成4年10月29日第一小法廷判決・裁判集民事166号525頁参照）。」[45]

　この判決で引用されている最高裁平成4年判決は，過払電気料の精算返戻金の法廷意見であるが，同判決が，過払いによる損失の損害賠償請求権の収益計上につき，確認書により返戻金が確定した時の事業年度の収益とした判決の論旨の根底にあるものは，本件精算返戻金に係る債権の特異性に由来するものであることから，それと同次元の問題として，使用人の詐欺による損失に係る損害賠償請求権の収益計上時期を判示したものであり，正に，正鵠を射た判決であるということができる。

そこで，いかなる特異性を有するのかということであるが，先ず，指摘できるのは，請求書等の請求額の合計額が過大に記載されていたために経費等の支払いが過大となった場合のように，単純な計算の違算である場合には，遡及是正が行われることはいうまでもないことである。ところが，本件の場合には，計量装置の計器用変成器の設定誤りという通常では判明しないミスであるから，利用者はもとより電力会社も過大の支払いを承知せずに12年間にも亘り，過大支払いの電気料を適正なものとして収受していたものである。

本件のような過大電気料の支払いは，その過払時においては，その事実はもとより，その不当利得返還請求権を認識できるものではなく，したがって，その過払いの事実が発覚した時に，一定の会計事象として仕訳の対象となるものである。このことは，前記請求書の過大記載による過大支払いとは異質の内容である。

ちなみに，遡及訂正に消極とした筆者の論拠に対して(46)，川端康之教授は，「『過払いの事実をその需要者において，また，税務調査に当たる課税庁においても客観的事実として認識することは困難な事情にある損益である。』として誤謬の認識可能性の点から遡及適用を消極に解する論者もいるが，当事者はそもそも誤謬であることを認識していなかったから仕入れであれ，支払電気料であれ過大計上の誤りが生じているのであって，当事者の認識可能性という論拠は説得力に欠ける（当事者が認識して過大に計上したのであれば，それはまったく異なる問題を生ずる）」(47)と批判している。

しかし，かかる批判は，筆者が詳細な論理の展開を省略したこともあって，その真意が必ずしも十分に理解されていないと思料されるので，以下では，その批判に応える意味で補足して論じることとする。

本件過払電気料は，計量装置の計器用変成器の設定誤りに起因した発覚が困難なものであり，そのために，その発覚により具体的権利として客観的に認識された不当利得返還請求権の債権としての特異性を前提とすべきこと，特に，課税庁が，どのような税務調査を展開したとしても，その誤謬を客観的事実として認識することはほとんど不可能という事情にあったものである。

第1章　判例等にみる税法上の収益計上時期を巡る諸問題の検証

　更正の除斥期間が課税庁の権利行使の懈怠による一定の期間経過により，資料の散逸等による不正確な権利関係の認定を回避して，権利関係の速やかな確定を意図した制度であることに照らせば，課税庁が税務調査により，その計器用変成器の設定誤りを発見することは事実上不可能な事実に起因して発生する不当利得返還請求権の特異な性質に鑑みると，遡及是正により更正の除斥期間を徒過した事業年度の課税処分が不可能に陥ることは，法の除斥期間が前提とするものではないというべきである。したがって，かかる誤謬の事実を利用者（X社）と課税庁が認識できない本件過払いに係る不当利得返還請求権の特質に鑑みれば，収益の認識につき，単純に遡及適用の是正を容認して課税漏れの不正義を招来する弊害の合理的説明は困難であることから，本件法廷意見を支持しているところである。

　換言すれば，川端教授は，「当事者間の認識可能性の欠如」という点を強調されているが，筆者が論じたのは，むしろ，「利用者と課税庁の認識可能性の欠如」を重視し，そのことが，本件における不当利得返還請求権の特質であり，しかして，課税漏れが発生する遡及是正には合理性は認められないとしたところである。決して，「当事者の認識可能性ということを論拠」として，遡及是正を否定したものではないということを付言しておきたい。

　加えて，過払額を認定する資料の保存がなされていないことから，推定により算定された過払電気料の額を納税者が同意したことにより，はじめて具体的な債権として認識されたという点も考慮すべきである。

　そして，かかる解釈論の展開は，従業員等の横領等に係る損害賠償請求権の収益の認識は，異時両建説又は回収基準説によるべきであるという筆者の古くからの論理と軌を一にするものである。

(5) 「精算返戻金概算額提示時収益説」と「確認書作成時収益説」の法廷意見の論点の考察

　本判決の法廷意見は，12年間余の期間，電力会社のK社による電気料金等の請求が正当なものであるとの認識の下でその支払いを完了しており，その間，

47

上告人のX社はもとよりK社でさえ，X社から過大に電気料金等を徴収している事実を発見することはできなかったのであるから，上告人が過収電気料金等の返還を受けることは事実上不可能であったというべきであると判示して，合意書が締結されて金額が確定した時に収益計上すべきであると判示している。

また，本判決の原審の前記東京高裁判決は，「担税力の適正な評価はもちろん，公正課税の点から見ても，過年度の会計事実として既に確定していたというべきであり，また，本件過収電気料金等の返戻額は客観的に存在する過年度過大徴収額の実額ではなく，当事者の合意という新たな会計事実によって確定された金額であるから，…（略）…単なる損益計算の誤りの修正の場合と同視して，これを過年度の損金額の修正によって処理すべきものではないことは明らかである。」と判示している。

かかる判決の判示内容は，本件不当利得返還請求権の内容をなす精算返戻金の特質を示すものであり，通常の債権とは異なる次元で，その新たに認識された不当利得返還請求権の性質，その租税負担能力等の経済的実質をも考慮して，そのあるべき収益認識基準の合理性を検証すべきである。

ところで，本件の計器の設定誤りは，「法基通2－2－16」に規定する事後的に発生した一定の行為（事実），例えば，売上値引きや売買契約の解除による商品等の返品のように，すでに有効に成立した取引とは別個の事由（会計事実）が発生したことにより，当初の会計事実による取引の会計処理が，事後的に是正される場合とは，その性質が異なっていることは事実である。その点で，法廷意見のような確認書作成時の損益とすることについて疑問が提起される一つの要因となっている[48]。

K社の計器用変成器の設定誤りは，このような後発的事由の発生とは異なるものの，その設定誤りは，X社はもとより，課税庁の税務調査において発見することは困難な事実であるから，前記後発的事由と類似する事実として，その収益計上時期を合理的に判断すべきであると考える。そして，かかる視座からの検討によれば，X社及び課税庁が税務調査において，その設定誤謬を発見できなかったことはやむを得ないものであること，過払いの事実が客観的に明確

第1章　判例等にみる税法上の収益計上時期を巡る諸問題の検証

になり，客観的に不当利得返還請求権（精算返戻金）の存在が認識できたのは，計器設定誤謬が発覚した事業年度であるから，当該債権の内容をなす精算返戻金の収益計上の時期は，その概算額が提示された事業年度（昭和59年12月期・「精算返戻金概算額提示時収益説」）か，その金額が具体的に確定した事業年度（昭和60年12月期・「確認書作成時収益説」）のいずれかと解すべきである。

ところで，本件最高裁判決は過払電気料の返戻額の概算額を提示した時の収益計上時期の是非については，格別，判示してはいない。それは，法廷意見が，X社のK社に対する本件過収電気料金等の返還請求権は，昭和59年12月ころ，K社によって，計器用変成器の設定誤りが発見されたという新たな事実の発生を受けて，右両者間において，本件確認書により返還すべき金額について合意が成立したことによって確定したものと認定したことによるものである。

つまり，精算返戻金の確定的な金額は資料の保存がない年度があり，現実の全額の過払金額を確定することは困難であることから，K社の過払いの推定額に関してはX社の同意が不可欠であり，しかして，K社からその概算額が示されたことでは足りず，同意に至った確認書の作成の時に精算返戻金が確定したものであり，その時に収益として認識することは，X社の担税力からしても合理的であるというべきである。

しかしながら，一方で，この不当利得相当額の返戻の申出の事業年度（昭和59年3月期）に収益計上すべきという解釈は，これまでの課税実務に照らしてみても相当の理由が認められるところであり，本件の複雑な論点の一つとなっている。

すなわち，その精算返戻金の概算額提示の時点では，計器用変成器の設定誤りが明確に認識され，したがって，X社には，過去の12年間に亘る電気料の過払いによる損害が発生し，その返還を求める権利が具体的，客観的に認識にされたものであるから，その電力会社の返戻金の概算額の提示額は，正確な確定的な金額ではないとしても，一定の合理的な金額の見積りによる損害額の提示であるから，その申出の時に収益に計上すべきであるという解釈にも説得力があるといえよう[49]。

ところで，本件事案における収益計上時期が，当該返戻金の概算額の提示の時か，確認書により返戻金額が確定した時かという点が問題とされたのであれば，いずれの収益計上時期も合理性が認められると解する余地があり，しかして，納税者が早期の収益計上時期である「精算返戻金概算額提示時収益説」を選択して申告したのであれば，これを否認する理由はないものと解される。つまり，具体的金額が最終的に確定した「確認書作成時収益説」による収益計上時期が不合理として否定され，唯一，「精算返戻金概算額提示時収益説」が合理的な基準であるという積極的な論拠を示すことは困難であるということである。

　収益計上時期の公正処理基準は一つではなく，複数存在することもあり得るから，「確認書作成時収益説」による収益計上時期を否定して，それに先行する「精算返戻金概算額提示時収益説」が合理的であるというためには，「確認書作成時収益説」の不合理性を論証する必要がある。

　しかるに，かかる基準による収益計上時期は，具体的に最終金額が確定した事業年度であり，租税負担能力の点からも優れていること，「精算返戻金概算額提示時収益説」は，精算返戻金額の最終合意が得られていない時点の金額であり，その概算額が提示されたといっても，それは，K社において計器変成器の設定誤謬という重大なミスが発覚し，それに対応した謝罪時までの内部調査により把握された範囲での概算額の伝達であるから，K社において正式に承認された概算額ともいえない。したがって，その後の綿密な調査等に基づいた推定により算定された精算返戻金については，実際のそれとは異なることから，それについてのX社の同意が必要であることはいうまでもないことであり，かかる収益計上基準は，むしろ，「許容される例外的な基準」と解すべきである。

　したがって，X社が，概算額提示の事業年度における収益として申告した場合は，それが認められるべきであるが，同社は過去の過払時の当該各事業年度の水道光熱費の損金を減額する修正申告を提出したものである以上，具体的に精算返戻金が確定した確認書作成時のX社の合意に至った時を含む事業年度の収益とする原則的方法による本件更正処分は適法であると解すべきである。こ

の点の結論の相当性について、さらに、精緻な考察が必要である。

すなわち、収益の金額が確定していない場合であっても、過払いの事実による損害額の発生に起因した返戻金の提示という事実に鑑みれば、金額が確定的ではないとしても、その金額の合理的算定が可能であれば、権利が確定しているとして収益に計上することは可能であり、むしろ、それが合理的であるということもできるからである。

「法基通2－1－4」は、目的物を相手方に引き渡した場合に、その販売代金が確定していないときであっても、事業年度末の現況により、その金額を適性に見積もり収益に計上することとされている。また、債務の発生、原因事実の発生及び金額の合理的算定の可能性という債務確定主義の3要件に照らすと、本件過払金の合理的算定（推定）が可能である以上、K社においては、最終的に確定した金額ではないとしても、その合理的に算定した概算額を債務確定の金額として損金に算入することは可能であるから、その精算返戻金に係る権利もその概算額については確定しているということもできるであろう。

しかし、その一方で、K社において過収電気料を証する資料の保存がない事業年度がある以上、K社がX社に提示した概算額は、その時点における推定による暫定的な概算額であり、具体的に確定した金額とはいえない。しかして、その推定部分の返戻額については、その推定方法を含めて、X社が同意するかどうかは不明であるから、客観的に確定した精算返戻金とはいえないということができる。

したがって、不当利得返還債務を費用に計上するK社にとっては、保守主義による公正処理基準からすれば、その過収電気料の返還額は、資料により証明された確定額と合理的推定により算定した推定額との合計額のうち、少なくとも、K社が概算精算額として申し出た金額は債務確定額（未払金）として費用処理することは許容されるが[50]、X社にとっては、精算返戻金の収益として法人税の課税対象とされるものであるから、K社の債務確定による費用計上とは別次元の問題として検討しなければならない。

すなわち、昭和59年12月に、K社からX社に対する精算返戻金の概算額が提

示されてはいるが、それは、あくまで謝罪に際して、その時において調査した範囲における概算額であり、いわば、K社における心づもりをX社に提示したものにすぎないと解すべきであり、しかも、K社の正規の手続きにより決定された金額ではないから、その後の確認書作成時までの間の調査によって、その金額は変動することがあり得るところである。したがって、昭和60年3月に行われた確認書の精算返戻金の額が、K社の正式な意思表示というべきであるから、その金額の提示までは、精算返戻金の概算額は、客観的かつ確実に支払われる金額とはいえないと解すべきである。

このことは、昭和59年12月末日において、K社が謝罪の際に伝達した精算返戻金の概算額について、X社が請求権を行使して支払いを請求することが可能であるかという視点からみれば、その精算返戻金の概算額の伝達は、K社において確定した金額ではなく、かかる請求については支払いは行われないものと考えられる。したがって、昭和59年12月期においては、その概算の精算返戻金の額について請求することが可能となったと解することはできないと考えられ、当該精算返戻金を同期の収益に計上することは許されないと解される。

この点に関して、「法基通2－1－43」は、「他の者から支払を受ける損害賠償金の額は、その支払いを受けるべきことが確定した日の属する事業年度の益金の額に算入することとされている」ところ、K社のX社の謝罪に際しての概算の返戻額の伝達によって、X社がK社に対して、その概算額の精算返戻金につき、「その支払いを受けるべきことが確定した」と解することは困難であることに鑑みても明らかである。

ところが、仮に、実額で把握できる過払額に相当する精算返戻金が、確認書作成時前の概算額を伝達した昭和59年12月期において支払われたのであれば、それを受領したX社は、最終的な不当利得返還請求権の金額が確定していないとしても、その請求権の存在に争いはなく、また、取得した一部の金額は返還の可能性のない現実の利得として支配管理していることに照らせば、「管理支配基準」により受領時の収益に計上すべきである。

以上の検討のとおり、X社において、精算返戻金を課税の対象とすべき収益

計上の時期は，本件法廷意見のように，X社の同意が得られた確認書作成の日が，その精算返戻金の「支払いを受けるべきことが確定した日」と解すべきであり，それが原則的な収益計上時期であるといえよう。したがって，それに先行する収益計上時期である「精算返戻金概算額提示時収益説」は，一つの合理的な収益計上基準ではあるが，それは納税者が早めの課税を選択して申告した場合に認められるものであり，「確認書作成時収益説」を否定して，「精算返戻金概算額提示時収益説」を唯一の基準と解することは合理的な解釈とはいえない。

　以上の検討から明らかなように，本件は，計器用変成器の設定誤りという機器の内部の設定ミスであるために，X社及び課税庁等の外部の者によっては，その誤謬を認識することは不可能な場合であり，したがって，このような特異な要因により発生した本件の不当利得返還請求権の収益計上時期は，事後の事業年度において修正される後発的事由とは異なるものの，それに類した事実と同様に解して，その誤謬が判明し，具体的な精算返戻金として確定した日を含む事業年度の収益として認識することが合理的である。

　このような解釈は，損害賠償請求権等の発生を法形式的に理解するのではなく，その債権の発生の特質を考慮して合理的な解釈を展開すべきであるということであり，次に述べる最高裁昭和53年2月24日判決（民集32巻1号43頁）が，「収入の原因となる権利が確定する時期はそれぞれの権利の特質を考慮し決定されるべきである…」と判示するところを実践しているということである。そのことが，事案の経済的実態に即した合理的解釈が可能となるということである。

　しかるに，横領による損失に係る損害賠償請求権の収益認識の基準は，最高裁昭和43年10月17日判決（訟務月報14巻12号1437頁）を踏襲し同時両建説によっているが，かかる債権は，一方的な犯罪行為により発生する事後に認識される債権であり，しかも，その大半の損害賠償請求権の回収が困難であるという債権の特質を捨象して，取引上の合意が前提とされて成立する商事債権と同列に取り扱っているところに，その問題点を指摘できる。かかる現在の課税実

務及び判例は，前記昭和53年最高裁判決がいみじくも判示する「それぞれの権利の特質を考慮して決定すべきである」という論旨に違背するものであるが，裁判実務において，裁判所がこの点に思いを致さず，現在も，同時両建説に固執した判決を言い渡しているのは遺憾なことである(51)。

(注)

(34)　富岡幸雄『税務会計学講義』中央経済社（2008年）63頁～64頁。

(35)　清永敬次「船積日基準による会計処理に基づく課税の合法性」民商雑誌111巻1号（1994年）157頁。

(36)　この点を指摘する川端康之前掲論文（注27）90頁～91頁は，本判決が法律上の代金請求権行使可能性ではなく，その取引の経済的実態からの代金確定の時期を判断したもので，権利確定の判断に際して具体的妥当性を追及したといえるとされている。

(37)　一定の性能値達成義務が課されていた「ろ過装置」の輸出取引について，船積日基準を採用した更正処分が，その性能値達成の確認のための検収基準によるべきであるとして取り消されたものとして，大阪地裁昭和61年9月25日判決（シュトイエル302号19頁）参照。この判例評釈として，大淵博義『法人税法の解釈と実務』大蔵財務協会（1993年）89頁参照。

(38)　この点については，大淵博義「第2章　税務会計上の『公正処理基準』と輸出販売収益の実現の時期」富岡幸雄博士古稀記念論文集編集委員会編『税務会計研究の現代的課題』第一法規（1997年）247頁参照。

(39)　石倉文雄「判例回顧」租税法学会『相続税法の原理と政策』租税法研究第23号（1995年）179頁は，このような視点から為替取組日基準の合理性を認めている。

(40)　中井稔『企業課税の事例研究』税務経理協会（2010年）は，本件のような事態は期末月の第4週ないし3週に船積みされた場合に限られると指摘し，問題にすべきではないとする。

(41)　引用したもの以外の下級審を含む本判決の判例研究等に，野田博・租税判例百選（第4版）別冊ジュリスト　No.178，綿引万里子・法曹時報47巻12号，石倉文雄・ジュリスト1054号，川端康之・判例時報1512号，小松芳明・ジュリスト893号，小林克巳・税務弘報135巻10号，佐藤孝一・税経通信49巻3号等参照。

(42)　この点の①及び②の税務処理は，各事業年度の所得金額には相違をきたさない。

(43)　この点に関しては，大淵博義『法人税法解釈の検証と実践的展開　第Ⅰ巻増補改訂版』税務経理協会（2013年）485頁～503頁，税務大学校在職中に論じたものとして，同『法人税法の解釈と実務』大蔵財務協会（1993年）609頁，616頁～617頁参照。

(44)　渡辺伸平「税法上の所得を巡る諸問題」司法研究報告書19巻1号（1967年）94頁～95頁。

(45)　この点については，この控訴審の東京高裁平成21年2月18日判決（裁判所ホームページ行政事件裁判例集）も同様のスタンスに立っているが，その一方で，通常であ

れば，経理部長の不正はチェックすれば判明したものであるから（いわゆる「通常人基準」），原則的な同時両建説によるべきであると判示したものである。しかしながら，経理部長という要職にある者の仕事は信頼が前提とされているから，横領の有無という視点からその仕事の内容を上司が逐一チェックするということは，通常は行われないことであるから，このような判決の論旨は妥当とはいえない。

(46) 大淵博義前掲書（注２後者）157頁。
(47) 川端康之「法人税法における収益計上時期」判例時報1512号（判例評論432号）225頁，同「法人税法における収益の計上時期」総合税制研究 No. 5 （1997年）84頁。
(48) 武田昌輔「収益の帰属」税務弘報37巻５号（1989年）94頁。
(49) 松沢智「権利確定主義と収益の帰属」税務弘報38巻13号（1990年）128頁は，原則としても過払いの事業年度に遡及して是正が図られるべきであるとし，「一歩譲って当事者の認識を重視するとしても，昭和59年12月期の事業年度の修正を妥当として判決すべきであった」とする。
(50) 「法基通２－２－13」は，損害額が確定していない場合であっても，その額として相手方に申し出た場合に，その申し出た金額を当該事業年度の未払金に計上した時はこれを認めることとしている。しかし，この規定は，賠償金を支払う債務者の側の問題であるから，債務者が賠償金を申し出たとしても，債務者において，必然的に収益に計上すべきということにはならない。
(51) 前述した経理部長の横領に係る異時両建説の地裁判決を排斥した東京高裁判決（注４）の上告事案は，平成21年７月，最高裁において上告不受理決定がなされている。

VI 「一般に公正妥当な会計処理の基準」と収益計上基準

これまでは，税法上の収益計上基準について論じ，最近の最高裁判決の収益計上時期に関する判決を考察したところであるが，ここでは，収益計上基準の「一般に公正妥当な会計処理の基準」（以下「公正処理基準」という）の是非が問題とされた事例について検証する。

1 収益計上基準における公正処理基準

すでに論じたように，税法上の収益計上基準は実現基準又は権利確定基準は，①商品等の販売という客観的事実により収益を認識する方法であり，その計上の時期を確定する上で客観性があること，②商品等の販売により現金と同様の売掛債権等の資産（現金等価物）を取得しているために，その収益測定には確実性があること，③販売時には営業活動の大半が完了し，収益と営業活動に係る費用との収益対応関係が適正に行われることになり，結果として，分配可能性のある収益の計上が可能となるというメリットがある。このような販売収益に係る収益認識に関する関係を図で示すと次のとおりである。

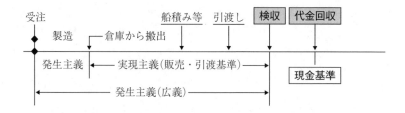

この図は，実現主義による収益計上時期の最も早い基準は倉庫搬出基準であり，最も遅いものは検収基準を示している。また，それ以外の製造過程の付加

価値増殖時に認識する広義の発生主義や代金回収時の現金基準の不合理性も理解できるであろう。

この場合の販売・引渡基準の内容を示すと、次のとおりである。

企業は、その製品等の種類、取引の形態等に応じて次の基準の中から、合理的と認められる基準を選択して継続的に適用することになる。

出荷基準	○倉庫等から搬出した時 ○船積みした時 ○貨車・トラックに積み込んだ時
検収基準	○相手方が検収して引き取った時（検収通知による検収の日）
使用収益開始基準	○相手方が使用収益できる（土地等の引渡しの場合）
検針日基準	○ガス・電気の使用量を検針確認した日

2　プリペイドカードの収益計上と公正処理基準

プリペイドカード（以下「本件商品引換券」といい、商品券を含むものを「商品引換券等」という）の発行代金に係る商品引換え未了部分の代金の収益計上時期が争われたものとして、名古屋地裁平成13年7月16日判決（税資251号順号8948）がある。

(1)　判決の概要

この事件は、石油類の卸・小売業を営む原告が当該事業年度中に発行したプリペイドカードの総発行対価は5億332万円であったが、このうち、9,987万円は商品の引換えが未了となっていた。そこで、原告は、当該事業年度の法人税確定申告において、本件商品引換券につき商品引換済みの4億345万円のみを収益に計上して申告し、未使用部分に係る発行金額は預り金として処理して収益として申告していなかった。

これに対して、被告税務署長は、法人税基本通達の規定に基づいて、引換え未了部分の発行価額を収益に計上するとともに、その部分に係る売上原価を見

積り損金の額に算入する（「通達方式」という）更正処分を行った。本件の争点は、原告の申告のように、本件商品引換券の発行に際して収受する対価につき、発行時に収益計上することなく預り金として処理し、現実に所有者が商品等と引換えをした時点で収益計上する方法（以下「原告方式」という）により申告することが、法人税法22条4項に反するか否かにある。

　この点に関して原告は、本件商品引換券は、発行者がその商品券を持参した顧客に対し商品等を給付する債務を負担しているものであるから、その発行時に収受する対価の性質は預り金であり、原告方式は公正処理基準に合致するものであると主張した。

　これに対して、被告は、本件商品引換券が発行されると、商品の引渡し等がなされるかどうかは本件商品引換券の所持者の一方的な意思によって決定され、このため、所持者が本件商品引換券を紛失したり、収集目的で退蔵した場合は、商品の引渡し等がされないままの状態が継続することとなるが、原告方式による場合には、このような本件商品引換券につき永久に収益に計上されないこととなり、税務処理上大きな弊害が発生するから、原告方式が公正処理基準に適合するとは認められない、と主張した。

　本判決は、先ず、法人税法22条4項の「公正処理基準」の意義について「税法が繁雑なものとなることを避ける目的で、客観的にみて規範性、合理性があり、公正妥当な会計処理の基準であると認められる方式に基づいて所得計算がなされている限り、これを認めようとするものであると解されるが、税法は納税義務の適正な確定及び履行を確保することを目的としているから、適正公平な税収の確保という観点から弊害を有する会計処理方式は、法22条4項にいう『公正処理基準』に該当しないというべきである」と判示した。

　本判決は、原告が「法が特段の定めを置いていない分野については、ある会計慣行が一般化して、それが健全な慣行として継続的に行われ、かつ社会的に認知されておれば、当該会計慣行は公正処理基準に該当する旨、その判断は税法と無関係になされるべきものである」と主張したことに対して、法人税法22条4項が、適正公平な税収の確保という観点から看過し難い重大な弊害を有す

る会計慣行をも許容する趣旨で新設されたとは到底解し難いから，原告の上記主張は採用できない，と判示して排斥したものである。

　次に，本件商品引換券の公正処理基準については，「商品引換券等を発行した場合の発行代金については，これを一種の預り金として処理する会計慣行が古くから存したところ，簿記に関する解説書の中にも，商品引換券等が発行された場合の会計処理について，商品引換券等が後日それと引換えに商品を引き渡すという債務を示す証券であることから，発行した際に商品券勘定の貸方に記載し，後日商品を引き渡した際に借方に記入する旨解説しているものがあり，平成10年４月に税務大学校が発行した簿記会計の解説書にも同旨の記載があることが認められる。したがって，原告方式は，簿記の方式としては社会的に一応認知された方法であり，かつ，一定期間継続的に行われてきたことは否定できない。」と判示している。その上で，「商品引換券等，ことにプリペイドカードが発行された場合，残額が僅少であるとか，当初から収集目的で購入した等の理由から，顧客が引換えをすることなく死蔵したり，あるいはカード自体を紛失したり失念したために長期間引換えがなされないまま，発行者において事実上給付義務を免れることとなる部分が一定の確率で必ず発生すると考えられるのであって，現に，証拠によれば，戦前に発行された商品引換券等が本件通達の制定された昭和55年ころまで預り金処理されていたという事例もあったことが認められる。原告方式により処理した場合には，このような引換え未了部分に係る発行代金相当額は永久に預り金として処理され続けることとなるが，かかる事態は企業の会計処理として妥当なものとはいい難い上，発行者が事実上，確定的な利益を享受するにもかかわらず，税務当局は当該発行代金部分に対する課税をなし得なくなるという税務上重大な弊害を生ぜしめることが明らかである。」と判示した。

　さらに，本判決は，通達方式が明らかにされてから17年の間，税務会計に関する解説書や税務関係雑誌，法人税法や基本通達の解説書において，原告方式に弊害があること及び商品引換券等の発行代金については通達方式によるべきことが繰り返し説明されていることが認められると判示し，「たとえ最近の簿

記の解説書の中に商品引換券等の記帳処理につき原告方式のような解説をしているものが依然として存するとしても，遅くとも本事業年度当時においては，税務申告上は原告方式によらず通達方式によるべきこと及びその合理性が既に広く知られていたというべきである。したがって，原告方式によりなされた本件申告は，公正処理基準に合致しない方式に基づく申告として国税通則法24条所定の更正の要件を具備していたというべきである。」と判示した。

　さらに進んで，本判決は，「商品引換券等の発行代金が発行時において発行者の確定的な収入になると解することに会計理論上特段の問題はなく（この場合，期末において引換え未了の部分については引換費用の見積計上を認める必要があるが，これについては別途基本通達2－2－11に取扱いが定められている。)，通達方式は，原告方式のような弊害がなく，公正かつ妥当な方法であると認められる上，本件事業年度当時，企業の会計処理の基準として既に広く知られたものとなっていたのであるから，このような通達方式により原告の所得額を算定することは適法である。」と判示して，原告方式によるべきとする原告の主張を排斥したものである。

(2) 本判決の「公正処理基準」の意義と問題点

　課税所得金額は，企業による会計処理の結果を基礎として，税法規定を適用して算出される確定決算主義を採用していることから，税法以前に企業会計・商法の概念や原理を前提としているということができる。ところで，古い旧通達では，税法及び通達により規定されていた所得計算規定や会計処理基準の中には，税法独自の規定か，企業会計上の当然の規定なのか明らかでないものが多かったことから，昭和41年12月に「税法において課税所得は，納税者たる企業が継続して適用する健全な会計慣行によって計算する旨の基本規定を設けるとともに，税法においては，企業会計に関する計算原理規定は除外して，必要最小限度の税法独自の計算原理を規定することが適当である。」とする「税制簡素化についての第一次答申」が発表された[52]。

　これを受けて，昭和42年5月の税制改正により法人税法22条4項が新設され

たものであるが，かかる経緯に照らすと，本判決が判示するように，税法が繁雑なものとなることを避ける目的で，客観的にみて規範性，合理性があり，公正妥当な会計処理の基準であると認められる方式に基づいて所得計算がなされている限り，これを認めようとするものであると解される。

　この点について，原告は，「法22条4項の公正処理基準とは税法以前の企業会計の分野におけるものを指すと解すべきであり，当該業種においてある会計慣行が一般化していて，それが健全な慣行として継続的に行われ，かつ社会的に認知されておりさえすれば，当該会計慣行に従ってなした申告が不適法となることはない。」と主張し，一方，被告は，「企業が会計処理において用いている基準ないし慣行のうち，一般に公正妥当と認められるものについては，それによる所得計算を是認するが，そうでないものについては税法上も認めないというものであるから，税法解釈上支障を生じ，公正妥当な内容の基準であると認められない慣行は，同項にいう公正処理基準に該当しないと解すべきである。」（傍点筆者）と主張している。

　当事者の主張は，一見，同様のようにも思われるが，被告の前記傍点部分が原告とは異なる点である。被告のこの点の主張は，「税法解釈上支障を生じる会計処理は，公正処理基準に該当しないと解すべきである」とするものか，「税法解釈上支障を生じ，かつ，公正妥当な内容の基準であると認められない慣行は，同項にいう公正処理基準に該当しない」というのか，必ずしも明確ではない。

　後者であれば，「公正妥当な内容の基準であると認められない慣行は，公正処理基準に該当しない」という当然のことを述べているにすぎないから，格別の意味を有する主張ではない。しかしながら，被告のここでの主張は，前者の「税法解釈上支障を生じる会計処理」は，法人税法22条4項の公正処理基準には該当しないという主張のように思われる。かかる被告主張の内容が，財務会計では公正妥当な会計処理の基準であるとしても，税法のフィルターを通して，課税上弊害が生ずる場合には，それは法人税法22条4項の「公正処理基準」には該当しないというのであれば，かかる解釈には問題がある。このような課税

上の弊害がある場合には、税法の規定において「別段の定め」が手当てされるべきであるというのが従前の一般的な解釈であるからである。

ところで、この点の被告主張に対して、本判決は、前記の一般的な判示内容に続けて、「税法は納税義務の適正な確定及び履行を確保することを目的としているから、適正公平な税収の確保という観点から弊害を有する会計処理方式は、法22条4項にいう公正処理基準に該当しないというべきである。」と明確に判示している。この点は、被告の曖昧な主張とは異なり、明確に、適正公平な税収の確保という観点から弊害がある会計処理は公正処理基準とはいえないことを明言したものであるが、この判示こそ、先に指摘した「公正処理基準」の解釈と「別段の定め」との関係を理解していないということができる。

ここでの「公正処理基準」は、個別の基準を予定しているわけではないが、「いわゆる『企業会計原則』だけを意味するものでもなければ、税務官署の側だけで定められるべきはずのものでもない。」[53]。しかして、この基本規定は、企業の採用した会計処理基準が一般に公正妥当と認められないものを排除する基本規定であるということがいえるから、この「公正処理基準」に該当するかどうかの判断基準は、企業会計からの会計処理の公正性の判断で足りると解すべきである。

後述する冠婚葬祭業の長期中断掛金の収益計上時期に関する大阪高裁平成16年5月11日判決は、「公正処理基準」につき、「現に法人のした利益計算が法人税法の企図する公平な所得計算という要請に反するものでない限り、課税所得の計算上もこれを是認するのが相当であるとの見地から、収益を一般に公正妥当と認められる会計処理の基準に従って計上すべきものと定めたものと解されるから、権利の確定時期に関する会計処理を、法律上どの時点で権利の行使が可能となるかという基準を唯一の基準としなければならないとするのは相当ではなく、取引の経済的実態からみて合理的なものと見られる収益計上の基準の中から、当該法人が特定の基準を選択し、継続してその基準によって収益を計上している場合には、法人税法上も当該会計処理を正当なものとして是認すべきである。」と判示しているところである。かかる判示と、本判決の「公正処

第1章　判例等にみる税法上の収益計上時期を巡る諸問題の検証

理基準」の解釈は，本質的部分で相違がみられるところである。

　ところが，かかる「公正処理基準」の意義に関しては，本件被告及び本判決のような解釈に立つ見解もあり得るともいえる。すなわち，前述したように，この「公正処理基準」の内容については，(i)客観的な規範性をもつ公正かつ妥当と認められる会計処理の基準という意味であり，特に明文の基準があることを予定しているわけではないとする見解，(ii)あくまでも税法の目的理念に即して基準の取捨選択を行った上で，その範囲を確定すべきとする見解，(iii)企業会計審議会の「企業会計原則」そのものを意味するわけではないがこれを中心として構成されるべきとする見解，(iv)旧商法第32条第2項の「公正ナル会計慣行」さらに，会社法431条の『一般に公正妥当と認められる企業会計の慣行』そのものともいえないが，これを中心とした事実たる慣習として現実に継続して適用され会計処理として妥当視されながら法的規範性を帯びたものとする見解，などがみられるところである。

　かかる指摘によれば，(i)によるものが一般的理解であり，(iii)及び(iv)の見解はこれと実質的な相違は見られないものと考えられるが，(ii)の見解は，公正処理基準の判断に当たっては，税法の目的理念という税法的要因が判断基準とされるものであるから，その意味するところは，本件被告及び判決のように，いわゆる税法的公正概念により公正処理基準の内容が判断されるという考え方であろう。

　かかる視点からの「公正処理基準」によれば，企業会計において，公正処理基準に該当している場合であっても，本判決のように，「適正公平な税収の確保という観点から弊害を有する会計処理方式」は，法人税法22条4項の「公正処理基準」に該当しないという解釈が可能となるが，そうとすれば，法人税法22条4項の「公正処理基準」は，税法固有の理念から企業会計処理の修正を図る「別段の定め」の機能を果たすことになる。

　例えば，罰課金の損金不算入や損金性に疑問のある寄附金の損金不算入制度は，いずれも，「適正公平な税収の確保という観点」の企業会計の会計処理を修正するための「別段の定め」である。「公正処理基準」が企業会計の会計処

理を税法独自の理念からの修正の機能果たすものというのであれば，それは，「別段の定め」による手当てを図るというのが本来的なあるべき制度であることはいうまでもない。

このような意味からすれば，被告の主張に従った本判決は，従前の一般的，通説的解釈である(i)の見解とは異なるものであるが，かかる判示を積極的に採用するのであれば，上記で指摘したように，法人税法における「別段の定め」との関連の税法解釈を示すのでなければ説得力がない。

(3) 本件類似の「公正処理基準」の解釈に関する判決

本件と同様の視点から「公正処理基準」を解釈した判決として，旧日本興業銀行（以下「旧興銀」という）事件の東京高裁平成14年3月14日判決（判例時報1783号52頁）がある。同判決は，法人税法22条4項の「公正妥当な会計処理の基準」の意義に関して「企業会計も法人税基本通達の内容を念頭に置きつつ会計処理がされていることも否定できないところであるから，同通達の内容も，その意味で『公正処理基準』を補完し，その内容の一部を構成するものと解され，そして，同条項の「公正処理基準」は単なる一般社会通念に照らして公正で妥当であると評価され得るものでなければならいとしたものであるが，法人税法が適正かつ公平な課税の実現を求めていることとも無縁ではなく，法人が行った会計処理が「公正処理基準」に従って行われたか否かは，その結果によって課税の公平を害することとなるか否かの見地から検討されなければならない問題である。」（要旨）と判示している[54]。

そして，判決は，私法上の解除条件付債権放棄の効力は放棄時に発生しているが，税法上の貸倒損失の損金計上時期は，その解除条件不成就が確定したときに貸倒損失として計上すべきとして，私法との会計処理の乖離の合法性を判示している。しかし，その判示には，税法上の確定決算主義や企業会計における公正処理基準との関連を捨象又は失念し，さらには，これらの関係について誤解又は無理解であったために，私法上，決算期末において，債権放棄により消滅して存在しない住専に対する貸付金について，税法上，貸付金（資産）が

存在するものと認定して，貸借対照表に資産として計上するという，確定決算主義の下ではあり得ない論理を前提とした判示を行ったものである。あまりにも，非論理的な稚拙な誤謬である判示は，興銀事件の控訴審判決自体の判決の論理が自壊していることの証左でもある(55)。

すなわち，単純化していえば，法律（私法）上，債権放棄して消滅した住専債権が，税法上は債権として実在するという二律背反の事実認定は不可能ということである。これが可能である場合があるとすれば，それは，当該債権放棄が仮装であるか，また，現実の実態から，債権者が，その放棄後に債権者として行動している等の事実から，実質的には債権放棄の事実が認められないという「事実認定における実質主義」が適用される場合である。しかるに，旧興銀事件においては，そのような事実は認定されていないし，現実にも，仮装行為等の事実は存しない。

会社法431条に基づいての「一般に公正妥当と認められる企業会計の慣行」を介して企業会計の公正処理基準に連接し，会社法の確定決算の企業利益に基づいて，税法上の「別段の定め」により税務調整して算定される課税所得金額の算定においては，企業会計（私法上）の解除条件付債権放棄による債権消滅を，税法上においてのみ，債権は消滅していないとして貸付金の存在を前提とし，税務処理を論ずることの不当性の論理を，同高裁判決が意識していない結果であり，私法と税法の関係の無理解が，かかる致命的な論理的破綻を来たした判示に至ったということである(56)。

このような「公正処理基準」に関する最近の判決の解釈は，最高裁平成6年9月16日判決（刑集48巻6号357頁）の脱税経費の損金不算入とした判示において，脱税経費を損金の額に算入するのは公正妥当な会計処理の基準に合致しないという判示が影響したとも考えられる(57)。少なくとも，企業会計が「公正性」を基礎的概念（公準）とする以上，脱税経費の費用性に関しての公正妥当な会計処理基準は議論の対象とされえないのであるから，企業会計上の公正処理基準が根拠とされることにはならない(58)。それにもかかわらず，最高裁判決が，法人税法22条4項の「公正処理基準」の解釈に基づいて脱税経費の損金控

除性を否定したことは，これまでの「公正処理基準」の理解とは異なる解釈が採用されたと評価することができ，その影響が，本件のプリペイド判決や旧興銀事件高裁判決に影響を与えたと解する余地もある。

しかしながら，同判決は，法人税法において刑罰をもって禁止している脱税行為に要した経費に関して限定した解釈を示したものと解すべきであるから(59)，プリペイドカードの会計処理や旧興銀事件の貸倒損失の会計処理につき，課税の公平確保という税法独自の要素を加味し，結果として，法人税法上の「公正処理基準」に該当しないと解釈した本件最高裁判決の射程距離の外にあると解すべきである。

法人税法22条4項の「公正処理基準」自体の解釈について，課税上の独自概念や論理を加味して判断するということは，もはや，その「公正処理基準」自体が，「別段の定め」として機能するという，同規定の創設当時の趣旨にそぐわない位置づけとなるのであって，同項の「公正処理基準」の解釈とは相容れないものと思料する(60)。

この点に関して，山田二郎弁護士は，「貸倒れ（回収不能）は，事実認定に基づき公正処理基準が採用する発生主義によって損金計上の時期が決定されるのであって，公正処理基準の中に税法独自の要求を介在させてこれを歪めるような解釈は許されない。」(61)と指摘し，旧興銀事件判決について正鵠を射た批判を行っているところであり参考とすべきである。

しかして，本件商品引換券等の会計処理が「公正処理基準」に該当するかどうかは，企業会計の立場からの公正妥当性が検証されなければならないということであり，「適正公平な税収の確保という観点から弊害を有する会計処理方式かどうか」という税法上の視点からの考察は問題がある。もとより，適正公平な税収の確保という観点からみても弊害があり，また，その弊害は企業会計からみても公正妥当な会計処理基準ではないという場合であれば，その会計処理は，もはや法人税法22条4項の「公正処理基準」に該当しないことはいうまでもないことである。

加えて，企業会計における会計原則は網羅的ではないことから，客観性，規

第1章 判例等にみる税法上の収益計上時期を巡る諸問題の検証

範性のある企業会計上の会計処理基準や会計慣行が明確にされているわけではなく，その場合には，その公正妥当な会計処理の基準を模索することになる。その意味では，最終的には，裁決や租税判決がこの点を補充する機能を有しているといえることから，実際には，税務会計が企業会計に影響を与えているという側面があることは否定できないといえよう。

(4) 本件商品引換券の発行等に係る「公正処理基準」について
ア　法人税基本通達による税務処理

　商品引換券等の発行に係る収益の帰属に関して定める法人税基本通達2－1－39（昭和55年5月新設）は，以下のような内容である。

　法人が商品の引渡し又は役務の提供を約した証券等（商品引換券等）を発行するとともにその対価を受領した場合における当該対価の額は，その商品引換券等を発行した日の属する事業年度の益金の額に算入する。ただし，法人が商品引換券等（その発行に係る事業年度ごとに区分して管理するものに限る）の発行に係る対価の額をその商品の引渡し等（商品引換券等に係る商品の引渡し等を他の者が行うことになっている場合における当該商品引換券等と引換えにする金銭の支払を含む）に応じてその商品の引渡し等のあった日の属する事業年度の収益に計上し，その発行に係る事業年度終了の日の翌日から3年を経過した日（同日前に有効期限が到来するものについては，その有効期限の翌日とする）の属する事業年度終了の時において商品の引渡し等を了していない商品引換券等に係る対価の額を当該事業年度の収益に計上することにつきあらかじめ所轄税務署長（又は所轄国税局長）の確認を受けるとともに，その確認を受けたところにより継続して収益計上を行っている場合には，これを認めるというものである。

　つまり，商品引換券等を販売したときに，その対価の全額を収益に計上することを本則としつつ，例外的に，預り金（商品券）処理と発行事業年度の翌日から3年経過した場合には，その時に残存している預り金を一時に収益に計上する会計処理の選択を認めるというものである。そして，その一方で，本則方

67

式の場合には，同通達2－2－11において，その未引換えの商品引換券等に係る見積りの原価率による原価算入を認めているところである。

イ　企業会計による商品引換券等の会計処理基準と「通達方式」の問題点

本件原告は，一般の簿記の教科書は商品引換券等の発行時には，現在も原告方式の預り金による仕訳を説明し，このことは税務大学校の簿記の教科書についても同様であるから，原告方式は「公正処理基準」に合致するものであると主張している。

原告の主張するとおり，現在の簿記教科書の商品券の販売の会計処理は，原告方式により説明されている。つまり，商品券を販売した時には，商品券勘定により貸方処理され，その商品券勘定は前受金と考えられて，負債勘定とされている[62]。また，原告の主張する税務大学校のテキストにも同様の会計処理が示されている[63]。

かかる会計処理が現在の簿記会計の公正な処理基準とされていることは，疑問の余地がないところ，本判決は，当該会計処理方式（原告方式）によれば，発行者が事実上，確定的な利益を享受するにもかかわらず，引換え未了部分の発行代金が永久に収益計上されないという重大な弊害が生ずること，本件通達の制定後，税務会計に関する解説書等において原告方式に弊害があることが長く指摘されていることから，原告方式によりなされた本件申告は，公正処理基準に合致しないと判断している。そして，商品引換券等の発行代金が発行時において発行者の確定的な収入になると解することに会計理論上特段の問題はなく，原価の見積り計上を容認している通達方式は，公正かつ妥当な方法であると認められるとした。

ここで，問題となるのは，「発行時において発行者の確定的な収入になると解することに会計理論上特段の問題はない」とした点であるが，前述したように，簿記上の仕訳の正解は，「（借方）現金×××　（貸方）商品券×××」であるから，発行時に収益計上することは，販売基準を採用する実現主義の上からも問題がないというのは疑問である。また，本件商品券等と交換して現実に商品を販売することにより発生する確定収益は，発行事業年度に帰属する収益

第1章　判例等にみる税法上の収益計上時期を巡る諸問題の検証

ではない。しかして，その発行時に対価の全額を収益として認識し，原価相当額を見積り計上するとしても，将来，引き渡される商品は多種多様であり，その原価率による原価の見積りによる粗利益の計上は不正確な概括的なものにすぎないから，現代の企業会計が前提とする「適正な期間損益計算」に反することにもなり，結果的に，当該企業の情報利用者に対する有用な情報提供という企業会計の目的にも違背することになろう。

しかし，その一方で，簿記上の前受金又は預り金方式の会計処理が，永久に商品引渡しがなされない場合に収益を認識しないというのであれば，適正な期間損益計算の実体とも乖離し，その弊害は，本判決の指摘するとおりである。

商品券勘定は，商品券の販売という行為により完了し，残る義務は商品券と引き換えに商品を引き渡すという義務が別途発生しているということであり，しかして，商品券の販売代金を返還するという場面は予定されていない。この点が，将来，預け主に返還されることが予定されている預り金や[64]，資産の譲渡等が履行されなければ返還を要する前受金とも性格を異にするものであるから，商品の未引渡し部分の商品券勘定を負債勘定として永久に残すということは，会計理論上も公正妥当な処理とはいえない。その意味では，商品券を一つの物の販売として観念して，これを売上げに計上して，売上原価を見積り計上するという通達方式も合理的であるということもできる。

他方，企業会計では，商品券は商品と引き換えられるというノーマルな取引の場合を前提として仕訳が説明されているのであり，商品の未引渡しという商品券発行制度の趣旨とは相容れない例外的な場面の取引が説明されていないということであろう。

このように考えると，法人税基本通達2-1-39にある但し書きの会計処理である引渡基準を採用し，発行事業年度の翌事業年度から3年経過した日に商品未引渡しの商品券を全額収益として計上することが最も合理的である。これによれば，発行時一括収益計上による企業会計上の弊害も緩和されることになる。

本判決は，本件通達が解説等により一般化し長年経過していることを指摘し

て，それが，通達方式の本則を「公正処理基準」であると認定する根拠の一つとしている。そうであれば，当該通達の但し書きによる会計処理が，大手デパート等で採用されている一般の方式と推測されることからすると，当該通達の例外方式が企業会計の公正妥当な会計処理基準であり，法人税法22条4項の「公正処理基準」であるという解釈も十分に可能であったと思われる。

そこで，本件の場合，原告が本件商品引換券の発行時に預り金処理した金額のうち，発行事業年度の翌事業年度開始の日から3年経過する日までに[65]，商品の引渡しが未了である部分の商品引換券の対価の金額をその事業年度の収益に計上するという通達の「例外方式」を「公正処理基準」であると判断することが最も妥当であり，かかる会計慣行は，おそらく，合理的な一般の会計慣行として定着しているものと思われる。

本通達において，この「例外方式」は，所轄税務署長の確認を要するとされているが，「本則方式」が企業会計上，問題がある以上，従来の通達の本則を「例外方式」とする通達改正を行うべきである。そうであれば，一定期間の商品券勘定による会計処理を「公正処理基準」でないという企業会計上の合理的な反論も考えられないことから，これが「公正処理基準」であり，格別，所轄税務署長の確認を取る必然性はない。そして，例外方式としての商品券販売時の一括収益計上方式を採用すれば，納税者が不利益な計上時期を選択するのであるから，これも当該確認等の手続きを要しないことは言うまでもない。

企業会計において，公正妥当な会計処理の基準とされているものを，課税の公平の視座からの税法上の弊害という税法固有の要請により，「公正処理基準」とは別個に「別段の定め」が規定されているのが，現行の法人税法の基本的構成である。換言すれば，確定決算主義の下では，宣言的，確認的規定であり，「目的が異なるために別段の定めがなされる場合を除き，企業会計の処理基準を尊重するという意義を持つと解される。一部に創設的意義を唱える説もあるが，到底そのように考えることはできない。」[66]という見解が，従前の通説である。

しかるに，本判決のように，課税上の弊害という税法の固有の要請により，

「公正処理基準」を解釈するとすれば，法人税法22条4項の「公正処理基準」の規定は，「別段の定め」の機能を果たしているということになる。現行の商品券通達が，企業会計では観念されていない「本則方式」を採用することは，「公正処理基準」の「別段の定め」を通達が規定しているということになるが，その解釈の矛盾を解消するためにも，現行通達の「例外方式」を「本則方式」に変更することにより，企業会計の商品券勘定の処理に適合させることが，早急に望まれるところである(67)。

3　冠婚葬祭互助会における長期中断払込掛金の計上時期

(1)　本件事案の論点と判決内容

　本件は，会員からの要望により冠婚葬祭を行ういわゆる「互助会」（控訴人会社）が，その費用に充てるために会員からの月掛金の払込みが，その後，5年間に亘り中断した場合に，すでに払い込まれた「長期中断払込済掛金」を「預り金」（原告方式）とした控訴人会社の申告の是非が問われたものである。

　大阪高裁平成16年5月11日判決（税資254号順号9645）は，「互助会の会費の払込中断後5年を経過した長期中断払込済掛金は，実質的に控訴人会社が自由に運用し得るもので，所得の実現があったとみることができる状態が生じているということができ，控訴人会社の管理支配下にある経済的利得として担税力を認め，上記長期中断払込済掛金を益金に計上するという会計処理になんら不合理な点はなく，このような処理は，互助会業者の間で広く採用されているのであるから，一般に公正妥当と認められる会計処理の基準に適合するものというべきである。」として，同様の理由から行われた課税処分を適法とした。

(2)　本件掛金の収益計上時期に関する「公正処理基準」

　この高裁判決は，「公正処理基準」の意義について，「法人税法22条4項（各事業年度の所得の金額の計算）は，現に法人のした利益計算が法人税法の企図する公平な所得計算という要請に反するものでない限り，課税所得の計算上も

これを是認するのが相当であるとの見地から、収益を一般に公正妥当と認められる会計処理の基準に従って計上すべきものと定めたものと解されるから、権利の確定時期に関する会計処理を、法律上どの時点で権利の行使が可能となるかという基準を唯一の基準としなければならないとするのは相当ではなく、取引の経済的実態からみて合理的なものと見られる収益計上の基準の中から、当該法人が特定の基準を選択し、継続してその基準によって収益を計上している場合には、法人税法上も当該会計処理を正当なものとして是認すべきである。」と判示している。加えて、その一審判決（神戸地裁平成14年9月12日判決・税資252順号9188）は、「『公正妥当と認められる会計処理基準』とは、企業会計原則や、商法、証券取引法の計算規定に代表される財務諸表の作成上の指針あるいは制約事項として、企業会計実務の中に慣習として発達具体化した会計原則をいうものであって、経営者に恣意的な会計方法の選択を許すものではなく、一般社会通念に照らして公正かつ妥当であると評価されうる会計処理の基準を意味するものであると解される。もっとも、企業会計原則等による定めは、およそ原理的、基本的な事項に限られ、全ての企業活動について網羅的に定めるものではないから、企業会計原則等に定められていない会計処理の基準であっても、一般社会通念上会計処理として公正かつ妥当と評価され得るもので、現実に継続して適用され、社会的に容認されているものであれば、会計慣行としての規範性を有するものと解される。」と判示している。

　かかる判示内容が、「公正処理基準」の通説的理解であり、税法目的の要因を加味して公正な会計処理の可否を判断するという前記プリペイドカード判決や旧興銀高裁判決は、特異な解釈に立っているということができるであろう。

　本判決は、前記の「公正処理基準」の意義を前提として、「長期中断払込済掛金」の「通産省通達」[68]による会計処理を公正処理基準と認定したものであり、現実に、長期中断者の会員が、その後、月掛金を支払い冠婚葬祭を要求する事例がほとんどないことから、特別の場合を除き、月掛金の払込み中断後5年を経過した時点で雑収入に計上する「通達方式」の取扱いは、実態的側面からも合理的であるといえよう。

すなわち，本件契約書では，互助会会員が月掛金を中断したとしても，冠婚葬祭の履行の申出がなされるまで保留する旨の合意をなしていることから，この契約形式を根拠とすれば，掛金の払込みに長期中断が発生したとしても，冠婚葬祭の履行債務は残存しているといえることから，法形式上は，収受した利益に見合う対価的給付の履行する義務が残っており，したがって，その収受した掛金は，前受的な「預り金」とする処理が妥当であるといえよう。

ところが，その中断後において，その長期中断者が未納の掛金を払い込み，控訴人会社に冠婚葬祭の履行を求める例はないようであり，かかる実際に照らせば，当該「長期中断払込済掛金」は，法形式はともかく，経済的実体においては，利益を支配しているが，将来の履行義務が未履行であるという実態にはなく，実質的に不確定な要因はあるものの，現実には，自己の収益として支配管理しているといえるから，実態的にはその「長期中断払込済掛金」の収益計上時期は到来している実質にある事例であるといえよう。

被相続人が会員であることを了知していない相続人がいることに鑑みれば，かかる契約時における「保留の合意」という契約により済ますのではなく，「通産省通達」で明示しているように，中断後の一定期間経過後に，会員に対する催告によって，その会員やその相続人等の明確な意思表明を確認する手段を講じて対処すべきものであろう。それを回避して，契約時に「保留の合意」を締結した結果，8億円余の多額な「長期中断払込済掛金」を生じさせていることに照らせば，むしろ，失念等した会員等が，冠婚葬祭のサービスの提供を求めないことを期待して利益享受を企図した契約とみられてもやむを得ないであろう。

以上のとおり，本件における「長期中断払込済掛金」の収益計上時期は，その経済的実質の取引実態に鑑み，「通産省方式」により5年経過後において一括して収益に計上する会計基準が「公正処理基準」と解すべきである。

(注)
⑸2 武田昌輔『立法趣旨法人税法の解釈（四訂版）』財経詳報社（1998）61頁～62頁参照。
⑸3 武田昌輔同上書62頁。
⑸4 もっとも，貸倒損失における会計処理基準の問題と回収不能か否かの事実認定の問題は別個の問題である。したがって，税務上，回収不能の事実認定に関して，企業会計上の認定と税法上のそれとは異なる場合があるが，それは，法人税法22条4項の問題とは別次元の問題である。債権の回収不能という事実認定において，保守主義の下で，ある程度自主的な事実認定が可能な企業会計と税務当局により厳格に適用される傾向にある税務上の貸倒れの認定が異なることは回収可能か否かの事実の評価に関する相違であり，ここでの公正処理基準の問題とは異なる。
⑸5 この点の問題点の詳細は，大淵博義『法人税法解釈の検証と実践的見解　第Ⅰ巻（増補改訂版）』税務経理協会（2013年）第5章において，貸倒損失の諸問題の一つとして詳細に論じている。旧興銀事件の高裁判決が，かかる「公正処理基準」の基本的解釈について誤りを犯さなければ，訴訟の長期化による200億円を超える還付加算金の支払いが防止できたかもしれない。
⑸6 ちなみに，旧興銀事件の一審判決（藤山判決）は，課税庁が解除条件付債権放棄の実質は停止条件付債権放棄であると主張したことについて，両者の債権放棄の法的効力の相違を指摘して，かかる課税庁の主張は，「取るに足らない主張」と判示して排斥しているところである。一般的に「藤山判決」が秀逸であると評価される証左といえる判示である。なお，旧興銀事件については，大淵博義同上書のほか，より詳しくは，大淵博義「貸倒損失の認定基準と社会通念」税務事例33巻12号（2001年）34巻3号（2002年）及び同「逆転・興銀事件控訴審判決を検証する」同34巻9号～11号す（2002年）を参照されたい。
⑸7 この判決の判示に関する評価については，佐藤英明「判例評釈」別冊ジュリストNo.178（2005年）103頁参照。
⑸8 そうであったとしても，公正な真実の客観的所得を算出する法人税法の趣旨目的に違背する脱税経費の損金性を許容することは許されない。そこで，筆者は，法人税法の趣旨目的に立った条理解釈（もちろん解釈）という解釈手法によって，その損金控除制を否定すべきであると考えていたところである（この点に関しては，大淵博義「法人税法の解釈と実務」大蔵財務協会（1993年）163頁以下参照）。
⑸9 青柳馨担当執筆『最高裁判例解説（刑事編）平成6年度』法曹会（2006年）139頁，150頁及び151頁。また，青柳馨「判例解説」法曹時報48巻5号（2006年）1249頁も参照。
⑹0 このために，平成18年度法人税法改正により，脱税経費及び賄賂に要した費用の損金不算入を明文化して措置しているところである。
⑹1 山田二郎「法人税法上の貸倒損失」金融・商事判例No.1134（2002年）2頁。
⑹2 守永誠治『現代簿記論』税務経理協会（1994年）137頁。
⑹3 税務大学校編『簿記会計』大蔵財務協会（1996年）185頁。
⑹4 財務諸表等規則49条（流動負債の区分表示）十「預り金」，同取扱要領123，136）

第1章　判例等にみる税法上の収益計上時期を巡る諸問題の検証

は、「預り金とは、営業上の諸預り金、営業取引に関連して受入れた入札保証金、契約保証金などの預り保証金、保証金の代用として受入れた預り保証有価証券などをいう。これらは将来預け主に返還を要するものであり」とされている。

⑹⑸　3年という期間が妥当かどうかは検討を要するが、現実の商品引換えの実態に鑑みれば、妥当な期間であると考えられる。

⑹⑹　吉牟田勲『法人税法詳説』中央経済社（1994年）44～45頁。

⑹⑺　この判決に対して、岸田貞夫「本件判例評釈」ＴＫＣ税研情報VOL.12 NO.1（2003年）1頁は、「妥当とは思えない通達に、依存して判断しており、その理由及び結論において疑問が多いと考えられる。」と指摘されている。また、高橋靖「本件判例研究」ジュリストNo.1232（2002年）201頁は、通達方式も原告方式も、ともに「公正処理基準」に該当すると指摘し、本判決の判旨に反対されている。

⑹⑻　「通産省通達」は、旧通商産業省（産業政策局長）が、社団法人Ｂ互助協会に対して、通達（昭和55年11月20日付55産局第824号）を発遣し、互助協会に加入している各互助会に対し、払込みが中断している月掛金が所定の支払期日より正当な理由なく4か月以上遅延しているものについては、すべて20日以上の相当な期間を定めて支払催告を行い、契約解除等の整理促進方を図るものとするし、その催告後において契約解除の申出があった場合、及び特段の合意（保留扱いの合意）が成立した場合以外の場合には、月掛金の払込み中断後5年を経過した時点で雑収入に計上する旨を定めていた。

VII 態様別類型化に基づく収益計上時期の考察

　これまでは，最高裁判決を中心に比較的新しい判決を巡る収益計上時期の論点について検討したところであるが，ここでは，従前の収益計上時期が問題となった事例を通じて，その収益計上時期を巡る事案を態様別に類型化して，それぞれの収益計上時期の認定における問題点につき，考察して論ずることとする。

1　収益計上時期の形態別・態様別類型化

　これまでの課税事例において，収益計上時期が問題とされた事案を検討すると，次の五つの類型に分類できると思われる(69)。

　① 権利確定利益支配型

　これは，収入する権利が確定し，その確定した権利に基づいて金銭又は経済的利益を享受し支配している権利確定主義（実現主義）の典型的な事例である。例えば，売買契約による物の引渡しと代金の収受，役務提供の完了とその対価としての金銭の受領であり，収益計上時期が到来している事例である。資産の引渡し等を巡る事実認定の問題は残るとしても，収益計上時期の解釈適用については格別の問題はない。

　② 権利確定利益非支配型

　この類型は，収入する権利が確定しているが，対価としての金銭又は経済的利益を享受していない場合である。これも，税法上の物の引渡し又は役務提供の完了により売掛金や未収金等，現金等価物の債権が対価として発生しているから，権利確定主義（実現主義）により収益計上時期が到来しているものであり，これも，前記①と同様，格別，問題はない。

③ 権利不確定利益支配型

この類型に属するのは，金銭等の財産を確定的に取得したものではないが，金銭等の具体的な利益を事実上自己のものとして支配管理し，租税負担能力のある実際的な利益を享受していることから，かかる経済的実態を理由として，その現実的な利益について課税すべきという論理である。これは，一般には，「管理支配基準」といわれているものである(70)。

例えば，利息制限超過分の既収利息の収益計上（法基通2－1－26）は，当事者間では，契約に従い利息制限法違背の高率な利息を授受しているものであり，かかる利息は債権者の違法利得であり，法形式的には，本来，返還義務があるが，現実に自己のものとして所有して支配管理しているという保有状態に租税負担能力を容認したものである。また，横領等の不法所得に課税する場合もこの類型に属する。

すなわち，無効に起因して取得した経済的利得，また，取り消うべき法律行為が取り消された場合でも経済的利得が返還されていない場合等がこれに該当する(71)。この類型の特質は，現実に利得を支配しているという経済的実態に着目したものであり，その利益支配が法的に確定したものではなく事後的に返還される場合がある法的実態にあるとしても，自己の所有として現実に支配管理し利益を享受しているところに担税力を認めて課税すべきという法益が認められるのである。

④ 権利不確定利益非支配型

これは金銭を受領する法的な権利は確定していない場合であり，かつ，金銭等の利益を収受していない事例である。売買契約を締結したが，その売買対象物の引渡しが未了であり，代金も受領していない場合である。この場合には収益計上の時期が到来していないことは当然のことである。

⑤ 利益支配義務未履行型

この類型は，金銭等の経済的利益を収受しているが，契約上の利益享受の反対給付としての物又は役務等の提供義務が未了の場合であり，この場合には，金銭等の支配という現実の利益（プラス面）と反対給付としての義務の未履行

(マイナス面)とが相殺されて支配利益のプラスが消滅するという関係にある。すなわち,収受した金銭等は,簿記上,前受金として仕訳される金員であり,この勘定科目は,それを収受した事業者が,その事後において,契約上,その前受金に見合う義務の履行を要するものである。したがって,この類型に属する場合には,その金銭等の収受による支配利益を収益として計上する必要はない。

以上のように,収益計上時期を巡る事例を類型化すれば,上記の五つの類型に分類できるのではないかと思われる。このうち,①権利確定利益支配型,②権利確定利益非支配型及び④権利不確定利益非支配型は,事実認定の問題は残るとしても,理論的に問題となるケースは生じないと思われる。しかして,収益計上時期を巡り問題となる事例の多くは,③権利不確定利益支配型と⑤利益支配義務未履行型に属する事例と考えられる。

しかしながら,収益計上時期を巡る事例は多種多様な事例があり,その事案も複雑な要素が絡んだものがあり,総ての事例がここでの5類型に該当するというものでもないであろう。この点については後に検証する。

そこで,次に,過去の収益計上時期を巡る判例のうち,解釈上,問題とされた事例を取り上げて,その論点について,この類型化要素に適合するかどうかの検証を通じて考察することとする。

2 収益計上時期を巡る事例と形態別類型化による検証

(1) 不動産賃貸の保証金の償却部分の収益計上

ア 土地建物の賃貸借契約を締結し保証金を受領し,退去の時に一定割合を償却するという契約形式において,以前,その保証金償却に係る収益計上時期が問題となったことがある。

この場合には,①当該入居した契約時に収受した保証金は,退去時には償却されて返還不要となるが,その間は法形式上返還義務があるから,その退去時に償却保証金部分は収益に計上すればよいとする解釈,②退去時

において償却される保証金は，実質的に賃貸人が自己のものとして支配管理する金員とみることができるから，契約時における保証金入金時を含む事業年度の収益として認識計上すべきという解釈があるが，②が過去の判例の解釈である[72]。最高裁昭和61年9月25日判決（税資153号順号5796）が，「一種の権利金であって，賃貸借契約が成立し，貸室を賃借人に引き渡したときに収益に計上すべき」とする原審判決を支持していることから明らかなように，保証金の償却部分の実質的意義は，一種の権利金として評価されているところである。

　①は法形式を重視した解釈であり，②はその契約実体に基づく経済的実質を重視した解釈である。後者が学説判例の通説とされているのは，当事者間では退去時までは法形式的には保証金であっても，退去時に償却されて返還されないのであるから，入居中は保証金返還ということはあり得ないし，また，退去時には償却して返還されないということは，結局は，当該保証金の償却部分の金員は自己が所有する財産であり，それは権利金としての経済的実体にあると解されるからである。

　このような態様からすれば，この事例の場合には，「権利確定利益支配型」の実質を有しているといえるし，また，法形式を重視したとしても，その経済的実態からすれば，「権利不確定利益支配型」，いわゆる管理支配基準により収益に計上すべきことになる。

　ちなみに，このような契約の場合で，保証金が未収となっている場合には，賃貸が開始されている以上，当該保証金を収受する権利が確定しており，しかして，その権利確定した保証金の償却部分は，権利が確定していると解されることから，権利金の未収と同視して「権利確定利益非支配型」として，未収部分の償却保証金は収益に計上すべきことになると解することができるであろう[73]。

　ところが，保証金は，第三者間では，契約時又は入居時までに授受されることが通常であるから，これまでの判例は，すべて，保証金が収受されている場合であり，しかして，その金員の現実の利得と退去時の償却とが

相俟って，その金員を現実に自己の所有として支配管理されているところに担税力を容認しているという経済的実態を重視したのが，過去の判例であると解すれば，未収保証金の償却部分は，実質的に負担能力はないとして収益に計上する必要はないと解することも理論的には可能であろう(74)。

　しかし，保証金の償却の実質は権利金授受の一つの態様であるという理解が合理的であり，権利金の未収金に対する課税と異なる取扱いをする合理性もないから，未収に係る保証金の償却部分の収益計上も，既収部分と同様に解すべきではないかと考える。

　なお，保証金のうち，一定の期間経過その他の賃貸借契約終了時前に発生した一定の事由により返還を要しないこととなる部分の保証金の額は，その返還を要しないこととなった日の属する事業年度の収益に計上されることになる（法基通2－1－41）。

イ　次に賃貸借契約により保証金を受領したが，当該保証金は，家主の自己都合により賃借人が退去した場合には償却しないとするという契約の場合がある。この場合には，その保証金は，家主の自己都合の場合の退去の場合には返還されないことがあり得ることから，賃借人の都合により退去した場合に償却される当該保証金部分の金員は，権利金と同視することはできないともいえよう。かかる解釈に立てば，現実に，賃借人が退去した時の事業年度に償却された部分の保証金を収益に計上すべきであるということになる。

　しかしながら，当該契約条件の場合であっても，一般の償却保証金の部分は，入居時の事業年度の収益として計上すべきであるという考え方が一般的ではないかと考えている。かかる解釈の背景には，家主の自己都合による退去というのは通常ではなく，多くの場合には賃借人の都合で退去することが一般的であること，収受した権利金を家主の都合で退去する場合には，一定額を返還するという特約と理解することが可能であること(75)，しかして，家主の自己都合による退去の事実は後発的事情として，その発生時に，すでに収益に計上した償却部分の保証金を立退料として損金算入

すれば足りるということである。

かかる論理を前提とすれば，それは，実質的には「権利確定利益支配型」の類型に属すると見ることもできるから，その契約時の事業年度の収益に計上すべきであるということになるであろう。

他方，法形式面を重視したとしても，家主の都合による退去のみ全額返還される保証金の場合には，保証金の受領時から退去時まで，その全額につき返還義務を負っているものではなく，少なくとも，家主の都合による退去の場合に初めて保証金全額の返還義務が発生するという実態にある。しかも，保証金の多寡と家賃の額は相関関係があるとしても，保証金を預かっているということにより，家主が格別の行為を履行する義務を負っているわけではなく[76]。したがって，「利益支配義務未履行型」の類型に属する前受家賃等の前受収益とも異なる。

そうとすれば，保証金の内，賃借人の都合による退去の際に償却される部分は，すでに，保証金の金員を受領したことにより，家主に格別の義務の履行は求められていないこと，家主の義務は，同人の自己都合により退去させた場合に発生する保証金全額の返還義務であるから，その事実が発生するまでの間，当該保証金の償却部分の金員は，家主が自己のものとして支配管理している金員として，「権利不確定利益支配型」の類型に属するといえるから，賃貸借契約時の事業年度の収益を構成すべきであるというべきである。

(2) 不動産等の賃貸借契約に係る使用料等の収益計上

賃貸借契約に基づく使用料等の収益計上時期に関する公正処理基準は，各事業年度に帰属する貸付期間の経過に応じた使用料等を収益として計上し，当該期間に係る使用料等に未収部分があれば未収収益として収益を認識し，一方，翌事業年度の期間に係る使用料等は前受収益として収益を繰り延べることになる。このような公正処理基準によれば，かかる使用料等のうち未収収益が認識される場合には，その未収使用料等は，「権利確定利益非支配型」として，収

益に計上すべきことになる。また、前受収益がある場合には、その前受部分は、「利益支配義務未履行型」であり、その前受部分に係る期間の貸付けが義務として未履行となっているために、その貸付けの未履行期間に係る使用料は収益に計上すべきではないということになる。

　ところが、法人税法における当該使用料等の収益の帰属は、「前受部分を除いて、当該契約又は慣習によりその支払いを受けるべき日の属する事業年度の益金の額に算入する。」こととされている（法基通２－１－29）。その場合、当該契約について争われているために（使用料の増減の争いは除く）、使用料等の額が確定せず、その支払いを受けていない場合には、その係争が解決して、使用料等の額が確定し、その支払い受けることが確定するまでの間は、その収益計上を見合わせることができる（同通達但書）。また、使用料等の増減に関する争いがある場合には、その契約内容、相手方の供託した金額等を勘案して、その使用料等の金額を合理的に見積もって収益を計上することとされている（同通達（注））。

　これが、不動産等の賃貸借に係る使用料等の収益計上時期に関する行政解釈であり、その計上時期の基準は、一つの基準として容認されるであろう。ただ、やや疑問を抱くのは、本文の「当該契約又は慣習によりその支払いを受けるべき日」というのが、「使用料等の支払期日」ということであれば、前述した企業会計の期間損益計算の公正処理基準（使用期間基準）とは異なるという点である。

　しかしながら、例えば、契約において、家賃の支払日が前月25日とされている場合、その25日に翌月の家賃を収受した賃貸人は、当該通達では「前受けに係る額を除き」とされていることから、賃貸人は翌月の家賃収入は前受家賃として収益を繰り延べることが可能となる。この場合には、前述したとおり、前受収益は「利益支配義務未履行型」に属し、収益を構成しないということになる。

　かかる処理は公正処理基準と同一であるが、例えば、当月の家賃を翌月１日に支払うこととされている後払いの場合には、どのように解釈するのであろう

か。本通達の文言解釈によれば,「当該契約によりその支払いを受けるべき日」,つまり,支払期日である4月1日を含む事業年度において前月分(3月分)の家賃を収益に計上するということになる。

この場合には,支払日に使用料等を収受する権利が具体的に確定したと理解して,収受している場合には,「権利確定利益支配型」,未収の場合には,「権利確定利益非支配型」として,その支払日に収益計上すべきことになるということであろう。

一方,貸付金等の利子の帰属時期については,原則として,「時間基準」により経過利息を未収利息として収益に計上することとされており(法基通2-1-24),例外として,その利子等の支払期日が1年以内の一定の期間毎に到来する場合には,その支払期日を収益計上の時期とする「利払期基準」の採用が認められている(77)。重要性の原則による損益計算の簡素化を意図したものである。

しかるに,貸付金利子等の収益の帰属時期は,公正処理基準の発生主義(時間基準)によることを原則としつつ,例外的に,「利払期基準」を採用しているのに対して,家賃等の賃貸借の使用料等の収益の帰属時期につき,「支払期日基準」を原則としつつ,例外として,前受収益の計上を認めているものの,「使用期間基準」による未収家賃等の収益の計上は明文では認められていない(78)。納税者としては,課税所得金額が減少する有利な取扱いであるが,両者の収益計上基準に齟齬を来しているという批判は免れない。

示唆を与えているのは,通達の解説書で「本通達の本文の取扱いは,一般に資産の賃貸借契約に基づく使用料等については月ごと等年以下の期間を単位としておおむね規則的に支払われることを取引上の慣習になっていると認められることが前提として定められたものである」として,関係会社間において使用料の支払期日が1年を超えている場合には,月ごとその他年以下の単位の合理的な期間により収益計上を行うことに留意する必要があるとしている点である(79)。

しかしながら,かかる解説によっても,例えば,各月の初めに(例えば,4

月1日)に,前月分(3月分)の家賃を後払いとする契約の場合,月以下の単位により支払われているから,当該解説の許容範囲の家賃の授受であり,その前月分(決算月の3月)を未収家賃として収益計上を強制することは困難であろう。また,仮に,前1年間の家賃を後払いする契約の場合も,それが第三者間では異常ではあるが,当該通達の文言の解釈によれば,これも認められることになるのであろうか,という疑問が生ずる。

しかし,その一方で,前述したように,企業会計における公正処理基準に照らせば,貸付期間に対応する前月分(3月分)の使用料等は,原則として,未収家賃として経理されることになる。換言すれば,かかる公正処理基準による未収家賃の収益の不計上を許容するのが,法人税基本通達2-1-29であると解してよいのかという解釈問題に発展することになる。

少なくとも,当該通達の文言を素直に解すれば,当該通達は,「契約により家賃の支払を受ける日」が収益計上時期としていることから,前受家賃を除いて,厳密な期間損益計算を放棄し,当該通達の収益計上基準を継続適用することにより期間損益が平準化されることを前提とした簡便な収益帰属時期を許容したものと理解するほかはないと考える。そこで,かかる問題認識の論点を整理し考察するために,さらに,個人の不動産所得に係る賃貸料の収入金額の計上時期についてみてみよう。

所得税法における不動産賃貸料の収入金額の計上時期は,原則として,「契約又は慣習により支払日が定められているものについてはその支払日,支払日か定められていない場合には,その支払いを受けた日(請求があったときに支払うべきこととされているものについては,その請求の日)」(所基通36-5(1))とされている。個人の経理処理の実態を斟酌したかなり弾力的な収入計上の時期を規定しているところである。しかし,この場合でも,その前段の「契約又は慣習で支払日が定められている場合は,その支払日」というのは,法人税基本通達の規定と同様である。

ところが,所得税法では,その個別通達「不動産等の賃貸料にかかる不動産所得の収入金額の計上時期」(昭和48年直所2-78)において,上記基本通達

第1章 判例等にみる税法上の収益計上時期を巡る諸問題の検証

における「賃貸料の収入金額の計上時期」について修正を図っている。

そこでは，上記基本通達の計上基準を原則としながらも，不動産貸付けを事業的規模で行い，かつ，一定の要件を充足している場合の個人の場合には，その賃貸料に係る貸付期間の経過に応じて，その年中に係る貸付期間に対応する部分の賃貸料の額をその年分不動産所得の総収入金額に算入することができる，と規定している。

この場合の一定の要件とは，①帳簿書類の整備と継続的記帳による所得金額の計算，②その年分の貸付期間に係る収入金額により所得計算を行い，前受収益と未収収益の経理をしていること，③前受収益と未収収益の計算についての明細書を確定申告書に添付していること，というものである。また，不動産等の貸付けが事業的規模でない場合であっても，上記①及び②の要件を満たしている場合には，同様の所得計算を認めている。

すなわち，所得税法の不動産貸付等の賃貸料は，一定の適用要件を付してはいるが，企業会計で一般に行われている不動産等の貸付けに係る賃貸料の期間損益計算において，当然に行われる経理処理であるから，所得税法では，納税者の選択により，企業会計における公正処理基準である前受収益と未収収益による賃貸料の期間損益計算を導入しているということができる。

しかしながら，帳簿備付けと継続記帳要件設定には疑問もある。特に，前受収益の計上は，帳簿備付けや継続記帳の有無とは無関係に認定が可能であるから，かかる帳簿の継続記帳が不備であるとしても，少なくとも，前受家賃等，前受収益を課税対象とするのは，不適切な課税であり，かかる要件設定は不要とする通達改正を行うべきである。

一方，法人税基本通達では，前受収益による収益の繰延べは予定されているが，未収収益については，何ら規定するところではなく，したがって，契約で約定されている支払日に収益を計上することとする「支払期日基準」を採用し，未収収益は収益として益金に算入する要はないという解釈以外にはないことになる。

しかしながら，公正処理基準は，貸付期間経過に応じて未収収益又は前受収

益を計上して，厳密な期間損益計算が予定されていること，前述したように，貸付金利子等の収益計上時期は，公正処理基準の厳密な期間損益計算を原則とし，1年内毎の「支払期日基準」の例外基準を措定していること，個人の場合にも，公正処理基準が採用されていること，以上のことから，法人税基本通達2－1－29の規定は，かかる上記の基準と齟齬を来しているということができる(80)。

以上の点に鑑みれば，同通達は，これを改正して，企業会計における公正処理基準，つまり，貸付利子等の収益の帰属時期（時間基準）と同様に使用期間基準による期間損益計算によることを原則とし，例外的に，「支払期日基準」を許容する規定とすべきである。

(3) 仮執行宣言付判決により収受した増額賃料

不動産等貸付けに係る賃貸料の増額の請求に応じない賃借人に対して，賃貸人が増額賃料の支払請求訴訟を提起する場合がある。かかる訴訟において，賃貸人が当該裁判の判決で賃料増額を認める勝訴判決が言い渡されるとともに，その上訴審係属中に，当該判決に付された仮執行宣言に基づいて，賃借人から家主に対して支払われた増額賃料の収入金額の計上時期が問題となった所得税の事件がある。

その争点は，判決が訴訟係属中で未確定の場合に仮執行宣言判決に基づいて支払われた増額賃料は，その受領時には確定的な収入金額には該当しないと解すべきか，また，現実に増額賃料部分の金員を受領していることから，確定的な収入金額ではないとしても，その支払いを受けた時の年分の収入金額に計上すべきかどうかが争われた事件である。

一審・仙台地裁昭和45年7月15日判決（税資60号順号2587）は，後者の解釈に立って，納税者の主張を排斥し，その控訴審・仙台高裁昭和50年9月29日判決（税資82号順号3641）では，「仮行宣言付判決に対する上訴提起後に支払われた金員は，それが全くの任意弁済であると認めるに足る特別の事情のない限り，民訴法198条2項にいう『仮執行宣言ニ基キ被告カ給付シタルモノ』にあ

たると解すべきところ（最高裁昭和47年6月15日第1小法廷判決・民集26巻5号1000頁），仮執行宣言に基づく金員の支払は，仮の弁済であって，他日本案判決が破棄されないことを解除条件とする暫定的なものにすぎないから（大審院大正15年4月21日判決・民集5巻266頁），本件金員の支払をもつて地代の増額部分につき収入すべき権利が確定したものとはいえない。」と判示して，一審判決を取り消して納税者の請求を認容した。

　その最高裁昭和53年2月24日判決（民集32巻1号43頁）は，「増額賃料債権又は契約解除後の賃料相当の損害賠償請求権についてなお係争中であっても，これに関しすでに金員を収受し，所得の実現があったとみることができる状態が生じたときには，その時期の属する年分の収入金額として所得を計算すべきものであることは当然であり，この理は，仮執行宣言に基づく給付として金員を取得した場合についてもあてはまるものといわなければならない。けだし，仮執行宣言付判決は上級審において取消変更の可能性がないわけではなく，その意味において仮執行宣言に基づく金員の給付は解除条件付のものというべきであり，これにより債権者は確定的に金員の取得をするものとはいえないが，債権者は，未確定とはいえ請求権があると判断され執行力を付与された判決に基づき有効に金員を取得し，これを自己の所有として自由に処分することができるのであって，右金員の取得によりすでに所得が実現されたものとみるのが相当であるからである。」と判示して，課税処分を適法とした[81]。

　原審判決は，増額賃料請求の本案訴訟が係属している以上，仮執行宣言付判決により支払われた増額賃料の金員は，仮の弁済であって，他日本案判決が破棄されないことを解除条件とする暫定的なものにすぎないとしたものであるが，ここで，解除条件付法律行為を引用して，それを暫定的であるから収益には計上されないという解釈は妥当ではない。つまり，解除条件付法律行為は，条件成就までの間，その行為に伴う法律効果が発生しており，条件が成就して，初めて当該行為が解除され，その法的効力が消滅するものであるから，仮執行宣言判決に従って支払った増額賃料は，本案訴訟の最高裁判決により増額賃料の請求が認められなかった時に，初めて，仮に受領している増額賃料部分の金員

の返還義務を負うという関係にある。

　したがって，仮執行宣言付判決により支払われた増額賃料は，有効なものとして，納税者の所得を構成するといえ，その後の最高裁判決により，仮に敗訴して仮の増額賃料の支払いの効力が消失したことにより所得が減少して減額されると解することができる。この点でも，控訴審判決の判示は疑問であるといえよう。

　最高裁判決は，仮執行宣言付判決により支払われた増額賃料は，「未確定とはいえ請求権があると判断され執行力を付与された判決に基づき有効に金員を取得し，これを自己の所有として自由に処分することができるのであって，右金員の取得によりすでに所得が実現されたものとみるのが相当である」と判示したものであるが，ここでの所得の実現の論理的意味は必ずしも明確とはいえない。すなわち，返還の可能性のある未確定の増額賃料が，仮執行宣言により支払われたとしても，確定判決により取り消されて返還される可能性のある利得である以上，所得の実現があったといえるのかについては，何らかの合理的，論理的事由の説明が必要のように思われる。

　最高裁判決の「所得の実現」の意義は，その仮執行宣言付判決による増額賃料の支払いは，前記類型化の内，「権利不確定利益支配型」に属するものであり，しかして，当該賃料を確定的に保有するに至ってはいないものの，その仮の支払いである増額賃料の収受は，仮執行宣言付判決の下での有効な利得の収受であり，かつ，賃貸人は，増額賃料を生じさせる役務の提供（土地建物の貸付）はすでに完了しているものである。しかして，その後，それ以上の格別の義務の履行が求められるものではないから，「利益支配義務未履行型」には該当せず，「権利不確定利益支配型」に属するものであり，その増額賃料の受領時に収入金額（収益）に計上すべきであるということになる。

　すなわち，控訴審判決のように，増額賃料請求訴訟の判決確定時に，収入金額に計上すべきという論理が正当というのであれば，仮執行宣言付判決による増額賃料支払時においては，前記五つの類型のうち，収益計上時期が未到来の「権利不確定利益非支配型」又は「利益支配義務未履行型」に該当する必要が

あるが，かかる増額賃料の支払いは，そのいずれにも該当しないから，控訴審判決は誤りであるということができよう。

つまり，本件事案の仮執行宣言付判決による増額賃料の支払いは，「権利不確定利益支配型」に属するものであり，それは，管理支配基準に照らしても合理的であるから，かかる金員の支払いは，「所得の実現」と評価することができるといえよう。

(4) 強制収用裁決による補償金の収益計上時期

本件事件は，所得税法の収益計上時期を巡るものであるが，この争点は，法人の場合も同様であることから，その判決の内容を取り上げて検討を加えることとする。

その事件の争点は，沖縄の米軍施設の10年間に亘る使用に係る強制収用裁決による補償金の収益計上時期は，10年間の使用期間に応じて収益に計上すべきか，取得時（権利確定時）に収益に計上すべきかという点である。また，その補償金の所得の種類は譲渡所得か不動産所得かという点も問題とされているが，ここでは取り上げない。

本件は，その一審・沖縄地裁平成6年12月14日判決は納税者勝訴，控訴審・福岡高裁平成8年10月31日判決は課税庁勝訴，最高裁は同判決を支持して課税庁勝訴で確定した。判決がこのように分岐した原因は奈辺にあるのか，ここでは，この点を検証してみたい。

先ず，課税庁が勝訴した控訴審判決の認定判断から見てみよう。

＜控訴審判決＞

ア　国（防衛施設局長）が米軍用地使用等特措法に基づき土地を使用することによって土地所有者が受ける損失は，国が補償することになり，その損失補償金にも種々のものがあるが，土地収用法（以下「収用法」という）72条の使用する土地に対する補償については権利取得裁決において定められる（収用法48条2号，72条，73条）ところ，国は，権利取得裁決において定められた権利取得の時期までに当該土地の所有者に対し右補償金の払渡しをしなけ

ればならず（同法95条１項），国は，右時期までに右補償金の払渡しをすることを条件として，右権利取得の時期において，裁決で定められたところにより，当該土地を使用する権利を取得し，当該土地に対するその他の権利は，使用の期間中は行使することができないこととなる（収用法101条２項）。他方，当該土地の所有者は，権利取得裁決において定められた権利取得の時期までに収用法72条の補償金の払渡しを受けることができる反面，明渡裁決において定められた明渡しの期限までに国に土地を引き渡さなければならないが，右引渡義務を履行すればそれで足り，それを超えて国に対し継続的に当該土地を使用させるという役務提供義務を負うものではない。土地所有者は国の使用を妨害することなくこれを受忍する義務を負うものではあるが，<u>これは国が使用権を取得することにより生じる一般国民が国の使用権の行使を妨害してはならない義務と何ら変わるところはなく，右受忍行為をもって役務提供行為を観念することはできない</u>。

イ　日本国とアメリカ合衆国との間の相互協力及び安全保障条約に基づく「地位協定」は，合衆国軍隊が使用する施設及び区域は，この協定の目的のため必要でなくなったときは，いつでも，日本国に返還しなければならないと定め，米軍用地使用等特措法８条１項は，土地を使用する必要がなくなったときは，防衛施設局長は，遅滞なく，その旨を内閣総理大臣に報告しなければならないと規定し，同条２項は，内閣総理大臣は，右報告を受けたときは，土地の使用の認定が将来に向かってその効力を失う旨を官報で告示しなければならないと規定しており，また，収用法105条１項は，防衛施設局長は，土地を使用する場合において，事業の廃止，変更その他の事由によって使用する必要がなくなったときは，遅滞なく，その土地を土地所有者に返還しなければならないと定めていることから明らかなように，米軍用地使用等特措法に基づく使用において，使用期間満了前に使用土地が返還される場合のあることが予定されている。

ウ　しかし，「収入の原因となる権利の確定」とは，収入の原因となる法律関係が成立し，この法律関係に基づく収入を事実上支配管理し得る事実の生じ

たことをいい，将来における不確定な事情によって，権利の全部又は一部が消滅することなく終局的に確定していることまでも要するものではないと解され，将来国から使用期間満了前に使用土地が返還された場合に，被控訴人らが本件損失補償金のうち未使用期間に相当するものを国に返還する義務が発生するか否かといった事情は考慮する必要がないのである。

エ　国は，権利取得の時期までに右の補償金を払い渡すことを条件として右の時期において当該土地を使用する権利を取得し，他方，土地所有者は，右の時期までに右の補償金の払渡しを受けることができ，土地所有者としては，明渡しの期限までに当該土地を明け渡しさえすれば，その後は他の一般国民と同様に国の使用権の行使を受忍する義務を負うのみであって，そこには継続的な役務の提供行為を観念することはできず，また，右の明渡しの不履行でさえ収用法72条の補償金の保持に影響するものではない。このような収用法72条の補償金ないし右補償金に係る権利の特質に徴すると，本件損失補償金は，国からみれば，当該土地に対する国による使用権取得の対価であり，土地所有者からみれば使用権の設定それ自体による当該土地に対する損失補償金の性質を有するものというべきであって，本件損失補償金の払渡しは右権利取得の時期より前にされたものではあるがこれを収入すべき権利ないし保持する権利は，権利取得裁決において定められた権利取得の時期において確定したものであり，それゆえに，被控訴人らは，特段の事情のない限り，本件損失補償金全額について，返還の必要に迫られることなくこれを自由に管理支配できるのであるから，右権利取得の時期において右補償金に係る所得の実現があったものと解するのが相当であり，したがって，本件損失補償金は昭和62年分の総収入金額に算入されるべきものである。

なお，右特段の事情が発生した場合には，国税通則法23条2項1号又は3号，同法施行令6条1項1号により更正の請求をすれば足りるのであり，むしろ右のような規定の存在は，右特段の事情が発生する可能性があることを根拠として本件損失補償金に係る所得が未だ実現されていないという見解と相容れないものである。

＜一審判決＞

　以上の控訴審とは異なり，土地収用法の使用裁決に係る補償金は，国が期間を10年とする駐留米軍用地としての使用権を取得することの対価として，かつ，本件土地を使用できなくなったことにより生じる納税者らの損失に対する確定した補償として支払われたものとみるべきであるとの課税庁の主張に対して，一審判決は，要旨を次のとおり判示している。

「1）本件土地は，契約地主の土地と一体となり，駐留米軍の軍用地として使用されているものであり，原告の土地と契約地主の土地で米軍の利用形態に何らの違いがないこと，2）使用裁決においては少なくとも，国の使用を妨害しないで国の使用を容認するという限度において，役務の程度を観念することができること，3）補償金は，当該土地の賃料相当額を鑑定等により求め，それらを参考にして中間利息等を控除して算出されていることなどからすれば使用期間に対応した使用の対価を損失としてとらえ，これを補償するものということができること，4）土地収用法において，契約期間の中途で土地が返還された場合についての補償金の返還の有無について定めた規定はないが，実際に，土地を使用期間の中途で返還した場合，未使用期間に対応する割合の補償金の返還を要求した事例が存し，これは，国においても，中途返還の場合については，補償金の返還請求権が発生するとの立場に立つていることを示すものであること，5）かつて補償金の支払時期は1年ごとであつたところ，その後の改正で一括払いとなっているが，これは土地所有者の権利強化を図つたものであり，補償金の性質は何ら変更されていないと考えられ，1年ごとに支払うこと自体，土地使用の対価たる性質であることを裏付けるものであるから，補償金は，納税者らがその所有する土地を一定期間国に使用させるという役務を提供することにより，その期間に対応する対価として支払われたもの，すなわち土地使用の対価であると解すべきである。」とし，その上で，使用裁決に基づき使用期間を10年間として納税者に対し一括払いをされた本件補償金は，納税者らの役務の提供をまってはじめて収益が発生し，使用期間が経過するにしたがって発生していくものであり，また，その時点で権利が確定していくと解す

べきであるから，納税者らの係争年分の所得には，補償金の支払いを受けた年の12月31日までの期間に対応する金額が計上され，同日以降の期間に対応する補償金は，土地使用という役務の提供の対価の前受金たる性格を有するものと解すべきである，と判示した。

　以上のとおり，本件補償金につき，両判決が正反対の結論を導いたのは，一審判決が，「国の使用を妨害しないで国の使用を容認するという限度において，役務の程度を観念することができる」と認定したのに対して，控訴審判決は，土地の引渡義務を履行すればそれで足り，それを超えて国に対し継続的に当該土地を使用させるという役務提供義務を負うものではないとし，その上で，土地所有者は国の使用を妨害することなくこれを受忍する義務を負うものではあるが，かかる受忍行為をもって役務提供行為を観念することはできない，と判断したところにある。

　この点の当否は，土地収用法に基づく当該使用裁決により，納税者が所有する土地に係る10年間の使用権を剥奪することによる納税者の損失補償として補償金を支払うというものであり，したがって，かかる土地の10年間に亘る使用権が，その所有者の何らの意思表示の要もなく，法的強制力をもって剥奪されるものであるから，その土地の引渡後は，当該土地の所有者による役務提供の事実は存しないということが理解できよう。つまり，控訴審判決の収益認識は「利益支配義務未履行型」としてではなく，「権利確定利益支配型」として確実な収益の実現としたものである。

　これに対して，一審判決は，国の使用を妨害しないで国の使用を容認するというのが役務であると理解し，また，使用期間の途中で土地の使用が不要となり土地の返還を受けた場合において，残存期間に対応する補償金が返還されている事例があったこと，という二つの理由がその根拠とされている。つまり，一審判決は，収受した利益の反対給付としての役務提供が未了であるという認定に立ち，「利益支配義務未履行型」と理解して，未経過期間に係る補償金は，前受収益として収益を構成しないと認定したものである。

　しかし，強制的に土地使用権が剥奪された以後は，所有者に役務提供義務は

発生せず，国の使用を受忍する義務というのは，控訴審判決が判示したように，所有者による役務提供とはいえないし，また，本件土地使用において，土地使用の中断による補償金の返還の要否については明確にされていない。仮に，補償金の返還という事態が発生すれば，自己の所有として支配管理していた補償金が後発的事由により返還されたということについて，個人地主の場合には，収入計上年分に遡及して減額更正するための更正の請求が可能であり，また，法人地主の場合には，その返還時における事業年度の損金処理が認められるから，一般的にはその収益の是正を図ることができる[82]。

　本件事例は，役務提供の認識の相違が，収入計上時期の相違をもたらしたものであるが，その使用裁決とその法的効力の実体に鑑みれば，控訴審判決は，「権利確定利益支配型」に属するものとして収益計上時期を認定したといえよう。

(5) 歯列矯正料の収益計上時期
ア　矯正料を一括受領した場合の収益計上時期の基本的考え方

　歯列矯正料の収益計上時期に関する判決・裁決は，個人所得税に関するものであるが，医療法人等の場合も同様の問題が発生することから，ここで検討することとする。

　これまで，歯列矯正料の収益計上時期に関する判決及び裁決は，4件が公表されているにすぎない。

　ところで，この歯列矯正料は初期診断後において，数年に亘る治療計画書に同意した患者に対して矯正治療が開始されるが，従前は，乳幼児の乳歯からの治療においては，多くの事例において，矯正装置（ブラケット）を装着時に一括して矯正料として治療期間に応じて30万円から100万円程度が受領されているようである。そして，治療を中断した場合には，その中断の事由により一定の金額を返還するということが，契約上，明確にされている場合もあるが，多くは明確にされていないのではないかと思われる。このことは，治療中断による事由，治療期間の経過等により，当事者の協議により決定されているという

第1章　判例等にみる税法上の収益計上時期を巡る諸問題の検証

ことではないかと思われる。

　このように歯列矯正の実態から，歯科医師側は，矯正装置装着時に一括受領した矯正料をその事業年度又は年分の収益に計上している事例が多いのではないかと思料されるが，それがいかなる収益基準によるのかは必ずしも明確ではない。現金を受領しているから現金基準であると短絡的に考えることはできないが，最初の矯正措置の装置時に歯列矯正の技術の役務提供の大半が完了しているともいえないであろう。なぜならば，乳歯の時からブラケットを装着し永久歯に生え変わった段階では新たなブラケットを装着するという治療が行われることが予定され，また，その後の歯の成長に伴っても同様のことが行われるからである。

　それにもかかわらず，矯正装置装着時に矯正料を一括受領した場合に収益に計上しているのは，税務当局が装着時に矯正技術の大半が提供されているという認識の下で，しかも，その後の診療時には処置料として3,000円程度の定額の診療費を受領しているという慣行があることから，一括収入時の収益として認識されているものと思われる。

　課税当局のかかる認識は，全額の矯正料を受領している場合は，「権利確定利益支配型」として理解しているものと思われる。そして，その治療中断の場合の返金は，後発的事由として，その返金時の損金又は必要経費として計上すれば足りるということであろう。かかる認識による収益計上は，歯科医師側が受領した矯正料の金員を事実上支配管理していること，治療中断による矯正料の一部返還の事例は，そのすべてではなく少数であること等の実態に鑑みれば，その一括受領時には，矯正料収受の権利が確定していないとしても，「権利未確定利益支配型」として，その時の収益として計上することは，担税力の点から見ても合理的であるということができよう。

　ところで，このような理解は，矯正装置装着時に矯正料は一括受領している場合であるが，厳密にいえば，当初の矯正装置装着時に受領した全額の矯正料には，その治療期間における矯正装置の取替え等の矯正技術提供に対する対価が含まれていることから[83]，理論的には，一括受領時の収益に計上することに

は問題もある。しかし，かかる問題は，歯列矯正治療に係る当事者の契約において，期間の経過とその後の矯正技術提供の内容，治療中断の場合の矯正料の返還内容等についての基準や内容について，明確にされていない現状では，「権利確定利益支配型」又は，「権利未確定利益支配型」として，受領時の収益に計上することが，その実態に即した計上基準ということができると考える。

しかして，この場合，受領した矯正料の全額を収益に計上するのであれば，その後の治療期間に係る通常必要とされる費用（材料費や歯列矯正治療に係る人件費等）の額を見積費用計上する必要がある（法基通2－2－1）。

イ　一括受領の場合の先例

以上のような矯正装置装着時における矯正料を一括受領した場合の先例事例についてみてみよう。

先ず，判決では，徳島地裁平成7年4月28日判決（税資209号471頁），同控訴審・高松高裁平成8年3月26日判決（税資215号1121頁）がある。この判決の認定事実は，次のとおりである。

歯列の矯正診療は，基本的には，相談，検査，診断，矯正施術（装置の装着），その後の処置（調整），観察等の経過を経て完了するのが一般的であるところ，原告は，矯正装置を装着した時点において，患者又は保護者と治療矯正契約書を交わした上，矯正料金規定による矯正料を患者らに請求し，その金額を患者らから一括して受領し，契約書第3項に定める「治療の中断」を生じたときには，所定の割合（0パーセントないし30パーセント）の返済を行うものの，右「治療の中断」という事実が生じない限りその返済をせず，矯正装置装着の前後を問わず何らかの処置を行った場合には，3,000円以上の「処置料」をその処置の都度収受し，また治療後の観察料として，その都度1,000円以上の「治療後観察料」を収受している。

本判決は，前記認定の事実によれば，原告は，検査・診断の際，その結果に基づいて矯正料金規定を示し，矯正治療契約を締結し，同時に矯正料を請求してそれを一括して受領しているものであり，本件矯正治療契約には，「人的役務の提供による報酬を経過又は役務の提供の程度等に応じて収入する特約又は

第1章　判例等にみる税法上の収益計上時期を巡る諸問題の検証

慣習がある場合」（所基通36－8）に該当するような特約は存在せず，矯正歯科契約に基づき受領した矯正料は，患者等のやむを得ない事情（転勤等）がある場合には治療の進行状態に応じて一部返金するとされているものの，このようなことは全体の1パーセント強にすぎず，また患者等の一方的都合により治療の中断や中止をした場合及び治療予定期間の70パーセントを経過したときは返金されないこととされている上，原告は，治療装置装着後に行われる治療・調節等については別途，治療の都度その内容に応じた対価を受領しているというのであるから，本件矯正料は，遅くとも矯正装置の装着日には原告において収入金額として管理・支配し得ることになったものであり，その時点において収入すべき権利が確定したと認めるのが相当である，と判示した。また，納税者の「一括受領した歯列矯正料は治療期間に応じて按分して収入金額に計上するのが合理的である。」との主張に対して，納税者における残治療期間の割合と返金割合とは合致しておらず，また，矯正治療契約上の治療期間は単なる予測にすぎず，実際の治療期間が予測と異なる場合もあるとして排斥した。

つまり，治療期間の経過と矯正料の権利の取得とは必ずしも厳密には関係していないこと，したがって，その後の治療中断の数少ない矯正料の返還という事実は，後発的事由として，その時の経費とすれば足りるとしたものであり，同判決は，「権利確定利益支配型」により収益計上時期を判断したということができる。

そして，昭和60年12月19日裁決（裁決事例集No.30）では，「請求人は，歯列矯正施術料の収入金額の計上について過去の診療実績に基づき3年間に配分すべきであると主張するが，本件矯正施術料は，請求人と患者との間において締結された治療契約により，歯列矯正装置を装着した時に患者に請求し，受領している。したがって，本件矯正施術料は，矯正装置を装着した時に収入すべき権利が確定したものと認めるのが相当である。」と判断している。これも，同様に，「権利確定利益支配型」により収益計上時期を判断したということである。

その他に，未公表であるが，昭和60年11月5日裁決及び昭和61年4月30日裁

決は，一括受領した矯正料の前受金処理を否定し，支払請求の日に収益に計上すべきとしているようである(84)。

以上のように，判決及び裁決事例では，少なくとも，代金を全額受領している場合には，「権利確定利益支配型」として，その受領した矯正料の金額を請求日又は受領時の収益に計上しているようであるが，必ずしも，明確な理論が展開されているものではなく，前述したような問題点が解決されているとは言い難い。

ウ　分割払いによる矯正料の収益計上時期

このような問題点が顕著に顕現されるのは，矯正料の分割払いが行われた時の収益計上時期の問題である。すなわち，一括受領した場合の受領時又は矯正料の支払請求時に権利確定しているというのであれば，その時に，代金未受領の場合には未収金として収益に計上すべきことが要請されるからである。

かかる分割払いの場合に，矯正料を未収金として収益計上して課税するということは，最初の矯正装置装着時（治療開始時）には，矯正治療の役務提供が終了していること，つまり，「権利確定利益非支配型」という類型に属するということが前提とならなければならない。換言すれば，歯科医師は，当初の矯正装置装着時に矯正料の全額につき法的請求権を取得しているということが前提となるが，当該矯正料は，治療計画に基づく長期に亘る治療期間における矯正の対価としての矯正料（基本料）という性格を否定することは困難である(85)。そのために，分割払いにおける収益計上時期は，一括受領の場合以上にその問題が惹起されるのである。

この点について，課税庁は，一括受領と同様に，矯正装置装着時に矯正料の収益の権利は確定したとして未収金課税を行っていたが，裁決事例は，裁決庁の的確な判断により，これが否定されており，各分割払いの受領時の収益として認識されているところである。

先ず，情報公開法第9条第1項による開示情報で公表されている平成11年3月26日裁決（タインズコード番号　Ｆ０－１－004）をみてみよう。

この事例の場合は，約6年から7年間の矯正治療期間を要する事例であるが，

治療計画に基づいて，矯正料（60万円から70万円）の支払いにつき，全額一括払いによるか，3年の分割払いによるか，その支払方法を選択することができ，前者の場合には受領時の収益として，後者の場合にはそれぞれ3年間で分割により受領した年分に収益として計上して申告している。また，この歯科医師は，治療が中断した場合には，原則として，それまでの診療対価を除いて返還している（なお，その後の処置料は3,000円を受領している）。この事例につき，裁決は次のとおり判断して，納税者の分割払い時の収益とした申告を適法とした。

「この事例の場合，一括払いは約4分の1程度で，その多くは分割払いとなっており，また，その支払も必ずしも矯正治療同意書に記載された支払年月に支払われておらず，その後に支払われているケースも多くあり，そのような場合にも本件治療費の支払がされなかったことを理由に本件矯正治療が中止されていることはない。そうすると，本件矯正治療の性質は，本件治療費が長期間に及ぶ本件矯正治療の全体を通じた基本料としての性格を有するものであること及び本件治療費の支払状況などからすると，<u>矯正装置を装着した日において本件治療費の全額の支払を法的にも実質的にも患者等に請求し得るものではないと認められる</u>ことから，本件治療費は，矯正装置を装着した日に収入すべき金額としてそのすべてが確定していると認めることはできない。したがって，原処分庁が矯正装置を装着した日に本件治療費に係る収入のすべてが確定しているとして，現実に収受していない本件治療費の額を本件治療費に係る収入計上漏れ額として矯正装置を装着した日の属する年分の総収入金額に加算すべきであるとしたことは相当ではない。」

この裁決は，明確に，当初の矯正装置装着時に，矯正料全額の請求権が確定しているとはいえないとして，当該矯正料は本件治療が長期間に及ぶ本件矯正治療の全体を通じた基本料としての性格を有するものであると認定している。正に本件実態に即した解釈論として高く評価できよう。

また，他の裁決事例である昭和61年3月29日裁決（情報公開法9条1項による開示情報・タインズコード番号Ｆ０−１−014）は，矯正基本料は矯正治療全体を通した管理料としての性格を有するものであると認定し，矯正基本料が

特定の治療行為に直接対応しているものではなく、受け取った矯正基本料は原則として返還しないことは認められるものの、矯正基本料の大部分を矯正治療着手時に入金しているという原処分庁の主張は認められず、その支払期も明確に定められていないことから、請求人の場合には治療着手時に収入すべき金額として確定していたとは認められず、したがって、収受した矯正基本料については、矯正治療に係る収入金額として法律的にも経済的にも請求人に帰属しているから、収受した日の属する年分の収入金額に計上しなければならないが、収受していない矯正基本料についてまで、治療着手時に収入すべき金額として確定しているとして、治療着手時の属する年分の収入金額に計上すべきであるという原処分庁の判断は相当でない、と判断し、前記裁決と同様の解釈を示している。

　ところで、前記平成11年3月26日裁決の事例では、原処分庁は、分割払いの受領時ごとに収益に計上する方法は、現金基準として理解して、かかる基準は認められない旨の主張を行っていた。しかし、そうであれば、本件事案の治療内容と治療経過に応じて、矯正料の具体的請求権（権利確定の時期）が何時の時点で確定したと認定したのかという権利確定主義による収益計上時期を具体的事実によって合理的に説明すべきであるにもかかわらず、この点についての具体的根拠と法律的論拠は示されてはいない。

　本件請求人は、現金基準を採用しているのではない。本来、人的役務の提供を主たる要素とし、それに矯正装置の装着という資産の提供に複合した歯列矯正治療は、法律的にみれば、その治療完了の時に具体的請求権が確定したということがいえると考えられるが、その矯正治療の役務提供行為の特殊性を考えれば、歯列矯正技術の提供の対価としての矯正料は、長期に亘る矯正治療完了時に具体的請求権が確定するというのも実態に則さない面を有している。その意味では、患者の歯列状況に応じた推定治療期間を前提として見積もられる矯正料は、その治療期間における矯正治療に応じて受領するということが、矯正治療の役務提供料の権利確定時期ということもいえよう。

　これに類似するものが建設請負業における「部分完成基準」（所基通36－8

(4))による収益の計上であるが、本件の歯列矯正の場合には部分完成という概念はなく、かかる基準の採用も困難である。しかし、この部分完成基準における収入に関する「特約又は慣習」の存在は、本件歯列矯正にも存在する。それが、本件における一括払い又は分割払いの合意であるが、部分完成基準が予定する引渡量に応じた支払いの特約又は慣習ではない点で、これとはその性格を異にするということができる。

　また、このような歯列矯正等の人的役務提供の収入金額の計上時期は、人的役務提供の完了した日を原則として、その人的役務提供による報酬を期間の経過により又は役務の提供の程度等に応じて収入する特約又は慣習がある場合におけるその期間の経過又は役務の提供の程度に対応する報酬については、その特約又は慣習により収入すべき事由が生じた日とされている(所基通36－8(5))。また、法人税基本通達では、技術役務の提供に係る報酬については、その約した役務の提供が完了した時に収益に計上することとしているが、例外的に、報酬の額が作業の段階ごとに区分されて、その各作業の完了毎に支払われる場合には、その確定毎に収益に計上することとされている。

　歯列矯正は、かかる役務提供に係る報酬の支払いとは異なるものがあるが、「その人的役務提供による報酬を期間の経過により又は役務の提供の程度等に応じて収入する特約又は慣習がある場合」の取扱いに広く準じて、本件矯正料の3年間の分割払いの時を確定収益として捉えることもできなくはないであろう。

　このように見てくると、歯列矯正治療にかかる矯正料の収益計上時期は、歯列矯正歯科医師の業界における慣習に即して実態的に課税適状にある時期は何時かという点が個別に検討されなければならないと考えられる。

エ　ま　と　め

　歯列矯正料の対価の支払いに関して歯列矯正医師の業界が一括払い又は分割払いによる代金回収の方法が慣習として成立しているのは、歯列矯正治療が自由診療で金額も高額となるために、患者が治療を無断で中断した場合には、その回収が事実上困難となることを考慮して治療開始の早い時期に歯列矯正の対

価を事前に受領することで，その代金回収のリスクを未然に回避しているというところにある。加えて，矯正料は，本来，①治療期間にかかる役務提供行為が完了した時に確定し，その時に請求するか，②その治療期間等における矯正技術にかかる役務提供の都度，それに見合う矯正料を請求し受領するという方法が考えられるが，前述したとおりの事情から，その時期に先行して一括払い又は分割払いにより矯正料を取得することが業界の慣行であり，しかして，その支払いに関しては同意書を作成して同意を求めることにより矯正治療の対価の回収を安全，確実に行うこととしている。

ところで，権利確定主義によるのであれば，前述した①治療完了時，又は②治療時に収益に計上すれば足りるが，①の治療完了時に収益に計上するという人的役務提供完了時基準は，長期に亘る治療期間とその歯列矯正技術の提供という内容に鑑みれば，本件の歯列矯正治療期間終了時の収益として計上するのは実態的に適合しないといえる。そうであれば，②の治療時ごとに歯列矯正の技術提供にかかる対価が確定するという基準が妥当すると考えられるが，歯列矯正は，当初の矯正装置の装着以降，一定の経過観察の期間は格別の矯正治療を施すのではなく，その後に，矯正装置の取替え等が行われるというものである。また，その材料費は極めて少額であり，継続的に行われる一般的な歯科治療とは異なる側面があることから，これと同様の収益計上基準はなじまない。

そこで，歯列矯正治療に当たる歯列矯正歯科医師の業界では，その矯正治療の特質に照らして，矯正料の一括払い又は比較的短期間の分割払いとする業界の慣行が定着したものと考えられ，その矯正料の特質という性格を尊重した公正妥当な会計慣行に委ねるべきであり，これは所得税法においても当然に要請されることはいうまでもない。現行の歯列矯正の業界では，一括払い又は分割払いにより対価を受領しているが，この場合には，対価の受領時に収益に計上し，前受金処理の慣行は採用されていないし，また，分割払いの場合に第2回目以降の代金を未収金計上する慣行もない。

本件矯正料の収益計上時期も権利確定主義を厳格に解した場合には前受金としての性格であるが，当事者が矯正治療の対価として金銭を授受し，後発的事

由が発生しない場合には矯正治療の対価として歯科医師が支配管理しているのであるから，かかる場合には法的側面を重視した権利確定主義は適合せず，納税者が採用した管理支配基準という経済的実態の側面を重視した収益計上基準が妥当するのである。

以上述べたように，本件矯正料の収益計上時期は，権利確定主義という法的側面からの計上基準は実態に則さないと考えられ，歯列矯正の治療期間の長期性，代金支払いの特異性とその実質的，経済的側面，加えて，業界の会計慣行に照らせば，「権利不確定利益支配型」に属するものとして，いわゆる管理支配基準による収益計上時期が妥当するというべきである。

いずれにしても，取引実態に応じて収入の計上時期を考えるべきであり，権利確定主義の適用に当たっても，それぞれの取引状況の実態に則して，課税適状にある収益計上時期を確定すべきものである。すなわち，収益計上時期の一般的基準に常に当てはめて収益計上時期を判断するというのではなく，その取引実態に適合した計上時期はどのようなものか，そして，それが一般的，典型的な収益計上基準に適合しないとしても，その実態に則した計上時期を判断するというのが，支払能力に配慮した実質課税を追求する租税法における原則であるということができる。

本件における矯正料の収益計上時期について，納税者が採用した矯正料の受領による管理支配基準は，かかる観点からの「権利不確定利益支配型」に属した収益計上基準に他ならないのであって，歯列矯正治療にかかる高度な技術の役務提供にかかる対価の収益計上時期として，経済的実態に適した合理性のある基準であるというべきである。

(6) 授業料・入学金の収益計上時期

ア 私法上の学生納付金の法的解釈

大学等の入学金は同大学の学生としての資格を取得するための対価というべきものであり，また，授業料の支払いは学校側の教育役務の提供に対する対価として学生が支払う性格の金員である。消費者契約法が施行された平成14年以

降,このような私立大学の入学金等を納付した後の入学の辞退や,また,入学後に退学した場合の入学金又は授業料の返還請求訴訟が急増したところである。専門学校を含む多くの私立大学では,その入学案内のパンフレットに,入学金や前納された授業料については返還しない旨が記載されていることが多いが,私法上,入学式以前の入学辞退に当たっては,教育役務の提供が未了の場合であるから,不返還条項は公序良俗違背の無効という議論もあり得るところである。殊に,授業料等の納付金は,授業開始前の入学辞退の場合には,授業等の教育役務の提供がなされていないから,辞退者に対して返還を要するという解釈にも説得力がある。

このような私法上の争いに対して下級審判決では,①入学金,授業料ともに返還を認めなかったもの(大阪地裁平15.9.19判決・判例時報1838号104頁),②いずれも返還を認めたもの(京都地裁平15.7.16判決・判例時報1825号・46頁),③入学金の返還は認めないが,授業料の返還を認めたもの(大阪地裁平15.10.6判決・判例時報1838号104頁,大阪高裁平16.9.10・判例時報1882号・44頁)があり,判決は分かれていたが,最高裁(第2小)平成18年11月27日判決(判例時報1958号12頁)は次のような統一的な解釈を判示している[86]。

①入学金については,原則として返還義務はない。②平成14年度入試以降(消費者契約法適用後)においては,3月末日までの入学辞退に対しては,補欠合格などで定員確保が可能であるから,大学側に損害は発生しないとして「不返還特約」は無効として,授業料等の学生納付金は返還すべきである(推薦・OA入試等は個別に判断)。4月1日以降の辞退者については,定員補充等が困難で大学側に損害が生ずるとして,原則として返還義務はないとした。

このような学生納付金返還訴訟は,私立大学の教育に関する公益事業であるから,直接,法人税法上の問題が生ずることはないが,このような最高裁の論旨は,学校法人等の公益法人以外の営利法人にも,原則的に同様に扱われるものと考えられる。そこで,このような教育役務に類似した収益事業に係る技芸教授等の役務提供を行う場合の入学金や従業料等の前納金の収益計上時期について検討しておきたい。

第1章　判例等にみる税法上の収益計上時期を巡る諸問題の検証

イ　受講者講習料等の税法上の収益計上時期

①昭和56年10月28日裁決（裁決事例集23集107頁）は，自動車運転免許の技能教習料の未教習部分に係る収益計上時期が問題とされたものである。納税者は，技能講習（未教習部分については返還が予定されている）については，6カ月後であっても役務提供していることから，その役務提供毎に収益計上（前受金処理から振り替え）しており，また，学科教習料は，「いかなる場合も返還しない」とされているが，技能講習と同様に，役務提供完了日基準で同様に処理している。

これに対して，原処分庁は，技能講習料の未教習部分は6カ月を経過した日を含む事業年度に収益に計上し，学科教習料は返還を要しないこととされているから，それを受領した日を含む事業年度に収益として計上すべきものであるとして更正処分を行った。

本裁決は，技能講習料は返還義務があること，6カ月後も教習の役務を提供していることから，役務提供に応じて収益に計上すべきであるとし，役務未提供分の講習料の収益計上時期は役務提供時によることとしている。学科教習料は，6カ月間の講習が義務付けられ，その期間に道交法所定のカリキュラムを提供していることから，6カ月内の教習料は役務提供完了分につき収益に計上し，未了の部分は前受金処理し，6カ月経過時には全額収益に計上すべきであるとした。前者の未了部分は「利益支配義務未履行型」として収益計上は繰り延べられ，後者の6カ月経過により役務提供義務が完了又は終了したものとして，私法上も返還不要の確定的な収益として，「権利確定利益支配型」の収益計上と認定したものである。

昭和46年12月10日裁決（裁決事例集3集18頁）は，パンフレットには，納税者が受領した入学金・授業料は返還しないと記載されているところ，入学金は授業開始日に収益に計上し，授業料は期間対応分を収益に計上していた事案である。原処分庁は，入学金は受領した日の事業年度に収益に計上すべきとする更正処分を行ったが，その裁決では，入学金は学生の身分取得の対価であり，それは授業開始時であるから，その間の前受金処理は相当（授業料のように期

105

間対応は不可）であると認定して，課税処分を取り消している。

　原処分庁が返還を要しないこととしている部分の学生納付金は，受領日の収益に計上すべきであるとして更正処分したものであるが，いずれの裁決も，これに同調せず，役務提供完了日基準を原則として，その収益計上時期を解釈したものである。しかして，この場合，パンフレット等による入学時の契約の特約である「不返還条項」との関連をどのように考慮するのかということが問題となる。当該納付金が返還不要であれば，「権利確定利益支配型」として，受領時の収益に計上すべきであるという課税庁側の見解もあり得るところである。その場合には，収益と連動する原価の見積りが必要となる。

　しかしながら，上記裁決は，返還不要条項とは関わりなく，授業料は授業という役務提供の期間対応により収益を計上すべきとし，入学金は，当該学生の身分取得の対価として，授業開始の日と解釈したものである。殊に，入学金については，その払込みにより当該学生の身分を取得したものという見方もあり得ようが，学生の身分の取得というのは，当該学生の権利として便益を受けることが可能となった日と解するのが相当であり，しかして，上記裁決のように，学生としての授業等の便益を受けることができる授業開始の日ということが合理的である。

　このような場合には，法人税法の収益計上時期の解釈として，法的な権利確定という要素にのみとらわれるのではなく，法人税法22条4項の公正妥当な会計処理の基準という点を顧慮して，前記裁決のような解釈が合理的妥当性のある会計処理の基準であるというべきである。

　特に，学校側の経営上の便宜と収入の確保という視座からのパンフレット等の不返還条項は，その意義及び私法上の実体も考慮しつつ，公正処理基準に照らして合理的に判断すべきであるということである。

　後述の東京地裁平成20年2月15日判決（TAINS Z 888-1412）が，収益に係る権利の確定時期に関する会計処理を，純粋に法律的視点からの基準を唯一の基準としてしなければならないと考えるのは相当でないという趣旨の判示をしているのは，このような趣旨を判示するものであろう[87]。

(7) 横領に係る損害賠償請求権の収益の認識と計上時期

ア 損害賠償請求権の異時両建説と同時両建説による判決の比較検証

　法人の役員が当該法人の金員等を横領した場合の損失に関する課税上の諸問題については，「本書第Ⅰ巻（増補改訂版）」第7章「役員等の横領による損失を巡る課税上の諸問題」及び第8章「税法の解釈適用と事実認定」において検討したところである。

　そこでは，横領損失に係る損害賠償請求権の収益認識と計上時期について，横領損失等に係る損害賠償請求権は損失発生年度に収益として計上すべきであるとする同時両建説に立つ最高裁（第一小）昭和43年10月17日判決（『訟務月報』14巻12号1437頁）と，多数の学説が支持する横領の事実発覚時に収益計上する異時両建説，損害賠償請求権の収益計上時期を規定する法人税基本通達2－1－43の例外的措置の回収基準によるべきという説があることを紹介した。筆者は，原則は異時両建説に立ち，横領の事例の多くは弁済が困難又は不確実な経済的状況にある事例の場合であるから，かかる場合には，回収基準によるべきであることを論じたところである。

　その中で，法人の経理部長の1億8,000万円余の横領損失に関して，東京地裁平成20年2月15日判決（判例タイムズNo.1282，103頁，以下「東京地裁判決」という）が，その横領が発覚し法人がその損害を認識した時に収益を計上すべきであるとする異時両建説による初めての判決を言い渡し(90)，かかる判決の判示は，経済的実態に即した解釈の判決として高く評価できるところである。

　ところが，その1年後に，東京高裁平成21年2月28日判決（税資258号順号10895，以下「東京高裁判決」という）は一審判決を否定して，再び，当該損害賠償請求権は横領時の事業年度の収益として認識計上すべきであるとする同時両建説による逆転判決を言い渡した。その後，納税者側の上告受理申立てに対して，最高裁は，上告不受理決定を行い確定したところである。

　そこで，ここでは，東京地裁判決と東京高裁判決の両判決についての問題点を考察し論ずることとする(89)。

　まず，両判決の相違を明確にするために，判決要旨を項目に対照させて検証

することとする。

(ア) 横領による損害賠償請求権等の収益計上時期

＜東京地裁判決＞

① 収益に係る権利の確定時期に関する会計処理を，純粋に法律的視点から，どの時点で権利の行使が可能になるかという基準を唯一の基準としてしなければならないと考えるのは相当でなく，現実的な処分可能性のある経済的利益を取得することが客観的かつ確実なものとなったかどうかという観点を加えて権利の確定時期を判定することが，一般に公正妥当と認められる会計処理の基準に適合するものというべきである。

② 不法行為による損害賠償請求権の場合には，その不法行為時に客観的には権利が発生するとしても，不法行為が秘密裏に行われた場合などには被害者側が損害発生や加害者を知らないことが多く，被害者側が損害発生や加害者を知らなければ，権利が発生していてもこれを直ちに行使することは事実上不可能である。この点，民法上，一般の債権の消滅時効の起算点を，権利を行使することができる時としているのに対し，不法行為による損害賠償請求権については，これを，被害者又はその法定代理人が損害及び加害者を知った時としているのも上記のような不法行為による損害賠償請求権の特殊性を考慮したものと解される。

③ 権利が法律上発生していても，その行使が事実上不可能であれば，これによって現実的な処分可能性のある経済的利益を客観的かつ確実に取得したとはいえないから，不法行為による損害賠償請求権は，その行使が事実上可能となった時，すなわち，被害者である法人が損害及び加害者を知った時に，権利が確定したものとして，その時期の属する事業年度の益金に計上すべきものと解するのが相当である。

＜東京高裁判決＞

本件各事業年度において詐取行為によりX社甲が受けた損失額を損金に計上すると同時に益金として損害賠償請求権の額を計上するのが原則ということになるが，本件各事業年度当時の客観的状況に照らすと，通常人を基準にしても，

本件損害賠償請求権の存在・内容等を把握し得ず，権利行使が期待できないといえるとすれば，当該事業年度の益金に計上しない取扱いが許されるということになる。

(イ)　本件詐取行為による損害賠償請求権の収益計上時期

＜東京地裁判決＞

　　X社は，平成9年から平成16年までの間，従業員による詐取行為によって金員を詐取され続け，平成16年4月の税務調査を契機として初めてこれが発覚したものであり，原告が本件詐取行為を理由として懲戒解雇としたのが同年5月，詐欺罪等で告訴したのが同年7月，損害賠償請求訴訟を提起したのが，同年9月であったというのであるから，原告は，本件各事業年度においては，いまだ本件詐取行為による損害及び加害者を知らず，原告がこれを知ったのは，平成16年9月期であったことが認められるから，本件詐取行為によって，原告が取得することとなる損害賠償請求権の額は，本件各事業年度の益金の額に算入すべきものではなく，平成16年9月期の益金の額に算入すべきものである。

＜東京高裁判決＞

①　本件詐取行為は，経理担当取締役が預金口座からの払戻し及び外注先への振込み依頼について決済する際に甲が持参した正規の振込依頼書をチェックしさえすれば容易に発覚するものであったのである。また，決算期等において，会計資料として保管されていた請求書と外注費として支払った金額とを照合すれば，容易に発覚したものである。こういった点を考えると，通常人を基準とすると，本件各事業年度当時において，本件損害賠償請求権につき，その存在，内容等を把握できず，権利行使を期待できないような客観的状況にあったということは到底できないというべきである。そうすると，本件損害賠償請求権の額を本件各事業年度において益金に計上すべきことになる。

②　甲は，本件各事業年度当時，資産として約5,000万円で購入したマンションを有していたほか，約200万円相当の自家用車を所有していたし，約400万円程度の預金を有し，月額30万円を超える金額の給与を得ており，

本件詐取行為に係る刑事裁判の際，200万円の弁償を申し出ている。確かに甲は，本件損害賠償請求権に係る債務のほか，住宅ローン等の債務を抱えていたから，債務超過に陥っていた可能性が高いが，全く弁済能力がなかったとはいえないのであるから，本件各事業年度当時において，損害賠償請求権が全額回収不能であることが客観的に明らかであったとは，言い難いといわなければならない。

(ウ) 重加算税の賦課決定の是非
＜東京地裁判決＞
全部取消し
＜東京高裁判決＞
甲が隠ぺい，仮装行為をし，X社は，それに基づき架空外注費を計上して確定申告を行ったものであって，X社の経理業務の責任者で実務上の経理を任されていた者であり，かつ，X社としても，容易に甲の隠ぺい，仮装行為を認識することができ，認識すればこれを防止若しくは是正するか，又は過少申告しないように措置することが十分可能であったのであるから，甲の隠ぺい，仮装行為をもって，X社の行為と同視するのが相当である。そうすると，本件で，国税通則法68条1項により過少申告加算税に代え，重加算税を課したことに違法はない。

イ 損害賠償請求権の収益計上時期に関する両判決の相違と問題点
(ア) 本件損害賠償請求権の収益計上時期の問題点
東京地裁判決は，X社が本件詐取行為を知り得なかったものであるから，現実に，権利行使可能な時期に至った発覚時の収益に計上すべきとして，画期的な異時両建説を判示したものである。使用人の横領等の行為に係る損害賠償請求権の収益計上時期ではあるが，異時両建説の判示としては初めてのものである。

一方，東京高裁判決は，横領による詐取行為時の各事業年度において，当該損害賠償請求権が全額回収不能の場合には損害賠償請求権を収益に計上する必要はないという当然のことについて敢えて判示しているが，本件の事実関係か

らは，甲は債務超過の状況ではあるが，全額の資力喪失にあるとは認められないとして，損害賠償請求権の収益不計上を否定している。甲の資力について，詐取行為当時の事業年度末において，マンションの所有，預金等の存在からすると，債務超過の状態であるとしても，全額回収不能であるとは断定できないともいえようが，詐取行為等の不正の事実を認識していないX社の詐取行為時の事業年度末において判定するというのは，あまりにも形式的にすぎよう。

　つまり，その後の税務調査時において横領等の不正行為が発覚した場合には，その発覚時において，それまでに顕現された事実等を斟酌して，その調査時における当該債権の回収可能性を判断することが実際的であり，担税力の尺度たり得る実質的な資産価値の存在の有無が問われるべきものである。本件の場合，平成16年10月19日付の本件更正処分に至る前に，X社は甲を懲戒解雇するとともに刑事告訴（4年の実刑判決確定）し，さらに，損害賠償請求訴訟を提起し，更正処分直後に，甲に対して1億8,000万円余の支払いを命ずる判決を言い渡している。

　かかる情況の下で判断すれば，解雇され債務超過に至っている甲が，本件詐取した金員を弁済する可能性は極めて低いことは明らかであり，仮に，その一部が弁済されたとしても，それは損失額に比較してわずかなことは容易に推認することができる。東京高裁判決は甲からの200万円の賠償の申出を指摘して，全額回収可能の情況には至っていないと判示しているが，その程度の賠償では，1億8,000万円余の横領に係る損失は，弁済されないに等しいともいえよう。

　このような不法行為により，X社は多額の損失を蒙り，その損失部分について租税負担能力を喪失したにもかかわらず，それは，横領に係る損害賠償請求権と当事者の意思（合意）に基づく取引に係る売掛金等の商事債権とは，異質な債権であるにもかかわらず，これを同一視した誤った前提に立った40年以上前の最高裁昭和43年判決の呪縛から，下級審判決は逃れられないでいるということであろう。

　しかし，当事者間の合意で成立する売掛金等の商事債権と，横領等の不法行為による被害額に係る損害賠償請求権とは，その性格が異なるものであること

はいうまでもないことである(90)。また、過去の横領事業年度に遡及して、発覚時においては、その加害者の横領の金員の費消により、その損害賠償請求権の大半が弁済不能な経済的無価値化に至っているにもかかわらず、これを横領等の事業年度末日では全額回収不能ではないとして、同時両建説により損害賠償請求権の収益を認識することは、当該債権の経済的実態に鑑みれば、担税力のない債権に課税するということであり、その不合理性は明白である。

同時両建説に立つ判決や論者が、その形式的な法解釈により租税負担能力を有しない形式的にのみ存在する本件損害賠償請求権に課税するという過酷な事態に思いを致していないのは、真に、残念なことである(91)。

東京地裁判決が異時両建説に立つべきと判断した根拠の立脚点は、収益に係る権利の確定時期に関する会計処理を、純粋に法律的視点から、どの時点で権利の行使が可能となるかという基準を唯一の基準としてしなければならないと考えるのは相当ではなく、現実的な処分可能性のある経済的利益を取得することが客観的かつ確実なものとなったかどうかという観点を加えて、権利の確定時期を判定することが、一般に公正妥当と認められる会計処理の基準に適合する、という点にある(92)。そして、不法行為による損害賠償請求権の場合には、その不法行為時に客観的には権利が発生するとしても、不法行為が秘密裏に行われた場合などには被害者側が損害発生や加害者を知らないことが多く、被害者側が損害発生や加害者を知らなければ、権利が発生していてもこれを直ちに行使することは事実上不可能であるとし、不法行為による損害賠償請求権は、その行使が事実上可能となった時、すなわち、被害者である法人が損害及び加害者を知った時に、権利が確定したものとして、その時期の属する事業年度の益金に計上すべきものと解するのが相当である、と判示したものである。正に、経済的実態に即した正鵠を射た解釈というべきである。

法人税基本通達2－1－43は、損害賠償請求権の収益計上について例外的に回収基準が採用されているが、そこで規定する「他の者」には、被害者の役員や使用人は法人内部の者であるから、その適用はないという見解に変更している(93)。しかしながら、横領時には使用人等であるとしても、本件のように、発

覚後解雇されているのであるから、その後の損害賠償請求権の行使により回収を図る時点では、もはや、会社内部の者ではなく、「会社外部の犯罪者」であって、これを会社内部の者であるから当該通達の「他の者」に該当しないと解釈すること自体、回収基準を廃除するための「こじ付けの議論」であり、その解釈の正当性は見出し得ない。なぜならば、同通達は、損害賠償請求権の支払いは困難な場合が多いという実態に鑑み、現実に回収した時に収益に計上する回収基準の適用を認めているものであるから、本件のように、詐取当時は会社の使用人等であったとしても、当該請求権行使により弁済を図ろうとしているときには、もはや、回収困難な場合が多いことに照らすと、むしろ、本件のように回収に不安が残る損害賠償請求権の収益計上基準は回収基準によることの合理性は明らかと考える。

　ちなみに、筆者が保有する東京国税局調査審理長名での各調査部部門の統括国税調査官等にあてた「事務連絡」では、役員又は使用人の横領等に係る損害賠償請求権についての当面の取扱いは、原則として同時両建説によることとし、例外として、「(1)その役員又は使用人が死亡又は失踪した場合、(2)法人がその役員又は使用人を退職させ、かつ、その役員又は使用人の資産及び収入が著しく少ない場合、には、当該損害賠償請求権の額を益金の額に算入しないこととする。」とされている[94]。

　これが、最も実態に適っている取扱いである。当時、このような取扱いが行われていたことは、昭和55年に創設された法人税基本通達2－1－43が、横領等の発覚時において、資産や収入状況から、相当部分が弁済されない場合の損害賠償請求権の収益は回収基準によっていたことの証左であるといえよう[95]。

　また、前述した過大電気料の精算金の収益計上時期は、その精算金の合意の時としたものであるが、東京高裁判決のように、頑なに同時両建説を採用するのであれば、違法な過大電気料の徴収に対しても、その徴収時（過払い時）に不当利得返還請求権が潜在的に発生しているものであるから、その後精算金が確定した時の当該金額を過払い時の債権として収益を認識すべきであるということになるであろう。

ところが，最高裁平成4年10月29日判決（裁判集民事編166号525頁）は，過払いが発覚して精算金額が合意されて確定した時の収益としているところであり，同時両建説によるものとは齟齬を来している。当該判決自体，その過払いの実態から当該金額が確定できなかったという債権の性質からの合理的な判断であると思料するが，本件横領にかかる詐取の金額についても，加害者甲は債務超過に陥っているというのであるから，その1億8,000万円を超える多額な金額の回収可能性はわずかしか見込まれないことは容易に認定できるのである。かかる横領等の損害賠償請求権の経済的性質に鑑みて，異時両建説又は回収基準説により収益に計上すると解することが，前記過払電気料の最高裁判決の趣旨にも合致するということができる。

(イ) 東京高裁判決の「通常人基準」と重加算税賦課決定の疑問

東京高裁判決は，甲の本件横領行為は担当取締役の書類のチェックにより発見が可能であることを，同時両建説による根拠としている。発覚が困難であれば，発覚時の異時両建説によるということがその判決の前提であるが，その発見の困難性の判断基準は，「通常人」ということがその基準とされている。「通常人」であれば発見できたか否かということであろうが，本件X社の担当取締役は，少なくとも，2年間の期間，甲の詐取行為を発見できなかったものであるから，同取締役は「通常人」ではないということを判示したことになる。そもそも，「通常人」なる者の法的意義は税法の定義するところではなく[96]，社会通念として判断することにならざるを得ないが，その判断基準は極めて曖昧であり，かかる抽象的基準による収益計上時期の解釈は，憲法の租税法律主義（課税要件法定主義・課税要件明確主義）に違背するということができるのではなかろうか。

甲は，平成9年4月にX社の経理課長として採用後，平成11年5月に経理部長に昇進するなど，経理の要職を任されていたのであるから，社会通念で考えれば，そもそも，経理部長の要職にある者が横領等の違法行為を行うことを観念する上司はいないであろうし，むしろ，経理部長の要職を任されていた甲は，X社の内部では信頼されていたものと見るのが自然であろう。

第1章　判例等にみる税法上の収益計上時期を巡る諸問題の検証

　東京高裁判決は，本件詐取行為は容易に見抜けたと認定して，その任務懈怠を根拠として，同時両建説とする根拠としているが，会社内部の上下関係において醸成し成立している信頼関係の下では，むしろ，経理部長の横領を疑い，その仕事の内容をチェックするということ自体がまれであり，したがって，経理部長の詐取行為を見落としていたとしても，そのことが，「通常人」として不当であるともいえない。そもそも，かかる「通常人」の基準を指定して，その発覚を見落としたことが「通常人」ではあり得ないから同時両建説を採用し，発覚が困難な複雑巧妙な手口による詐取行為である場合には，異時両建説によるというのは税法解釈の域を超えているもので無理があると考える(97)。

　次に，東京高裁判決は，①甲が隠ぺい，仮装行為をし，X社は，それに基づき架空外注費を計上して確定申告を行ったものであること，②甲は，X社の経理業務の責任者で実務上の経理を任されていた者であり，かつ，③X社としても，容易に甲の隠ぺい，仮装行為を認識することができ，認識すればこれを防止若しくは是正するか，又は過少申告しないように措置することが十分可能であったことから，④甲の隠ぺい，仮装行為をもって，X社の行為と同視するのが相当である，と判示する。しかしながら，かかる判示の意味するところは不明であり，重加算税の賦課要件を充足しているとは言い難い。

　そもそも，犯罪者の甲の詐取行為によりX社が被害を蒙ったのであるから，「かかる加害者の行為は被害者の行為と同視できる」などという議論はあり得ないことである(98)。このような論理が成立するのであれば，被害者のX社の行為とみなされた詐取行為に係る損失に対して，同社が損害賠償請求訴訟を提起すること自体が自家撞着の誹りを免れないことになろう。

　かかる論理により被害者のX社に対して重加算税を賦課することの不当性は，会計処理の面からも論証できる。この点の詳細は，本書第Ⅰ巻（503～510頁）において論じたところであるが，そのポイントを再度指摘しておく。

　まず，X社の架空外注費の支払法人の仕訳

　　（借）外　　注　　費　18,000万円／（貸）現　　預　　金　18,000万円
とされているが，この外注費は「横領損失」の損金が正当であるから，

115

（借）横　領　損　失　18,000万円／（貸）外　　注　　費　18,000万円
の修正仕訳を行うことになる。
　したがって、この仕訳によっては、X社の申告所得金額に変動はなく、加算税の発生する余地はない。X社が申告した所得金額が過少申告と認定されて更正処分の対象とされるのは、当該横領損失に係る損害賠償請求権を同時両建説によって、オフバランスからオンバランスに修正する次の仕訳に起因するものである。

　（借）損害賠償請求権　18,000万円／（貸）雑　　　　益　18,000万円
　この同時両建説による仕訳によって初めて当初申告は過少申告となるのである。ところが、同時両建説、異時両建説又は回収基準によるかについては、学説判例においても、根強い解釈の対立がみられるところであり、仮に、課税庁又は判決が同時両建説に立ったとしても、それは解釈の相違にすぎず、X社が仮装隠ぺいによって過少申告を行ったものではないから、本件重加算税の賦課決定処分は誤りであるということができる。
　学説判例は、このような視座からの検討は皆無であり、この点が誤りを生じさせているものと思われる(99)。

ウ　まとめ
　以上のとおり、横領等の不法行為による損害賠償請求権の収益計上基準は、原則として、東京地裁判決のようにその事実を覚知した時の異時両建説によることとし、その覚知した時に、当該横領者に財産はあるものの、それが少額である場合には、回収基準により収益に計上する道も認めるべきである。東京高裁判決のように、被害額に比べても僅かな弁済可能性をもって、損害賠償請求権が全額回収不能ではないとして、同時両建説により課税することは、いったん、横領損失に係る法人税全額と重加算税が賦課されるために、その課税期間の全期間を通じての延滞税納付、加えて、地方税の納付が行われることになるから、納税者の税負担は過酷となる。仮に、事後の回収不能に伴い損金算入されたとしても、更正時の一時的な負担は過酷なものとなり、納税者の置かれた経済的実態に鑑みても合理的とはいえない。

なお，横領者に財産があり，その損害賠償請求権の全額が回収可能であることが客観的に明白である場合には，同時両建説によるということには，それなりの合理性は認められよう。
　しかしながら，その限界をどこにおくかという新たな問題が派生することから，発覚時に損害賠償請求権を収益に計上する異時両建によるべきであると考える。この場合，一部の回収不能部分が認められるのであれば，個別評価の貸倒引当金の繰入れを行うことができるので，租税負担能力にも合致することになる。また，発覚時に回収可能な部分のみ見積り収益に計上する方法(100)によることも考えられる。
　ところで，この損害賠償請求権の収益認識について，前掲の類型化により検証すれば，同時両建説又は異時両建説のいずれによるとしても，その各時点では，「権利確定利益支配型」ではなく，「権利確定利益非支配型」として収益を認識するということになるであろう。いずれにしても，何時の時点で権利の確定とみて収益を認識するのかという点が争点とされるものであるが，回収基準の場合には，「権利確定利益支配型」として，最も納税者の実体的租税負担能力に即した課税関係が形成されるものと考える。なお，このような回収基準は，加害者が解雇されて，その時点で資力を完全に喪失しているか，回収が見込まれるとしても，その金額は横領額に比して過少であるという場合である。その意味では，東京高裁判決は，誤りであるというべきである。
　ここで指摘しておきたいことは，仮に同時両建説による収益計上基準を原則とするにしても，横領等を覚知した事業年度で回収可能部分が見込めないか又は少額である場合には，異時両建説又は回収基準による収益計上を許容すべきであるということである(101)。

(8) 結　　語

　以上，最近の収益計上時期の問題点につき考察を加え，収益計上時期の事例を類型化して，その検証を行ったところであるが，最後に考察した横領等に係る損害賠償請求権の収益計上時期は，「権利の確定」を法形式的な権利の発生

とみるか，加害者の詐取行為を覚知した時に，損害賠償請求権の債権の存在を認識し，具体的に権利行使が可能となった時，殊に，損害賠償請求訴訟で争われている場合の権利確定時期は，その争いにより確定した時ということも，その係争の内容によってはあり得ることである。このように「権利確定利益非支配型」又は「権利不確定利益非支配型」の「権利確定」の意味内容を争うものであるから，必ずしも，類型化自体によって，収益計上時期が解決できるというものでもない。

また，すでに検討した最高裁平成5年11月25日判決の輸出取引の収益計上時期は，法廷意見の船積日基準が，「権利確定利益支配型」(船荷証券・有価証券という貨幣性資産の取得) とみるのか，輸出取引の決済の国際慣習の点から，「権利確定利益非支配型」として，代金の回収が確実となったのが船積日と見たのかの議論があろう。また少数意見は，船積日基準が商品を表象する船荷証券を所有している以上，代金回収の面では，「権利不確定利益非支配型」(引渡義務未履行) とみたものであり，これに対して，船荷証券引渡日基準は，「権利確定利益支配型」として課税適状にあるとみたものである。いずれにしても，少数意見は，現在の国際慣習からは，荷為替を取り組んで代金回収を図るのは，船積日から21日間であることから，期末の輸出に限定された特定の取引についてのみ起き得る問題であるから，船荷証券引渡基準による柔軟な収益計上も認められてよい事例であるという指摘にも合理性がある(102)。

過払電気料に係る精算金の収益計上時期も，具体的な過払いによる損害額の確定は，精算金の合意の日であるからその日に「権利確定利益非支配型」として収益に計上すべきとした事例である。しかるに，横領等の損害賠償請求権の収益計上時期について，いかなる場合も同時両建説による収益計上に固執するのであれば，過払電気料の最高裁判決と齟齬を来すことになる。しかして，東京地裁判決が判示したように，多様的に発生する債権の性格に応じて，実態的に判断すべきであるという判示は貴重な指摘である。

また，テレビ共同聴視受信設備の維持管理業務を長期にわたって受託する旨の契約を締結し，その保守管理料を一括収受した場合の収益計上時期が争われ

た昭和63年６月22日裁決は、「維持管理収入を前受金としていること、一括受領した時には契約上の義務を履行していないこと、義務不履行の場合には返還されることもありうること、契約期間中に発生する原価等の額を当初から見積もることは事実上不可能であったこと、から契約期間の１年当たりの収益を計上すべきである。」としているが、これは、「利益支配義務未履行型」として翌事業年度以降に係る保守管理料は収益不計上と判断したものであり正当な判断である。

(注)
(69) 田中治「税法における所得の年度帰属－権利確定主義の論理と機能」大阪府立大学経済研究32巻２号（1987年）169頁以下では、権利型と支配型に分類して収益計上時期について検討を進められている。本稿は、同論文に示唆を得て、収益計上時期を巡る事案からその態様別類型化を図り考察することとした。
(70) この支配基準については、金子宏『所得概念の研究』有斐閣（1995年）282頁参照（初出・日税研論集22巻・1993年）。
(71) 詐欺、脅迫等の取り消されるべき法律行為による未収金等（債権）の取得は、権利確定利益非支配型に属して収益が発生し、その行為が取り消された場合には、その時に収益が消滅し、その取消時の事業年度の損金となる。また、取消しうべき法律行為により現実に金銭等の利得を享受している場合には、その取消しにより収受していた経済的利得を返還する義務が発生するが、それが返還されていないのであれば、無効による行為による経済的利得を保有している場合と同様の実態であり、しかして、無効に起因して経済的利得が返還された時の事業年度の損金の額に算入される取扱いと同様に取り扱われると思われる。なお、個人の場合、事業所得等の継続的事業は上記の法人所得の場合と同様であるが、それ以外の譲渡所得等の非継続的所得の場合は、その収入発生時の年分に遡及して更正（更正の請求）による是正が行われる（所法152、所令274条）。
(72) 東京地裁昭和57年６月14日判決（税資123号順号5006）その控訴審・東京高裁昭和60年６月26日判決（税資145号順号5565）、これを支持した最高裁昭和61年９月25日（税資153号順号5796）、東京高裁昭和57年９月29日判決（税資127号順号5073）等参照。
(73) 渡辺淑夫・山本清次編集代表『法人税基本通達の疑問点』ぎょうせい（2010年）129頁は、分割払いの借室保証金の償却部分について、保証金の収入すべき権利が確定しているのであれば、分割払いの未収部分についても、既収部分の保証金と合計して償却部分の金額を計算するとしている。
(74) 大淵博義『法人税法の解釈と実務』大蔵財務協会（1993年）146頁～147頁参照。
(75) 大淵博義同上書146頁。

(76) 家主の土地建物の提供義務は，家賃との関係で発生するものであるから，直接，保証金の授受と土地建物の提供義務とは関係しない。
(77) 借入金の資金による紐付き融資の場合の貸付金利子は，この利払基準は認められないこととされている。
(78) 納税者が，支払期日前に決算期末において，使用期間基準により未収家賃等を収益に計上した場合には，それが認められることは当然である。問題は，現行通達で，家賃等を後払いとしている場合に，「支払期日基準」により前月（3月）分の家賃等を翌月（4月・翌事業年度）の収益として計上した場合，これが認められるのかという問題である。
(79) 窪田悟嗣編著『法人税基本通達の逐条解説』税務研究会出版局（2008年）141頁。
(80) 国税庁担当官執筆による同上書は，かかる齟齬について何ら触れるところはない。
(81) この判決の評釈として，植松守雄「賃料増額請求」租税判例百選（第3版）別冊ジュリストNo.120（1992年）92頁，一高龍司「賃料増額請求」租税判例百選（第4版）別冊ジュリストNo.178（2005年）128頁等参照。
(82) この場合，事業が継続している場合には問題が生ずることはないが，例えば，当該返還時（是正のための損金算入時）において，すでに解散し，事業収入が途絶しているために，過去の収益計上事業年度において納付した法人税の取り戻しが，事実上，困難となる場合がある。この点については以前から問題とされていたが，かかる病理的現象は，法人税法の課税所得計算が，継続事業による企業会計の期間損益計算を前提としていることから生ずる問題点であり，法人が解散している等，継続事業という前提（公準）が欠けているのであるから，不当利得を返還するという視座から，所得税法の譲渡所得等の単発的所得の返還の場合のように，更正の請求により，収益計上事業年度に遡及して是正を図る必要があろう。解釈論としては難しい問題もあるが，納税者の結果的妥当性を重視する上での税務行政上の行政解釈による是正が望まれるところである。
(83) 多くの事例の場合，最初の矯正装置装着時以後の一定の時期における矯正装置の取替え装着等に係る矯正技術提供及び材料費等に係る対価は受領していないから，その対価は，当初に一括受領した矯正料の中に含まれている。このことは，その後の経過観察等の治療は一律3,000円等の定額が処置料として支払われていることからも明らかである。
(84) 田川博「歯科医師が歯列矯正の治療に伴い受領した歯列矯料の収益計上時期」税経通信51巻1号（1996年）に掲載されている裁決事例である。
(85) 前述したとおり，治療期間において適宜必要なブラケットを装着しているのであり，それが矯正技術の提供である。それは単なる観察的治療とは異なるものであり，その対価は当初の矯正装置装着時の矯正料の中に含まれている。そうであるからこそ，治療中断による矯正料の返還問題が生ずるのである。
(86) 判例時報1986号112頁参照。その他に，公立学校の大学院入学の意思表示に要素の錯誤があるとされて入学金の返還が認められた事例として，名古屋地裁平成19年3月23日判決（判例時報1986号111頁）がある。

(87) 中井稔『企業課税の事例研究』税務経理協会（2010年）10頁は，「結局，収益計上に係る権利確定は，法人税法に明文上の手掛かりを欠くのであるから，解釈によって決する余地はない。したがって，収益の計上時期は法人税法22条４項を経由して企業会計原則に委ねるのが正しい解釈である。そうすると，発生主義・実現主義が法的基準となるのであるから，権利確定はこれに吸収されたとみるべきである。」とされているのも，このような趣旨であろう。

(88) 東京高裁昭和54年10月30日判決（判例タイムズ407号11頁）は，異時両建説を採用したという評価もありうるが，同判決は，「所得金額を計算するにあたり，同一原因により収益と損失が発生しその両者が互に時を隔てることなく確定するような場合に，便宜上右両者の額を相殺勘定して残額につき単に収益若しくは損失として計上することは実務上許されるとしても，益金，損金のそれぞれの項目につき金額を明らかにして計上すべきものとしている制度本来の趣旨からすれば，収益及び損失はそれが同一原因によって生ずるものであつても，各個独立に確定すべきことを原則とし，従って，両者互に他方の確定を待たなければ当該事業年度における確定をさまたげるという関係に立つものではないと解するのが相当である。すなわち，当該収益，損失のそれぞれにつき当該事業年度中の確定の有無が問われれば足りるのである。」と判示しているところであり，それによると，損失と収益は別個に認識すべきであるとしているにすぎず，横領等の事実を覚知した時に収益を認識するという異時両建説を採用したものとは評価できないと考えられる。

(89) 大淵博義『法人税法解釈の検証と実践的な展開　第Ⅰ巻（増補改訂版）』税務経理協会（2013年）495～502頁において，当該高裁判決についても加筆してコメントも加えているが，さらに加筆補充して詳細に論ずることとする。

(90) この点に関して，渡辺伸平「税法上の所得を巡る諸問題」司法研究報告書19巻１号（1967年）94頁～95頁は，「損害賠償請求権についてのこのような形式的な扱いは債権の経済的多様性を無視したもので，課税所得の範囲を不当に拡大する結果にもなる。正当なものとはいえないであろう。」と的確に指摘している。この点に関する考察の詳細については，大淵博義同上書491頁以下も参照。

(91) 渡辺伸平同上論文（注８）94頁～95頁参照。

(92) この判決を支持する詳細な判例研究として，増田英敏・ＴＫＣ税研情報17巻５号（2008年）１頁参照。

(93) 昭和55年の通達創設時には，横領等の損害賠償請求権についても同様に取り扱うこととしていたことにつき，大淵博義前掲書（注89）486頁以下参照。

(94) 調査審理課長から課長・統括国税調査官・特別国税調査官宛「事務連絡」（調査部各部共通第15号・昭和59年６月15日付）「役員又は使用人の背任・横領等に係る損害賠償金の取扱い」。

(95) 筆者は，横領した加害者の資力から，その被害額の大半が回収できる資力を有している場合には，同時両建説によることには，それなりに合理性があると考えている。しかして，横領に係る損害賠償請求権の特殊性から，その回収可能性の判断は，あくまでも，横領時の事業年度ではなく，その発覚時の時点における資力の有無により判

⑹　この「通常人基準」は，民法上の損害賠償請求権の時効の起算日における認定基準であり，通常人であればある一定の時点において，当然に承知していたという前提で，その時効の期間を判定するというものであって，税法の基準とはそもそも無関係の概念である。

⑺　金子宏『租税法（第11版）』弘文堂（2006年）294頁は，「相手方の資力等にかんがみ損害賠償請求権の実現性が客観的に疑わしい場合は，それを益金に計上する必要はないと解すべきであろう。」としているが，最新の同書（第21版）328頁によると，本件高裁判決を引用して，「通常人基準」によることが妥当であるとされているが，一方で，回収が難しい場合には，収益に計上する必要はないという従前の考え方を採用している。また，中井稔前掲書（注87）22頁は，「このような後知恵的な事実認定が許されるとしても，発生した損失と同額の収益の額を同一年度に計上すべきことにはならない。」とされている。

⑻　大阪高裁平成13年7月26日判決（税資251号順号8954）は，経理の重要な仕事を任されていたことを根拠として，被害者の法人の行為と認定されて，女性経理担当者の横領に係る損害賠償請求権の計上について重加算税を賦課したことは適法としたが，それ以来，役員に限定せずに，使用人の横領のための仮装隠蔽について重加算税が課されているように思われる。しかしながら，国税通則法68条1項の重加算税の課税要件規定は，このような重要な仕事を任せているか否かによって，被害者の法人に重加算税のペナルティーを課すると解する余地はない。ちなみに，前記最高裁昭和43年判決は，代表取締役の横領による損害賠償請求権を同時両建説によって収益に計上して課税したものであるが，それに対して重加算税ではなく過少申告加算税が課されており，同訴訟では，代表取締役の違法行為を法人は知らなかったのであるから「正当な理由」があり，加算税を賦課すべきでないという主張さえなされている。

⑼　本件東京高裁判決は誤りであるとしながら，仮に，それが適法であるというのであれば，使用人の横領については，X社の仮装隠ぺいに該当し重加算税の賦課決定が可能であるとするものに，伊藤義一「控訴審判決の判例研究」TKC税研情報18号6号1頁があるが，かかる会計処理の視座からの検討はなされていない。

⑽　山田二郎「税金紛争の問題点の検討」税理12巻11号（1969年）106頁。

⑾　この場合，損害賠償請求権を収益に認識しない回収基準は発覚時の事業年度において全額回収不能の場合に限定すべきということもあり得よう。その場合には，それ以外は，異時両建説によるべきと考えるが，例えば，回収不能部分が当該請求権の相当部分（50%以上）を占めるものについては，異時両建説によるか，また，同時両建説による場合には，その回収可能部分の金額のみを損害賠償請求権として収益に計上する方法が考えられる。

⑿　この点の最近の指摘については，中井稔前掲論文（注87）6頁～11頁を参照。

第2章

判例等にみる税法上の損金計上時期を巡る諸問題の検証

I 法人税法上の債務確定基準の意義とその内容

1 企業会計と法人税法における費用の認識基準

　企業会計上，費用は発生主義により認識される。ここでの発生主義とは，財貨又は用役の費消に基づいて費用を認識する基準であり，また，企業会計では，企業活動の成果たる収益と努力たる費用を対応させて計上する費用収益対応の原則が要請されている。その対応関係は，売上と売上原価等の直接的な個別的対応関係にあるものと，販売費一般管理費のように間接的な期間的対応関係にあるものとがある。また，損失は，その発生の性格から収益との対応関係は存しないことから，その損失の発生事実に基づいて認識，測定される。
　企業会計では，このような費用は，発生主義と費用収益対応の原則により認識，測定されることになるが，その会計目的が，当該企業の利害関係人に当期業績利益を報告することにあることから，このような会計目的に即した厳密な意味での対応関係が重視されて費用の認識，測定の基準が採用されることになる。

一方，法人税法は，課税の公平・公正の視座から当期の客観的な真実の課税所得金額を算定することが目的であることから，企業会計とは異なり，本来費用収益対応の原則から要請される引当金の繰入れが，客観的，具体的かつ確定的な費用認識という理念の下で，制約されているのが現状である。

　ところが，法人税法では，近年の法人税率の引下げによる税収の中立性からの課税ベースの拡大という影響により，本来，企業会計の当期業績の算定に適合する引当金が廃止，縮減されるという影響を受けている。すなわち，賞与引当金等の廃止にみられるように，本来，当該事業年度の業績を基準として給付される賞与は，当該年度の業績（収益）にチャージさせるために引当計上することが，真実の客観的所得金額の算定においては必要であるにもかかわらず，原則的にこれを否定したことは，税務会計の理念的な課税所得を歪曲しているということがいえよう。しかも，平成23年度税制改正大綱によれば，法人税率の引下げのために，平成19年度改正で採用された250％定率法を200％定率法に変更することが提言されている等，財源確保が優先されて場当り的な改正に終始し，課税ベースの理念が無視され歪曲が助長されているのはいかがなものであろうか。

　法人税率引下げに伴う財源確保のためのかかる小手先の改正ではなく，実態から乖離している法人税制の抜本的改革を行う時期に来ているのではなかろうか。この点について，富岡幸雄中央大学名誉教授は，最近の朝日新聞の論説において，大企業が個人株主の集合体と見るのは全くの幻想であり，経営実態に即さないことを指摘し，「法人間配当無税」については，少なくとも，巨大企業が取得する受取配当は課税対象とすべきことを提言している[1]。今日の財政状況からすれば，従前，当然の前提とされていたこのような法人税制の基本的原点を見直す改革は，実体に即したものであり，国民の目からも支持されるであろう[2]。

　ところで，法人税法22条4項は，「収益の額及び前項各号に掲げる額は，一般に公正妥当と認められる会計処理の基準に従って計算されるものとする。」と規定していることから，売上原価等，販売費，一般管理費その他の費用及び

第2章　判例等にみる税法上の損金計上時期を巡る諸問題の検証

損失の額は，公正処理基準により算定することになる。つまり，かかる公正処理基準は，一般に，企業会計における「公正処理基準」であれば，これに従うと解するのが，この規定の創設当初の多数的見解であるといえるが，そうとすれば，企業会計の費用収益対応の原則が適用されて，その対応関係を重要視すべきという解釈が妥当することになろう。特に，売上収益との個別的対応関係にある売上原価等の額は，債務確定とは無関係に収益との対応関係が基準とされて，損金の額が算定されることになるという理解にもなり得る。このような趣旨とも読める法人税基本通達2－2－1があるが，果たして，売上原価等の額の認識には債務確定基準は不要という解釈が妥当するのか，一つの検討課題である。また，このような売上原価等とは異なる費用であっても，取得する収益との対応関係があれば，同様に見積計上が可能であるという解釈もあり得よう。

　このような解釈は，同法22条3項2号において，「販売費，一般管理費その他の費用（償却費以外の費用で当該事業年度終了の日までに債務の確定しないものを除く。）の額」と規定していることからすれば，材料費，人件費及び経費の集合した計算上の概念である売上原価等について，当該規定との関係をどのように理解するのかという問題が提起されるであろう。

　このことに関連して，古くは，法人税基本通達2－2－2「造成団地の分譲の場合の売上原価の額」による原価の見積計上は，「『確定債務』にその基礎をもつものではなく，むしろ収益・費用対応の原則に基礎としているのである。前述した基本通達2－2－2における『工事原価の見積額』は明らかに『確定債務』の額のみならず引当金相当額を含み，当該事業年度の収益の額に対応する額として算定された各事業年度の原価の額は，期末における『確定債務』の額の全額を含むに足りない場合もあり，逆に『確定債務』の額の全額とともに未確定の債務の額を含む場合もあり得る。後者の場合には，当該事業年度末からみて引当金（負債生引当金）に当たる部分を含んでいるのである。」[3]という興味ある指摘がなされたことがある。

　かかる指摘は，造成団地の未着手の工事原価は債務の確定がないことから，

未確定債務であり，費用収益対応の原則による費用計上として引当金であるという指摘である。しかして，適正な期間損益計算の見地から，かかる引当金を容認する通達改正によるか，法人税法自体を改正しなければならない，と論じている。

　この点は，法人税法の公正処理基準規定との関連から，費用収益対応の原則の適用の限界をどこに求めるかという問題である。この論点については，後に個別に取り上げて，判例等の検証を行うこととする。

　また，この他にも，簡便性からの短期前払費用の支払時の損金算入の特例等，過去に訴訟提起された問題がある。この点については，「企業会計原則」が重要性の原則の適用例として，その支出の質的側面（科目等）と量的側面（少額）から，前払費用につき支払時の費用計上が認められているところであるが(4)，法人税基本通達2－2－14による短期前払費用の支払時の一時損金算入処理が，企業会計と同様に重要性の原則からの税務処理であるという理由から，重要な短期前払費用は，かかる特例的な一時の損金算入は認められないという解釈が行われているようである。

　しかしながら，このような企業会計原則の趣旨を根拠にかかる損金算入を否定するというのであれば，当該通達において，その重要性の原則から，前払費用の一時の損金算入を認めない基準を明確に規定するのが，納税者の予測可能性から必要不可欠であるという当然の反論も考えられる。通達であるが故に，納税者の税務処理を否定するのは慎重な対応が必要であると認識するのか，逆に，通達であるから，その趣旨に違背するものはこれを否認することが許されるというのかという問題が，租税法律主義と信義則違背，さらには課税の公平という視座からの検証が必要となる。このような点についても，検討を加えることとする。

2　債務確定の意義

　法人税法22条3項は、減価償却費を除き損金の額に算入される費用を債務の確定した費用の額に限定している。ここでの「債務の確定」の成立は、法人税基本通達2－2－12は、当該事業年度の終了の日までに、次の3要件を満たす場合であるという行政解釈を示している。
　① 当該費用に係る債務が成立していること（債務の成立）
　② 当該債務に基づいて具体的な給付をすべき原因となる事実が発生していること（給付原因事実の発生）
　③ その金額を合理的に算定することができるものであること（金額の合理的算定）

　そして、この通達が示す債務確定の要件に関する解釈は、企業会計上の公正処理基準に照らしても合理的なものであるということができる。
　ここで、①の「債務の成立」とは、契約上、一定の役務提供等を受けた場合には、一定の給付をなすことが明らかにされていることであり、②の「具体的給付原因事実の発生」とは、債務の内容となっている給付原因が生じたことである。また、③の「金額の合理的算定」とは、当該給付原因事実に基因して給付する債務の金額を合理的に算定することが可能であるということである。
　法人税法が、損金の額に算入される費用の額について「債務の確定」を要件としているのは、企業会計上の各種引当金の繰入れについて、同法が別段の定めにおいて限定列挙して制限を加えていることから、税法上容認されている引当金以外の引当金の繰入を制限するために、減価償却費を除く費用については、債務の確定を要件としているものと解されている。
　例えば、平成10年度改正により廃止された製品保証引当金を例に取れば、1年間の無償補修条項に基づく契約により販売した商品については、1年以内の故障であれば、無償で補修する契約上の債務が成立しているが、買主が購入した商品に故障が発生し、売主にその商品を持ち込んで初めて、補修費用の給付

原因事実の発生が認められ補修費用の見積りが可能となるところ，期末の時点では，かかる事実が発生していない場合には，その補修費用については，②の「具体的給付原因事実の発生」の要件を欠き，③の金額も算定できないことから，債務は確定していないことになる。

したがって，引当金の繰入れによる以外にはないが，現行の法人税法の所得計算は，平成10年度改正の法人税率の引下げを受けて，そのことによる税収減の財源確保のための観点から，課税ベース拡大化を志向して，その一環として，損金の認識は債務確定基準を原則とすることに転換した結果，かかる製品保証引当金，賞与引当金等は廃止され，その後，さらに，債務性引当金の典型である退職給与引当金が廃止されている。

ところで，前記債務確定の要素を満たす費用以外の費用は，法人税法の別段の定めがない以上，前述したとおり，費用に係る引当金の計上を認めない趣旨であると解されている。

ところが，このような理解に対して，「この規定はそのように解すべきではなく，『債務の確定』というのは，…債務の発生が確実であり，かつその金額が確認できることを意味するものと解し，このような要件が満たされる限り，費用の見越は許されると解しておきたい。」(5)という注目すべき見解がある。

債務確定基準をやや弾力的に理解して，その費用支出の確実性に重点をおいた解釈であろうが，ここでの見解が，前記債務確定基準を充足する場合とどの程度の相違があるかは必ずしも明らかではない。

しかしながら，かかる見解は，自動車販売会社が増販コンテストの期間中の優秀な成績を収めた従業員に対して海外旅行に招待するための費用は，販売収益との対応関係にあり，会社は支出しなければならない費用であり，その金額も予測可能であることから，かかる費用は具体的な旅行が行われていないとしても，その増販コンテストの期間の事業年度の費用と解したい(6)とされているところからすれば，具体的な給付原因事実が未発生ではあるが，販売収益に対応する費用の支払いが確実に発生すると見込まれる場合には，その費用の損金算入を認めてよいと理解されているようである。

第2章 判例等にみる税法上の損金計上時期を巡る諸問題の検証

　ところで，この点に関連して，前述した製品保証引当金は，販売した棚卸製品の売上収益に見合うコストとして性格を有しており，しかして，その引当金繰入れは，販売収益の原価的要素を有しているといえよう。その意味で，費用収益対応の原則の視座からすれば，製品の売上げに対応する原価としてその補修費用を見積もって費用に計上することは企業会計の公正処理基準から妥当性がある。

　ところが，法人税法の下では，かかる将来発生する見積原価項目は，その補修費用の支払いの給付原因事実が具体的事実として発生していない以上，その費用の額の合理的算定は困難であるから，その見積り費用の損金計上は困難ということになる。

　この場合，売上原価を構成する費用項目であれば，販売収益に対応する原価構成費用は，債務確定基準を満たしていない費用であっても，費用収益対応の原則により，売上原価等として見積計上が可能であるかどうかが問題となり得る。この点は，法人税基本通達2－2－1が，「売上原価等となるべき費用の額の全部又は一部が当該事業年度終了の日までに確定していない場合には，同日の現況によりその金額を合理的に見積もるものとする。」と規定しているところから，その原価等の債務の額が未確定の場合にも，その原価等の見積計上ができるという理解もなくはない。しかしながら，費用収益対応の原則による売上原価等の額の見積り計上といえども，いまだ確実に発生するかどうかも不確実な製品の補修費用を見積もり，原価として計上することは許されない。それが，同通達にいう，事後費用は含まない取扱いの趣旨と理解することができる。

　それでは，このような売上原価等と債務の確定との関連はどのように考えるべきであろうか。前述した従業員の海外旅行招待の費用は販売促進費として販売収益に対応する費用であるから，これを見積り費用に計上することは認められてよいという見解は，ここでの売上原価と債務確定に関する問題点として興味深い論点であり，後に検討を加えることとする。

129

3 債務確定の具体的内容

(1) 修繕費，退職給与

　債務確定の意義について，修繕費を例にみてみよう。例えば，建物等の修繕に関して業者と修繕契約を締結し，その契約に基づいて修繕が完了した場合には，その修繕契約により①の債務の成立があり，修繕の完了により②給付（支払い）の原因事実が発生し，かつ，契約により工事代金（収益）が客観的に確定している状況にあることから，当該修繕費は，上記の三要件を満たし債務が確定しているといえる。したがって，工事完了時に修繕費（未払金）として損金の額に算入することができる。

　また，労働協約等に基づく退職給与規程のある会社における使用人の退職により支払われる退職給与の債務確定時期は，①労働協約や就業規則等により，退職した使用人に退職給与を支給しなければならない債務が成立していること，②退職の事実により退職給与の給付原因事実が発生していること，③退職給与額も退職給与規程により合理的に見積もることができること，以上の事実から，使用人退職給与の額は，使用人の退職時の事業年度に確定した債務として損金の額に算入することができる。他方，使用人の退職であっても，退職給与規程が存在しない場合には，法人にとって，退職使用人に対しては退職金を支払う債務は成立していないから，現実に，退職金を支払うことを決定して，当該使用人に通知した時に具体的な債務が確定することになる。

　役員の退職の場合の役員退職慰労金は，退職時には債務の成立はなく，株主総会等の決議により支給すべきこと及びその金額が確定したときに具体的債務の確定が認められることになる。したがって，その債務確定の時期は，役員の退職時ではなく，株主総会等により退職慰労金の支給額が決定した時となる。

　また，利率が具体的に確定していない借入利息の損金算入時期について，秋田地裁昭和61年5月23日判決（税資152号169頁）は，その利率は合理的に見積もることができるとして，その借入利息は各事業年度の損金の額に算入すべき

第2章 判例等にみる税法上の損金計上時期を巡る諸問題の検証

であると判示している。これは，借入れという事実があり，それが無利息借入れでない以上は，合理的な見積りの利率による利息の認定をしたものであり，必ずしも具体的な金額の確定を要しないとした判決の一つである。

　換言すれば，債務確定の議論は，その債務の成立はもちろんではあるが，最も重要なポイントは，給付原因の事実が発生しているか否かにある。そこで，①及び②の要件を満たしている場合には，③の「金額の合理的算定」が不充足として債務の確定が否認される場合には，その金額の算定が不可能なために恣意的に見積もられる等の客観的合理性を欠く場合に限定されると解すべきである。それが，既に発生している収益と費用との対応関係を重視する企業会計の要請であり，また，租税負担能力を測定する客観的な真実の所得金額を算定するという税法上の所得金額の計算構造の視座からも，その合理性が認められるべきである。

(2) **使用人賞与**

　使用人賞与については，賞与引当金が廃止された上，現実に支給した時の損金とする基準を原則としつつ，損金経理要件を付加して厳格な債務確定基準の例外規定による損金計上時期を法定化した（法令72の3）。特に，使用人への賞与支給額の通知，損金経理を条件にして，しかも，事業年度末から1か月以内に通知したすべての使用人に対して支払った場合に限り，損金算入が認められている。課税ベース拡大化に執心した結果の行き過ぎた立法措置であるといわざるを得ない。引当金の廃止の当否はともかく，少なくとも，使用人に対して使用人賞与の具体的通知があれば，債務の確定要件は充足しているのであるから，1か月以内の支払いの要件は不要であり未払賞与の計上は容認すべきである。

　加えて，法人税法施行令72条の3の解釈として，支給日に在職する使用人にのみ賞与を支給することとしている場合の「通知」は，同施行令にいう「支給額の通知」には該当しない旨規定している（法基通9－2－43）。

　したがって，かかる支給規定が存在すれば，現実に，支給日に退職した使用

131

人がいない場合に，すべての使用人に対して通知した賞与の額を支給している場合であっても，この施行令に規定する「通知」には該当しないとして，当該支給した賞与の未払経理による損金算入は認められないことになる(7)。

　しかしながら，かかる解釈が同令の規定の文理解釈として正当とは思われない。すなわち，同規定は，①その支給額を，各人別に，かつ，同時期に支給を受けるすべての使用人に通知していること，②通知した金額をその通知をしたすべての使用人に対し，通知した事業年度終了の日の翌日から１月以内に支払っていること，と規定しているにすぎない。

　したがって，前述した支給日に在職している者に限り支給することとしている経営上の要請からの規定があるとしても，その通知要件と支給要件を満たしている以上，損金経理による上記未払賞与の損金算入を否定することは解釈として許されないと解する。当該通知により当該事業年度末には当該未払賞与の債務の額は確定し，かつ，1か月以内に，通知した全員に対して，実際に賞与を支給している以上，上記要件を満たしていることから，その未払賞与の計上は認められるべきである。しかして，これを排除するのは，通達によるのではなく，法令により，その旨を明確に規定して対処すべきである。かかる明文の規定がない以上，上記規定の文理解釈からは，その全額の未払賞与の損金算入を否認することは許さないものと思料する。

　また，このような解釈に立つとしても，事業年度末から１月以内に賞与の支給額を通知した使用人のうち，支給日前に退職した使用人がいる場合には，当該使用人に対しては通知した賞与を支給していないことになるから，かかる場合には，通知したすべての使用人に支給するという支給要件を満たさないことになる。そこで，その支給しなかった使用人に係る未払賞与に限定されずに，支給した使用人全員に係る未払賞与の総額が損金不算入とされるのではないかと思われる(8)。

　しかしながら，この場合も，かかる解釈は合理的とはいえない。すなわち，支給日に在職していない使用人に対しては通知した賞与の額を支給しないこととしていることには，一般の支給慣行としても，また，退職した使用人賞与を

支給したとしても，その後の労働意欲の向上というインセンティブは望めないのであるから，経営上の側面からみても合理性があり，格別の恣意性が働いているものではない。

このことは，賞与の支給額の通知の日後，支給日までの間に，当該従業員の不正行為等が発覚したために退職した場合を考えてみると，むしろ，その通知した賞与の支給額を支給しないことは当然のことであり，しかして，この政令の規定を杓子定規に解釈して，支給額を通知した使用人に対して，いかなる理由からでも，当該通知した賞与の支給額を支給していない場合には，それ以外の他の使用人998名の確定した未払賞与の損金性を否定すべきものであるという解釈はとり得ないことは多言を要しないところである。

かかる政令の趣旨目的は，通知した使用人の全ての使用人に対し賞与を支給する場合に限定して債務確定による損金算入を認めようというものではあるが，それは，恣意的な操作による租税軽減を排除しようという法益の下での規定であり，上記事例のように，自己都合や不正行為の使用人に対しても，通知した賞与の額を支給すべきことを要求するという趣旨でないことは明らかであろう。

以上の点からしても，在職した使用人に限定して賞与を支給するという支給規程である場合であっても，そのことに合理性が認められる場合には，その支給しないこととされた使用人の未払賞与の損金計上を否認することはやむを得ないことであるとしても，それ以外の998名の使用人の未払賞与の損金計上を否認することは許されないというべきである。

すなわち，支給日に在職している従業員のみに賞与を支給するという規程があるとしても，それが，ここでの「通知に含まれない」という解釈は，前記施行令の各条文の文言を逸脱した文理解釈であり，論理解釈としても成り立ち得ない解釈というべきである。しかして，本通達の早期な改正がなされるべきである。その間の課税実務は，このような場合の使用人の未払賞与の計上を容認すべき運用がなされるべきである。

ちなみに，法人税法施行令72条の3は，法人税法の個別規定による政令委任ではなく，法人税法65条の「…前款までに定めるもののほか，各事業年度の所

得の金額の計算に関し必要な事項は，政令で定める。」という包括的，白地的委任による政令であるという点で憲法違反の問題が提起されるという点を指摘しておく。

　すなわち，かかる包括的，白地的委任が適法というのであれば，国会で議決（承認）された法律においては，個別的な規定を措定せずに，政令に委任して，本件政令のように，期末から1か月以内に支給した場合に限り，使用人賞与の未払計上を容認するという納税者に不利益な実体規定を措定することが合憲，適法というのであれば，法律において，政令に包括的，白地的な委任規定によることとする規定を措き，その上で，政府（内閣）が事実上の立法を行うことが可能となるが，それは，租税法律主義（憲法84）に違背することになるというべきである。

4　損失と債務確定基準の関係

　ここで，損失の認識基準はどのように考えるかという問題も簡単に触れておきたい。この点について，旧興銀事件の控訴審判決（平成14年3月14日判決・判例時報1783号52頁）が興味ある判示を行っているので，これを素材として検討を加えることとする。

　同判決は，社会，政治問題化した住専債権の不良債権処理に係る当時の完全母体行責任の追及を回避するために，母体行の頭取が修正母体行責任[9]を国会陳述等で明言していたにもかかわらず，担保権の放棄による解除条件付債権により消滅した住専債権の貸倒損失の計上を容認した一審判決（平成13年3月2日判決・判例時報1724号25頁）を排斥して，貸倒損失の計上を否認したものである。その根拠として，解除条件付債権放棄は，将来，条件成就の可能性もあったことから，当該債権放棄による貸倒損失は不確定であるとして，貸倒損失の計上は具体的に解除条件未成就が確定した翌期の損金として計上すべきとしたものである[10]。しかして，かかる損失の解釈誤謬が，控訴審判決の貸倒損失の認識の結論を誤らせたものということができる。

第2章 判例等にみる税法上の損金計上時期を巡る諸問題の検証

　同判決は，損失の認識について，「課税は，私法上の法律行為の法的効果自体にではなく，これによってもたらされる経済的効果に着目して行われるものであるから，ある損金をどの事業年度に計上すべきかは，具体的には，収益と同様，その実現があった時，すなわち，その損金が確定したときの属する年度に計上すべきものと解すべき」であると判示している。
　ここでの問題は，損失の計上基準は，収益と同様に，「その実現があった時」で，「損金が確定したとき」の属する事業年度の損金に計上すべきとし，収益と同様の基準によるものとしつつ，さらに，法人税法22条3項の損金には，原価，費用及び損失という性格を異にする損金が存在するにもかかわらず，これについて格別の議論をすることもなく，損金として同一の損金計上基準を判示したということである。
　ところで，税法上の収益計上基準は権利確定主義（実現主義），費用の計上基準は債務確定基準（発生主義）であるが，この両者を同列に論じ，しかも，損失についても，通常の費用と同様の確定基準によっているのであるが，その法律上の根拠には何ら言及するところではない。つまり，従前の費用及び損失の計上時期に関する理論的な議論は何ら検証されておらず，一方的に，収益と損金の計上時期は実現主義であり，確定基準によるべきことを結論的に判示しているにすぎない。
　ところで，損金の額を規定する法人税法22条3項の規定には，一般管理費や販売費は，減価償却費を除き債務の確定したものに限り損金の額に算入されることが規定され，損失については，かかる一般的な債務確定基準は存しない。この場合の債務確定の3要素である①債務の成立，②給付原因事実の発生，③金額の合理的見積り可能性（法基通2-2-12）は，損失の場合には，これに馴染むものと馴染まない性質のものがある。例えば，一方的に損害の発生する災害損失や横領損失はかかる債務確定基準は妥当しないが，加害者の損害賠償債務にかかる損失は，原則として債務としての確定が一応の損金計上基準としては妥当しよう(11)。
　控訴審判決の判示する損金計上時期は，収益と同様に確定を必要とし，しか

135

して，損失の場合も確定を要するというものであるが，損失の性格からすれば，損失が発生し，具体的な金額の算定が可能であれば足りると解されているところであり，これを格別，「損失の確定」を要すると解釈することは，実定法上の損失の計上時期に関する「公正処理基準」に違背するものといわなければならない。そして，かかる基準による損失計上について，その後，損失計上額に誤差が発生すれば，その発生時の事業年度において調整することで足りる。

　問題は，損失発生の事業年度において，発生した損失の額を客観的かつ合理的に算定できるかということであり，それが可能であれば，その事業年度における損失として計上することができるというべきであり，それ以上に損失の金額が不動のものとして具体的に確定することを要するという法人税法上の根拠は存しない。このことは，企業会計の公正な保守主義による真実性の原則の要請であると解されるところであり，恣意的な会計処理を排除するに十分な合理性と客観性を有しているということである。

　ちなみに，控訴審判決の根拠は，解除条件が成就する可能性が高いということから，当該債権放棄の損失は確定していないというものであるが，ここでの同判決の論旨は，解除条件付債権放棄による債権の消滅を前提としつつ，何ら根拠を示すことなくその債権放棄の合意が解除される可能性が高いとして，係争事業年度では，本件債権放棄の損失は不確定であると認定して，解除条件が成就しないことが確定した翌事業年度において損失として控除すべきことを判示しているのである。

　控訴審判決の貸倒損失の未確定の理由が，「解除条件が成就する可能性が高い」という「程度の問題」ではなく，その解除条件成就が不可避であるような条件であれば，その判断の合理性が認められるであろうが，その可能性が高いという情況では[12]，解除条件付債権放棄により法律的に当該債権が消滅していることは明らかであり，その債権の不存在を税法が無視し，捨象して課税関係を律することは許さないということを控訴審判決は理解していないということである[13]。

　その意味では，損失の認識基準は，損失の発生と金額の合理的算定が可能で

第2章 判例等にみる税法上の損金計上時期を巡る諸問題の検証

あれば，損失として認識すべきものである。しかるに，同控訴審判決は，損失の認識につき収益と同様に実現という概念を持ち込むとともに，通常の費用の債務確定基準を前提として，かつ，解除条件による法的効力による債権消滅という会計的事実の存在を無視したところに，その判断誤謬の要因があるということができる。

（注）

(1) 富岡幸雄「私の視点・法人税改革『巨額の代替財源見逃すな』」2011年1月19日・朝日新聞（朝刊）
(2) この場合には，低迷する証券市場への影響や個人株主に対する配当税額控除の是非の検討が課題となる。
(3) 渡邊進「債務の確定と引当金」産業経理31巻8号（1971年）9頁。
(4) 「企業会計原則注解」（昭和29.7.14）【注1】「重要性の原則の適用について」(2)
(5) 金子宏『租税法（第21版）』弘文堂（2016年）337頁参照。ただ，ここでの「費用の見越」は，簿記論でいえば，役務の提供を受けたもののその対価の支払いが未払い（未払家賃）をいうもので，これを未払費用として計上することをいい，これは債務確定基準を満たしているということができる。したがって，同書のそれに続く記述からすれば，そこでの指摘は，このような簿記上の見越費用とは異なり，発生が確実に予測される「引当て」としての意味で使用されているものと思われる。
(6) 金子宏同上書337頁。
(7) 窪田悟嗣『法人税基本通達逐条解説』税務研究会（2008年）770頁。
(8) 窪田悟嗣同上書では，その趣旨のことが記述されている。
(9) 母体行銀行が有する住専債権は全額放棄するが，その他の損失を負担しない責任の負い方。
(10) この控訴審判決は最高裁平成16年12月24日判決（判例時報1883号31頁）により否定され，同判決は一審判決と同様の判示により貸倒損失の計上を認めている。この一連の判決については，数多くの判例研究がなされているが，これについては，筆者の次の論文等に引用している文献参照。一審判決につき，「貸倒損失の認定基準と『社会通念』(1)～(4)」税務事例33巻12号（2001年）～34巻3号（2002年），控訴審判決につき，「逆転・興銀事件控訴審判決を検証する(1)～(3)」税務事例34巻9号～34巻11号（2002年），最高裁判決については，「旧剛銀最高裁判決の論点と課税実務への影響」税務弘報53巻4号（2005年）13頁，さらに，この事件を素材として貸倒損失を研究したものとして，『法人税法解釈の検証と実践的展開（第Ⅰ巻・増補改訂版）』税務経理協会（2013年）の第5章「貸倒損失の損金計上を巡る論点の考察」。
(11) 示談成立前の損害賠償額が未確定の場合に加害者が申し出た金額の未払計上を容認する取扱い（法基通2－2－13）は，損失としての特質であるといえよう。

⑿　本件の場合,平成8年3月の決算期末においては,「平成8年12月末日までの住専処理法案が可決成立せず住専が解散していない場合」という解除条件の成就は,その期末に近接する翌月の4月11日に住専処理策の公的資金投入の予算を織り込んだ予算案が衆議院を通過していること,また,その後旧興銀の確定申告期限前である6月18日に住専処理法案が可決成立したことに鑑みても,住専処理法案の可決成立が懸念される要素は存在しないといえたのである。

⒀　控訴審判決に関して,中里実「貸倒損失－時価主義の下の資産評価」税研104号（2002年）46頁は,「私法上の効力が発生しているにもかかわらず「確定」していないとはどういうことなのであろうか。」という疑問を提起している。

II 売上原価と債務確定基準の関係

1 売上原価が未確定の場合の損金計上時期

　法人税基本通達2−2−1では,「売上原価等が確定していない場合の見積り」について規定している。それによれば,「当該事業年度の収益に係る売上原価等となるべき費用の額の全部又は一部が当該事業年度終了の日までに確定していない場合には,同日の現況によりその金額を適正に見積もるものとする。この場合において,その確定していない費用が売上原価等となるべき費用かどうかは,当該売上原価等に係る資産の販売若しくは譲渡又は役務の提供に関する契約の内容,当該費用の性質等を勘案して合理的に判断するのであるが,たとえその販売,譲渡又は提供に関連して発生する費用であっても,単なる事後的費用の性格を有するものはこれに含まれないことに留意する。」と規定されている。

　この通達については,例えば,棚卸商品の引渡しが完了している場合,また,工事請負契約に基づく建物等の工事が完成して引渡しが完了した場合には,売上収益に計上を要することになるが,その場合,販売代金や工事代金が確定していない場合であっても,その額を適正に見積もって収益に計上すべきこととされているが（法基通2−1−4・2−1−7）,「売上原価等についても,すでに収益計上がある限りは,売上原価等が確定していなくとも,収益費用の対応の見地からその見積計上を認めることが必要である。」[14]と解説されている。この解説によれば,売上原価等の見積計上は,当該事業年度において計上された確定収益に対応する費用（原価）として,企業会計上の費用収益対応の原則に基づいて計上されるべきものと理解することができる。

　ところが,その一方で,当該解説は,「この場合の売上原価等の見積計上と,

いわゆる債務確定基準との関係については，その費用が売上原価等となるべき費用かどうかの判断にその基準を求めることとされている。」(15)としている。この解説の意味は，売上原価等に該当する費用であれば，債務確定基準を満たしているという意味として理解することができるが，そうであれば，ここでの「売上原価等」の範囲が極めて重要になるとともに，売上原価等に該当すれば，本来の債務確定は要しないが，収益に対応する費用として損金計上が認められるということが理論的帰結となるであろう。

しかしながら，売上原価等に含まれる費用か否かという範囲の問題は，売上原価等として計上される見積費用が引当金か否かという議論(16)と同様に曖昧な場合があり，必ずしも，その費用の範囲は明確ではないという問題がある(17)。

前記解説では売上原価等となるべき費用か否かは，その資産の販売等に関する契約の内容及びその費用の性質等を勘案して合理的に判断するとし，たとえ，その販売に関連して発生する費用であっても，単なる事後的費用の性格を有するものは，売上原価等となるべき費用ではないことから，見積計上による費用計上は認められないこととしている。そして，その例示として，機械設備等の販売に際して，据付工事まで含めて販売対価とする販売契約においては，機械設備等の搬入販売を行った時点でその販売対価の全額を収益に計上した場合には，その据付費用を見積り販売原価として費用計上が認められるが(18)，機械設備の販売等の後一定期間において生じた欠陥，故障等に係る補修，点検，整備等に要した費用は，単なる事後的費用であるから，見積計上は認められない旨，解説されている。

ところが，過去の経験値に基づく補修費用の見積額は，当該製品等の販売価格に反映されていることから，企業会計では，当該補修費用の引当部分の金額も販売収益から控除すべきであるということになるであろう。

そこで，売上原価等の該当性基準ではなく，税法上は，客観的な基準により判断することが，取扱いの統一性という点から合理的であると考えられる。

ところで，当該売上原価等にいう「原価」とは，「経営における一定の給付にかかわらせて把握された財貨又は用役（以下これを「財貨」という）の消費

を，貨幣価値的に表したもの」[19]であり，一定の財貨を作り出すために必要な経済的価値の消費であるから，その経済的価値の消費がなされることが前提となっているということができる。

そうであれば，原価とは，当該事業年度末において，一定の財貨を生産し販売することに伴い経済的価値が消費されたということが必要であると解される。したがって，経済的価値の消費が未了の場合には，会計的には，その費用は引当金であるという解釈は合理性を有するといえるであろう。そうであれば，上記の機械設備等の販売の据付工事が未了の場合には，経済的価値の消費は機械設備等の資産の販売に限定されるのであり，据付工事に伴う経済的価値の消費は発生していないから，本来の意味では，「原価」には含まれないことになる[20]。

その意味では，かかる据付工事の未了にかかる費用の見積りは，一種の未発生の費用の見積りという性格を否定できないのであり，しかして，後述するように工事未了の場合の工事原価の見積費用を売上原価等として見積計上することに対して，「ある場合には『債務の確定』をこのように厳格に解し，他の場合には収益・費用対応の原則を導入することによって引当金部分の算入が認められるということでは，課税の公平は保たれない。」[21]という指摘があることは，それなりに理解できよう。

ちなみに，企業会計の議論として，現実に補修工事が行われて支払債務が確定している未払金としての補償費用と，その原因事実が発生していない負債性引当金の性格を有する補償工事引当金の費用性を同列に論じることは困難であるとして，「この将来に発生する補償費用を当期の費用として計上し，これを当期の収益に対して賦課することができるというのは，かかる補償費用を将来において発生せしめる補償義務が，契約によって当期にすでに支払義務として成立しているからという理由によるのではなく，かかる将来の補償費用が当期の営業収益を獲得するための必然的な要因としてそれが発生するものとなっていること，つまり，かかる補償費用の発生することなしには，当期の営業収益を獲得することはまったく不可能であったという両者の必然的な関連が存在し，したがって，この将来の補償費用を負担すべき営業収益は，それの発生した将

来の営業収益ではなくして当期の営業収益である，という費用収益の個別的対応関係が認められるということに，その理由が求められるべきである。とすれば，この製品保証および工事補償の両引当金は，これを負債的性格のものとしてとらえるよりは，むしろ，収益控除性の利益的性格をもつものとして捉えるべきが至当であると考えられることになる。」[22]という論理が展開されている。この点は，企業会計上，当期の適正な業績利益の開示という視座からは合理的であることは言うまでもないことである。

ところが，ここで，論じられているように，費用収益の個別的対応関係という視点からの見積費用の計上であるというのは，債務確定主義を費用計上の前提とする法人税法では問題がある。計算概念である「売上原価等」[23]自体には債務確定が不要であることは当然であるとしても，売上原価等が生産，販売活動による経済的価値の消費額である費用の集約された概念である以上，個々の消費部分である費用は債務の確定した売上原価等の見積可能な範囲に限定されるべきである。

その意味では，収益と費用の個別的対応関係にあることはもとより，当該売上原価等を構成する個々の費用には，一般の債務確定基準である，①債務の成立，②原因事実の発生，③金額の合理的算定可能性，という三要素を充足することが売上原価等にも必要であると解すべきである。

それでは，一般の費用に要求される債務確定と同様の要素が要求されるかといえば，基本通達で容認されている具体的規定にみるように，異なる要素の債務確定の充足により足りるということができる。

それは，基本通達が予定しているように，具体的な客観的事実として発生していない未確定な費用，換言すれば，経済的価値の消費が未了であるとしても，その経済的価値の消費が，期末において契約上の内容等から，対外的債務として具体的に確定していることが必要であるということである。つまり，かかる対外的債務の確定をもって，①債務の成立，②具体的原因事実の発生，③金額の合理的算定可能性，という三つの債務確定要素を充足していることが理解されるべきである。

この売上原価等の計上に関して,「売上原価を構成するためには,当該事業年度において債務として確定するか費用として適正に見積もられなければならず,これに対応する売上が確定しなければならい。」(24)とし,さらに,「見積原価が認容されるためには,少なくとも(イ)具体的にその全額を見積り得ること,(ロ)継続的方法を用いることが健全な会計処理上必要である。そして,全額を見積もるということは損金面では売上に対応する原価として把握され,貸借対照表面においてみれば,債務（未払金）として計上されるだけの資格を備えなければならないのであるから,単なる見込みや引当ではなく,事実を具体的に把握し,これを金額として測定しなければならないのである。」(25)と判示されているところである。

かかる判示においても,貸借対照表面では債務（未払金）としての資格を有することを要求しているものであり,売上原価等であるとしても,その個々の費用には債務確定基準が要求されることを明示しているのである。

そこで,以下では,基本通達及び判例における売上原価等の見積計上について,その対外的債務の内容について考察を進めることとする。

2 売上原価等における債務確定の内容

(1) 造成団地の販売に係る売上原価等と債務確定

売上原価等の債務未確定の見積計上の事例として,法人税基本通達2－2－2では,造成団地を2以上の事業年度に亘って分譲する場合の売上原価等について,次のような算式で算定されることとされている（分譲完了直前の事業年度の場合）。

$$\left(\text{工場原価の見積額} - \text{当該直前事業年度前の各事業年度において損金の額に算入した工事原価の額}\right) \times \frac{\text{当該事業年度において分譲した面積}}{\text{分譲予定面積} - \text{当該事業年度前の各事業年度において分譲した面積の合計}}$$

この算式の意味するところは,例えば,造成団地内の道路,公園等の付帯施設の工事が未完了の状況で,当該分譲地を販売して引き渡す場合,造成土地の

販売価格には，未完成の当該道路等の施設の工事コストが加味されて決定されていることから，かかる未完了施設に係る工事代金の支払債務は未確定ではあるが，その債務未確定の工事原価を含む分譲土地に係る総原価を適正に見積り，分譲した販売収益に見合う工事原価として控除して販売利益を算定するということである。これは，当該未完成工事の施設等に係る工事費用は，分譲土地の販売収益に係る売上原価等に該当するから，当該未完成施設等の工事費用は債務未確定ではあるが，見積費用として売上原価等に計上することができるということになるのであろう。

しかしながら，未完成施設等に係る工事代金の債務は未確定ではあるが，造成団地の売買契約書における分譲価額は，このような未完成道路等の施設を完成させた場合の工事原価を前提として決定されているところであるから，分譲土地の販売業者は買主に対して，当該売買契約締結の前提として，未完成施設等の工事を完成させて引き渡す責任を負担しているということができる。つまり，売主である当該販売業者は買主に対して瑕疵担保責任という債務を負担しているということである。

したがって，この場合の売上原価等の債務確定の内容は，未完成施設等の工事費用の債務は未確定であるが，売主に対する瑕疵担保責任により買主に負担する施設完成の工事負担債務として認識することが可能となる。換言すれば，一般的な費用計上の債務確定基準は，当該工事費用等を支出する原因となる工事等が完了し対外的債務が確定した場合をいうが，ここでの売上原価等に係る債務確定基準の内容は，このような工事費用に係る債務確定ではなく，売主である造成地の分譲業者の買主に対する瑕疵担保責任としての対外的債務であるということができる。

しかして，売上原価等についても債務確定基準が要請されていると理解すべきものである。この点について，さらに，砂利埋戻し費用の見積計上について考察する。

(2) 砂利採取地に係る埋戻し費用と債務確定

　法人が他の者の有する土地から砂利その他の土石を採取して販売する場合において，当該他の者との契約によりその採取後の跡地を埋め戻して土地を原状に復することを約しているため，その採取を開始した日の属する事業年度以後その埋戻しを行う日の属する砂利の埋戻し費用についても，埋戻し工事に着手していない砂利採取が進行している事業年度において，その埋戻しの費用を見積もり未払金に計上するとともに当該事業年度において当該土地等から採取した砂利等の取得価額に算入しているときは，その計算を認めるものとする，とされている（法基通2－2－4）。

　このような砂利埋戻し費用は，砂利を採取して販売した後に発生する費用であり，いわば事後的に発生する費用であるということができる。一方，前述の造成団地の販売に係る未完成施設等の工事費用は直接の売上原価等に該当する費用であり，収益計上時期と費用発生時期のタイムラグの問題から生ずる見積原価であるという点において異なる[26]。

　いずれにしても，砂利採取の程度に応じた砂利埋戻し費用を見積計上することは，砂利販売の収益は当該砂利埋戻し費用のコストが加味されていることから，収益・費用対応の関係からみても合理的であり，また，その砂利埋戻しが契約により義務付けられていることからも当該費用を見積計上することは合理的であることは多言を要しないところである。つまり，ここでの砂利埋戻し費用の未払金計上は，砂利埋戻しの業者との間の債務は未確定であるが，砂利採取地の所有者に対して原状回復義務があり，そのために砂利埋戻し費用という対外的債務の確定が認められるということである。

　ここで問題となるのが，自己所有の土地の砂利を採取して販売する場合には，どのように考えるかという点である。この場合，第三者の地主との関係のような埋戻し義務の対外的債務は存しないが，そもそも，売上原価等には債務確定は要せず，費用収益対応の原則からの要請としての売上原価等の見積計上であると理解すれば，自己所有の土地であるか否かにかかわらず，埋戻しのコストが勘案されて決定されている砂利の販売価額から，控除すべきであるというこ

とになるであろう。

　ところが，この点については，「自己の土地の埋戻しについては，あらかじめ埋戻し義務が確定しているというような関係にないから，これについては埋戻し費用の見積計上をすることは認められないと解される。」[27]という見解がある。

　この点については，自用地というだけで，砂利埋戻し費用の見積計上が認められないというのは疑問がある。つまり，自己所有地の砂利採取であるとしても，法律や条例により，知事等による採掘許可の条件として，自己所有の土地の埋戻しが義務づけられている場合には，その自用地に係る埋戻しの義務は，社会環境や景観に関する社会的，公的義務であり対外的債務と評価すべきであるから，その砂利埋戻し費用の見積計上は認められるべきである。

　これに対して，自己の所有土地の砂利採取に対して公的な許可が不要である場合等，対外的に何らの負担を負うものでないとすれば，当該採取後の土地が埋め戻されるか否かは不明であり，場合によっては，廃棄物処理場として利用されるという可能性も否定できない。かかる場合には対外的債務として確定しているとはいえないから，その原状回復のための埋戻し費用の見積計上は認められないと考える。

　これに関連して，この通達創設当時の国税庁担当者は，「仮に法令その他の規定による規制に基づいて，砂利を採取した跡地をそのままの状態に放置できない事情があり，これに違反すれば罰則の適用があるとしても，この場合の埋戻し義務は公益に反する行為の禁止という国民の一般抽象的義務の範囲にとどまり，罰則はこれを間接強制するための手段にすぎないから，他人の土地につき民事上の契約に基づいて具体的な埋戻し義務を負う場合とはその事情が異なるというべきである。」[28]としている。

　これに対して，山本守之税理士は，自己所有地の採取地について，「公害防止条例」により，危険防止のために，砂利採取跡地は採取が完了した後3か月以内に埋戻すことが義務付けられている事例を取り上げ，通達制定当時の昭和55年とは環境問題に対する社会的認識は大きく変化しているとして，このよ

うな埋戻しを「一般抽象的義務」とするわけにはいかないという見解に立って，その埋戻し費用の見積計上すべきことを支持している[29]。

　上述したように，地主との対外的債務の存在が売上原価等の見積計上が認められるということを前提とすれば，この点に関する答えは簡単ではないともいえるが，ここでの問題は，対外的債務の内容をどのように理解するかということに尽きる。条例等で採取跡地の埋戻しが義務付けられているということは，採取跡地を放置することは危険であるから，法令等により土地所有者に対して埋戻し義務を課したものであり，しかして，その法的義務は，住民等，一般社会に対する義務の履行が強制されるものであるから，債務確定基準の債務の成立と同視して対外的債務に含まれると理解することが実態に即しているといえよう。

　この点に関して，一般的義務として罰則を課しているとしても間接強制にすぎず，他人の土地に係る対外的債務とは事情が異なるとしても，公的義務に外ならないから，前述したように，採掘許可の際の条件として課された義務と，その本質は異ならないといえよう。そこに，対外的債務の僅かな性格の相違をもって異なる取扱いをする法益を認めることはできない。特に，昨今の環境問題を念頭に置けば，採取後に埋戻することが一般的であるから，これに違反する企業の存在を前提として考える必要もないし，仮に，その様な事態になれば，その義務違反の事業年度に戻し入れて収益に計上すれば是正が図られることになる。

　次に，この通達で問題となるのが，かかる砂利埋戻し費用の見積費用の計上は，法人が未払金として計上することが要件とされている文言となっていることである。すなわち，法人税基本通達２－２－４では，「継続して次の算式により計算した金額を未払金に計上するとともに当該事業年度において当該土地から採取した砂利等の取得価額に算入しているときは，その計算を認めるものとする。」と規定している。かかる規定の文言からすれば，法人が未払金として計上している時に認められるものであり，未払金の計上が行われていない場合には，課税庁は見積りの埋戻し費用の減額更正を行わないということを予定

していると解釈することになるのであろうか。

　そもそも，かかる解釈によれば，当該通達は例外的な特例制度として理解することになるが，そうであれば，当該通達の存在自体が租税法律主義に違背するものということなるであろう。なぜならば，認められない砂利埋戻し費用の見積原価の計上を行政通達において損金とするというのは，本来，法律事項であり，法解釈の領域の問題とは異なるからである。この点に関しては，法人の損金計上による未払金計上による申告がなされていない場合であっても，合理的な金額の算定が可能であれば，税務署長の職権減額更正による道が認められていると解される。この点について，法人が，かかる未払金処理をしていないのであれば，一義的には，金額の合理的算定が困難であると推認され，その見積計上は認められないといえるが，その対外的債務の額が合理的に算定，証明されるのであれば，その債務の金額の損金算入を否定する法的根拠は存しないものと思われる。

3　判決に見る売上原価等と債務確定との関係

(1)　砂利採掘における自然環境回復費の見積計上判決の論旨
ア　事案の概要と特質

　大阪地裁昭和57年11月17日判決（西野建設事件・シュトイエル252号21頁）は，山肌を取り崩して砂利採取をするに際して，その所有者との間で，「採石跡地に植林をするか，植林できる状態にする」ことが約束されていること，加えて，砂利採掘の県当局の許可条件として，採掘後は一定の植林をする環境回復義務が課せられていたことにより，砂利採取に相当する自然環境回復費用を見積計上して，当該砂利販売事業年度の費用として損金算入することが認められるか否かが争われた事件である[30]。

　この事件の特質は，第一に，昭和55年基本通達改正による砂利埋戻し費用の損金計上が創設（法基通2-2-4）される以前の昭和45年6月期から昭和47年6月期及び昭和49年6月期から同52年6月期の各事業年度に関する自然環境

回復費の見積計上の是非であり，第二に，昭和45年6月期から同47年6月期では，原告法人が未払金として見積計上していない事業年度の損金算入の是非が問われたという点である。

イ　自然環境回復費の性格と見積計上の是非

　本判決は，先ず，自然環境回復費用の原価性について，会計学上，原価とは製造活動，物品の保管・管理などの経営の諸活動に関連して発生する経済価値の消費であり，財貨又は用役の提供のために製造・販売などの経営目的に関連して消費される経済価値であり，正常な状態のもとで消費される経済価値である，ということができ，原価計算基準も，「原価とは，経営における一定の給付にかかわらせて，把握された財貨または用役……の消費を，貨幣価値的に表わしたものである」としていることからみると，自然環境回復費が，このような会計学上の原価の本質を内在していることは，自然環境回復費そのものの性格からいえる，と判示している。そして，土地造成業者が一団の宅地を造成して造成完了部分から分譲するに際して，宅地購入者との契約上敷設すべき道路等の附帯施設の工事未了の場合の見積費用を原価として損金算入することが承認されているところ（法基通2－2－2），これと自然環境回復費の場合とでは，社会経済上その支出が法的に義務づけられているという点で，本来的性格において異ならないといえると判示，税法上は，原価として損金算入することを認める必要が生じたものであると判示している。

　この点に関して，被告税務署長は，法人税基本通達2－2－4の砂利埋戻し費用は事後的費用であり，当該通達創設前の事業年度の自然環境回復費の見積計上は許されないと主張しているが，本判決は，この通達が売上原価等の項目に規定されていること，自然環境回復費の原価性の本質から，被告主張を一蹴している。本判決が緻密な論理的展開による法解釈により，被告主張を否定したことは高く評価できる。

ウ　自然環境回復費の損金算入の要件

　本判決は，「一号原価についてもこの金額見積りが可能な程度に債務の内容が特定していること，すなわち，見積りの前提となる債務発生の原因たる事実

（債務発生項目）は確定していることが必要であり，この意味での債務の確定を要すると解するのが相当（法基通2－2－1参照）」であるとし，自然環境回復費が，「一号原価として計算することが許容されるには，当該事業年度末までに対外的債務として確定していることが必要であり，ここにいう対外的債務の確定とは，埋戻し工事をする業者や植林業者との間の具体的契約によって発生する債務に限定されるものでなく，土地所有者との間で埋戻しや植林を約束したことによって生じている債務も含むから，土地所有者との間で締結した契約上の義務内容が，客観的，一義的に明白であり，費用を見積ることができる程度に特定されている場合には，債務の確定があるとしなければならない。」と判示した。

本判決は，売上げと原価という収益費用の個別的対応関係から見積費用の計上を認めたものではなく，対外的債務の確定を要件としたものであり，法人税法が損金算入について，収益費用の対応関係を絶対的な要素として規定されていないことに鑑みれば，法人税法の解釈として正当な解釈であるということができる。

エ　自然環境回復費の未払計上要件

法人税基本通達2－2－4では，砂利埋戻し費用を未払金として計上することが条件とされているが，この点については，法人税法上，法解釈として通達で未払金計上を要件とすることは困難であることについては，前回において指摘したところである。

この点につき，本判決は，「納税者が従前原価として会計処理をしていなかったことをもって，継続性の原則や禁反言の法理に反するとして，自然環境回復費の見積原価の損金算入を否定することは許されない。」と判示している。その上で，確定申告で自然環境回復費を損金に算入しない事業年度につき，別に利益を加算する以上，当該費用を損金に算入すべきであるとする納税者の主張に対して，「確定申告に計上しなかった事情を主張しておらず，また当該事業年度末においては当該費用を見積っていないことが推認されるから，自然環境回復費についての債務発生項目は未確定である。」と判示して，その見積計

上の主張を排斥している。

　かかる判示は，本来，法的には自然環境回復費の見積計上は，損金経理要件が法定されていない以上，これを損金算入の法的要件とすることは困難であるとはいえても，当該回復費用の見積額を客観的証拠によって主張立証することが必要であるというのは合理的な解釈である。これは，納税者有利となる経費等の損金の主張証明責任からも導けるともいえるが，それ以上に，将来，現実に行われる環境回復工事における工事業者との間の本来の債務確定による費用計上が可能であるから，見積計上時における費用計上は厳格な主張証明責任が要求されるという解釈が妥当するといえよう。

　この点につき，本件における原告法人の対応は，前記の昭和45年6月期から同47年6月期の2事業年度において未払金計上を放置した理由が主張されていないこと，当該各期末において回復費用の見積計上を行っていないことを根拠として，「自然環境回復費についての債務発生項目は未確定である」と判示したことは，一定の評価ができる合理的解釈であると考える。

オ　未払計上事業年度における自然環境回復費の債務確定の有無

　この点について，本判決は，納税者と土地所有者との間で「採石跡地に植林をするか，植林できる状態にする」ことが約束されているから，自然環境回復費用は，対外的債務として確定し，知事の採石許可条件としての公的義務（緑地化修景，安定勾配整形）はその債務の内容になっているということができる」と判示して，その対外的債務の確定を容認した。本件原告法人は，昭和49年6月期ないし同52年6月期の各事業年度において，自然環境回復費を見積り損金に算入しているものであり，その税務処理が容認されたものであるが，その自然環境回復義務は，所有者との間の契約内容では，「採石跡地に植林をするか，植林できる状態にする」という内容のために，具体的にどのような回復義務を要するのかという点で不明確な点が認められるとしても，知事の許可条件としても自然環境の回復義務が付帯されていることに鑑みても，債務発生項目として特定されているということができると判示したことは合理的である。そして，仮に，具体的な工事内容等による支出項目が詳細に明確にされていな

いとしても，支出自体が義務づけられている以上，少なくとも，最低限の支出項目は特定されているのであるから，かかる見積費用の金額に関する事実認定の是非が問題になるとしても，原状回復費用の見積計上自体を否定することにはならない。

ところで，本判決は，植林等の回復義務に関する土地所有者との契約実体と知事の採掘許可条件が前提となった判決であり，自己所有の土地についての原状回復に要する費用の見積計上までも容認した判決とはいえない。しかして，自己所有の土地の採掘に関する知事の採掘許可条件として環境回復義務という公的義務が課されていたとしても，この判決の射程範囲は及ばず環境回復費用の見積計上は認められないと考えることもできよう(31)。

この点に関しては，すでに，論じたように，昨今の自然環境に関する社会的規制及び生物多様性に象徴されるように，最近の企業の社会的責任（CSR）の視座に鑑みれば，かかる公的義務である環境回復義務は，企業に対する社会的義務と捉えるべきであるから，かかる自用地に係る自然環境回復義務による費用の見積もり計上についても容認すべきであると考える。この点は，次に紹介する最高裁判決において，土地造成の開発許可条件として課された開発負担金の見積計上が認められたことからみても，合理的な判断であるということができよう。

ちなみに，本件西野建設事件判決の古崎慶長裁判長は，国家賠償法に関しての研究者でもあり，鋭い洞察力により本判決を論理的に解釈したものであり，秀逸な高く評価されるべき内容の判決であると考えている。

(2) 開発許可に際して付された負担金の見積費用計上を容認した最高裁判決
ア 事案の概要とその特質

最高裁（第2小）平成16年10月29日判決（刑集58巻7号697頁，判例時報1876号156頁）は，犯則所得を算定する刑事事案の判決において，土地の造成開発の許可条件とされていた開発負担金の拠出に係る売上原価等の見積計上の是非が問題とされた事例である。

第2章　判例等にみる税法上の損金計上時期を巡る諸問題の検証

　この判決は，納税者（被告会社）は，宅地造成の県知事の開発許可を受けるためにＡ市と協議したところ，その許可に際して，農業用水路を直径2ｍの管を埋設した暗渠の雨水排水路とすることなどを内容とする改修工事（第一案）を行うことという行政指導を受け，被告会社はこれを承諾し，県知事から宅地造成分譲の開発許可を得た上で，本件宅地を造成して，昭和62年6月にこれを販売し，昭和62年9月期（本件事業年度）の収益に計上した。

　ところが，その第一案は，その後，工事内容が変更され（第二案），被告会社は第一案の工費に相当する範囲内で部分的に工事を行うこととし，その工事予定業者から第一案の工費は，約1億4,668万円であるという見積り，Ａ市担当者に知らせた。その後，本件事業年度後の昭和62年10月頃，Ａ市側はさらに方針を変更し，被告会社に対して，第一案の工費予定額に相当する金額を都市下水路整備負担金として市に支払うよう求め，被告会社はこれを了承した。

　同社は，本件事業年度において，造成宅地を販売した収益に見合う売上原価として，前記工事費の見積金額を損金の額に算入して申告した。ところが，その後，被告会社は，上記負担金のうち5,000万円を支払ったが，その後，Ａ市は住民の反対運動を考慮して，この工事を行わなかったので，被告会社もその後の金額を支出していなかった。

　原審判決（東京高裁平成12.10.20判決・刑集58巻7号865頁，同旨，一審判決水戸地裁平成11．5．31判決同813頁）は，「上記金額を当期の収益に係る売上原価の額として損金の額に算入することが認められるためには，その支払が債務として確定していたこと，すなわち，その義務の内容が客観的，一義的に明白で，費用を見積もることができる程度に特定されていたことを要する。」とし，本件の場合には，「当期終了の日までの時点で，被告会社が本件改修工事を行うことが，牛久市との間で法的拘束力を伴った義務として確定するに至っていたとはいえないことなどの事情に照らすと，同日までの時点で，同工事に関する被告会社の義務の内容が客観的，一義的に明白であったとは認められず，したがって，同工事に関する費用を当期の損金の額に算入することはできない。」と判示した。

イ　本件最高裁判決の論旨と検証

　これに対して，上記最高裁判決は，「当期終了の日である同年９月末日において，被告会社が近い将来に上記費用を支出することが相当程度の確実性をもって見込まれており，かつ，同日の現況によりその金額を適正に見積もることが可能であったとみることができること，このような事情がある場合には，当該事業年度終了の日までに当該費用に係る債務が確定していないときであっても，上記の見積金額を法人税法22条3項1号にいう『当該事業年度の収益に係る売上原価の額』として，当該事業年度の損金の額に算入することができると解するのが相当である。」と判示した[32]。

　本判決のポイントは，負担金支出の債務が成立していること，つまり，「被告会社が近い将来に上記費用を支出することが相当程度の確実性をもって見込まれている」という事実である。このような事実認定は，第一案から第二案への変更，そして，その負担金の一部支出と第二案の工事停止の経緯を見れば，県知事の開発許可に当たってのＡ市との協議によって決定された第一案の工事費用の負担額は被告会社自体が承諾していることは明白であり，その後の事情に鑑みても，その承諾が撤回された事実は認められないこと，また，その後のＡ市の工事内容等の変更は当該被告会社の責任ではなく，Ａ市の事情によるものであることから，被告会社の第一案を承諾した事実を否定することが困難であるという合理的な認定がある。

　そうである以上，県知事の開発許可に際してのＡ市との協議に基づく行政指導により，本件負担金の支出は被告会社の債務として成立しており，また，すでに開発許可を受けて宅地造成して分譲販売されているのであるから，その負担給付の原因事実が発生しているといえるし，その金額も第一案の工事費用の見積額の範囲内であることは客観的に明らかにされていることから，当該第一案の工事費用相当額の負担額は，債務が確定しているものと判示した本件最高裁判決は，合理的な判断であるといえよう。

　なお，原審判決等の判断は，その協議等の経緯から，当該負担金の支出は客観的，一義的に明白ではなく費用見積りができる程度まで特定しているとはい

第2章 判例等にみる税法上の損金計上時期を巡る諸問題の検証

えないとしたものであり，最高裁判決との相違は本件事実関係の認定評価の相違であり，収益計上事業年度後に支出される本件負担金等の費用が，当該造成土地の販売収益に見合う売上原価として見積計上して損金算入できるという基本的解釈自体を否定したものではないというべきである。

（注）

(14) 窪田悟嗣編著『法人税基本通達逐条解説（五訂版）』税務研究会（2008年）178頁。
(15) 窪田悟嗣同上書179頁。
(16) 渡邊進「債務の確定と引当金」産業経理31巻8号（1971年）6頁参照。
(17) 例えば，「原価計算基準」（第2章，第1節・八（一））では退職給与引当金繰入額は，製造原価を構成する費用とされているところであり，法人税法上も退職給与引当金が廃止されるまでは，原価構成費用とされていたところである。
(18) この場合の機械設備等の販売収益の計上時期は，その契約内容から合理的に解釈すれば，機械設備等の販売（売買契約）と据付工事（請負契約）とが一体となった取引であるから，相手先に当該機械設備等を搬入しただけでは物理的引渡が完了しているとはいえても，相手方の使用収益可能な状態におかれたものではないから，本来の引渡の概念には該当しない。しかして，収益計上が強制される引渡時期は，原則として，その据付工事が完了した時というべきであり，したがって，ここでの説明は，納税者の選択による例外的な収益計上時期の先行的計上による場合の取扱い事例として理解すべきものであり，原則的な取扱いとは異なるということができよう。
(19) 「原価計算基準」（第1章・三）
(20) この点で，かかる据付工事を伴う機械設備等の販売に係る収益の計上は，本来，据付工事完了時に機械設備等の引渡として収益計上することがより合理的であるということができよう。
(21) 渡辺進前掲論文（注16）10頁。この指摘は，企業会計上は負債性引当金である景品費引当金の繰り入れが認められているが，税法上は認められていないのに対して，将来，発生する工事費用の見積計上が認められているということの不公平に対するものである。そして，同論文は，「すべからく税法は，『確定債務』の解釈をあらゆる場合に統一しなければならない。しかして，もしこれを厳格に解する場合においては，適正な期間損益計算上必要な引当金の設定を認めることとしなければならない。」としている。
(22) 内川菊義「引当金の負債的思考に対する一批判」企業会計33巻5号（1981年）175頁。
(23) 売上原価等は，「期末商品有高＋当期仕入高－期末商品有高」の計算上の概念にすぎない。
(24) 武田昌輔「課税所得の基本問題（下）」判例時報953号6頁に引用されている刑事判決（東京地裁昭45.7.15判決，昭和43年特（わ）227号）によっている。
(25) 武田昌輔同上論文6頁引用の刑事判決（東京地裁昭45.7.15判決，昭和41年特（わ）

629号）によっている．
⑳　大淵博義『法人税法の解釈と実務』大蔵財務協会（1993年）180頁．
㉗　窪田悟嗣前掲書（注14）184頁．
㉘　戸島利夫（国税庁法人税課審理係長）「改正通達解説」税経通信35巻11号（1980年）57頁．
㉙　山本守之「砂利採取地の埋戻し費用」税務事例40巻4号（2008年）48頁．
㉚　この判決の判例研究として，村井正・税務事例15巻5号（1983年）2頁，田辺安夫・税理27巻8号（1984年）73頁参照．
㉛　以前，筆者もこのような理解に立っていたことについて，大淵博義『法人税法の解釈と実務』大蔵財務協会（1993年）182頁参照．しかしながら，昨今の企業社会的責任としての環境問題に鑑みれば，自用地の採掘に係る自然環境回復の公的義務についても，対外的債務として理解すべきであると考える．
㉜　この判決についての評釈として，武井一浩・「租税判例」百選（第4版)」別冊ジュリストNo.178（2005年）104頁参照．

第2章　判例等にみる税法上の損金計上時期を巡る諸問題の検証

III 販売費・一般管理費の損金計上時期

1　短期前払費用である浚渫船傭船料の支出時損金算入特例の是非

(1)　短期前払費用の税法上の取扱い

　一定の契約に基づき継続的に役務の提供を受けるために支出した費用のうち，当該事業年度終了の時においてまだ提供を受けていない役務に対応する前払費用の額は，損金の額に算入できないこととされている。それは，企業会計も同様である。

　ところが，企業会計では，このような前払費用や未収収益，未払費用及び前受収益のうち，重要性の乏しいものは経過勘定項目として処理しないで支出時の費用計上が認められている(33)。

　一方，法人税法においても，前払費用として処理することを原則としながら，「法人が，前払の額でその支払った日から1年以内に提供を受ける役務に係るものを支払った場合において，その支払った額に相当する金額を継続してその支払った日の属する事業年度の損金の額に算入しているときは，これを認める。」(34)という例外的取扱いが基本通達において明確にされている。

　問題は，かかる短期前払費用が企業会計原則の重要性の原則を受けた規定であり，しかして，法人税法上の前記通達の例外的取扱いは，企業会計原則の重要性の原則が適用されない場合には，かかる通達の後段の規定は機能しないと解すべきかどうかが問題となる。かかる問題点は，当該通達の例外的取扱いの要件は，「その支払った日から1年以内に提供を受ける役務に係るものを支払った場合」であり，さらに，「支払時の損金算入処理の継続的処理」という要件が規定されているにすぎず，「重要性の有無」は直接規定されていないからである。

157

なお，借入金に係る利息の支払いにつき短期前払費用の支払時の損金算入の特例を適用する一方で，その借入資金で貸し付けた貸付金に係る受取利息を時間基準により収益に計上することによる費用と収益の計上時期の不整合性による課税上の弊害を防止するために，このようなひも付き融資の場合には，短期前払費用の損金算入の特例の適用を認めてはいないが，これが合理的な取扱いであることは論ずるまでもないことである。
　以上のような短期前払費用の損金計上時期が争われたものとして，浚渫船の借上費用を支払時の損金の額に算入した是非が問われた判決がある。以下では，この判決の解釈上の問題点を検証することとする。

(2) 浚渫船の傭船料の損金算入時期が争われた判決の内容

　浚渫業を営む原告会社（控訴会社）は，平成8年6月1日，T建設（株）との間で，傭船期間を同日から平成9年5月31日まで，傭船料を5,000万円として，三艘の船舶を借り受ける裸傭船契約を締結し，同8年6月17日，同契約に基づき，同社に対し手形で5,000万円を支払い，同7年7月1日から同8年6月30日までの事業年度（以下「平成7事業年度」という）の法人税について，被告に対し，本件傭船料として支払った5,000万円全額を工事原価として損金の額に算入して確定申告した。これに対して，被告税務署長は，5,000万円のうち416万6,667円のみを平成7事業年度の損金の額に算入することを認め，その余の損金算入を否認する更正処分を行った。
　福岡高裁平成12年12月15日判決（税資249号順号8801，一審判決長崎地裁平成12年1月25日判決・税資246号順号8566）は，次のように判示して，本件更正処分を適法とした。
　① 法人税基本通達2－2－14（短期の前払費用）後段の支払時の損金算入の例外を認める根拠は，税務においても重要性の原則に基づく会計処理を認めたところにあるものと考えられるから，同原則から逸脱しない限度でその適用が認められるべきところ，前払費用に係る税務処理が重要性の原則で認められた範囲を逸脱していないかどうかの判断にあたっては，前払

費用の金額だけでなく、当該法人の財務内容に占める割合や影響等も含めて総合的に考慮する必要があり、このような重要性の原則は企業会計上明らかなことであって、右通達中にその判断基準が明示されていないからといって、課税要件明確主義に反するとはいえない。

② 控訴人会社は、浚渫業を営む大手業者の間では傭船料を一括前払いして損金として会計処理されており、また、傭船料は原価を構成するものとしても収益がなくても発生する固定費というべきものであり、これについては費用収益対応の原則は緩やかに解釈されるべきであることから、本件傭船料全額を本件事業年度の損金に算入すべきであると主張するが、控訴人会社主張の浚渫業界における会計処理が直ちに公正処理基準に従ったものとはいえないのみならず、むしろ繰延べとして公正処理基準の中核をなすものと認められる会計原則によれば、売上原価等は収益と個別に対応するものとされており、本件傭船料が売上原価等を構成する以上、費用と収益を個別に対応させるべきであり、そして、本件傭船料については、一定期間の収益に対応する原価としてその額を明確に算出できるものであるところ、納税者は収益を1か月分しか計上していないのであるから、傭船料についてもそれに対応する1か月分を損金の額に算入するのは当然というべきである。

③ 浚渫業を営む控訴人会社が事業年度の末月に支出した向こう1年分の傭船料は、前払費用相当部分が多額であり、控訴人会社の財務内容に占める割合や影響も大であるから、前払いした全額を支出した事業年度の損金の額に算入することは、重要性の原則で認められる範囲から逸脱するものであり、許されない。

(3) 本判決による解釈論旨の検証

ア 本件訴訟における被告課税庁の主張

本件訴訟において、被告（控訴人）課税庁は、要旨、次のような興味ある主張を展開しており、本判決は、かかる被告主張を容認したものである。

① 「売上原価は、法人税法22条3項1号によって、当該事業年度の収益に対応させて計上すべきであり、平成8年6月17日に本件傭船料として原告が支払った5,000万円についても、その傭船期間1年のうち平成7事業年度に含まれる1か月分に係る416万6,667円だけが同年度の原価として損金の額に算入され、右金額を超える4,583万3,333円は同年度の損金の額には算入されない。」

② 「法基通2－2－14は、法人の会計処理が一定の計算基準を継続して適用していること及びその計算基準を適用することに相当の理由があると認められ、かつ、課税上さしたる弊害がないと認められることを要件として前払費用の当該事業年度の損金の額への算入を認めていた、旧通達（昭和42年9月30日国税庁長官通達「特定の期間損益事項にかかる法人税の取扱いについて」）を受け継いだものであって、本件通達(1)の後段に係る前払費用の損金の額への算入についても旧通達の右要件の充足を必要とすると考えられる。この点、傭船期間を1年とする本件傭船契約は、平成7事業年度の終わり近くになって急に締結されたものであって、以前から継続的に行われてきたものではなく、1年分の傭船料を全額損金の額に算入するという会計処理も以前から継続的に行われてきたものではない上、本件傭船料の支払いは本件傭船契約上は毎月末日締切、翌月10日決済の手形で行うものと定められており、平成7事業年度に役務の提供を受ける分の支払いは別として、それ以外はあえて平成7事業年度に支払う必要のなかったものである。しかも、原告は、本件傭船料に比べてはるかに少額である家賃等については前払費用を損金の額に算入せず、資産の部に計上しているのであって、このような処理は、甚だ整合性を欠く恣意的かつ不合理なものである。さらに、原告の会計処理を認めた場合に原告が平成7事業年度の法人税として納付すべき金額と更正処分の結果同法人税として納付すべきこととされる金額との差額は1,904万2,500円にもなり、課税上さしたる弊害がないというには多額すぎる。また、右通達が規定する短期の前払費用の処理は、企業会計上の重要性の原則に基づくものであって、同通達

第2章　判例等にみる税法上の損金計上時期を巡る諸問題の検証

の適用を受ける前払費用に当たるか否かについては，それが重要性に乏しい支出か否かによって判断されるべきであるが，原告の財務内容に照らし，また，傭船料は浚渫業者にとって重要度の高い原価であることから考えても，本件傭船料の支出は重要性の乏しいものとはいえない。したがって，本件傭船料について本件通達の後段は適用されない。」

　以上の被告主張は，まず，①売上原価は短期前払費用の損金算入の特例の適用はないこと，②当該特例の適用について課税上弊害がないこと，③当該特例による支出時の損金算入は以前から継続していること，④前払家賃につき特例適用をしていないこと，⑤原則の前払費用の税務処理と特例適用した場合の法人税額との差異は多額であり，重要性が乏しいとはいえないこと，というものである。

イ　本判決の論旨の問題点

　このような被告主張に影響されて，本判決は，浚渫船の1年以内の傭船料の支払いは短期前払費用に該当するものの，前記の「判決要旨①」に判示するように，「税務においても重要性の原則に基づく会計処理を認めたところにあるものと考えられるから，同原則から逸脱しない限度でその適用が認められるべき」とし，さらに，「判決要旨②」の後段では，本件傭船料が売上原価を構成する以上，費用と収益を個別に対応させるべきであり，そして，本件傭船料については，一定期間の収益に対応する原価としてその額を明確に算出できるものであるところ，納税者は収益を1か月分しか計上していないのであるから，傭船料についてもそれに対応する1か月分を損金の額に算入するのは当然というべきであること，支出額も多額であり重要性に乏しいとはいえないこと等を根拠として，法人税基本通達2－2－14の適用はないとした本件更正処分を適法としたものである。

　本判決の判示は，本件における前記被告主張の当否につき精緻な論理的分析による検証がなされていないために，その主張の本質的問題点についての理解が欠落している。

　先ず，「判決要旨①」における短期前払費用の重要性の認定が要求されてい

るという趣旨の判示は，同通達の文言からは，かかる重要性の判断基準となるべき質的指針は示されていないのであり，唯一，1年以内の役務の提供を受ける前払費用という限定があるにすぎない。このことは，かかる1年基準に該当する短期前払費用であれば，税務上は「重要性に乏しい」ということを前提とした通達であると解すべきである(35)。

　一方，この1年基準は，重要性の乏しい前払費用は未経過項目による処理を要しないとしている「企業会計原則注解」(注1)(2)の重要性の原則の適用要件とはされていない。つまり，企業会計の重要性の原則が適用される前払費用は，その役務提供の期間が短期か長期かという要件を要しないのであり，しかして，その重要性の判断は個別企業の実態に応じて判断されるということであり，この点が企業会計のそれと税法上の当該通達とで異なるところである。

　さらに，「判決要旨②」における売上原価を構成する短期前払費用はこの通達の埒外にあるという趣旨の判示は，もとより論外な判示である。本判決の解釈により売上原価を構成するものは本件通達の適用はないというのであれば，例えば，製造業者が工場の建物や製品の製造に供する機械装置等を賃借して1年以内の賃借料を支払っている場合，当該賃借料は製造された当該製品の製造原価を構成するものであるから，本件短期前払費用の支払時の損金算入の特例の適用は認められないという解釈を導くことになる。

　しかしながら，法人税基本通達2－2－14においては，売上原価に含まれる費用支出は前払費用の繰延経理を要し，例外的な簡便的処理は適用されないとは規定されていないのであり，このことは，「企業会計原則注解」(注1)(2)も同様である。

　このような規定内容からすれば，本件通達はもとより，企業会計においても当該費用支出が売上原価を構成する費用であるとしても，それが重要性の乏しいものであれば，前払費用の未経過項目による処理を要しないと解する以外にはない(36)。

　この点に関して，本判決は，企業会計の重要性の原則による会計処理が法人税法上の公正処理基準による前提として上記判示による解釈を示したものであ

るが，それが本件通達の後段の趣旨というのであれば，「企業会計原則注解」にいう重要性の原則の適用の場合においても，同様に，支出した前払費用のうち売上原価を構成する費用は除くと規定したことはいうまでもないことである。したがって，同注解に規定されていない以上，企業会計原則においては，売上原価の構成項目か否か，換言すれば，製造部門に属する資産の賃借料等の前払費用又は販売費・一般管理費に属する前払費用かどうかの判断基準は採用していないと解される。この点について検証していない被告課税庁の主張及び本判決は，その論理展開に飛躍があり説得力に欠けるものといえよう。

　しかして，法人税基本通達2－2－14の後段の短期前払費用の支出時の損金算入特例が，売上原価を構成する費用を除くというのであれば，その旨を明確に提示すべきであり，また，当該原価を構成するものであるとしても，再度，金額の多寡を問題として当該特例の適用を許容するというのであれば，その金額の多寡による重要性の判断基準を明確に示すべきことは当然の要請である。

　「企業会計原則注解」（注1）(4)では，「棚卸資産の取得原価に含められる引取費用，関税，買入事務，移管費，保管費で重要性の乏しいものについては，取得原価に算入しないことができる」とされており，これに照応して，法人税基本通達5－1－1（購入した棚卸資産の取得価額）において，買入事務，検収等の費用，移管費及び保管費については，「当該棚卸資産の購入代価のおおむね3％以内の金額」は，その取得価額に含めないこととして，3％基準を示しているところである(37)。この3％基準は，法人税法上，重要性の有無という抽象的で曖昧な判断基準によりもたらされる課税の不公平を慮って，税法上の取扱いとしての画一性と明確性の視座から明確な基準を通達化したものである。

　しかるに，本訴において被告は，短期前払費用の本件傭船料5,000万円は多額であり，その支出時損金算入規定を適用した場合と原則の繰延経理した場合との平成7事業年度の法人税額を比較すると，その差額は1,904万円余にもなり，課税上さしたる弊害がないというには多額すぎると主張しているが論外である。しかるに，本判決が，かかる被告主張を採用して，支出金額の多額性の判断基準を示すことなく重要性に乏しいと判断したことは，法の支配の視点か

らは極めて遺憾な判決である。そもそも，短期前払費用の支出額は，法人の営業規模が大きければ大きいほど，短期前払費用の金額は多額となり，その結果，繰延経理と損金算入経理による法人税額の差額が大きくなることは当然のことであり，このことは，当該前払費用が売上原価を構成するか，販売費・一般管理費に該当するかということとは無関係である。したがって，被告課税庁の主張は，販売費・一般管理費の短期前払費用も金額が多額であり当該特例通達の適用は課税上弊害があるということにもなり，否認される可能性があるということになる[38]。

このような短期前払費用の金額の多寡を問題とするのであれば，当該通達において，支出時損金算入の特例を適用できる短期前払費用の額につき，棚卸資産の取得価額の3％基準のように，売上原価又は売上金額に占める割合を明示すべきであろう。そうでなければ，納税者の予測可能性は保持できないことになる。

しかして，当該通達において，このような基準が示されていないという事実は，その前払費用が売上原価の構成費用か否か，また，その支出金額が多額であるか否かによって重要性の有無を判断するのではなく，当該通達は，1年以内に役務の提供を受ける前払費用であれば，当該企業にとっては金額も多額ではなく「重要性に乏しい」という前提で支出時損金算入を認めたものと解すべきである。そして，かかる経理処理を認めたとしても，それが継続的に発生する期間損益に関する経理処理であるから，課税上の弊害は認められないという前提で，本通達が規定されたと解するのが，同通達の後段の規定の文理解釈からの帰結である[39]。

ところで，当該通達の創設の経緯からすれば，課税上弊害論自体が当該通達の背景にあることは否定できないと解されるが，かかる弊害論は，例えば，短期前払費用と同様に，重要性の原則による会計（税務）処理の簡便化により，消耗品費等の取得時損金算入が認められている法人税基本通達2－2－15（消耗品費）は，事務用消耗品，広告宣伝用印刷物等で，各事業年度毎におおむね一定数量を取得し，かつ，経常的に消費するものに限定しており（質的要件），

加えて，継続的に取得時の損金算入処理を行っていること（形式的要件）とされているところである。しかして，当該適用要件に該当しない資産や数年間の使用のための大量の一括購入などは，「課税上弊害がある」として認められないと解されている。すなわち，このような質的要件や継続処理という形式的要件を充足していない場合には，課税上弊害があるものとして，消耗品費等の取得時損金算入処理の特例は認めないという趣旨であり，本件のように，短期前払費用の支出額が多額であるとか，売上原価項目の費用であるということが「課税上弊害がある」と解してはいないということである。

　ちなみに，本判決のように，売上原価構成費用は当該特例適用は認められないと解するのであれば，製造部門の消耗品費は，同通達の特例は適用できないということになる。しかしながら，かかる解釈は，当該通達の文言の文理はもとより論理的解釈によっても導くことはできない。

　要するに，企業会計の「重要性の原則」の適用例としての税法上の当該特例適用は，個々の企業にその重要性の是非の判断を委ねることの恣意的適用の弊害を排除するために，当該通達において，消耗品等の資産の内容の特定と，消費の経常性という質的規制を課したものであり，したがって，本来，相対的評価である「金額の多寡」の判断基準を措定もせずに，その金額の多寡という基準により規制を加えることは理解の及ぶところではない。本判決は，この点の本質的理解が欠除した課税庁の主張に影響を受けたものであるが，税務訴訟における判決は，多角的な鋭い分析を通した判断を要するものであることが銘記されなければならない[40]。

　法人税基本通達2－2－14に規定する短期前払費用の支出額損金算入の重要性の判断基準は，1年以内の役務の提供に対する対価の前払費用か否かということであり，このことにより，毎事業年度において発生する損金処理は期間損益計算における課税上の弊害は生じないと解すべきである。

　ちなみに，納税者の税務処理には継続性が認められないという被告課税庁の主張によれば，当初，原則的な繰延経理をした納税者は，それ以後，その会計処理を変更して，短期前払費用の支出時損金算入の特例を適用することが許さ

れないことになるが，通達の継続性の要件はかかる趣旨とは解されない。その継続経理要件は，恣意的に原則と特例とを使い分けて利益調整を図る場合を規制するという趣旨であり，今後の経理処理変更後に当該特例処理を継続して適用する場合を否定する趣旨と解することは許されないことである(41)。

ウ 通達違反の更正処分の違法性

以上の考察から明らかなように，本判決の当該通達の後段の解釈は誤りであると解するが，ここで問題となるのは，行政通達に違背した更正処分であるとしても，当該通達は裁判所を拘束しないことから，本件更正処分の違法性をもたらすということにはならないという見解があり得ることである。

そこで，このような基本通達に反した更正処分が違法というためには，納税者の採用した短期前払費用の支出時損金算入処理が，法人税法22条4項に規定する公正処理基準に合致するものであり，したがって，かかる公正処理基準による納税者の適法な税務処理を否認した更正処分は違法であるという場合である。このことは，前述したように，納税者の損金算入処理は企業会計の公正処理基準に合致した合理的なものであり，しかして，公正処理基準による適法な税務処理を格別の根拠もなく否認した本件更正処分は違法であると解することができる。

この点は，公正処理基準と企業会計の重要性の原則の適用の是非という解釈問題であるが，仮に，かかる解釈の是非を措くとしても，本件通達による特例が適用できることはすでに述べたとおりであり，これを否定した本件更正処分は，課税庁の公的見解の表明を格別の事情もなく否定したものであるから，信義則違背の違法な処分と解する余地が十分にあり得る。加えて，このような売上原価に含まれる多額の前払費用の支出時の損金算入の特例適用を否定することは課税の公平違背であるという認定がなされた場合もあり得よう。

しかしながら，ここでの課税の公平違背という憲法違反の違法性は，本件のような短期前払費用については，他の納税者においても当該通達の特例適用が認められているという点の立証が必要となる。この点については，本件納税者が本件費用支出について他の事例では当該特例の適用が認められているという，

本件証明は困難が伴うであろう。その意味では，理論的な解釈問題としては，本件更正処分は公正処理基準の合理的解釈に違背したことの違法性，又は信義則違背の違法性が現実的な問題となるであろう。

いずれにしても，法人税基本通達2－2－14の短期前払費用の支出時損金算入の特例適用に際して，当該通達に規定していない要件（金額の多寡，課税上弊害論）を持ち込んで，当該通達の適用の射程範囲を限定的に解釈したことは違法，不当な解釈であり，これが合理的であるというのであれば，税務調査において指導するとともに，通達改正により対処すべきである。それが納税者の予測可能性を担保する憲法上の租税法律主義の要請にも適った対応であるといえる。

2　販売コンテスト成績優秀者に対する海外旅行招待費用の損金計上時期

(1)　事案の概要と判決要旨

本件は，原告会社（控訴人会社）が平成9年1月6日から同年3月31日までの間に行った増販コンテストにおいて，営業成績に基づくポイント達成上位の従業員に対して，特別賞与としてオーストラリア旅行に招待することとしたところ，平成9年3月31日までに，原告の従業員のうち少なくとも50人について，本件旅行招待に必要なポイントを達成したことが明かになっている。そこで，原告は，同日までに，旅行会社B社から本件旅行費用が一人当たり20万4,000円であるとの見積りが提出されていたことから，原告は，同日，Bから1,020万円の旅行ギフト券を購入し，即日，右代金を小切手で支払った。

平成9年4月12日，原告は，最終的に57名を本件コンテスト特別賞入賞者として本件旅行に招待することについて，社内稟議により正式に決定した。その後，本件の第一回目の旅行は平成9年5月28日から同年6月2日までの期間に，第二回目の旅行が同月4日から同月9日までの期間に実施された。

原告は，平成8年4月1日から平成9年3月31日までの事業年度において，

前記50人分の本件コンテストの費用1,020万円を「新車コンテスト諸掛」として損金に計上した(42)。これに対し、被告税務署長は、本件旅行の招待者は平成9年4月12日の原告の取締役会の稟議による確定まで、各従業員は自らが成績上位者に該当するかは知り得ない状態であるから、同年3月31日までに原告に債務が成立したとはいえないし、仮に、債務が成立しているとしても、当該債務は成績上位者として確定された者を旅行に同行してはじめて給付がなされたと見るべきであり、旅行実施日である平成9年5月28日及び同年6月4日まで、具体的な原因事実は発生していないことから、平成9年3月期においては、当該旅行費用の1,020万円は債務が確定しているとはいえないとして、その損金算入を否認する更正処分を行ったものである。

　これに対して、原告は本件訴訟において、平成9年3月31日の2、3日前から本件旅行招待という特別賞入賞者の人数を吟味し、同日の時点ですでに50名が該当していると把握し、また、同日までに一人当たりの本件旅行費用20万4,000円を要すると認識していたこと、従業員は自己のポイントに重大な関心を有しており、場合によっては自分のポイントについて問い合わせをしていたのであるから、従業員も、同日の時点で自分が特別賞入賞者であるか認識していたもので、したがって、決算日の時点で、本件招待旅行の債務は成立しているし、また、特別賞入賞基準は平成8年12月25日までに決定され、かつ、全従業員に公表されているから、従業員が特別賞入賞基準を達成したことをもって、原因事実は発生していること、加えて、少なくとも、期末までに確定していた上位入賞者50名に係る招待旅行の費用の金額は合理的に見積もることができるものであるから、債務確定基準を満たしていると主張している。

　福岡高裁平成13年11月15日判決（税資251号順号9023）は、①決算日の時点での金20万4,000円の金額は、最終的な旅行招待者や旅行日程等が未確定の段階におけるあくまで見積もりの金額であって、原告に交付された見積書上も、また、約款上も、右金額の変動があり得ることが明記されていたのであり、このような記載にかかわらず、右金額がその後変動することがない旨原告とBとの間で合意されていたなどという事実を認めるに足りる証拠もないのであるか

第2章 判例等にみる税法上の損金計上時期を巡る諸問題の検証

ら，同日の時点で，本件旅行の一人当たりの費用が合理的に算定することができたということはできないこと，②従業員の旅行招待費用は，辞退の場合の現金支給についての定めがなく，また，歩合給であるならば，辞退者の意思に関係なく役務提供の対価として当然に支給されるべき性質のものであるともいえるのに，旅行を辞退した社員に対して現金支給をしておらず，これからすると，損金として計上された金員は，控訴人会社が主張するような確定した額のセールスコミッション費用であるとは断じがたく，販売促進策として取られた報奨金であり，その内容は本件旅行が終了するまで確定しないから，債務が確定していたとはいえないこと，以上の判示に基づいて，本件旅行費用に充当されるクーポン券の購入費用の損金算入を否認した本件更正処分は適法であるとしている。

(2) **本判決における解釈上の問題点の考察**

本判決は短期前払費用の特例適用を否定した前記判決と同様に，その結論を導いた事実認定に基づく認定判断は論理性に欠けることはもとより，本件における債務確定の認定判断は雑ぱくであり疑問といわざるを得ない。本判決の結論の是非は措くとして，論理的な事実認定と解釈適用論のプロセスには論理性が欠落し飛躍が見られる。

先ず，本件訴訟の判決文における事実認定が明確でないという点である。本件販売コンテストの内容については従業員に開示され公表されているが，その開示内容については，招待旅行の人数が事前に明確にされているのか，本件コンテストの上位入賞者を決定するポイントの獲得基準が，どの程度明確にされているのか，従業員がその獲得ポイントを了知して，自分がどの程度の順位にいるのか，上位入賞していることを明確に認識することができるのかどうかという点が，必ずしも明確にされているとはいえないように思われる。

原告の主張によれば，従業員が上位入賞しているかどうかを認識しているという主張を展開しているが，その具体的根拠は摘示されてはいない。仮に，当該コンテストの特別入賞基準が公表されていることから，各従業員が招待旅行

169

を受ける上位入賞者であることを認識できる情況に至っているのであれば，その従業員は招待旅行を受ける権利を認識し保有しているといえるから，その時点で，原告は招待旅行を行う具体的な義務を負ったことになり，当該旅行に関する費用負担の債務が確定しているといえるであろう。

そして，かかる招待旅行を受ける権利を保有するか否かについて，個々の従業員が認識していないのであれば，当該従業員は客観的な権利を保有しているとはいえないから，債務確定には至ってはいないということができるであろう。この場合，その上位入賞者の決定は，原告会社の内部的基準により決定されるものであり，本件販売コンテストに従事した従業員はその具体的な基準を了知し得るところではないというのであれば，原告会社が当該基準により選考して決定した内容を当該従業員に通知した時に，当該招待旅行の債務が確定したということができよう。

しかし，現実の問題として，本件販売コンテストの内容について，上位入賞者を海外旅行に招待すること及び，その入賞の基準を公表している以上，その対象となるポイント獲得の基準は，従業員が具体的に認識し得る程度の基準が開示されていると推認することかできる。本件原告の主張は，このような趣旨として理解できる。

この点に関して，本判決は，旅行招待の候補者の最終決定は，翌事業年度に稟議されているところ，①決算日の時点での金20万4,000円の金額はあくまで見積りであり，その金額も変動する余地があること，②旅行を辞退した社員に対して現金支給をしていないことから，損金計上した金額は，販売促進策として取られた報奨金であり，その内容は本件旅行が終了するまで確定しないこと，以上の事実を根拠に，本件旅行費用の見積額の債務の確定を否定しているものであり，従業員の認識の有無については格別問題にしていない。

しかしながら，本件従業員自身は，その販売コンテストで上位入賞して招待旅行に預かるという認識が認められることから，当該期末において，旅行招待の入賞基準達成者である50人の従業員に対しては，当該招待旅行を行う債務が確定しているということができるであろう。

第2章 判例等にみる税法上の損金計上時期を巡る諸問題の検証

　つまり，本件販売コンテストにおいて，ポイント獲得の上位者に対して，オーストラリア旅行を招待するということを開示して従業員に告知した以上，当該コンテストに参加した従業員と原告会社との関係では債務の成立が認められこと，当該事業年度において行われた販売コンテストの期間内に上位の販売実績を獲得した従業員が存在する以上，旅行招待という原告会社の債務の原因となる事実が発生していること，また，当該旅行に要する費用について見積りを行っており，その金額の合理的算定は可能であること，以上のことから，債務確定の3要件を満たしているといえるものであり，これを否定することは困難であろう[43]。

　ちなみに，本判決が債務確定を否定する具体的な根拠である「一人当たり20万4,000円の旅行費用の金額は見積もりで変動する余地がある」ということは，すでに，売上原価等の債務確定においても論じたように，そもそも債務の見積額はその後の事情により変動することは予定されているところであり，その見積金額が不動であるということは債務確定の要素とはなり得ないこと，また，本件招待旅行は給与とはいえず，「販売促進策としての報奨金」であるとしても，その報奨金の額が，当該事業年度末日において債務として確定することがあり得るのであり，この点の本判決の論旨も飛躍があり当を得ないものである。

　ところで，ここで留意的に検討しておくことが必要と思われるのは，本件販売コンテストに係る旅行招待費用は，前述したような本来の売上原価等には該当しないものであるから，本来の債務確定を要すること，つまり，招待旅行を実施する旅行業者が当該旅行を実施した時に，当該旅行費用に関する債務が確定するのであり，それ以前には債務の確定はあり得ないという論理があり得るということである。本判決及び本件課税庁の解釈には，かかる前提が暗黙裡に意識されていたのではないかとも思われる。

　確かに，本件招待旅行に要する費用は，原告会社の事業に係る売上原価ではないが，本件販売コンテストにより販売収益が増加したことも事実であるから，かかる増加分にかかるコストとして理解することもできるであろうし，当該販売収益と個別的対応関係にある費用ということもできよう。また，製品又は商

品の販売価格は，製造部門の製造原価に加えて，本社等の事務管理系統の販売費，一般管理費等のコストを加えて決定されるものであるから，売上原価に該当するか否かということは，それほど有意な区分とも思われない。

要するに，債務が確定しているか否かの認定にとって重要なことは，対外的債務として認識され，将来，費用支出が確実に予定されているかどうかが重要であるということである。しかし，当該会社と対従業員との関係における，本件旅行招待に係る費用の債務確定の判断は，招待旅行に関して，当事者が債権・債務として認識しているか否かが重要な事実であるということに留意する必要がある。

そうであれば，本件旅行招待は従業員が認識していると認められるから[44]，期末現在において，当該会社は，当該従業員に対して旅行招待に係る債務を負担しているというべきである。

本判決は，債務確定の本質的な理解が不十分であると言わざるを得ないもので，その解釈論理に与することはできない。

(注)

(33) 「企業会計原則注解」（注１）(2)。

(34) 法基通２－２－14。

(35) 本通達の事実上の立案者である渡辺淑夫氏（当時国税庁法人税課課長補佐）の執筆による『法人税法解釈の実際』中央経済社（1989年）は，同通達は，「短期前払費用である限り，それが特に営業上重要な費用であるかないかで区別されることにはなっていない。」(221-222頁) とされ，さらに，かかる重要性の判断を税務が判断することは，「むしろ，執行を硬直化させ，折角の簡便化の要請に逆行するおそれもあるので，強いて重要費用かどうかの判断は求めないことになっているのである。」(222頁) と述べている。これが当該通達の文言解釈であり，また，趣旨解釈でもある。

(36) この点についても，渡辺淑夫同上書は，「その費用が製品の製造に直接関連するものであるために，製造原価に算入されるものである場合にも，本通達の適用があると解してよい。」(224頁) と明言されている。ところが，本件訴訟においては，このような立案者による重要な解説が考慮外におかれていることは遺憾なことである。少なくとも，課税当局は，このような通達創設の趣旨に逸脱した更正処分を行うべきでないことはもとより，訴訟においても，そのような主張を行うべきではない。

(37) 法基通５－１－３（製造等に係る棚卸資産の取得価額）も同様の規定が措かれている。

第2章　判例等にみる税法上の損金計上時期を巡る諸問題の検証

㊳　本訴におけるこのような被告課税庁の主張及び本判決の論旨は論理的ではないし、そもそも、金額が多額であるというのは、いかなる金額と比較して多額であるのかという比較の基準が示されていないのであるから、その論旨自体が不当であり、誤謬というべきである。

㊴　ここで、被告課税庁は金額の多額であることを「課税上弊害がある」と認定しているが、もとより、かかる弊害規定は同通達に明示するところではない。税務署長のアグリーメントが前提とされていた「旧期間損益通達」ではかかる弊害規定の文言があるようであるが、昭和55年通達改正において、このような文言は規定されていない。このような一般的な弊害論により適用除外にするというのであれば、例えば、法基通9－1－14（上場有価証券等以外の株式の価額の特例）の規定のように明確に措置したものと思われる。ちなみに、当該通達改正に従事した渡辺淑夫氏の本通達の解説（税務通信No.1640・44頁＜昭和55.7.21＞）でも、金額の多寡等により課税上弊害がある場合には特例は適用されないという解説はなく、「本通達に定められた要件に従って継続適用される限り、税務上もその計算を認めることになるのである。」としているところである。

㊵　もとより課税庁が本判決のような更正処分及び訴訟上の主張を控えることは、当然である。

㊶　「法人税基本通達」の「前文」では、この基本通達の具体的な適用に当たっては、法令の規定の趣旨、制度の背景のみならず条理、社会通念をも勘案しつつ、個々の具体的な事案に妥当する処理を図るよう努められたい。いやしくも、通達の規定中の部分的字句について形式的解釈に固執し、全体の趣旨から逸脱した運用を行ったり、通達中に例示がないとか通達に規定されていないとかの理由だけで法令の規定の趣旨や社会通念等に即しない解釈に陥ったりすることがないように留意されたい。」と規定しているところである。正に、税務行政における基本通達の解釈における基本的態度であり、本件においても、かかる態度で解釈したのであれば、ここで指摘した種々の問題点の検討が行われたであろう。

　ちなみに、家賃の前払について、特例適用していないことは納税者のミスであり、格別の意図はないと思われるので、このことをもって、本件傭船料の特例適用を否認することは妥当ではない。この場合には、税務指導により統一処理を図るべきである。

㊷　本件期末における仕訳は、①借方／新車コンテスト諸掛1,020万円　貸方／未払金1,020万円、②借方／貯蔵品（旅行クーポン券）1,020万円　貸方／現金1,020万円、クーポン券使用時の仕訳は、借方／未払金1,020万円　貸方／貯蔵品（旅行クーポン券）1,020万円という仕訳がなされているものと思われる。

㊸　債務の確定は緩く考えてよいとして、本件訴訟事件における招待旅行の費用は債務確定が認められるとして損金算入を認めてよいと解したいとするものに、金子宏『租税法（21版）』弘文堂（2016年）337頁参照。

㊹　この点については、すでに指摘したように、本判決文からは必ずしも明白ではないが、当事者の主張内容から推認すれば、本件販売コンテスト上位入賞者の従業員は、旅行招待を受ける権利を有しているということを認識することが可能であったと思わ

れる。仮に，従業員が旅行招待を受ける資格（権利）を有する者かどうかを了知できない状況であれば，当該決算期末には，当該旅行に関する債務は確定していないものと解すべきであろう。換言すれば，この場合には，当該旅行を主催する原告会社がコンテスト上位入賞者の人数等の範囲を自由に決定できることから，同社が決算期末において，旅行クーポー券購入費用に関する対外的債務は未確定であると解すべきである。かかる場合には，その旅行招待につき該当従業員に通知した日の事業年度において，旅行招待に関しての対外的債務が確定したと解される。

Ⅳ 法人の無効利得返還債務の確定と遡及是正の可否

1 問題の所在

　法人税法22条3項における売上原価等，販売費，一般管理費及び損失の損金算入時期に関して，債務確定基準を中心とした論点について考察したところである。基本通達においては，ここで考察した論点以外の，実務的取扱いが明示されているが，その中の一つに，法人税基本通達2−2−16（前期損益修正）に係る損失の計上時期の問題がある。この問題は，契約解除等の遡及効に係る収益の是正のための損失計上時期の問題をどのように理解するかという論点である。継続企業を前提とした法人税法の損失計上時期の解釈においては，原則として，その解除等が発生して経済的利益が喪失された事業年度の損失に計上することとしている。この点については，法人税における更正の請求にも関連する重要な論点であるが，ここでは，次項において，一つの判決を紹介しておきたい。

　消費者金融会社において，出資法の上限利息の利率内の利息収入は過去の事業年度において当該会社の収益として課税対象とされているが，その後の最高裁判決を受けて，利息制限法の超過利息について無効として，判決により，支払者の債務者からの超過利息の返還請求が認められている。この場合に同会社が返還した超過利息相当額の返還が，過去の当該利息収益の計上事業年度に遡及して減額（更正の請求）が認められるかどうかという問題がある。この場合，前記通達により返還した事業年度の損失であるというのであれば，現在，会社更生法が適用されている会社では，欠損金が増加するにすぎず，過去に納付した法人税の返還を受けることは事実上困難となるであろう。

　ところで，かかる事態の救済のために，現実に継続事業という前提の下で成

立している発生（実現）主義の下で，かかる事業実体が事実上崩壊している解散や事業停止した企業の場合には，本来の収益（所得）として課税対象とされた事業年度に遡及して損金計上を容認して救済を図るということは，十分に理由があることである(45)。ところが，会社更生法の適用会社は事業廃止等の事態ではなく，継続事業の前提が崩壊しているとはいえないから，このような救済を図る事態ではないということもいえよう。しかしながら，会社更生会社の消費者金融会社の実体に鑑みれば，過去の超過利息に課税された法人税は，返還事業年度の損金に算入したとしても，欠損金が増加するのみであり，事実上の救済を図ることは困難である。かかる場合には，解散や事業廃止と同視して，権利救済の観点から，返還した超過利息相当額は，収益に計上した過去の事業年度に遡及して損金算入を容認すべきであるという理解もありえよう。今後の課題として立法論を含めて検討を要すべき問題である。

2　更生会社における制限超過利息の返還債務の確定と更正の請求の可否(46)

東京地裁平成平成25年10月30日判決（棄却＜控訴＞・判例時報2223号3頁）
東京高裁平成26年4月23日判決（訟務月報60巻12号2655頁）

(1)　事案の概要等

　本件更生会社A社(47)は，本件各事業年度（平成10年3月期〜同22年3月期）において，利息制限法1条に規定する利率（以下「制限利率」という）を超える利息の定めを含む金銭消費貸借契約に基づき利息及び遅延損害金（以下「約定利息」という）の支払を受け，これに係る収益の額を益金の額に算入して法人税の確定申告をしていたところ，本件更生会社についての更生手続（以下「本件更生手続」という）において，総額約1兆3,800億円のいわゆる過払金返還請求権に係る債権が更生債権として確定したことから(48)，本件更生会社の管財人である原告（控訴人）は，本件各事業年度において益金の額に算入された金額のうち当該更生債権に対応する利息制限法所定の制限を超える利息及び

遅延損害金に係る部分は過大であるとして，同部分を益金の額から差し引いて法人税の額を計算し，本件更生会社の本件各事業年度の法人税に係る課税標準等又は税額等につき各更正をすべき旨の請求（本件各更正の請求）をしたことに対し，新宿税務署長（処分行政庁）は，更正をすべき理由がないとして本件各通知処分を行った。

　本件は，原告が，本件各通知処分を不服として，主位的に，本件各通知処分の取消しを求め，予備的に，民法703条に基づき，本件各更正の請求に基づく更正がされた場合に原告が還付を受けるべき金額に相当する金額の不当利得の返還を求めた事案である。

　本件の争点は，(1)本件更生会社が過去の事業年度に適法な利息として収受した利息制限超過相当分の利息が，その後の最高裁判決により無効とする判決が言い渡された結果，債務者から提起された返還請債務が多額となることにより会社更生会社となり，更生債権が確定したことを契機としてなされた過去の事業年度の収益の減額を求める更正の請求が容認されるか否か，という点が主たる争点である。

　併せて，予備的請求として，この会社更生債権に対する返還債務が確定しているにもかかわらず，その債務に係る法人税を減額更正して還付しないことは，国が，当該法人税相当額を法律上の原因なく不当に利得していることになるか否か，という点も争われている。

(2) 判決の要旨

争点１　本件各更正の請求が通則法23条所定の要件を満たすか否か

(1) 国税通則法23条２項の更正の請求は，納税申告書を提出した者は，同項各号のいずれかに該当する場合には，同条１項の定めにかかわらず，当該各号の定める期間において，その該当することを理由として同項の規定による更正の請求をすることができる旨を定めているから，同条２項に基づく更正の請求についても，同条１項各号に掲げるもののいずれかに該当することが必要であるところ，同項１号は，①納税申告書に記載した課税標準等若しくは

税額等の計算が国税に関する法律の規定に従っていなかったこと又は②当該計算に誤りがあったことにより当該申告書の提出により納付すべき税額が過大であるときを掲げている。そして，上記①については，通則法が「国税についての基本的な事項及び共通的な事項を定め」たもの（同法１）であり，課税の実体的要件（課税標準，税率等）は所得税法，法人税法等の各租税実体法が定めていることに照らし，本件においても，本件更生会社の本件各事業年度の法人税に係る課税標準等若しくは税額等の計算が法人税法の規定に従っていなかったか否か又は当該計算に誤りがあったか否かが問題となる。

(2) 法人税法は，法人に対し，確定した決算に基づき各事業年度の課税標準である所得の金額，これにつき計算した法人税の額等を記載した申告書を提出すべきものとした上で，法人の各事業年度の所得の金額は，当該事業年度の益金の額から当該事業年度の損金の額を控除した金額とし（法法22①），益金の額に算入すべき金額を同条５項所定の資本等取引以外の取引に係る当該事業年度の収益の額とする一方（同条②），損金の額に算入すべき金額を同条３項各号に掲げる費用又は損失の額とし，上記の収益の額及び損金の額は，一般に公正妥当と認められる会計処理の基準（公正処理基準）に従って計算されるものとする旨を定めている（同条④）。また，同項は，同法における所得の金額の計算に係る規定及び制度を簡素なものとすることを旨として設けられた規定であると解されるところ，「企業会計の基準」等の文言を用いず「一般に公正妥当と認められる会計処理の基準」と規定していることにも照らすと，現に法人のした収益等の額の計算が，法人税の適正な課税及び納税義務の履行の確保を目的（同法１条参照）とする同法の公平な所得計算という要請に反するものでない限りにおいては，法人税の課税標準である所得の金額の計算上もこれを是認するのが相当であるとの見地から定められたものと解され〔最高裁平成４年（行ツ）第45号同５年11月25日第一小法廷判決・民集47巻９号5278頁参照〕，法人が収益等の額の計算に当たって採った会計処理の基準がそこにいう「一般に公正妥当と認められる会計処理の基準」（公正処理基準）に該当するといえるか否かについては，上記に述べた

第2章　判例等にみる税法上の損金計上時期を巡る諸問題の検証

ところを目的とする同法の独自の観点から判断されるものと解するのが相当である。

　また，このような法人税法の定め等を前提とすると，同法は，法人が存続し成長することを目指して経営されるものであることに照らし，人為的に期間を区切って会計の計算をする必要があることを前提（いわゆる継続企業の前提）とした上，このように人為的に区切った期間である事業年度に帰属する収益と当該事業年度に帰属する費用又は損失とを対応させ，その差額をもって法人税の課税標準である所得の金額とするものとし，当該事業年度の収益又は費用若しくは損失については，当該事業年度に係る確定した決算に基づき，その発生の原因の実際の有効性等のいかんを問わず，これを認識するものとして，当該決算に基づき上記のように計算した所得の金額及びこれにつき計算した法人税の額が記載された確定申告書の提出により当該事業年度の法人税の額が確定されるとしているものと解するのが相当である。このことは，①企業会計原則においては，過去の利益計算に修正の必要が生じた場合に，過去の財務諸表を修正することなく，要修正額をいわゆる前期損益修正として当期の特別損益項目に計上する方法を用いることが定められていること，②株主総会への提出及びその承認（会社法438）等を経て確定した計算書類は，剰余金の額の計算（同法446）や剰余金の配当等の制限（同法461）の基礎となるなど，事後的な修正になじまないこと，③法人税法に，事業年度を超えて課税関係を調整する制度として，欠損金の繰戻しによる還付（法法80）や青色申告書を提出した事業年度の欠損金の繰越し（同法57）が規定されていること，④所得税法51条2項が，その所得の金額の計算につき法人税におけると同様の前提に立つと解される不動産所得，事業所得又は山林所得に関し，居住者が営むこれらを生ずべき事業について，「債権の貸倒れその他政令で定める事由により生じた損失の金額（中略）は，その者のその損失の生じた日の属する年分の不動産所得の金額，事業所得の金額又は山林所得の金額の計算上，必要経費に算入する。」と規定して，上記①と同様の処理を定めていることによっても裏付けられるところであり，このこと

179

について，法人が特定の事業年度において金銭の貸付けの取引に係る利息又は遅延損害金の債務の弁済として金銭の支払いを受けた場合に関し，異なって解釈すべき根拠は見当たらない。

　そして，以上に述べたところからすると，各事業年度の収益又は費用若しくは損失についての上記①の前期損益修正の処理は，法人税法22条4項に定める公正処理基準に該当すると解するのが相当である。

(3)　以上に述べたところを前提とすれば，本件更生手続において，平成23年5月13日の経過により過払金返還請求権に係る債権が更生債権として確定したことに伴い，本件各事業年度において益金の額に算入されていた制限超過利息につきその支払いが利息等の債務の弁済として私法上は無効なものであったというべきことを前提とする取扱いをすることとなることが確定したとしても，それについては，本件各事業年度の後である平成22年4月1日から本件更生手続の開始の日である同年10月31日までの事業年度の確定した決算に係る損益計算書に「特別損失」中の「過年度超過利息等損失」として2兆2,469億5,120万2,618円が計上されていること等を踏まえ，当該確定の事由が生じた日の属する事業年度において処理されることとなり，本件各事業年度の法人税の確定申告に係る課税標準等又は税額等の計算に遡及的に影響を及ぼすものとはいえず，当該事由をもって，本件各事業年度の法人税の確定申告に係る課税標準等又は税額等の「計算が国税に関する法律の規定に従っていなかったこと」になるとはいえないというべきであり，また，以上に述べたところを前提とすれば，「当該計算に誤りがあったこと」に該当する事情があるともいえず，他に上記の認定判断を覆すに足りる証拠ないし事情等は格別見当たらない。

(4)ア　原告は，更生手続においては継続企業の公準が妥当する通常企業とは全く異なる会計処理が制度化されているところ，本件更生会社は，本件更生計画に基づく清算業務を行うのみで，今後の事業継続によって課税所得が計上される見込みはなく，欠損金の繰越しによる法人税の調整（法法57）や欠損金の繰戻しによる還付（同法80①）を受けることができないのであ

第2章　判例等にみる税法上の損金計上時期を巡る諸問題の検証

り，これらの制度によっては課税関係の調整を受ける余地がなく，他の所得と通算することにより救済を受ける機会を永遠に失っているのであって，このような場合においては，課税上もそれなりの合理的解決がされるべきであるから，過年度所得の是正が認められるべきである旨主張する。しかしながら，法人税法には更生会社につき一定の事項につき特別な取扱いをすることを定める規定がある（同法33③，59等参照）一方で，同法，会社更生法及びそれらの関係法令上，清算することが予定されている更生会社や法人税法57条又は80条1項の規定の適用を受ける要件を満たさない更生会社につき原告の主張するような過年度所得の是正に関する取扱いをすることを許容する旨を定めた規定は見当たらず，このような各種の規定の下において，更生計画で更生会社を清算することとされた等の一事をもって，同法22条4項に定める公正処理基準に該当する前期損益修正の処理と異なる処理をすべきものとはいい難いというべきであり，このことについて，当該更生計画において更正の請求につき更正をすべき理由があるとされたとした場合の還付金の取扱い等に関して定められたところのいかんによって左右されるものと解すべき根拠も見当たらない。したがって，原告の主張は採用することができない。

イ　原告は，①売上の過大計上の誤りが後に発見された場合や粉飾等による利益の過大計上があった場合に，当該計上があった事業年度に遡及して売上を減額する是正がされていること，②清算型又は再建型の倒産手続において実在性のない資産が把握され，かつ，その発生原因等が明らかである場合には，当該発生原因の生じた事業年度の欠損金額とすることができる旨の質疑応答事例（甲18）があるところ，本件更生会社の約定貸付金は，制限超過利息が有効であることを前提としたものであり，上記の「実在性のない資産」に当たること，③土地譲渡益重課税制度（措法63）が適用された土地等の譲渡について，その後の事業年度において契約が解除された場合には，遡及して課税を訂正することになっている（租税特別措置法通達63(6)-5）こと，④破産手続が開始した法人の破産管財人がした更正の

181

請求について過年度所得の是正を肯定する裁決例もあること等に照らせば，法人税法上の課税調整による救済の余地が全くない本件更生会社については，過年度所得の是正は当然に肯定されるべきである旨主張する。

　しかしながら，本件更生会社は，金銭の貸付けの取引に係る利息等の債務の弁済として本件各事業年度において現にされた制限超過利息を含む約定利息の支払いを受けてこれに係る収益の額を益金の額に算入してきたというのであって，原告が指摘する上記①又は②の事例と本件とは事案を異にするものである。上記③の土地譲渡益重課税制度及び租税特別措置法通達63(6)－5については，同制度の課税対象となる土地等の譲渡は当該法人においてそれが継続的にされるとは限らないため，当該課税の対象となった譲渡に係る契約が後の事業年度において解除されたときには，本来の計算に係る法人税の額とは別にその税額を計算して課する当該課税の性質上，遡及して計算しない限りその課税関係を是正することができないことから，更正の請求を認めるという趣旨であり，やはり本件とは事案を異にするものといわざるを得ない。上記④の裁決例についても，破産管財人の否認権行使に係る問題であり，本件とは事案を異にするものである。なお，本件訴えにおいて原告が提出した証拠には，税務実務上，個別的事情を斟酌してすでに述べた前期損益修正の処理とは異なる処理がされている例があることを示唆する部分があるが，いずれも，本件とは事案を異にするか，又はその具体的内容等が明らかではないものであって，既に述べたところを直ちに左右するに足りるものとはいい難い。したがって，原告の主張は採用することができない。

　以上のとおり，本件各更正の請求について更正をすべき理由がないとしてされた本件各通知処分は，いずれも適法なものというべきである[49]。

|争点2|　**不当利得返還請求権の有無**

　前記1に述べたところからすると，本件更生会社が納付した本件各事業年度の各法人税額について，本件全証拠によっても，原告が主張するように「法律

上の原因」のないこと（民法703）に該当する事由が存在するとは認め難いものというべきである。原告が指摘する最高裁昭和49年判決は，本件とは事案を異にするから，同判決に基づく原告の主張も採用することができない。したがって，原告の予備的請求は理由がない。

(3) 研　　究
ア　本件事案の問題の所在と論点整理

　本件事案は，法人税法及び国税通則法の更正の請求に関連した多くの問題点を提起しているという点を，まず，指摘しておきたい。そして，その問題点について，国側がとおり一遍の表面的な解釈の論理展開に終始した結果，本裁判所が，その主張にさしたる疑問を持たずに，従前の一般的事案と同様の解釈論に立って，一見，常識的と思える国側の主張を採用して，納税者の主張を排斥したものである。そこで，本件事案の理論的検討に当たって，まず，最初に，本件事案から派生すると思われる問題点の論点整理をしておきたい。

　本事案の検討すべき問題点とその論点は，大きく，次の二つに分類することができる。

(1)　本件更生会社の特異性の問題を措いて，通常の継続事業を行う法人が，本件のような無効な利息制限超過利息の返還を求められ，判決等によりその返還債務が確定した場合，更正の請求が認められるのか否か。すなわち，通常の継続事業の下での本件無効利息の返還債務の税法上の取扱い如何。この場合，次のような論点の検証が必要となる。

① 継続事業から生ずる所得に関しては，その収益（所得）を申告した後の事業年度において後発的事由（契約解除等）の発生により収益（所得）が消滅した場合には，その消滅した事業年度の所得の減少として，更正の請求は認めないというのが通説的理解であるが，法定解除等の遡及効のある事後の法律行為により収益が消滅した場合（後発的瑕疵）とは異なり，本件の利息制限超過利息の無効利得の現実の返還又は判決等による具体的な返還債務が確定した場合は，当初から無効利得に関する返還債務を負って

いたこと，つまり，事後の法律行為等による後発的瑕疵ではなく，無効利得を収益として申告したことは，その申告の原始的瑕疵であり，その瑕疵が判決等（本件は会社更生法による更生債権の確定）により具体的，客観的に顕在化したものであるから，一般の前期損益修正損と同視して更正の請求を排除することに問題はないか，という論点の検討分析を要する。

② 次に，①の論点による更正の請求が許容されない場合，会社更生計画でも明確にされているように，本件更生会社は金融事業を分割により他の法人に承継させ，更生計画の実行後は解散が確実であることから，一般の法人が継続事業を前提として収益を獲得している場合とは異なり，利息制限超過利息を返還した場合の損金に算入したとしても，事後の事業による所得の稼得が予定されていないのであるから，過去に納税した当該超過利息相当の法人税額の返還は不可能であることが客観的，具体的に明白であるから，かかる継続事業の例外の事象が発生している場合には，それに応じた救済がなされるべきではないか，という点である。

加えて，本判決ではほとんど議論されていないが，利息制限超過利息の返還に係る更生債権の一部を現実に更生債権者に返還している本件の場合，事後的とはいえ現実に利得が喪失され，租税負担能力の喪失という経済的実体が発生しているにもかかわらず，本判決のように，欠損金が増加するに過ぎない返還時の事業年度の損金の額に算入することで足りるという形式的解釈論により捨象することは，そのこと自体が租税法の趣旨目的に違背する「所得なきところに課税する」という事態を招来するものであり，しかして，かかる議論の是非に関する検証が不可避であると思料する。すなわち，前者は，現実の債権者への返還の有無とは無関係に，遡及減額更正の発動を求める後発的更正の請求を容認すべきか否か，という問題であり，後者は，現実に利得が返還されて経済的成果が喪失している場合には，少なくとも，当該更正の請求を認めるべきではないかという論点である。

以下では，この論点に関連する諸問題に考察を加えて，その救済の是非について検証することとする。

イ　企業会計上の「公正処理基準」と法人税法22条4項の「公正処理基準」の関係性
　　～無効利得の返還債務等に係る「公正処理基準」による処理～

　本判決は，法人のゴーイングコンサーン（継続事業）を前提として成立している法人税法の一般的な所得計算構造の下で後発的事由の税務是正を前提とした国側の課税理論を踏襲したものであり，論理的に特筆すべき点はみられない。すなわち，最高裁平成18年判決により貸金業者の本件更生会社が利息制限超過利息の無効利得にかかる返還債務については，その返還がされた時の事業年度の損金の額に算入されるという原則論に立ち，後発的事由の更正の請求には該当しないと認定して，遡及的な過去の納税申告書に記載されている無効利得の経済的成果の減額修正を否定したものである。

　かかる解釈は，一般論としては格別の不都合はないように思われ，それ自体が違法ということにはならない。本件更生会社が会社更生法の適用を受けた法人ではなく，一般の継続事業を展開して収益を獲得している場合には，このような判決の解釈理論を前提としても，国が租税の不当利得といえるような実体を有するものではないといえようが，ここでも，検討すべき点が残されている。

　すなわち，最高裁平成18年判決により利息制限超過利息の返還債務を負った消費者金融会社が，当該事業を継続して展開している場合であっても，従前の前期損益修正損による企業会計の税務処理を踏襲する論理自体にも疑問があるということである。それは，企業会計による前期損益修正損の修正は，一定の人為的に区分された会計期間に基づく期間損益計算が前提とされている会計処理上の便宜的処理等という側面があるという点を認識することが必要であるということである。

　まず，本件のような無効な利息制限超過利息に関して，①判決等により事後的に返還債務が具体的に認識され確定した場合，また，②現実に当該無効利得の返還が行われた場合について，企業会計上の公正妥当な会計処理基準（以下「公正処理基準」という）が客観的に明白になっているかといえば，企業会計上は，かかる公正処理基準が明確にされているわけではない。

この点について，本件被告の国及び本判決は，法人税法22条4項の「公正処理基準」の意味する企業会計上の公正処理基準は，前期損益修正損として処理されているということを根拠として，遡及的是正は行われていないということのようであるが，これはあまりにも短絡的な議論といわざるを得ない。

　なぜならば，企業会計上の公正処理基準における過去の期間損益の修正・是正は，平成21年の確定決算の遡及是正を容認した企業会計基準が創設される以前は，すべて，過去の事業年度の損益計算の誤謬は，前期損益修正損益として処理されていたものであり，したがって，このような過去の期間損益計算の損益要素の遺脱，脱漏又は計算誤謬等についても，企業会計上は過去に遡及して修正せず，その判明時の事業年度に前期損益修正損益として修正する会計処理が公正処理基準とされていたものである。

　しかるに，企業会計が前期損益修正損による公正処理基準を採用しているにもかかわらず，法人税法上は，経費の計上漏れ等，誤謬のある過去の事業年度に遡及して是正を図るべく更正の請求による更正又は職権減額更正による是正が行われており，このことは，企業会計上の公正処理基準とは無関係に行われていたことである。その意味では，一般的には「企業会計上の公正処理基準」＝「法人税法上の公正処理基準（法法22④）」という図式が成立するとしても，その内容によっては，必ずしも，この図式のとおり一致するというものではないことの証左ともいえよう。

　ちなみに，本判決は，法人が収益等の額の計算に当たって採った会計処理の基準がそこにいう「一般に公正妥当と認められる会計処理の基準」（公正処理基準）に該当するといえるか否かについては，法人税の適正な課税及び納税義務の履行の確保を目的（同法1参照）とする同法の公平な所得計算という要請に反するものでないかという法人税法の独自の観点から判断されるものと解するのが相当である，と判示している。しかし，かかる判示にやや違和感があるのは，そもそも，法人税法22条4項の「公正処理基準」は，税務処理の簡素化の見地から，会社法及び企業会計の公正処理基準に従うということが基本的出発点であり，その上で，当該公正処理基準が税法上の視点からみて公正処理基

準に該当するか否かが社会通念により判断されるというのが、現代的な法人税法上の公正処理基準の解釈ではないかという点である。

本判決のように、常に、法人税法の独自の観点から公正処理基準の是非が判断されるというのでは、当該公正処理基準の存在が、法人税法上の「別段の定め」に規定されていない税務処理が認定されるということにもなりかねない。所詮、その解釈・運用の問題であるが、本判決の判示する論理の危うさは、この点にあり、やや違和感があるとした理由である(50)。

ところで、企業会計では、本件のような無効の利息制限超過利息を返還債務の確定及び返還した場合の公正処理基準が議論されているわけではない。それは、企業会計を研究する会計学の学問領域は、企業自体の「公正性」という基礎的概念を前提に定立している学問であり、したがって、企業の違法、不法行為による違法な収益と費用に関する会計処理、例えば、その顕著なものは横領損失の損害賠償請求権の収益計上時期等の研究は見られないが、それはこのような根源的理由に基因するものである。

このため、本件のような無効な利息制限超過利息の返還に関する企業会計上の公正処理基準はないに等しく、現実には機能しないものであり、そのために、当該利息返還の場合と未返還の場合について、法人税法上の「公正処理基準」が検討されなければならない。

ウ　本件利息制限超過利息が判決等で無効とされた場合の更正の請求の可否

(ア)　利息制限超過利息の返還債務の税務上の処理

本件は、当初、昭和58年に創設施行された「貸金業法」に定める最高利率29％と利息制限法の制限利率との間の利率、いわゆるグレーゾーンの利率が、長きに亘り有効なものとして処理されていたものが、最高裁平成18年判決の無効判決を受けて、全国的に債務者から利息制限超過利息の返還請求が行われたものである。

本判決は、この点について、被告国側の本件のような無効の利得の返還等については、前期損益修正損として経理処理することが公正処理基準であるという主張を全面的に採用した上で、本件更生会社がかかる無効の利息制限超過利

息に係る経済的成果を支配し保持している以上，その返還債務が事後的に確定したからといって，利息制限超過利息相当額を収益とした本件各事業年度の法人税確定申告に係る課税標準等の「計算が国税に関する法律の規定に従っていなかったこと」になるとはいえないし，「当該計算に誤りがあったこと」に該当する事情があるともいえず，他に上記の認定判断を覆すに足る証拠ないし事情等は格別見当たらないとして，原告の更正の請求を排斥した。

ここでの本判決の問題点の一つは，利息制限超過利息の一部を返還していることに関して，何らの認定判断を加えていないという点である。それは，被告国側の主張する，その返還時の損金であり遡及是正は行われないということを前提としているのであろう。しかしながら，このような新たな会計事象（法律事象）として捉えて，返還時の損金とすることで足りるというのは，理論的に正しいのかという点が問題となる。つまり，判決等により，貸金業者の利息制限超過利息は無効とされたことにより，その返還請求により確定した無効利得の返還債務は，収益に計上した受領時において原始的な瑕疵として発生していたことが判決等により明確にされたものであり，しかして，無効利得の返還は，本件更生会社が本来的に負っている利息制限超過利息の返還債務を履行したものであるから，その無効利得の返還という事実は，その返還時に新たな損金として発生したものと単純に解することには疑問もある。

何故ならば，私法上，確定した利息制限超過利息相当額の無効利得は，その支払者に対する返還債務が確定したものであり，その返還は，返還債務の弁済という性格の支払いといえるからである。

そこで，これを仕訳で示せば，「借方・返還債務×××／貸方・現金×××」であって，「借方・利息収益（返還費用）×××／貸方・現金×××」という仕訳ではない。後者の仕訳であれば，利息制限超過利息の支払者に対する返還債務の残債務のオフ・バランスが永久に継続するという矛盾を露呈することになるからである。

そうであれば，返還時の上記の前者による「正当な仕訳」に先行して無効利得に係る返還債務を認識するための仕訳が存在しなければ論理矛盾をもたらす

ことになる。すなわち，利息制限超過利息相当額の無効利得の返還債務はオフ・バランスとされているところ，これをオン・バランスとするための仕訳である「借方・利息収益（返還費用）×××／貸方・返還債務×××」が必要となる。

このことは，とりもなおさず，利息制限超過利息を有効なものとして収益に計上して法人税の申告を行ったことが，事後の当該超過利息は無効であるから返還すべきとする判決等により，その法人税申告は過大申告の瑕疵ある申告として評価できる。すなわち，本来，旧貸金業法43条１項を正当に解釈すれば，本件更生会社の消費者金融にかかる利息制限超過利息分は無効であり，当初から返還義務のある利息収入を本件更生会社の収益に計上する過誤の損益計算に基づいて法人税の確定申告を行ったということができるのではなかろうか。そこで，その過去の事業年度における過大申告の過誤を是正するために，前記の「借方・利息収益（返還費用）×××／貸方・返還債務×××」の仕訳を，その過誤のある事業年度に遡及して減額是正することが必要となる。

以上のことは，本件更生会社が利息制限超過利息を有効な収益として認識したことが当初から誤謬であることが事後の最高裁判決等で確定したということであり，いわゆる原始的瑕疵といわれる過大申告の是正であるという点に留意すべきである。

(イ) 前期損益修正損による是正との関連

ところで，「法基通２－２－16（前期損益修正）」が前提とする契約の解除又は取り消し，値引き，返品等の事実が生じた場合の前期損益修正に関する税務処理は，その契約の解除等の行為の性質を見れば明らかなように，法人税の確定申告に盛り込まれた収益の計上には，何らの瑕疵のない正当かつ適法なものであり，しかして，それを基礎とした確定申告には何らの過誤がないという事例である。このような適法に行われた確定申告の後に新たに発生した契約解除等の法律行為に伴って過去の収益獲得の法的根拠が遡及的に消滅した場合には遡及減額更正による是正を図るということもあり得るところ，事業継続を前提とする法人税法の下では，その収益の発生した事業年度による遡及是正によら

ずに，その事後の事業年度における前期損益修正損として是正することとしても，全体損益という視座からの租税負担能力，繰越欠損金の控除制度の存在等に鑑みても，その弊害は僅少であるということから，企業会計の公正処理基準による前期損益修正として処理することの正当性を確認したのが，前記基本通達の留意通達である。

　ところが，本件の貸金業者に係る利息制限超過利息の収受の収益の計上は，そもそもの法解釈によれば，無効の利得であり返還義務が潜在的に存在していた利得であるという点が前者とは根本的に異なる点である。しかして，その潜在的瑕疵が，後の最高裁判決等を受けた判決等により，返還請求権者の借主の返還請求らにより具体的に顕在化したのが，本件の事例であるという点が，前者との相違の第二の点である。

　すなわち，①本件事例の実体の法的性質を分析すれば，利息制限超過利息を収益に計上して申告したこと自体に潜在的に原始的瑕疵があると考えるか[51]，また，②当時，返還請求が顕在化していないことから管理支配基準により有効な収益として認識すべきとしても，その一方で，潜在的な返還債務が存在していたものであるから，これを前述したとおり，潜在的な「返還費用」として認識されると評価することができよう。かかる意味からすると，利息制限超過利息を収受した事業年度の抽象的納税義務が成立する事業年度末日においては，前記①及び②のいずれの理解に立つとしても，潜在的な誤謬，つまり，過大申告として認識することが可能な場合である。

　以上の点を総括すると，前記基本通達の前期損益修正損の計上を前提とする契約解除の事例は，その当初の確定申告自体には何らの瑕疵がないが，本件のような事例は，当初から返還債務が潜在的に認識されるという点に相違がある，ということに留意すべきである。

　以上の議論から考察すれば，前記契約解除等の新たな法律行為に伴う収益の減少は，その事実が発生した事業年度の前期損益修正損による是正によることは，継続事業を前提とする法人税法の場合にも，税法上の公正処理基準として是認されることについては，格別の異論はないであろう。ところが，本件のよ

うに，潜在的な返還債務が顕在化して具体的な返還債務として確定した場合には，過去の潜在的瑕疵のある申告の事業年度に遡及して，是正を図るという解釈論が成立する余地は十分にあり得るといえそうである。

このような理解によれば，事後の判決等により無効とされ返還義務が確定した利息制限超過利息については，潜在的に発生している返還債務に係る損失を計上していないこと（又は返還すべき利得を収益と計上したこと）の誤謬が，事後の判決等により具体的に顕在化したものであり，このことが，国税通則法23条2項1号の当初の「法人税申告の課税標準等の基礎となった事実に関する訴えについての判決により，その申告当の課税標準等の基礎とした事実と異なることが確定したとき」に該当するということがいえると考える。

かかる理解が，法令解釈を形式的，実質的に解釈した結果であると思料するが，ここでも，問題がないわけではない。以下，この点について検討を加えることとする。

(ウ)　公正処理基準・所得税法の規定等との関連

本件被告の主張及び本判決の解釈は，法人税法上，違法，不法な行為による無効利得であるとしても，その経済的成果を現実に支配管理している以上，同法の収益を構成し，その経済的成果が無効に基因して喪失された場合に，初めて，その利得が喪失された事業年度の損金の額に算入されるという税務処理が税法上の公正処理基準であるから，本件更生債権の確定等によって，過去の事業年度の申告が遡及して過大となることはあり得ないし，また，無効利得が返還された場合も，無効利得を収益としてした当初申告が遡及的に違法となるものではないから，いずれにしても，更正の請求には該当しないというものである。かかる被告及び本判決の公正処理基準からの論理は，従前の一般的な課税実務及び判決の論旨であり，これを前提とすれば，本件更正の請求は認められないことになる。

ところが，従前の判決等の解釈論は，すでに指摘したように，有効な法律行為等による収益の発生に基づく申告には何らの瑕疵はないところ，事後の法律行為（解除等）に伴い収益が減少したという事実を前提とした議論（税務処

理）であり，その公正処理基準である前期損益修正損による是正である。しかるに，かかる公正処理基準が，無効利得を収受した時に，その返還義務が潜在的に発生している場合の公正処理基準と評価することは妥当とはいえない。このような場合の公正処理基準は別途，本判決が判示するように，法人税の適正な課税と同法の公平な所得計算という観点から判断すべきものである。

　所得税法施行令（以下「所令」という）274条1号では，事業所得，事業から生じた不動産所得，山林所得を除く他の各所得の金額の計算の基礎となった事実の内に含まれていた無効な行為により生じた経済的成果がその行為の無効であることに基因して失われた場合には，それから，2か月以内の更正の請求が認められている。また，ここで除かれている事業所得等の継続所得についての同様の事象は，その喪失等の事実が生じた年分の必要経費とされている（所法51②，所令141三）。

　このような所得税法の規定からすると，同じ継続事業を前提とする法人税法においても同様に，本件更生会社が，無効の利息制限超過利息を返還した時の事業年度の損金に算入されると解することが整合的であるということができよう。ここに本件事案の解釈上の困難性が指摘される。しかしながら，その一方で，所得税法は法律の明文の規定により明確にされているところから，一般的にはその規定に従わざるを得ないとしても，法人税法においては，この点の解釈については格別規定するところではないことから，法人税法独自の視点から解釈すべきであるということも，解釈上は可能である。

　特に所得税法は，事業廃止後に発生した必要経費については，事業廃止以前2年分において更正の請求により必要経費算入を認めているという固有の是正制度を講じている等，法人税法とは異なる制度とされているところから，法人税法と同様に解することを要しないということもあり得る。

　また，所得税法の場合，本件と同様の事例が発生して，金融業を廃止後に利得の返還が行われた場合，その廃止年分及びその前年分において更正の請求により減額更正したとしても，既往年分に納付した利息制限超過利息の無効利得に係る所得税の還付は認められないことになる。特に，当該事業廃止以前2年

分が欠損状態であれば，利息制限超過利息に係る納付所得税額は一切還付されないという，後述する本件法人税と同様の不合理な事態を招来しその問題点がクローズアップされる。この意味からも，所得税法の明文の規定の存在は，本件原告の主張を排斥する直接的な根拠とはならないということができよう。

(エ) 小　　括

① 収益計上時期の「管理支配基準」との関連

(1)収益計上時期の一つとされている管理支配基準は，現実の利得を支配管理している以上，収益に計上すべきことを要求するものであり，それによると，無効の利息制限超過利息を収受した場合，法人税法上の収益を構成すると解することについては異論がないように思われるが，それは，その無効の経済的成果を現実に支配管理している点に，租税負担能力を見出せるからである。例えば，窃盗や横領による利得も，その経済的成果を支配管理している以上，所得課税がなされるのと同様である。

ところが，この管理支配基準は，その窃盗，横領による経済的成果を自己の所有の意思で支配管理している場合，つまり，その不法行為による不法利得の返還義務が顕在化していない静態的な状況の下での収益計上時期の解釈基準であるといえよう。すなわち，その無効の利得の返還が顕在化して具体的に返還債務が確定した場合には，この管理支配基準が維持されるかという点は，ほとんど議論されていないといってよい。

しかし，一般的にいえば，不法所得等の無効な利得（経済的成果）を得た事業年度末日には無効利得の返還義務が顕在化してないのであるから，管理支配基準により当該事業年度の収益を認識計上したことに違法性はないものの，本件のように，利息制限超過利息の無効利得が，事後的に，その無効性が判決等により顕在化して具体的債務として確定した場合，どのような税務処理が公正処理基準であるかという点は，これまで，精緻な議論が行われたことはない[52]。

そこで，前述したように，事後的判決等により潜在化していた返還義務が顕在化した場合には，管理支配基準による収益の認識は誤りであるとして，後発的事由による更正の請求（通法23②一）を認めて，管理支配基準による収益を

計上した事業年度において減額是正を図る税務処理も一つの公正処理基準と解することもできないわけではない。

これに対して，管理支配基準による利息制限超過利息を利得した事業年度の収益に計上したことは誤りではなく，利得受領時の当初から潜在化していた無効利得の返還義務（返還損失）が顕在化して具体的な損失として確定したと理解して，収益に計上した当該事業年度の損金として認識する税務処理も公正処理基準として理解することもできる。

この点に関して，横領損失に係る損害賠償請求権の収益計上時期との関連から検証してみたい。

法人が従業員等の横領により損失を受けた場合，その横領損失に相応する損害賠償請求権を取得するが，その損害賠償請求権の収益計上時期は，最高裁昭和43年10月17日判決の先例を踏襲して，今もなお，横領損失の発生時の事業年度に同額の収益を計上する「同時両建説」が採用されている。この説は，現実に発生している横領による損失は，被害者の法人等はその事実を客観的事実として認識していないにもかかわらず，横領時に遡及して損害賠償請求権を認識して収益に計上すべきというものである[53]。これは，利息制限超過利息の無効利得は，返還義務が潜在的に認識できるのであるから，事後に，その無効利得の存在が客観的に明確に認識され，返還義務を履行する意思の下では，その利得したときの返還債務として捉えるのが，前記横領損失の同時両建説による収益計上時期との整合性が認められると思料する。納税者に対する増額更正の場合には，横領時に潜在的に発生している損害賠償請求権をその横領損失の発生事業年度に収益として計上して，横領損失と相殺して課税すべきであるとしておきながら，本件のような利息制限超過利息の無効利得にかかる潜在的返還義務が顕在化して具体的債務として確定しているにもかかわらず，それを利得時ではなく，現実に返還した時の損失として処理するというのは，その整合性においても疑問がある。

②　後発的事由の更正の請求制度の文理解釈

次に，後発的事由による更正の請求の規定の文理解釈を検討しておく。

第2章 判例等にみる税法上の損金計上時期を巡る諸問題の検証

　後発的事由による更正の請求は，継続事業を前提とする法人税の場合には適用がないという見解がある。それは，国税通則法23条2項3号を受けた同政令6条に規定する契約の解除権の行使や取消しの場合には，前述したように，当初の法律行為には瑕疵がなく，それが事後の他の法律行為（解除権の行使等）により収益が減額されるが，その是正は前期損益修正損として処理する税務処理が公正処理基準とされており，遡及的な減額是正は行われていない，という点では正解である。

　しかしながら，後発的事由による更正の請求のすべてが，法人税法には適用されないということではない。そこで，後発的事由による更正の請求が法人税法（法人）にも適用されるか否かの判断基準が問題となる。筆者は，国税庁において税務訴訟に従事していた当時，この判別の基準については，その瑕疵が，提出された納税申告書において，当初から潜在的に存在していた原始的瑕疵があるか否かによって区別すべきであると考えていたところである。

　例えば，土地の売買契約に係る譲渡収益を益金として法人税の確定申告を行った後の事業年度において，その売買代金の支払いが遅滞したために法定解除権を行使して解除し，取得した代金を返還して土地の返還を受けた場合を考えると，当初の確定申告には過誤はなく適法な申告であり，かかる場合には前期損益修正損として是正処理され，当初の申告の事業年度に遡及する是正は行なわれていないから，後発的事由による更正の請求は認められないことになる。

　一方，同法23条2項2号の場合には，Ａ（社）の収益として申告したところが，税務当局がＢ（社）の収益であるという課税が行われた場合には，Ａ（社）の当初申告はその申告自体に過大申告の過誤があったことが事後的に明確にされたものであり，この場合にはＡ（社）の当初申告の原始的瑕疵として，法人（法人税法）の場合にも，同号による後発的事由による更正の請求が認められるのである。

　問題は，国税通則法23条2項1号の申告等の「所得金額の計算の基礎とされていた事実が判決等により異なることとされた場合」に該当するかという点である。この場合には，解除権の行使の適法性が判決等により認められる場合も

あるが，これは，当初申告の原始的瑕疵によるものではないから，前述した解除権の行使と同様に，同号の後発的事由による更正の請求は認められない。ところが，その判決等により，その申告等の課税標準等の計算の基礎とされていた事実の判断が誤謬であったことが，判決等により確定した場合には，その誤謬は当初申告の原始的瑕疵であるから，同号の後発的事由による更正の請求が認められると解することになる。

　以上のとおり，後発的事由による更正の請求が，継続事業を前提とする法人（法人税法）にも認められるか否かの基準は，国税通則法15条に規定する抽象的納税義務の確定する日（事業年度末日）にすでに存在していた瑕疵（原始的瑕疵・誤謬）か否かによるということであり，これを卑近な言葉で表現すれば，「全知全能の神であれば，その誤謬は見抜けたかどうか」という視点から判断するということである。しかして，その誤謬が当初から存在しているのであれば，事後の判決等により，その過誤が顕在化して具体的に認識されたものであるから，当初からの過大申告として，法人といえども，後発的事由による更正の請求が認められると解されるのである(54)。

　これを本件に当てはめると，本件更生会社が収益として申告した利息制限超過利息は，旧貸金業法43条１項を正当に解釈すれば，無効であるという判断が可能であり，その潜在的過誤が，最高裁平成18年判決及びそれ以後の判決により顕在化して明確にされたものであるから，本件更生会社の当初の法人税申告には，その返還義務を認識せずに行った過誤があることになり，後発的事由による更正の請求が可能であるという結論に帰着することになる。

③　経済的利得の支配の収益性との関連

　このような解釈論によると，次に問題となるのが，本件過去の事業年度において，利息制限超過利息を現実に利得して，それを使用する利益を享受している，その経済的成果を課税の対象としないということが許されるのかという収益の本質論との関連である。

　かかる論点に関しては，例えば，ある施設の５年間の管理業務を受託して，その期間の業務対価として一括収受した金員は，自己が支配管理する金員であ

るが，この対価としての金員の受領に対しては5年間の管理業務を行うことが法的義務とされているから，その不履行の場合には，その金員を返還するという不確定な収入である。しかして，企業会計上は前受金として処理するのが公正処理基準とされるのである。端的に言えば，管理料収入と管理業務の履行債務とが相殺されて，その管理業務を履行して債務が消滅した場合には，それに対応する管理料収入が確定収益として計上される（時間基準）という，課税実務と対比することが有益である。

　本件更生会社の過去の事業年度に収受した利息制限超過利息が無効とされ返還義務が確定したことは，当該各事業年度の収益として申告していた当該超過利息は，それを収受していた時から返還義務が潜在的に存在することは認識できたものであるから，上記の管理業務債務と同様に，その利息制限超過利息に係る返還債務として認識されるのであり，それゆえに，当該超過利息は収益として課税対象とすべきではないという論理が導かれるのではないかと思料されるのである。加えて，その利息制限超過利息の経済的成果は収益とすべきであるという立論によるとしても，その利息相当額の返還債務が一方に認識され費用・損失として認識すべきであるということはすでに述べたところである。

　そして，最後の論点は，現実に利得している経済的成果が，返還されない場合には，結果として，その経済的成果による利益を享受しているにもかかわらず，課税対象にはならないという点の疑問が残るという点である。それゆえに，無効の利得が現実の失われた時の収益の減少として，是正を図るという所得税法の規定（所令141三，同274二）の存在意義があるといえるし，かかる規定の不整合性も問題として残る。

　しかし，理論的にいえば，その具体化した利息制限超過利息の返還債務が履行されない場合には，その返還不能が確定した時の収益として課税対象とされるということになろう。課税理論によれば，この事実上の債務免除益には課税できない場合がほとんどであろう。

　ただ，このような理解に立つ場合には，更正の請求により還付を受けた租税により，本件更生会社から貸し付けを受けた借主に対して返還を実現できると

いうメリットがある。そして，このことは，私法上の実質的な経済的実体に即応した課税関係が形成されるということになる。

以上，本件については，純理論的な論点に加えて，現行制度を前提とした法解釈論との不整合性等，多くの問題点を考察し，一定の私見を述べたところであるが，筆者自身，一般論の議論として，本判決のような解釈論を披歴したことがある[55]。しかしながら，ここでの納付した巨額な法人税が不還付という本件事案の判決の論点をつぶさに検証すると，本件事案の背景と事実関係の特異性という特別な事情を斟酌した上で，利得の返還の部分はもとより，未返還の部分の債務の具体化という実質に鑑み，後発的事由による更正の請求による現実的な権利救済を容認すべきではないかと考える。

仮に，現行制度の更正の請求制度の文理解釈により，頑なに，納税者の現行制度による権利救済を否定するのであれば，不当利得返請求等の個別の法理による救済を図るべきことは，一般論として，すでに指摘していたところである[56]。

そこで，第二の争点である，本件のように法人税法の原点である継続事業という基本概念が崩壊している場合の問題点を考察した上で，その権利救済のあるべき方向性を検討する。

④　本件利息制限超過利息の確定・返還に更正の請求が認められないとした場合の過去の申告納付した法人税等の去就　～不当利得返還の是非～

本件事案に関して，以上の問題点の考察と指摘によって，本件事案が多くの解釈上の論点を含む複雑な問題であることが理解されたものと思料するが，その上で，本件事案における本判決の結果的妥当性の視座からの検討を行うこととする。

本判決は，本件更生会社が負担することとなった本件更生債権等の返還債務に関して，後発的事由の更正の請求は認められず前期損益修正損により処理すべきであるという立論である。それによれば，たとえ，本件更生会社がその無効の利息制限超過利息を返還又は返還債務の損失を計上したとしても，その返還時等の事業年度の損失が累積するにすぎず，結果として，過去10年超に亘る

第2章 判例等にみる税法上の損金計上時期を巡る諸問題の検証

事業年度に収益計上した2兆円を超える利息制限超過利息にかかる納付法人税の大半が還付されないという苛酷な事態を招来することになる。それが，現行制度の予定するところであり，やむを得ないというのは，あまりにも形式な杓子定規な理解であり，真実に存在する所得等に対する課税関係の形成を標榜する租税法律制度の意図するところとは乖離する不当な結論であるというべきである。

そもそも，租税法が予定する公正な租税法律関係とは，納税者が真実支配する客観的な実現所得に対する課税関係の形成であり，しかして，現実に利得した所得に課税された後に，その利得は違法であり無効であるとして返還された場合には，当該納税者は真実支配していた所得を喪失し，租税負担能力が減殺したものであるから，その所得消滅に伴う租税負担能力の減殺に適合した課税関係に是正されることが，公正な租税制度の要請するところである。

ところで，現金納付が予定されている租税は，租税負担能力（担力）のある所得等について課税するものであるから，その課税適状は収益相当の現金を現実に受領したとき，いわゆる現金主義が最も合理的であることに異論はないであろう。

しかるに，税法上，企業会計上の公正処理基準である実現主義による収益認識基準が採用されているのは，収益計上の恣意性排除という視座から，収益獲得の認識測定の客観性と未収債権等，現金等価物の取得という収益獲得の確実性という損益計算上の便宜的要請によるものであり，かかる実現主義は，租税負担能力からも問題が少ないことから税法上も公正処理基準として採用されているところである。しかして，その実現主義による収益の認識基準は，その後に現金回収が行われるということが前提とされているものであるから，売買契約等が解除され未収金が消滅した場合又は売買代金等を返還した場合には，その事業年度において前期損益修正損を計上して所得金額が減額され，その法人税を減額して救済を図るという制度が定着しているところである。

かかる一般的な場合の是正方法によっても，租税負担の減額という権利救済の視点から弊害が生じない場合は格別，その代金返還により計上収益が消滅し

たにもかかわらず，当初の当該譲渡収益に係る法人税額が減少（還付）されないという確定的状況が発生すれば，「所得なきところに課税する」という，本来，租税法の予定していない事態を招来することになる。この場合，

　㋐　すでに検討したように，このような事態を回避するために，法が予定していない「特別の事情」として，現行法のやや拡大した解釈によって，後発的事由の更正の請求により個別的に救済を図るか

　㋑　当該更正の請求が許容されないという解釈の下では「所得なきところに課税する」という租税法上の租税を国家に帰属させる原因を欠く不公正な課税状態を解消するために，私法上の不当利得返還請求を容認して，その是正を図るか

という方法が考えられる。前者はすでに検討したところであり，ここでは，㋑の不当利得返還の法理の適用の是非について考察する。

　本件事例に関しては二つの論点がある。一つは，利息制限超過利息の無効判決等により，現実に利得を返還した場合（無効に基因して未収債権が法的に消滅した場合を含む）である。本件では更生債権の3.3％相当額が返還されているが，この利得の返還により利息制限超過利息相当額の収益は消滅したことは明白である。このような所得消滅の事実について，本判決は，法人税法上の公正処理基準は前期損益修正損として処理すれば足りるという一般論に終始しており，現実に所得が消滅したにもかかわらず，納付した法人税が還付されない「所得なきところに課税する」という租税制度が予定していない不合理な事態に目を向けていない。

　ちなみに，その解除事業年度以降，事業停止状態が継続することが確定的であり売買代金の未収金が契約解除により消滅した場合，その消滅した所得に対する納付済みの法人税等が還付されない場合には，後発的事由による更正の請求を容認すべきであるという有力な見解[57]があることはすでに述べたところである。一方，これとは異なり，東京高裁昭和61年11月11日判決（行政例集第37巻10＝11号1334頁）は，更正の請求を否定している。この事例は宗教法人の土地の売買（大半が未収）が契約解除されたことにより行った後発的事由による

第2章　判例等にみる税法上の損金計上時期を巡る諸問題の検証

更正の請求を否定したものである。これについて，この宗教法人は不動産売買業を行っているわけではないから，継続事業としての土地売買とは異なるという個別的特性を考慮して，更正の請求を容認すべきという元国税庁訴訟担当の研究者（税理士）の貴重な見解もある(58)。

　これら研究者の見解によると，解釈として更正の請求はできないというのであれば，不当利得返還請求を容認すべきであるという見解になろう。殊に，有効な契約が事後的に解除された場合とは異なり，本件事例は無効な利息制限超過利息を受領時の収益に計上したことは，本来，誤謬があるともいえることから，当初からの原始的瑕疵とも評価できることから，その不当利得返還請求による救済を図るということに説得力がある。

　本件事例に関して，中里実教授及び田中治教授は，無効利得の返還時の前期損益修正損としての経理によっては，納付済みの過払税金の還付による救済が図れない場合には，例外的に不当利得返還請求により救済を図るべきであるという積極的な見解を提示している(59)。

　かかる見解は，巨額な利息制限超過利息が無効に基因してその経済的成果が喪失した場合には，その喪失に相当する納付法人税額の返還義務が課税庁に生ずることが前提とされている。したがって，現行制度による救済が図れないということに対する正義衡平から個別的救済を図るべきことを強調するものであるが，きわめて貴重な見解である。

　そもそも，継続事業であるとしても，その稼得した利得に対して課税されたものが，その後，無効に基因して返還され喪失した場合には，本来，課税された事業年度の所得が喪失したのであるから，その事業年度に遡及して減額修正を図ることが法的，経済的実質に即した是正であることは論ずるまでもない。これを，現在のように，利得返還時の事業年度において前期損益修正損として修正する公正処理基準によっても大きな弊害がないということが，その背景にあるということを失念してはならない。

　その意味では，前期損益修正損による是正は，本来，弊害の発生しない例外であるということができ，したがって，前期損益修正損による是正によっては，

201

納付法人税の還付が期待できない。つまり，期間損益計算の前提が崩壊している本件のような事例にあっては，後発的事由による更正の請求による救済がベストであるが，これが消極というのであれば，例外的に，不当利得返還請求による是正を図ることが要請されるといえよう。

次に第二の論点は，無効の利得を返還してない場合にも不当利得返還請求が認められるかという点である。この点については，無効の利得を返還せず保持している場合には，その法人税を保有する法律の原因がないといえるかということが問題となろう。この点については，本件利息制限超過利息を保有する法的根拠が消滅しており，その返還債務が確定しているといえるから，その利得発生の事業年度の所得の減額要素（損金）が顕在化したものであり，それに相当する所得が減少していることは返還の場合と同様であるから，更生債権者の救済という特別の事情をも考慮して，不当利得返還請求を容認したとしても，不当であるということはできないのではなかろうか。

(4) まとめ

以上の考察からいえる一応の結論は，本件事例の場合，従前の前期損益修正損益の議論の枠を超えた「特別の事情」の存在に鑑みれば，先ず，利得が返還された場合はもとより，未返還の部分も本件更生会社が意図的に返還しないのではなく，多額な利息制限超過利息を返還する資金が枯渇している結果であるから，その判決等により具体的に確定した返還債務相当額の損金を認定し，又はそれに相当する収益喪失（返還を要する仮受金）と評価して，同様に後発的事由による更正の請求を容認して救済を図るのが合理的であろう。そして，それが制度の解釈として困難であるという本判決の立場を採用するとしても，前述したように，不当利得返還請求を容認することが正義衡平の視点から妥当であると考える。このことは，所得税法の継続従事業に係る所得については，無効に基因した経済的成果が返還された場合の取扱いにおいても，最後の年分以前2年分の更正の請求制度によっても救済が図れない場合も，ここでの本件の結論と同様に解すべきであると考える。

ちなみに，本件控訴審判決では，会社分割により消費者金融事業をスポンサー企業に譲渡して解散することとし，継続事業による所得からの前期損益修正の方法が取れなくなったのは，控訴人（原告）自らの更生計画によるものであるから，不当利得による返還を認めるべきということはできない，と判示している。しかし，多額な返還請求債務を負担することとなった当該法人の会社更生の道としては，かかる更生計画を合理的として認可決定したのは司法であるから，その司法の認可決定の内容を前提として，税法上の論点を論ずることで十分ということができよう。

　最後に，長年，国税庁において税務争訟に携わった研究者でもある堺澤良税理士の正鵠を射た指摘を紹介しておきたい。

　「いかなる場合も所得ないし資産のないところに課税さるべきでないことは，租税法の基本というべく，それが侵されたときは何らかの救済のみちがひらかれていなければならない。手続き上の規制の名の下に，右の原則が否定されるいわれはないからである。このようにみてくると，更正の請求の間口を徒に狭めるような限定的解釈のもとに，事例に対応すべきではない。（中略）もし，請求の成立を認めるに由ないものである場合，<u>所得なきところに課税なしとする原則に抵触するものと認められる事例にあっては，更正の請求の排他性の例外として，特段の事情による申告の是正を図るみちを広げることが強く望まれる。</u>」(60)（下線筆者）。

　ちなみに，前に少し触れたところであるが，事業とまでに至らない金融業等の業務としての所得や事業から生じた不動産所得に当たらない不動産所得に含まれる無効な行為による利得が，無効に起因して失われた場合には，その収益の発生時に遡及して更正の請求（所令274一）が認められており，確実な救済措置（是正措置）が講じられているが，他方で，継続的事業（ゴーイング・コンサーン）が前提とされている事業所得や法人所得は，その収益消失時の必要経費とされていることを対比して考えれば，後者の事業所得等の租税負担の救済措置（是正措置）は，前者の救済措置と同等の是正が図られることを前提とした制度と位置付けるべきことは，課税の公平を持ち出すまでもなく，当然の

法理であるもというべきであろう。

　しかるに，事業所得等の救済措置の前提とされている継続事業という，いわば「公準」(基礎的前提) というべき前提が崩壊している場合には，前述したように，租税負担の公平という視座から納税者の租税負担について救済が図られていないと事態は，現行法の制度が予定するところではなく，したがって，かかる状況を「特段の事情」と位置付けて，何らかの救済の道を模索するのは，国税当局はもとより，司法における税務裁判の責務であると考えるが，いかがであろうか。

　法律は，すべての事例に対応できているというものでもない。かかるは，司法の叡智を結集した補充的な解釈により是正を図るか，また，私法上の不当利得返還請求を容認することにより，積極的に納税者の正義衡平を保持することは，租税法律主義の下での合理的な救済であると考える。

(注)

(45)　金子宏『租税法 (第21版)』326頁も休業ないしこれに近い状況の場合には，同様に救済を図るべきことを提言している。

(46)　この論考は，金融法務事情No.2006 (2014.11.25号) の拙稿「判例研究」を加筆修正したものである。

(47)　本件更生会社A社は，消費者金融業等を目的とする株式会社Bが，平成22年10月31日に更生手続開始の決定を受けた後，平成24年3月1日に吸収分割をすることにより消費者金融業に関して有する権利義務を他の株式会社に承継させるとともに商号の変更をした株式会社である。

(48)　最高裁 (第二小) 平成18年1月13日判決 (民集60巻1号1頁。以下，本稿では「最高裁平成18年判決」という) は，「旧貸金業法」43条1項の規定の適用を厳格に解する判断を示す判決を言い渡したところ，それ以後，本件更生会社を含む貸金業を営む者に対する過払金返還請求権の行使が急増し，本件更生会社は，資金繰りが悪化したため，平成22年9月28日，東京地方裁判所に対し，更生手続開始の申立てをし，同年10月31日，更生手続開始決定，原告が管財人に選任された。その後，平成23年10月31日，更生計画を認可する旨の決定がなされた。この更生計画においては，①第1回弁済として，元本等更生債権の3.3％に相当する金額を更生計画を認可する旨の決定がされた日から1年を経過する日の属する月の末日までに支払い，②すべての更生債権等の額が確定するとともに，本件更生会社が保有する全資産の換価・回収が完了し，弁済原資を確保することができた場合には，第2回弁済をし，当該弁済時に更生債権

等の残額について免除を受け、③本件更生会社は、本件更生計画を認可する旨の決定がされた後、管財人である原告が裁判所の許可を得て決定する日に解散する旨等が定められていた。なお、本件更生会社は、平成22年4月1日から本件更生手続の開始の日（同年10月31日）までの事業年度の決算において、過年度超過利息等損失2兆2,469億5,120万2,618円、超過利息等損失1,761億3,583万2,161円等を含む約2兆8,000億円を特別損失として計上している。

(49)　本件控訴審判決は、そのほとんどが第一審判決を引用したものであるから、ここでは、同判決を研究の対象とする。

(50)　例えば、最高裁平成6年9月16日決定（刑集48巻6号357頁）は、脱税協力費用の損金性を否認する根拠として、法人税法22条4項の公正処理基準を採用したが、それは、かかる脱税費用は公正を欠く費用であるから、法人税法上の損金性を有しないというものであり、本来の公正処理基準の射程範囲から外れる認定判断であると考える。なお、現在は、法律化されており問題は解消されている。

(51)　この点の理解は、利息制限超過利息有効なものとしての収受しているのであるから、原始的瑕疵とまではいえないという反論があり得るが、この点に関連しての議論は、後述参照。

(52)　前述したように、継続事業の法人所得の場合には、所得税法の規定を文字どおり解して、その返還時の収益の減少として捉えていたものと思われる。

(53)　これに対して、発覚時の事業年度に損害賠償請求権を計上するという「異時両建説」と現実の回収可能性の欠如という債権の性質に鑑み、「回収基準説」がある。

(54)　三木義一他「判例分析ファイル　その63　前期損益修正と更正の請求」税経通信2005年4月号235頁は、「国税通則法は法人税法についての更正の請求を排除していないことからすれば、法人税についても、後年度に当該法人の攻めに帰せない事由により過不足が生じた場合には、原則として更正の請求の対象となり、ただ救済に欠けることがない場合に当該年度に帰属させてよいと、解すべきであるように思われる。」と述べている。

(55)　大淵博義『法人税法の解釈と実務』大蔵財務協会（1993年）746頁以下では、解釈論としては困難な面があることを指摘したことがあるが、本件事案の詳細な検討に従えば、後発的事由による更正の請求を広く容認して救済を図るべきであるという結論に至ったものである。

(56)　この点の指摘は、大淵博義「更正の請求制度とその周辺の課税上の諸問題」租税研究第769号（2013年11月号）93頁参照。

(57)　金子宏前掲書（注46）326頁。これは未収金の消滅を前提に論じられているが、利得した売買代金を返還した場合も同様に考えるべきことは当然であろう。

(58)　堺澤良「本判決研究」税研時報1巻1号565頁。

(59)　中里実「過払税額に関する不当利得返還請求」NBL No.985（2012.9.15）19頁以下の論文。田中修「過払金の返還による後発的違法とその是正」税研No.160（2011.11）16頁以下の論文。なお、中里教授の見解は、利得返還の場合を前提としているように思われるが、田中教授の見解は、返還債務の確定により、不当利得の法理を機能させ

て救済を図るべきという積極的な見解であると理解できる。
(60) 堺澤良『国税関係 課税・救済手続法精説』財形詳報社（1999年）125～126頁。

第3章

過大な役員給与(報酬)認定の今日的課題
~「倍半基準」による類似法人選定と過大認定の不当性を中心として~

I はじめに
~役員給与制度改正後の過大な役員給与認定の変質と課題~

　これまでの税務実務において，過大給与（報酬）及び過大退職給与の否認の事例が，税務訴訟ではあまり目にしなくなっていたところ，沖縄の泡盛の酒造会社が支払った役員給与（報酬）と代表取締役の退任に際して支払った役員退職金の否認が訴訟提起（以下「泡盛酒造会社事件」という）されたことがマスコミで報道され，巷間，耳目を集めていたところである。

　その一審判決・東京地裁平成28年4月22日判決が言い渡された（控訴審，東京高裁平成29年2月23日判決も支持）。同判決は，過大退職給与否認の課税処分を取り消し，過大給与（報酬）の否認は課税処分を適法とした判決を言い渡した[1]。

　役員給与の過大認定は，古くは，同族会社の行為計算の否認規定により否認されていたが，それが非同族会社にも適用できるように，個別の「別段の定め」として法定されたという経緯があるが，訴訟の判決等から推測するに，現在まで，過大給与として否認された事例は，同族会社に限定されていると思われる[2]。

特に，非同族会社の上場企業においては，昨今，高額な外国企業の役員給与に影響されて，日本企業の外国役員に対する役員給与（報酬）はもとより[3]，日本人役員に対する役員給与（報酬）も高額化しているのが現状である。このような情況を前提として，現実の税務執行では，非同族会社の上場法人の高額な役員給与（報酬）について，同法人の他の役員の支給額と比較して不相当であると認定することは行われていないし，現実にも否認された事例は見当たらない[4]。また，同業種同規模法人（以下「類似法人」という）の支給事例（支給額）に比較して，不相当に高額として否認することも考えられないところである[5]。

　何故ならば，役員給与（報酬）は，当該役員の経営能力を評価して当該法人の発展的，持続的経営を意図して支給されるものであり，当該企業の私的自治の領域において，主観的な価値評価によって当該役員の経営能力が判断されて役員給与（報酬）額が決定されるものである。加えて，当該役員についてはその採用の経緯，従前の経営者としての能力等を評価し，さらに，将来の経営への努力等を期待して役員給与（報酬）が決定されるものである以上，その役員給与（報酬）額が，他の類似法人の支給事例により，不相当に高額として，損金性を有しないと認定することは，もはや，過大役員給与（報酬）の否認規定の法益に反するといえよう。

　仮に，否認される場合があるとすれば，非常勤役員等にみられるように，現実の職務内容から明らかに一見して不相当に高額な役員給与（報酬）であると認定できる場合に限定すべきである。このことは，後に詳論するように，会社法で役員賞与が費用化されたことを受けて，法人税法上も従前の役員賞与は役員報酬として位置づけ損金控除が認められたという経緯がある。これは平成18年度の役員給与制度の改正で行われたものであるが，その後は，従前の役員給与（報酬）の過大認定は大きく変質されたということを前提に議論すべきである。

　以下では，この点について述べ，過大役員給与（報酬）の認定のあり方，そして，このような制度改正を背景とすれば，従前の類似法人の抽出基準である

第3章 過大な役員給与（報酬）認定の今日的課題

「倍半基準」は，役員給与（報酬）の選定基準として妥当であるか，という視座から検証し，論ずることとしたい。

（注）
(1) 泡盛酒造会社事件の判決文では，個別の金額に関する部分は非公開とされているので，本稿では役員給与（報酬）の過大認定の論点を中心として論ずることとする。なお，筆者は，本件事件に関して，控訴審において鑑定意見書を提出したことから，ここでは，その支給金額等を除いて，判決文の一定の判示内容を踏まえて論ずることとする。
(2) その否認事例は，役員の現実の職務執行の実態からすると，その役員給与（報酬）が明らかに高額と認定される事例がほとんどであるといえよう。
(3) 直近に公表された資料によると，2016年3月期決算の上場企業「役員報酬1億円以上開示企業」が公表されているが，それによると，1位のソフトバンクグループ㈱の取締役ニケシュ・アローラ氏の報酬総額は64億7,800万円，2位は同社の取締役ロナルド・フィシャー氏はニケシュ・アローラ氏の3分の1以下の20億9,600万円，日産自動車の取締役カルロス・ゴーン氏は4位で10億7,100万円である（http:/www.tsr-net.co.jp/news/analysis/ 20160630_ 01.html参照）。
(4) ソフトバンクグループ㈱の代表取締役の孫正義氏の報酬は明らかではないが，公表データから見る限り，少なくとも，ニケシュ氏よりも低額であると思われる。そうであれば，形式的には，同グループの経営の実権を握っている孫氏の報酬額を超える外国人役員の報酬は過大であるという認定も考えられるが，その経営能力を買って外国人役員を招へいし，その職務執行の対価としての役員給与（報酬）が他の役員と比較して，不相当に高額であると認定することは困難である。過大役員給与（報酬）の否認は，実践的には機能しなくなっているということの証左であり，仮に過大役員給与（報酬）の否認が可能であるという場合には，後に述べるように，誰の目からみても，明らかに不相当といえるほど顕著に高額である場合に限られるというべきである。
(5) 税理士・樋口秀夫氏は，「小さな組織の未来学」というウェブサイトで，「過大な役員報酬とは　比嘉酒造をめぐる争い」と題して，本件訴訟の課税処分に関して，「今回の沖縄国税事務所の課税処分は，法人の契約自由の私的自治に不当に介入している可能性があります。トヨタ自動車が公表した1億円以上の報酬を受け取った7人の役員のうち，最高額は豊田章男社長の2億3,000万円で，7人の報酬総額9億4,400万円は，売上高でははるかに下回る日産自動車の社長のカルロス・ゴーン氏の役員報酬9億9,500万円には及ばないが，このようなゴーン氏の役員報酬が過大となるのかどうか，このような事例をみると，本件課税処分は，果たして課税の公平が保たれているのか判断に苦しむところです。」（要旨），と鋭く指摘されている（http://www.nikkeibp.co.jp/article/miraigaku/ 20141127/ 425883/参照）。なお，ここでの報酬額は，平成2014年3月期の役員報酬額を基にしている（筆者注）。

II 過大な役員給与の否認法理の原理とその本質

1 過去の不相当に高額な役員給与の損金不算入の訴訟事例の実態

　筆者は国税庁等において税務訴訟に14年間従事していた経験を持つが、その国税庁の訴訟事務から離れた平成2年7月までの間、過大役員給与（報酬）が正面から争われた事件に、後にも触れる岐阜地裁昭和56年7月1日判決（訟務月報27巻12号2327頁）がある。しかし、これとても、代表取締役が高齢で事実上子息の取締役が代表取締役の業務を行っている事例である。また、他の事例は、非常勤役員で現実の役員としての職務執行がほとんど行われてはいない事例等であり、過大役員給与（報酬）として否認されたことは、むしろ当然のことであるということができる事案である。

　その後、現在までの間においても、その過大役員給与（報酬）の否認事例が訴訟提起された事例は極めて限定的であり[6]、しかも、後に述べるように、その過大役員給与（報酬）を認定した判決自体に疑問があるものがある。また、調べた限りでは、過大役員給与（報酬）の否認に関する最近の判決は、すべて、後に述べる平成18年度の役員給与に関する税制改正前の事案であり、その多くは、本来、損金不算入の役員賞与を役員報酬に化体して支給した事例である。しかして、同改正後における過大役員給与（報酬）の否認事例の判決は、本判決を除けば現在まで出現していないという点を指摘しておきたい。このことは、当該役員の経営能力、これまでの事業経営に対する貢献度等、役員給与（報酬）の決定に際して関わりのない税務職員が、その支給された役員給与（報酬）の額が不相当と認定することは、本来、不可能であるいう認識の下で、従前の税務の現場では、きわめて謙抑的な税務執行が実践されていたということの証左である。

第3章　過大な役員給与（報酬）認定の今日的課題

　一方，過大役員退職給与の否認事例は，例えば，役員の死亡に伴ない取得した生命保険金を原資として支給した高額な役員退職給与や，不動産譲渡等の譲渡益の計上に伴い支給した高額な役員退職給与の支給事例が問題とされたものが大半である。

　すなわち，一般に，役員退職給与の算定方式といわれている「最終役員報酬月額×勤続年数×功績倍率」の「功績倍率」は通常3.0等が云々されているが，過大役員退職給与で否認された事例の大半が「数倍」ないし「数十倍」の功績倍率によっているところであり，これが否認されているものである(7)。

　ちなみに，比較的最近の過大役員退職給与を認定した判決等の納税者が採用した功績倍率は，以下のとおりである。

①	福島地裁平成8年3月18日判決（仙台高裁平成10年4月7日判決）	16.54
②	東京地裁平成9年8月8日判決	16.66
③	札幌地裁平成11年12月10日判決（札幌高裁平成12年9月27日判決）	8.33
④	国税不服審判所平成12年4月20日裁決	15.82
⑤	岡山地裁平成18年3月23日判決	40.04
⑥	大分地裁平成20年12月1日判決	6.38
⑦	大分地裁平成21年2月26日判決	4.86

　ところで，このような過大な役員退職給与の支給の意図するところは，法人が生命保険金の取得や土地等の資産売却で多額な収益（益金）を計上した場合に，その法人税課税を回避又は縮減するために，役員を退任させた上で高額な役員退職給与を支給したものが大半であり，しかして，かかる意図の下で，対価性を度外視した不自然に高額な役員退職給与を損金算入することで法人税課税を回避しようとした事例であることに留意すべきである(8)。

　一方，「不相当に高額」な役員給与（報酬）が認定された税務判決がきわめて少ないのは，課税庁が，その過大認定の困難性，つまり，当該法人の経営に無関係な税務職員が，当該役員の経営能力を金銭的価値として定量的に測定することが困難であるという認識の下で，謙抑的に執行されていることを物語るものと評価できるであろう。

211

2　法人税法34条2項の「不相当に高額な部分」の文理上の意義とその判断基準

　現行の法人税法34条2項は「内国法人がその役員に対して支給する給与の額のうち不相当に高額な部分の金額として政令で定める金額は，その内国法人の各事業年度の所得の金額の計算上，損金の額に算入しない。」と規定している。この規定の趣旨目的に関して，名古屋地裁（平成6年6月15日判決，『訟務月報』（以下「月報」という）41巻9号2460頁）は，「役員報酬は役務の対価として企業会計上は損金に算入されるべきものであるところ，法人によっては実際は賞与に当たるものを報酬の名目で役員に給付する傾向があるため，そのような隠れた利益処分に対処し，課税の公正を確保しようするところにある。」と判示し，岐阜地裁（昭和56年7月1日判決，月報27巻12号2327頁）も，「要するに，役員の職務行為に対する相当額の報酬は，当該法人が経済活動を行うために必要な経費として，これを損金に算入するが，職務行為の対価として相当な額をこえる額はたとえ報酬という名目であろうと実質的には利益処分である賞与に該当するものとしてこれを損金に算入しないというにあると解される。」と判示している。

　ところで，昭和40年度法人税法の全文改正前では，過大役員給与の否認は，少数の株主で支配されている同族会社ゆえに行われるお手盛りによる法人税の租税回避を防止するために，同族会社の行為計算の否認規定（法法132）を適用して，その過大部分の損金性を否認していたものであり，それを一般的な否認規定として，昭和40年度改正により，過大役員給与の損金不算入の個別規定として措定されたという経緯がある。

　このような経緯からもわかるとおり，租税回避行為としての異常，不合理な行為と認められる不相当に高額な役員給与（報酬）及び役員退職給与の損金控除を否認するという同規定の趣旨目的に鑑みると，支給した役員給与は誰がみても，一見して明らか（客観的明白）という程度に，当該役員の職務執行の対

価として高額である事例(9)の損金性を問題にすると解するのが相当であり、このことは、前述した従前の否認事例の判決等の内容に照らしても明らかであるといえるのである。

この点は、「不相当に高額」という文言の意義からしても妥当な解釈であるといえよう(10)。すなわち、「『不相当に高額な部分の金額』とは、同族会社の行為計算否認の場合の『不当性』と同義と考えるべきものであるから、租税回避行為でいう『ことさら不自然、不合理』、『異常不合理』、『不当に高額』と認められる役員給与が、ここでの『不相当に高額な部分の金額』として損金控除性が否定されることになるというべきである。」(11)。この点につき、武田昌輔成蹊大学名誉教授は、条文は「不相当に高額」とされていることから、「ふさわしくないほど高い額」、「つりあわないほどの高い額」と解すべきと論じられており(12)、この点の理解は、筆者と同じ理解に立っているものと思われる。しかして、このような給与等の過大性が一見して客観的に明白な支給事例について、その過大役員給与の認定の手法として、類似法人の役員の平均報酬額や平均功績倍率又はその最高値を用いて過大役員給与や過大役員退職給与の額を認定してその損金性を否認するというのが、過大役員給与等の否認の法理というべきである。

換言すれば、このような一見して客観的に明白な過大給与等の支給事例を取り上げて否認するという論理は、法人税法34条2項を受けた同施行令（70条）において規定する、類似法人の支給状況、つまり、類似法人の平均役員給与額又は平均功績倍率に基づく役員退職給与の額を上回る部分が、常に不相当に高額な役員給与であり損金性を有しないとして否認する趣旨ではないということを意味している。

すなわち、役員に対する役員給与（報酬）の額は、当該法人に対する功労・功績等、当該役員の過去の当該法人に対する貢献の程度及びその価値について、当該法人における主観的な尺度に基づいて評価するとともに、当該役員の潜在的能力をも評価して将来の貢献を期待して決定されるものであるから、そもそも、役員給与（報酬）の支給額を他の類似法人の支給事例と比較すること自体、本

来，許されるものではないと解すべきである。なぜならば，ここでの功績，業績という法人への貢献を質的に評価するに当たっては，事業利益の状況や純資産形成の推移等，客観的，具体的な数値基準により定量的に評価すべきとはいえても，実際の当該役員の経営能力の価値評価は，このような客観的指標によるものばかりではなく，当該法人の固有の定性的，主観的な価値判断が伴ない，将来の持続的な経営への貢献の期待をも込めて決定されることも念頭におくべきである。

　それは，正に，私的自治の領域の問題であるから，よほどの的外れに高額な役員給与（報酬）額であれば格別，本件のように，その収益状況等，過去における格別の貢献等が認められ，しかも，所得税・法人税の租税負担額がより多額となる本件の場合には，合理的な私的自治の範囲内の役員給与（報酬）額の支給決定というべきである。

　このようにして決定された役員給与（報酬）額が，類似法人の支給実績と比較して「不相当に高額」であると認定することの不合理性は明らかであり，不適切であるということを意味している(13)。仮に，そのような役員給与（報酬）を高額であるとして否認することが許されるとしても，その場合の基準は，当該法人の役員の経営能力と同程度の経営能力を有している役員に比準して，その支給額の是非を検証すべきであり，その上での過大認定は謙抑的に行われるべきである。

　したがって，過大役員給与の認定判断に当たっては，このような論理を失念してはならないし，そのことを踏まえて解釈すれば，法人税法34条2項の「不相当に高額」という「不相当」という言葉には，単純に類似法人の役員給与の支給額と比較してその超える金額を不相当と理解するのではなく，その役員給与（報酬）の過大性が職務の現実の履行内容から判断して「一見して客観的に明白な」支給事例について，その過大役員給与認定の次善の手法，手段として，類似法人の役員の最高役員報酬額や平均又は最高功績倍率法等に基づいて過大役員給与を算定して，その損金性を否認するというのが，過大役員給与等の否認のロジックと理解すべきである。この場合，後に論ずるように，平均役員給

与（報酬）額によることは疑問があるといえよう。

3 平成18年度税制改正後の過大役員給与（報酬）の損金不算入規定の法的性質
  〜その過大認定の困難性の根拠〜

　平成18年度の役員給与制度の改正により，従前，損金不算入の役員賞与を役員報酬に化体した不相当に高額な役員報酬の支給は，その過大部分を「役員賞与の支給と引き直して損金不算入」とする租税回避否認の法理は消失し，役員賞与を含む役員給与（報酬）として職務執行の対価性を有しない支出として損金不算入の規定としてその性格は変質したということができる。

　この点は不相当に高額な役員退職給与も同様である。すなわち，同年度の改正により，役員退職給与の損金経理要件が廃止された結果，利益処分等による役員退職給与の支給についても損金算入とする改正が行われ，その結果，損金経理による異常，不合理な不相当に高額な役員退職給与の支給を，利益処分による支給に「引き直して」，その損金経理による役員退職給与の損金性を否認するという租税回避行為の否認ロジックでは説明できないということである。

　その結果，法人税法34条2項の過大な役員給与（報酬）及び過大役員退職給与の損金不算入の規定は，租税回避行為を防止する規定として位置づけるのではなく，当該役員の職務執行の対価として損金性を有する役員給与という前提に立ち，当該給与の内，不相当に高額な役員給与の額は，当該役員の職務執行の対価たる性格を有しないものとして，その損金性を否定する規定として理解することになったということである。

　このことは，不相当に高額な役員給与の支給の実質は，職務執行の対価たる性格を有しない金員の無償供与である贈与としての性格，つまり，寄附金と同等の性質を有する支出として理解することが，改正後の法人税法の規定の趣旨目的という解釈が妥当するというべきあろう[14]。

　以上のことは，現行法の過大役員給与の損金不算入規定の実効性は，平成18

年度改正以前の租税回避行為否認の個別規定としての性質を有していた当時以上に，職務執行の対価性についての認定は謙抑的に行われるべきであると認識すべきである。このことは，そもそも，類似法人の役員給与の平均値に基づいて職務執行の対価性を認定することの不条理性，不合理性が明白であることの証左でもあり，しかして，過大役員給与の認定判断は，当該役員給与を支給した法人の個別的要因が最も重視されるべきことを意味していると思料する。

ちなみに，2001年8月25日付け日本経済新聞（朝刊）に，東京証券市場の第Ⅰ部上場企業の三陽商会株式会社の創業者の代表取締役の退任に際して，30億円の役員退職給与が支給されたことが報道されているが，これを税務当局が不相当に高額と認定して否認したとは考えられないところである。それは代表取締役の退職に当たり，報酬の後払いとしての役員退職給与を支給するに際して，創業者として当該法人を上場企業にまで発展，成長させて業績を上げた当該代表取締役の功績を評価して，同法人の多数の株主が当該役員退職給与の支給額につき株主総会において承認したものである以上，その評価自体に社会通念上，客観的合理性，相当性が認められるのであり，したがって，当該法人の業務遂行上，職務執行の対価性を有する適正な役員退職給与の金額ということについて異論を唱える余地はないからである[15]。

しかるに，仮に，課税庁がこれに異論を呈するのであれば，それは，納税者の私的自治に対する課税当局の不当な介入と批判されてもやむを得ないところであろう。

このような現実の支給事例に照らしても，法人の役員給与（報酬）又は役員退職給与の不相当に高額な金額の認定に当たっては，類似法人の支給金額の平均値又は最高値と比較して，形式的，機械的に，その類似法人の支給額を超える金額が不相当に高額な役員給与と認定判断すべきでないことを示すものというべきである。

第3章　過大な役員給与（報酬）認定の今日的課題

（注）
(6) その多くは，代表取締役等の妻等の親族に対する非常勤の役員で役員としての本来の業務に専念しているという者ではなく，一見して不相当に高額と思われる役員給与（報酬）を支給した事例の判決である。
(7) 例えば，昭和50年以降平成5年までの間の過大役員退職給与の判決等の事例で納税者が採用した功績倍率は，「13.5」，「13.3」，「11.9」，「75.0～150.0」，「18.2」，「2.8」，「9.1」，「141.5」，「8.4」，「3.0」，「20.6」，「5.8」，16.5」，「350.0」，「22.5」である（大淵博義『役員給与・交際費・寄附金の税務（改訂増補版）』税務研究会・1996年392～400頁参照）。このうち，功績倍率が低い支給額が否認された事件は勤続年数が短い役員の支給事例である。
(8) 本件訴訟では，過大な役員退職給与の課税処分は取り消されているので，ここでは，役員退職給与の論点については，これ以上触れないこととする。
(9) 例えば，代表取締役の妻の非常勤取締役が，現実には来客の接客等に従事している労務提供の程度に照らして，支給した役員給与（報酬）の額が明らかに見合わないほどの高額な場合等がこれに該当する。過大役員給与（報酬）の否認事例の多くの場合には，支払われた役員給与（報酬）の支給額と，役員としての実際の職務執行との間に，大きな開差があり，正に，その業務内容に照らしてふさわしくないほど高額であるという場合である。この場合の過大役員給与（報酬）を否認することは，むしろ課税の公平を保持するための当然の否認である。
(10) この点につき，国税当局に勤務していた当時に執筆した拙著『役員給与・交際費・寄附金の税務』（税務研究会1990年・旧版）221頁において指摘していたところであり，その後の論稿（「不確定概念と課税要件明確主義」税経通信52巻6号（1997年）63頁）等においても夙に強調しているところである。
(11) 大淵博義「不確定概念と課税要件明確主義」税経通信52巻6号（1997年）63頁。
(12) 武田昌輔「不確定概念規定の解釈方法の検討」税理21巻1号（1978年）5頁。
(13) 特に，昨今のヘッド・ハンティングにより就任した役員に対する処遇は，相当高額な役員給与（報酬）の支払いがなされているところであり，かかる場合には，もはや役員給与（報酬）の過大性を問題にすること自体が疑問というほかはない。
(14) 従前，過大な役員報酬の支給については，その過大部分は職務執行の対価性を欠く無償の供与として寄附金と認識し，それを受領した役員は法人からの贈与ではあるが，それを継続的に受領していることから雑所得として課税するという議論があり得たところであり，また，過大な役員退職給与の支給も同様に，法人から退職した役員に対する贈与（寄附金）と認定して，退職役員が受領した当該過大部分の退職金は一時所得とする議論があり得たところである。しかし，当該法人が支給する役員報酬又は役員退職給与は役員としての職務内容やその貢献等の評価に依存するものであり，その評価は当該法人の個別的・主観的な評価に帰着し，類似法人の支給事例をもって過大給与を実質的な贈与と認定することは困難であるということである。
(15) 課税庁がこの30億円の役員退職給与を不相当に高額であるとして否認するのであれば，当該退職役員の創業者として，また，長年の代表取締役としての功績・貢献等，

その経営能力を個別に否定する論拠を証明する必要がある。しかるに，これを類似法人の平均値又は最高値の数値に基づいて不相当に高額な役員退職給与の額を認定することは，そもそも許されないし，法の予定するところでもない。

III 同業種・同規模法人選定の「倍半基準」と平均値課税の問題点

1 「倍半基準」出現の経緯
　～調査非協力者に対する推計課税の「倍半基準」との関連～

　本件「泡盛酒造会社事件」の課税処分は，比較対象とするための類似法人を選定する基準として「倍半基準」を採用している。そもそも，倍半基準とは，当該納税者の同業種の業者のうち，納税者の売上高の0.5～2.0の範囲内にある法人を類似同業者として選定するための基準である。この倍半基準の方式が採用されたのは，昭和30年代から同60年代前半にかけて，課税当局は税務調査に協力しない納税非協力者の事業者（特に個人）に対して，同業種同規模の事業者（以下「同業者」という）を選定し，その平均的な売上総利益率，原価率，人件費率等の同業者率により，売上高や経費を推定して事業所得等の金額を推計する課税を行っていたが，その際の類似同業者の選定基準が倍半基準である。

　ところで，推計課税は，その対象者である納税者の売上高，仕入高（売上原価）等が最も近似する同業者の同業者率により所得金額を推計することが合理的であることはいうまでもないが，これによる場合には，その納税者の同業者の選定に困難を伴い，同業者が存在しないか，また，少数の同業者に限定されることになる。そうとすると，現実には推計課税は断念せざるを得ないことになるか，少数の同業者の同業者率により推計課税せざるを得ないことになる。

　ところが，このような少数の事業者の同業者率による推計は，規模の類似した同業者といえども，その業態の内容，取扱品目の比重の差異，さらに薄利多売等の経営方針の相違，使用人数の差異等，様々な事業上の特殊事情が想定されることから，少数の同業者の平均値である同業者率による所得推計の合理性に疑問が生じるという弊害が問題とされたのである。そこで，比準同業者の数

を増やすために考案されたのが，売上高の「倍半基準」である。そこで得られた多数の同業者の売上利益率等を平均化することにより，それぞれの同業者の異なる経営上又は事業上の相違（特殊事情）が平均化することにより，その平均値に包摂され捨象されることで合理的な平均同業者率が算定されることになる。そして，把握した当該納税者の実額仕入高（推計の柱）と当該平均同業者の原価率を使用して売上高を推定，最終的に所得金額を推計して算出すること等の手法で公平な課税の実現が果たされるという点に，この「倍半基準」の合理性が論じられ，判決等で広く認知されてきたという経緯がある(16)。

　ここで，付言しておかなければならないのは，当時の推計課税による所得課税の大半が，納税非協力者に対するものであったという点である。かかる税務調査は，当該納税者の事前通知，調査理由の開示要求に応じないことに反発した門前払い的な対応により，当該納税者の業態，取扱商品の内容等の取引実態が把握できないままに，推計課税によらざるを得ないために，倍半基準による緩和的基準によって，広く類似同業者を選定して，その同業者の平均売上総利益率等の各種同業者率の平均値を求めて，それを基礎として所得推計を行っていたものである。

　かかる推計課税には，公正な申告納税義務を履行するための課税ということのほかに，申告納税制度の下での申告内容の説明義務違背の納税者に対する制裁的な課税という側面があるという点に留意すべきである(17)。

　いわば，税務調査における説明義務違反の納税者に対して，最低限の適正課税を実現するための推計課税において考案され醸成されたのが「倍半基準」である。しかも，その背景には，調査対象の納税者は税務調査に非協力であるが故に，その倍半基準の基本となる当該納税者の売上金額そのものの確認調査ができないために，その売上金額の適正性が担保されていないという特質があり，このために，納税者の申告書の売上金額を基礎とした倍半基準により，広く類似同業者を選定することの合理性が許容され，そして，その同業者率の平均ということから，それによる推計課税は結果として納税者に有利となる場面が想定されるという現実も看過すべきではない。

この点が，役員給与（報酬）等の過大認定の場合の類似同業者の選定の場合とは異なるところである。

2　役員給与の過大認定における「倍半基準」の不当性と新たな類似法人の選定基準
　　～推計課税の「倍半基準」から不相当に高額な役員給与（報酬）認定の「売上高5倍基準」へ～

　役員給与（報酬）の「不相当に高額な部分の金額」を算定する上で，このような倍半基準を採用することの合理性は別途検証すべきであるが，結論からいえば，役員給与（報酬）の過大認定は，調査非協力による申告内容の説明義務違反の不誠実な対応やそれによる所得認定に当たっての不確定な要素はなく，しかも，かかる不誠実な同業者の平均利益率等を求め所得を推計する場面とは異なり，法人の支給した役員給与（報酬）の支給額の内，「不相当に高額と認められる金額」の絶対額を，役員の職務内容等から直接，認定判断するものであるから，そもそも，広く倍半基準により類似同業者を選定して，その平均同業者率を持って，不明な当該納税者の所得金額を推定する推計課税の場面とは次元を異にする場面である。したがって，役員給与（報酬）の過大認定に当たって，推計課税における倍半基準を採用することの不合理性は明らかであると考える。

　なぜならば，一般的にみても，役員給与（報酬）の支給額は，当該法人の役員給与（報酬）の額と，その事業規模（売上金額）の半分程度の法人における当該支給額がほぼ同額であるという一般的な社会通念，経験則は認められないし，また，当該法人の役員給与（報酬）の過大認定に際して，少なくとも，不利益を受ける可能性のある「0.5基準」の範囲内の類似法人が支給した役員給与（報酬）額を基礎とすることは不当であるいうべきである。

　また，このことは，法人税法施行令70条1項の「その事業規模が類似するもの」という文理解釈からみても，少なくとも，「当該法人の売上金額の半分程

度の法人」が「事業規模が類似するもの」と認定すること自体，法の解釈を歪めるものであり許されない。加えて，すでに論じた推計課税の倍半基準との相違点を正解すれば，かかる倍半基準により抽出された類似法人の平均役員給与（報酬）額が適正な役員給与（報酬）額であり，それを超える部分の当該法人の役員給与（報酬）の額は，いわゆる対価性を欠く「不相当に高額な部分の金額」の支出であるという平板的，機械的な認定は許されないことは当然の事理であるといえよう。

　換言すれば，平均額の意義は，平均額よりも高額又は低額な役員給与の支給事例を含んだ額（率）であるから，類似法人が支給した平均額より高額な役員給与（報酬）額は過大認定の可能性があるにもかかわらず，それを否認できないというのはそれ自体が矛盾であろう。このことは，過大な役員給与（報酬）の認定が，支給金額のうち不相当の部分の金額を直接的に認定することから派生する問題であり，役員退職給与の過大認定に際して算定される類似法人の役員の功績の程度を平均化した平均功績倍率による不相当に高額な役員退職金の認定の場合と異なるところである。

　しかして，このことは，役員給与（報酬）額が職務執行の対価性を有しない金額の直接的な認定が困難な問題であることの証左ということでもある。また，納税者にとっては，そのような類似法人の役員給与（報酬）の実態を知り得る立場にはないという問題点も指摘されるところである[18]。

　泡盛酒造会社事件判決は，類似法人の役員給与（報酬）の最高額を超える部分の金額を「不相当に高額」と認定したが，類似法人は，沖縄・南九州４県の限定された対象地域での倍半基準により抽出選定されたものである。したがって，たまたまの偶然により，類似法人の最高額の支給事例が高額か又は低額かによって役員給与（報酬）額の過大認定の損金不算入額が大きく変動するという矛盾に鑑みれば，その合理性は疑問というほかはない。

　その意味では，かかる矛盾を可能な限り回避するために，類似法人の抽出を日本全国等の広い地域に広げて，かつ，当該納税者の売上金額相当額以上でその売上金額の５倍以内の範囲に収まる同業者を類似法人として選定して[19]，そ

第3章　過大な役員給与(報酬)認定の今日的課題

の適正役員給与(報酬)を検証するという手段も有効であると考える。

　何故ならば，上場企業の役員給与(報酬)額の格差からも明らかなように，売上高と役員給与(報酬)額の差異との関係に，正規の相関関係が認められるという経験則も企業慣習もないという現状に鑑みれば，「売上高5倍基準」により選定した類似法人の役員給与(報酬)額に比準して，その支給額の相当性の是非を検討することは，その役員給与(報酬)の対価的性格を喪失している金額(贈与的支出)を認定する困難性に照らしても，その過大認定の抑制的な運用を図るべきこと，かかる緩やかな「売上高5倍基準」により選定した役員給与(報酬)の最高額を当該法人の適正役員給与(報酬)の額と認定して，これを超える金額を「不相当に高額と認められる金額」と認定することは，謙抑的な安全値を求める認定基準として，許される合理的基準の一つというべきである。

　加えて，平成18年度の役員給与制度の改正により，各法人は，従前の役員賞与を事前確定届出給与として支給していることから[20]，それを含む役員給与(報酬)，つまり，従前の役員賞与を含む類似法人の役員給与(報酬)の額と比準して過大役員給与(報酬)の額を認定するというきわめて困難な事実認定の問題に遭遇する。

　一般論としていえば，従前の役員賞与に相当する金額を含む役員給与(報酬)の額は，改正前の役員報酬の額と比較すれば，多額になることはいうまでもないことであるが，その賞与相当の事前確定届出給与の支給は，改正前と同様に，法人の業績に左右されて変動するものであり，そうとすると，類似法人の中には，そもそも，事前確定届出給与(賞与相当分)の支給をしていない法人や支給していたがその事業年度には当該給与の支給を取り止めている法人等，様々な対応の異なる法人の役員給与(報酬)の支給額が含まれていることになる。すなわち，類似法人自体の役員給与(報酬)が同一レベルでの給与の支給形態ではないという点で，その類似法人の役員給与(報酬)額を比準して，本件原告会社の不相当に高額な役員給与(報酬)額を認定するという不確定な要素が存在しているということになる。そこで，かかる不確定要因の下で，役員

給与（報酬）額の「不相当に高額な部分」を認定するに当たっては，倍半基準によるのではなく，「売上高5倍基準」によって広く類似法人を抽出することが合理的であると解する。

しかして，この場合の前提は，機械的，平板的に類似法人を選定して，その最高の役員給与（報酬）額を超える場合にはその超える金額が「不相当に高額」な金額としてその損金性を否認するというものではなく，その法人の収益，職務の内容等，さらに，企業社会において相応しくないほどに著しく高額であることが，一見して明白なほど異常に高額であると認識される役員給与（報酬）の支給が問題視されるという点に留意すべきである。

その意味では，役員給与（報酬）が「不相当に高額」な給与であるという認定に当たっては，次の各点に留意すべきであると考える。

① まず，当該役員の業務内容を前提とすれば，誰が見ても一見して明白に「不相当に高額」な役員給与であると認識される場合においては，売上金額の同程度以上5倍の範囲内の法人を類似法人として選定すべきである。

② ところが，本件原告会社のように，多額な高収益を計上し経常利益も多額に推移している場合の役員給与（報酬）の「不相当に高額な給与」の認定判断にあっては，役員給与（報酬）の支給額の決定自体が，そもそも，私的自治の世界であり，それを一定の基準で対価性を否定することが許されるのは，その役員給与（報酬）の支給額が一見して明白に不当に高額であると認められる場合に限定すべきである。換言すれば，私的自治の世界を侵害されることにやむを得ない事情がある場合に限定して否認されるべきものであり，それが謙抑的，弾力的な認定判断であり，法の予定するところである。

③ 本件課税庁のように，企業社会で一般に認められている役員給与（報酬）や役員退職給与を倍半基準により選定した類似法人，それも，同族会社が中心と思われる類似法人の平均値又は最高値により形式的に否認することは許されないと解する。過大役員給与の否認の規定は，もはや死文化しているという議論は，企業における役員の経営能力の評価，過去の経営に係る貢献を具体的基準により数値化することが困難な時代を迎えていることを背景とし

第3章　過大な役員給与（報酬）認定の今日的課題

た議論である。

　加えて、同族会社の役員給与（報酬）の支給額は、それぞれの個別事情により決定されているものであり、しかも、相続税等の税金対策の特殊な要因も加味されている場合がある。したがって、その類似法人の平均値又は最高値により、過大な役員給与（報酬）額を認定して否認することは、そもそも許されないと解すべきである。仮に、これを容認するとしても、その類似法人の大半が非同族会社である場合に限定すべきであろう。

　法人税法施行令70条1項が、「類似法人の支給状況等に照らして」不相当に高額な部分の金額を判断するとする趣旨は、その支給状況と比較して、不相当に高額である場合、すなわち、「一見して明らかに高額」、「ふさわしくないほど高額」といえる「特段の事情」が認められるか否かの判断が先行すべきものであり[21]、不相当に高額という特異な要素が認められない限り、その支給額は適正額として容認することが必要であると考える。

　その上で、明らかに高額であると認定できる「特段の事情」が認められる場合には、例えば、「売上高5倍基準」等により、広く非同族会社の類似法人の抽出に努めて、これを比較法人とし、その中での最高額をもって、適正な役員給与（報酬）の額を認定すべきであると思料する。

　過大な役員給与（報酬）の認定に当たり重要なことは、役員給与は、個別企業のあらゆる実情、実績、つまり、その企業の内部における経営への貢献の程度等を評価するという主観的判断が加味されて決定されるという特質を有しているものであるから、一定の業績を上げ、かつ、代表取締役等としての職務にも専念している役員の給与支給額について、経営能力もそれぞれ異なる類似法人の役員給与（報酬）の支給事例を基礎として、当該法人の役員の職務執行の対価性を認定して、それを超える金額は対価性の欠如した贈与的性格の供与であると認定することは、本来、許されないということを認識すべきである。

　加えて、法人税率の低減と所得税の最高税率の引き上げに伴い、当該会社及び株主のグループから拠出される租税負担額は、高額な役員給与（報酬）を支給している株主グループほど多額であるという点で、節税対策という側面も失

われているという場合が多く発生しているという点にも注意すべきである。

　法人の経営者としての個別的能力を評価して支給した役員給与について，当該役員が他の類似法人の経営者と同列の経営能力とみて，その過大な役員給与額の多寡を認定することは，そもそも困難であるということに思いをいたすべきであろう。特に，昨今の新聞報道に見られる著名企業の役員給与（報酬）の高額化に伴う大幅な格差をみると，もはや，税法が役員給与を「不相当に高額」と認定して否認することには，原則として消極にならざるを得ないと解されるのである(22)。

（注）
(16)　申告納税制度の下では，本来，実額による申告納税が前提とされており，したがって，例えば，調査非協力な納税者の推計課税は，税務調査の際に，申告内容の説明義務を懈怠した納税者に対する課税であるという特異性がある。したがって，「倍半基準」により多くの同業者を選定し，その利益率等を平均して算出した同業者率による推計には，各同業者間の特殊事情を平均値の中に包摂し捨象された利益率等に基づく合理性のある推計課税というほかに，当該非協力な納税者に対する課税という「相対的な評価」を背景として，厳格な類似性は要求しなくてもやむを得ないという背景がある。そこに多くの同業者を抽出する倍半基準の特質を見い出すことができる。
(17)　国税庁時代に訴訟に従事していた筆者は，かかる調査非協力な納税者の推計課税の合理性と，調査には協力するが，帳簿等の整備保存が不備な納税者に対する推計課税の合理性の程度はおのずと異なるという持論により国税の税務訴訟の主張を展開していたところである。
(18)　三木義一『現代税法の人権』勁草書房（1992年）219頁は，このような視座から指摘し，平均値課税は納税者の予測可能性を阻害する課税要件明確主義違反であると述べている。
(19)　この「5倍基準」は，組織再編成税制の共同事業による適格要件の規模の類似性要件であり，その規模がかけ離れていないということの一つの要素である。
(20)　従前の利益処分による役員賞与を事前確定届出給与により支給する場合のほか，毎月の定期の給与として支給している場合もある。
(21)　武田昌輔成蹊大学名誉教授は，条文は「不相当に高額」とされていることから，「ふさわしくないほど高い額」，「つりあわないほどの高い額」と解すべきと論じられている（武田昌輔「不確定概念規定の解釈方法の検討」税理21巻1号（1978年）5頁。）。
(22)　筆者は，平成2年までの10年間，国税庁審理室において訴訟事務に従事していたが，その間，過大役員給与（報酬）の訴訟事件には遭遇したことはない。その国税庁の時代に執筆担当した連載の論稿をまとめて1990年に『役員給与・交際費・寄附金の税

第3章　過大な役員給与（報酬）認定の今日的課題

務』（税務研究会）として発刊した著作の中で，「私見によれば，一般には，支給された役員報酬の額について（中略），類似法人の支給状況と対比し，また一般の社会通念上からしても，明らかに高額と見られる場合に否認規定が働くものと考えている。」（同書38頁）と指摘したところである。

Ⅳ 「不相当に高額な部分」の認定要素の個別的論点と具体的当て嵌め

以上では，過大役員給与（報酬）の認定に当たっての基本的出発点となる論点について論じたものであるが，以下では，過大役員給与（報酬）を否認する規定の解釈上の論点と本件事案への当て嵌めに関する一般論としての具体的問題点を検討する。

1 法人税法施行令70条と「不相当に高額な部分の金額」の認定基準

過大役員給与（報酬）の損金不算入の規定（法法34②）を受けた同施行令70条で定める「不相当に高額な部分の金額」では形式基準と実質基準の判断基準を措定している[23]。

同施行令70条1項イでは，不相当に高額な役員給与（報酬）の金額について，「内国法人が各事業年度においてその役員に対して支給した給与の額が，当該役員の職務の内容，その内国法人の収益及びその使用人に対する給与の支給の状況，その内国法人と同種の事業を営む法人でその事業規模が類似するものの役員に対する給与の支給の状況等に照らし，当該役員の職務に対する対価として相当であると認められる金額を超える場合におけるその超える部分の金額」と規定しているところである。

このような判定基準を「実質基準」と呼んでいるが，そこでは，①役員の職務内容，②その法人の収益の状況，③使用人に対する給与の支給状況，④業種・規模が類似する法人の役員に対する給与の支給状況等，の各要素に照らし，役員給与（報酬）が過大であるか否かを総合的に判断するとしている。ここで注意すべきことは，①ないし④の要素は，過大役員給与の判定の例示的要素で

あるにすぎず，これを固定的，硬直的に考えるべきではない。このことは，④の「支給状況等に照らし」として，「等」という文言を付加し，続いて「照らして」とされていることの文言の意味を解釈すれば，法は，①から④の要素以外の判断要素の存在を前提とし，かつ，前述した法の趣旨目的に即して総合評価して，不相当に高額な給与といえるかどうかの判断を行うという意味として理解すべきである。

換言すれば，機械的，平板的に類似法人の平均額又はその最高額を超える部分の金額が，「不相当に高額な部分」の役員給与（報酬）の額と認定することを意味しないということである。そこで，以下では，この4要素の持つ意味を検証しておくこととする。

(1) 職務の内容

この要素は，例えば，役員給与が専務取締役，常務取締役等の役付役員か否か，加えて，取締役が総務担当，営業担当等の担当業務の相違があることから，その職務内容により役員給与（報酬）の額が異なることがあり得ることを前提として，「職務の内容」という要素を加味したにすぎず，それ以上の特別の意味を有するものではない。

この要素が過大認定の要因となり得るとすれば，例えば，①代表取締役の地位にあるが，実質的には息子等の取締役が代表者として経営を行っている場合で，その代表取締役の報酬が，他の取締役の給与支給額に比して高額である場合，②取締役の妻が家事にも従事し，その職務に専念できない状況にあり，また，その職務内容から従業員等の給与額に較べて不相当に高額である場合，③会社のオーナーの親族等の役員が若年であり，その職務の実際の内容に比して，また，他の取締役の報酬額に較べて高額である場合，等が否認の対象の検討のために抽出されることになるであろう[24]。

(2) 「法人の収益の状況」

この要素は，常に一般化して重視する要素と位置づけることには疑問がある。

なぜならば，法人の各事業年度の収益の状況によって，役員の労務提供の対価である役員給与（報酬）の額が比例的に左右されるものではないからである。このことは，収益が半減したからといって，過去の事業年度と同様の職務執行のための労務を提供している以上，その役員の職務執行の対価である役員給与（報酬）を減額又は半減されるべきであるという議論は当然には成り立ち得ないということである(25)。

このように，役員給与（報酬）と法人の収益状況との関係には，明白な相関関係がない以上，この「収益の状況」という要素の位置づけは，例えば，その法人の収益・利益の増加又は減少している程度以上に，役員給与（報酬）額を異常に増額させた場合等，過大役員給与（報酬）の検討のための要素として取り上げられるという程度の位置づけである。

本件訴訟においても，平成18年2月期の売上，経常利益等と係争事業年度のそれとを比較しているが，かかる比較は参考程度の状況を示すものにすぎず，過大役員給与（報酬）認定の適法性の論証として有意な比較ということはできない。

特に，課税庁側の主張の矛盾点として強調して指摘しておきたいことは，平成19年2月期の過大役員給与（報酬）の認定に当たり，平成18年2月期の売上状況等の数値を比較していることである。課税庁の主張は，原告会社の平成19年2月期の売上高又は経常利益の額は，前期の平成18年2月期に比較して減少しているにもかかわらず，役員給与（報酬）額が増額していることを指摘しているが，これは，看過し難いお角違いの論理であるということが理解されていない。

すなわち，平成19年2月期の原告の役員に対する給与（報酬）の額は，その前期である平成18年2月期における業績等に基づいて事前に決定されるものであり(26)，平成19年2月期の役員給与（報酬）の決定に際して，進行中の同期の業績等を参考にして決定することは不可能であるし，しかも，平成19年2月期の終了後に役員給与（報酬）の額が決定されるものではないことはいうまでもないことであるから，課税庁の主張のように，平成18年2月期と比較して，同

第3章　過大な役員給与（報酬）認定の今日的課題

19年2月期の収益状況が低下したという実態を，本件役員給与（報酬）額の不当性をの根拠とすることは許されないことである。

　加えて，同両事業年度を比較すると僅かな収益の低減をもって，次の平成20年2月期の役員給与（報酬）の縮減につながるという論理的な相当性もない。むしろ，最高益を達成した平成18年2月期の業績をさらに上回る業績達成目標を持って，平成19年2月期及び平成20年2月期の役員給与（報酬）額を増額したとしても，それほど，不自然なことではない。

　このことは，本訴における課税庁主張のように，事後的に，平成19年2月期と同18年2月期の収益の状況と役員給与（報酬）の関連を見ることは，その結果の事象を知るという意味にすぎず，平成19年2月期の役員給与（報酬）が「不相当に高額」であると認定する判断要素となり得るものではない。両事業年度を比較して論難している主張は無意味な比較検証であるということである。

　ちなみに，前期と当期の売上高又は経常利益等の伸び率を斟酌して，前記の代表取締役の役員給与（報酬）額360万円にその伸び率1.5倍を乗じて，当期の適正役員給与（報酬）額を540万円と認定，これを上回る1,260万円を過大役員給与（報酬）と認定した更正処分を適法とした名古屋地裁平成6年6月15日判決（訟務月報41巻9号2460頁）があるが，これも，理解に苦しむ判決，というよりも明らかに誤った判決というべきである。

　なぜならば，売上高の増減又は経常利益の増減により，役員給与（報酬）の額が相関的に増減して決定されるという論理は，企業社会の慣行にも経験則にもないことは明白だからである。

　仮に，このような手法を採用するのであれば，少なくとも，前期の代表取締役の360万円の役員給与（報酬）が[27]，代表取締役の適正な職務執行の対価としての報酬であるということを証明することが不可欠であることは自明のことである。

　しかるに，同判決は，このような検証を怠り，機械的に売上げや利益の伸び率を採用して過大役員給与（報酬）を認定したものである。同判決は，前期の360万円の役員給与（報酬）が，不況が続いたために従業員給料の引下げを回

避して，代表取締役自らの給与を切り下げた結果であるという，同族会社であるが故の特異な事情を理解していないために，誤った判決を言い渡したものと思料する(28)。

(3) 「使用人に対する給与の支給状況」

　役員の職務内容と使用人の職務内容とは異質なものであり，使用人給与の支給状況が役員給与（報酬）の決定に直接的に影響を与えるという関連性はない。しかるに，かかる要素を法が指定したのは，例えば，過大役員給与（報酬）の支給が疑われる使用人兼務役員につき，使用人部分も含めて過大役員給与（報酬）の額を判定する場合，使用人の支給状況が問題となり得るからである。加えて，現実に，代表取締役の妻等の家族役員が家事の傍ら，接客等の僅かな業務しか従事していない場合には，過大な役員給与（報酬）の認定の参考に使用人の給与の支給状況が斟酌されることはあり得るところである。

　しかるに，本件訴訟事案における代表取締役等の役員の過大認定に当たっては，そこでの使用人の支給状況を比較することは意味のない比較であるといえるであろう。

(4) 「類似法人の役員に対する給与の支給状況」

＜基本的な理解＞

　第四の要素は，「その内国法人と同種の事業を営む法人でその事業規模が類似するものの役員に対する給与の支給状況」である。この類似法人の支給状況により現実の過大役員給与（報酬）の額が認定されているのが，現在の判決からうかがえるところである。

　しかしながら，過大役員給与（報酬）を認定した判決事例の多くは，その役員が代表取締役の妻等の親族で非常勤，その職務執行の内容も使用人と変わらない状況にある場合のように，一見して，その過大性が窺われる事例である。

　このような場合に，「不相当に高額な部分」の役員給与の額の認定に当たっては，いわゆる「倍半基準」により類似法人を選定して，その平均の役員給与

（報酬）額又はその最高額を採用して認定することが行われている。

　かかる事例の過大給与額の認定は，その具体的な過大役員給与（報酬）額を認定するに当たり，当該役員給与（報酬）の支給額が「一見して明らかに（ふさわしくないほどに）高額」であるという前提事実が認められる場合であり，このような場合には，類似法人を選定するに際しては，その所在地域，同業種・同規模の程度を弾力的に考えたとしても(29)，それほどの不合理な事態は発生しないという認識であろう(30)。

　ところが，本件訴訟事件の役員給与（報酬）の支給のように，その売上金額，経常利益等，さらには，代表取締役の多大な貢献の程度等の客観的事実に照らして，代表取締役等に支給した報酬額が「一見して明らかに（ふさわしくないほどに）高額」であるとはいえない事例である。したがって，「不相当に高額な部分」の給与額を認定判断する場合に当たっては，相当程度厳密な類似法人の選定が要求されることは当然のことである。

　その場合の類似法人は高度の蓋然性のある類似性を有した類似法人の選定が必要であるということ，言葉を換えれば，役員給与（報酬）の支給額には，その役員の職務執行の役務提供に対する報酬としての対価性を欠く「不相当に高額な部分」が含まれていると認定するわけであるから，その役員の職務執行に対する対価的性格を有しない部分の金額，すなわち，贈与的な意図をもった役員給与名義の支給であるという客観的事実の存在を証拠に基づいて合理的疑いを入れない程度に証明することが要求されるということである。

　そこで，このような類似法人の類似性の高度の厳密性を充足するためには，①類似法人の選定対象地域の範囲，②比準する類似法人の性格（同族会社か非同族会社か），③同規模の選定基準の「倍半基準」の是非，という視点からの検証が必要となる。

　このような視座から，本件訴訟事案の類似法人の選定における基準についての問題点を個別に検討することとしたい。

＜類似法人の選定対象地域の範囲＞

　本件訴訟では，類似法人の選定地域として沖縄及び南九州4県に限定して，

「売上高倍半基準」により類似法人を抽出している。

　ところで，後に述べるように，同業者（類似法人）の平均的経営比率を求めて個人所得の推計課税を行う場面においては，その納税者の事業が行われている地域（所轄税務署管内等）に所在する同業者に限定して選定することは，当該地域における事業経営の一般的共通性を認めることができるから，その合理性が認められる。ところが，本件訴訟事案のように，役員給与（報酬）又は役員退職給与の職務執行の対価性の有無を認定して，その対価性を否定する場面において，その類似法人の地域を限定することは問題がある。

　何故ならば，役員給与（報酬）の支給額の決定に際しては，その各地域において無視できないほどの地域的格差が認められるという性格のものではないからである。換言すれば，地域差によって不相当に高額な部分と認められる額の差異が発生するというものではなく，その差異があるとしても，それは許容される範囲内の差異であるにすぎず，捨象しても格別の問題は発生しないと解される。

　殊に，役員給与の多寡は，その企業内部における役員の貢献の程度により大きく左右されるものであるから，企業の外部者が，その役員の当該企業における貢献度を内部的（主観的）又は外部的（客観的）に評価して，定量的な価値評価（金額的評価）として測定できるという性格のものではない。いわば，個別企業が，過去の業績等の向上と企業の発展を斟酌し，今後の経営計画の実行に向けた貢献という期待的側面も含めて，加えて，日本の取引社会における役員給与の支給実態をも含めて総合的に決定されるという側面を失念してはならない。

　言葉を換えれば，役員給与の支給額の決定は，私的自治の領域の問題として考慮すべきものであり，特に，平成18年度の税制改正後の役員給与の過大認定の本質は，役員の職務執行の対価としての欠落，つまり，その給与の性格が，当該企業から当該役員に対しての贈与的性格の支出と認定することに他ならないから，これを証明するためには，本件のように，沖縄と南九州4県の狭い地域に限定して類似法人を求めることの合理性は認められない。

第3章　過大な役員給与（報酬）認定の今日的課題

むしろ，泡盛の製造販売のトップメーカーとしての本件原告は，日本全国の飲食店等又は消費者を対象に販売網を拡大して企業展開を図っていることを考慮すれば，類似法人の選定は，可能な限り，広い範囲の地域を対象として抽出することがより合理的である。これを失念して，狭い範囲の地域に限定して抽出した類似法人に基いた過大給与認定の合理性には大いに疑問があるということができる。

<比準する類似法人の性格（同族会社か非同族会社か）＞
　〜同族会社の特異性と類似法人としての比準性の欠如〜

　過大役員給与の否認は，古くから租税回避行為の否認，つまり，同族会社の行為計算の否認規定の適用対象とされていたところである。しかして，その行為計算の否認の「不当減少」とされる取引の行為は不合理，不自然な行為を否認するというものであるが，この場合の判断基準は，古くは「非同族会社比準説」であったが，昨今の通説は，「経済的合理性基準説」によっている。

　ところが，過大役員給与（報酬）の否認に関しては，その給与の支給という行為そのものの合理性が問題とされているのではなく，支給した役員給与額が「不相当に高額」か否かが問題とされるものであるから，「経済的合理性基準説」に立って判断するよりも，数多くの株主の存在により，お手盛りによる役員給与（報酬）の支給は行われないであろうという視点から，非同族会社で支給されている役員給与の支給額が，標準的な公正な支給額であるという前提に立つ「非同族会社比準説」によることが合理的であると考えている[31]。

　また，中小企業を中心とした同族会社においては，欠損金を計上した場合には，会社の維持存続を図るために使用人給料の支給水準を維持しつつ当該役員給与（報酬）の額を大幅に削減する場合があり，また，逆に，このような役員給与（報酬）を削減していた場合に業績が回復した場合には，その売上高の利益金額の伸び率以上に役員給与（報酬）を増額する場合があるということは，同族会社の支給事例の特質でもあるということを失念してはならない[32]。

　したがって，前事業年度の収益・利益状況と比較して，その増加割合に比較して役員給与（報酬）額の増額割合が大きいという理由で，過大役員給与（報

酬）を否認することは誤りであるということができる。

その意味では，過大給与の認定に当たっては，類似法人のうち，同族会社を除く非同族会社に限定することが合理的であるというべきである。特に，本件における類似法人の選定基準は非同族会社に限定されてはいないので，本件における類似法人には，多くの同族会社が含まれていると推測される。

そうであれば，その同族会社の特異性に鑑み，非同族会社の類似法人を可能な限り多数抽出するために，全国的地域を対象に可能な限り選定対象範囲を拡大して抽出することが妥当である(33)。

ちなみに，昭和40年度の法人税法の全文改正前における「同族会社の行為計算の否認規定」を適用した事例で，上記の視点から，類似法人5社の中に同族会社が含まれていたことを根拠の一つとして，過大役員報酬の否認処分を取り消した判決として，東京地裁昭和33年12月23日判決（行集9巻12号2727頁）がある(34)。

（注）
(23) ここでは，本件事案に即して実質基準について論じ，形式基準に関しては論じないこととする。
(24) 大淵博義『裁判例・裁決例からみた役員給与・交際費・寄付金の税務（改定増補版）』税務研究会出版局（1996年）101頁以下参照。
(25) 一定期間で考えれば，役員給与（報酬）への影響があり得るとはいえるが，その収益の状況が必然的に役員給与（報酬）に影響するという断定的な論理は成り立たない。景気の低迷の時にこそ，経営者責任による資金繰りの努力，立ち直るための様々な施策の実行等，経営者としての職務執行は好況時以上の業務執行が行われているということがいえるのである。
(26) 原告が経営計画に基づいて役員給与（報酬）は決定されるという主張を展開しているのは，このような点を考慮しているからにほかならない。
(27) この額は，当時の大学卒の初任給の平均額よりもやや上にある程度の給与である。また，増額した当期の報酬額1,800万円の報酬も，上場企業の使用人のサラリーマンの部長クラスの給料と同程度と推測されるが，かかる使用人給料と同程度の役員給与（報酬）が，「不相当に高額」と判断することの不自然さを理解して欲しいものである。なお，この事件の課税処分は，類似法人の平均値の報酬額800万円余を適正報酬としている。
(28) この判決の問題点の指摘については，大淵博義『裁判例・裁決例からみた役員給

与・交際費・寄付金の税務（改定増補版）』税務研究会出版局（1996年）89頁を参照。
⑵⑼ このような一見して明白な過大認定の場合の類似法人の選定の所在地域に関しては，一定の限定的範囲であるとしても許される。
⑶⑩ これまでの判決事例の多くはこのような事例であるということができる。
⑶⑴ 昭和40年以前の同族会社の行為計算の否認規定による過大給与の否認の判決は，非同族会社比準説に立っており，したがって，原則として類似法人に同族会社は含むべきではないという理念の下で，比準する類似法人は非同族会社の選定を標榜し，類似法人に同族会社が多数含まれている場合には，その給与の過大認定は不合理として取り消されていた事例がみられるところである（注24参照）。
⑶⑵ 前述した名古屋地裁判決は，このような事例であるが，税務当局及び裁判所が，このような同族会社自体の特質を失念したところに誤謬と評価できる過大役員給与（報酬）の否認か支持されたものである。
⑶⑶ ここで述べた問題点については，前述した名古屋地裁判決を批判した拙稿「過大役員報酬の認定とその基本的法理―名古屋地裁判決に触れて―」税務通信No.2419，No.2420（1997年）において詳細に論じている。
⑶⑷ この控訴審では類似法人の数を抽出するために選定地域の範囲を拡大している。このほかに，類似法人の大半が同族会社であると認定して過大報酬の否認を不当とした判決として，広島地裁昭和35年5月17日判決（行集11巻5号 1472頁）があるが，これも，控訴審で選定対象地域を広げている。

結びに代えて

1 役員給与（報酬）の支給と節税（租税回避）との関連

　本件「泡盛酒造会社事件」の場合もそうであるが，原告会社が代表取締役及び他の役員に対して支給した役員給与（報酬）の支払いによる法人と個人の同族株主グループ全体が納税する法人税，所得税及び地方税を含む納税額の総額は，課税庁認定の「適正役員給与（報酬）額」を前提とした納税額よりも多額となっている。したがって，原告が夙に主張しているように，本件役員給与（報酬）の支給は租税回避（節税）のために行われたものではないということにも留意すべきである。

　そうであれば，原告会社と同族株主のグループから拠出される納税額がより多額となるにもかかわらず，本件役員給与（報酬）が支給されたことの真の意図は，長年に亘る役員の原告会社に対する貢献と法人の業績を評価して，当該役員の職務執行の対価を支給したということにほかならない。しかして，かかる原告会社の代表取締役等の経営能力により，原告会社の優良な業績の下での持続的な事業の拡大，発展に貢献した代表取締役等の役員の経営能力，特に，本件原告会社の代表取締役等の役員らが女性等を中心とした大衆の飲みやすさを追求して，泡盛製造の新技術の研究開発に成功したことによる売上げの増大等，原告会社の飛躍的発展という顕著な貢献，その結果の無借金経営の達成等，当該代表取締役等の役員の特筆すべき経営成果に鑑みれば，沖縄県及び南九州４県の狭い範囲の焼酎製造業者から売上倍半基準により比較類似法人を抽出し，その平均値又は最高値の役員給与（報酬）の金額を超える役員給与（報酬）の額」を不相当に高額な給与と認定することは，原告会社の代表取締役の稀有な技術研究能力と経営能力を捨象し無視したことにほかならないものであり，き

わめて不適切であるということができる。

　すでに論じたように、平成18年度改正により、従前の租税回避行為の否認規定である過大給与の否認規定の法的性格は、その職務執行の対価性を欠くいわば贈与的な性格の給与と認定できるほどに「不相当に高額」である給与を否認する規定と解すべきであるから、類似法人の平均値課税による過大給与の認定課税は、本件のような代表取締役等役員の稀有な技術開発能力、経営能力を評価して支給された役員給与の過大性認定に当たっては不適切であるというべきである。

2　役員の経営等の「能力」の評価と役員給与（報酬）額の決定との関連

　原告会社が役員の経営及び泡盛の醸造技術に関する能力と同様の能力を有する役員の報酬と比準して、本件役員給与（報酬）の過大性を認定すべきであると主張したのに対して、一審判決は、かかる比較法人の役員の経営能力等に関して客観的に評価することは困難であるとして、その主張を排斥している。

　確かに、一審判決が判示する側面があることは否定しないが、そもそも、役員の職務執行の対価たる役員給与（報酬）の額は、法人の過去の業績、内部留保の額、貢献の程度等に大きく影響されることは当然のことではあるが、本件の代表取締役や他の役員のように、過去において、泡盛を飲みやすくする製造技術の研究開発を成功させて、大衆の購買意欲を格段に増大させ、原告会社の売上げの増加に多大な貢献を果たしたという実績と、それによる原告会社の飛躍的な業績向上、法人の純資産形成に寄与した代表取締役等の経営能力及び研究開発の技術的能力等の経営努力を評価して、その対価としての役員給与（報酬）を支給したとしても、それが明らかに異常なまでに高額と評価できない本件の場合、類似法人の役員給与（報酬）の最高額を超える部分については当該役員の職務執行の対価性が欠如した実質的な贈与（寄附）として、その損金性を否定することは許されないと解すべきである。

ところで，役員の経営等の能力評価の合理性の判断を要求する原告会社の主張に対して，一審判決は，比較法人の役員の能力を測定して評価要素とすることは，恣意性が介入することから困難であるとして捨象する。しかし，かかる理論は，原告会社が過去の事業年度における研究開発による泡盛の売上げの増大への貢献及び将来の中長期的な持続的経営への期待を込めた代表取締役等に対する役員給与（報酬）額を決定することとした本件原告会社の私的自治の原理原則を無視して捨象するということである。

確かに，他の比較法人の役員の能力を定量的に評価することは困難を伴うものであるが，それだけに，本件原告会社の業績に貢献した代表取締役等の役員らの経営面及び開発研究面の能力を個別に評価して，その役員給与（報酬）額の相当性を判断することが要求されることになるということである。

ところで，所得税法において必要経費控除が認められている青色事業専従者給与の相当性の判断に当たって，次のような個別通達が発遣されている。

個別通達　昭和40年10月8日　直審（資）4「青色事業専従者が事業から給与の支給を受けた場合の贈与税の取扱いについて」

> （青色事業専従者が事業から給与の支給を受けた場合）
> 1　青色申告書（所得税法第2条（（定義））第1項第39号〔現行＝第40号〕に規定する申告書をいう。）を提出することにつき税務署長の承認を受けている者（以下「青色申告者」という。）と生計を一にする配偶者その他の親族（年令15才未満である者を除く。）のうち，もっぱら当該青色申告者の営む事業で不動産所得，事業所得または山林所得を生ずべきものに従事する者（以下「青色事業専従者」という。）が当該事業から給与の支給を受けた場合において，その支給を受けた金額がその年における当該青色事業専従者の職務の内容等にてらし相当と認められる金額をこえるときは，当該青色事業専従者は当該青色申告者からそのこえる金額に相当する金額を贈与により取得したものとする。

第3章　過大な役員給与（報酬）認定の今日的課題

> （職務の内容等に照らし相当と認められる金額の判定）
> 2　「1」において，青色事業専従者が従事する事業から支給を受けた給与の金額が当該青色事業専従者の職務の内容等にてらし相当と認められるかどうかは，その年に現実に支給を受けた給与の金額について，当該事業またはその地域における当該事業と同種，同規模の事業に従事する者で，当該青色事業専従者と同性質の職務に従事し，かつ，能力，職務に従事する程度，経験年数その他の給与を定める要因が近似すると認められるものの受ける給与の金額を基として判定するものとする。」

　この通達から明らかなように，専従者給与の相当性の判断に当たっては，専従者の「能力，職務に従事する程度，経験年数」等を斟酌して判断するとしているところであり，このことは，その「能力」が給与の額を決定する重要な要因であるということを，課税当局自らが容認しているところである。

　ところで，役員給与（報酬）の適正額の認定に際しては，従業員の専従者給与の額の決定以上に，その経営能力等がより強く影響されるものであることは自明のことであるから，本件一審判決のように，比較法人の役員の能力の評価の困難性を根拠として，本件原告会社の役員給与（報酬）額の相当性の判断において，代表取締役等の能力等の個別的評価を無視して捨象することは許されないと思料する。

　特に，過去における研究開発の成果（努力）が，現実の売上等の業績に反映されるのは，タイムラグがあるが，本件原告会社においても，泡盛の飲みやすさ等の大衆化に腐心して研究開発した本件代表取締役を中心とした役員らの努力の成果は，売上等の増大等，業績に徐々に顕現されており，その結果，本件係争年度直前の平成18年2月期には過去最高の売上高を達成するに至っている。

　そこで，かかる業績向上を前提として，その後のさらなる業績拡大と向上を計画し，平成18年2月期以上の業績拡大を意図して，翌事業年度の平成19年2月期の役員給与（報酬）額を増額したものであり，しかして，同事業年度の売上等が減少したからといって，そのことをもって，代表取締役等の役員の報酬

が異常に高額な報酬額と認定する要素とすることは不適切であるというべきである。

3 ま と め

　本稿では，過大役員給与（報酬）の認定における様々な論点とその問題点について論じたところであるが，冒頭に指摘したように，我が国の役員給与（報酬）制度は制度改正の影響もあり，欧米化に向っているものと認識されている。特に，ストック・オプションによる給与制度の導入，利益連動給与の採用，最近の譲渡制限付き株式報酬制度の導入等，インセンティブ報酬の活用が許容された結果，多額な役員給与（報酬）の支給事例が多発している現状を踏まえれば，もはや，一般の役員給与（報酬）制度の下での役員給与（報酬）の支給について，他の類似法人の支給事例の支給額に比準して，その平均額又は最高額を上回っている場合には，不相当に高額であると認定することの不自然さは顕著であるということができよう。

　特に，本件「泡盛酒造会社事件」のように，過去の研究開発の成果により，泡盛の飲みやすさの点で格段に改善されて売上げの増大に寄与した代表取締役等の長年の経営への貢献に対して，本件原告会社がその価値判断に基づいて決定した役員給与（報酬）については，その能力と格別な貢献を認識する立場にない税務署長が，その価値評価を類似法人の支給事例に基づいて認定判断することは，そもそも困難という認識を前提として，「特段の事情」が認められない場合には，その法人の経営的評価を尊重して容認することが合理的であるということがいえよう。

　しかるに，例外的に，その役員給与（報酬）の過大認定に基づく贈与的費用として，その損金性を否認することが許されるのは，その業績内容，過去の貢献の程度，勤務年数，職務内容の程度等からみて，誰の目から見ても（客観的に評価しても），不整合といえるような不合理に高額な役員給与（報酬）を支給しているという，いわゆる「特段の事情」の存在が明白に認められる場合に

限定されると解すべきである。

第4章

退職給与を巡る税法上の諸問題の検証

I はじめに

　法人税法の退職給与を巡る論点は幾つかあるが，ここでは，退職給与の意義，退職給与の打切支給及び退職給与の過大認定を巡る論点について検討を加えることとする。

II 退職給与の意義

1　退職給与の意義

　法人税法上は，退職給与を役員給与の一つとして位置づけているが，その定義規定等の特段の定めは措置されてはいない。これに対して，所得税法は，「退職所得とは，退職手当，一時恩給その他の退職により一時に受ける給与及びこれらの性質を有する給与」（所法30①）と規定している。このような退職

所得の定義に規定する「退職手当，一時恩給その他の」とされていることから，これらの退職手当等は「退職により一時に受ける給与及びこれらの性質を有する給与」の例示であり，したがって，退職所得とは，「雇用関係等の終了による企業からの離脱ないしこれらに準ずる事情にある場合に，一時に支払われる給与」ということを意味することになる(1)。この場合の退職所得の本質的意義は，過去の報酬（賃金等）の後払い又は過去の功労に対する報償的性格を有するものであり，かつ，老後保障的性質を有する複合的性質を有する給与といわれているところである。

このような所得税法上の退職所得の意義は，法人税法上の退職給与においても同様と解すべきであり，それが社会的に使用されている「退職給与（所得）」と同義であることからも，法人税法上の退職給与をこれと別異に解する余地はない。

ところで，所得税法上の退職所得の定義によると，退職所得とは，企業からの離脱により支払われる本来の退職給与の他に，これらの性質を有する給与の二つが含まれることになる。本来の退職所得と性質を同じくする後者の退職所得とは，①新たに退職給与規定を制定又は改変するに際しての過去の期間の退職手当等としての打切り支給，②使用人から役員になった者に対する使用人期間にかかる退職手当等としての打切り支給，③退職と同様の事情にある役員の分掌変更等に際して支払われる退職手当等としての打切り支給，④定年後に再雇用される場合に定年までの期間について支払われる退職手当等，⑤定年延長に際して延長前の期間に係る退職手当等で相当の理由がある場合，⑥法人の解散後に清算事務に従事する者に対する解散前の勤務期間に係る退職手当等，が規定されている（所基通30-2）。

これらの規定の内容は，法人税法上もほぼ同様の規定が措かれているが，このうち，役員の分掌変更等の場合の退職給与（法基通9-2-32）について，次のような実質的に退職と同様の実態にある役員についての退職給与の打切支給を認めている。

第4章　退職給与を巡る税法上の諸問題の検証

①	常勤役員が非常勤役員になったこと	代表権を有する者・実質的に経営上主要な地位を占めていると認められる者は除く。
②	取締役が監査役になったこと	実質的に経営上主要な地位を占めている認められる者・使用人兼務役員とされない持株を有する者は除く。
③	分掌変更後に報酬が激減したこと（おおむね50％以上の減少）	その分掌変更後においても経営上主要な地位を占めていると認められる者は除く。

　ちなみに，所得税基本通達と法人税基本通達の規定上の差異について付言すると，法人税基本通達では，上記②の取締役が監査役の場合が規定されているが，所得税基本通達では格別規定されていないこと，法人税基本通達では上記③の分掌変更後の報酬が激減した場合にあっても，経営上主要な地位を占めていると認められるものを除くこととしているが，所得税基本通達では特に規定していないこと，所得税基本通達では，法人解散後も清算事務に従事する役員等に際して解散前の期間に係る退職手当等の支給が規定されているが，法人税基本通達には格別規定されていないこと，という点がある。しかしながら，かかる差異があるからといって，所得税法と法人税法との間で，退職所得と退職給与の取扱いが異なるというものではない。要するに，同通達の規定は，退職手当と同様の性質を有する給与の事例を例示的に示したものにすぎないから，そこに規定がされていないからといって，どちらか一方が退職手当又は退職給与に該当しないということにはならない[2]。

　また，上記③の場合に経営上主要な地位を占める者を除くと規定されていることは，分掌変更は職務内容の変動による報酬の半減であるから，役員が分掌変更後も経営上主要な地位を占めているのであれば，退職と同質の職務内容の変動とはいえないから，当該報酬の激減は，実態の伴わないみせかけであると認定され，打切支給が認められないのは当然のことである。この制限要件は，平成19年改正により追加されたものであるが，それは，役員報酬を半減すれば退職給与の打切支給が認められるという誤解があり，それを実践して問題となる事例が後を絶たないということであろう。しかして，かかる制限要件が付加される以前と以後で，その取扱いが異なるというものではない。

247

ところで、税法上は、上述したような実態に応じた打切支給が認められているが、それは、所得税法30条1項において、退職所得とは、「退職手当、一時恩給その他の退職により一時に受ける給与及びこれらの性質を有する給与」と規定されていることから、ここでの「これらの性質を有する給与」に含まれる給与として、雇用関係の終了による企業からの現実の離脱という本来の意味での退職とは異なる実態にあるとしても、これと同質の意図、目的からの支出として退職所得（退職給与）の範囲に含めていることに基因しているといえよう。そして、このことが、企業慣行の実際に照らしても、退職給与を受領する従業員等においても、法的、経済的実質に適っていることはいうまでもないことである。

　その意味では、「退職」という観念は、民商法からの借用概念ではなく、租税法上の固有概念である(3)、ということになるとしても、企業の慣行として、かかる退職給与の支給の実態に鑑みて退職所得の意義を法定したものと解すべきであり、したがって、税法が特別に退職給与としての損金算入を容認したと解すべきではないであろう。

2　短期定年制の退職給与の性格

(1)　短期定年制の背景

　以前、短期の定年制により支払った退職給与名義の金員が退職所得か給与所得かという点が争われた判決がある。企業が採用する短期定年制は、将来における退職給与の支給に不安を抱く従業員側（労働組合）からの要求により制定されたという経緯がある。かかる短期定年制の創設は、当時では、現実の企業社会の雇用情況等の変化を背景とするものというよりも、退職給与金の確実な取得、つまり、退職給与の前払いにより退職金を確実に利得するという従業員側の要請とともに、高額な退職給与の支払いが回避できるという使用者側のメリットとが一致した結果の所産であるといえるようである。しかして、かかる短期定年制による退職給与の支給は租税回避の意思が働いたものではないため、

新たな雇用条件としての短期定年制として理解すれば、格別、異を唱えることを要しないということも、あながち不当とはいえない側面もある。

ところが、短期定年制に基づく期間満了より支給される給与は、その期間の長短や再雇用による雇用契約の継続という事実からすると、現実の企業からの離脱、つまり、「雇用関係の終了」という本来の退職の実態とは異なるという側面もあり、短期定年制の当該期間が短期であればあるほど、給与所得の追加的一括払いの経済的効用を有するものでもあるという点も否定できないところである。そのために、退職所得と給与所得との限界をどこに求めるかということが問題となる。

加えて、退職給与は、雇用契約による勤務により支給された過去の給料、賃金等の後払的性格があり、また、退職後の老後保障としての性格を併せ持つものであることから、雇用契約という継続的な所得源泉のある給与所得とは性格を異にするもので、その担税力にも差異があり、この点を考慮して所得税法上は、退職所得については退職所得控除を認め(4)、かつ、その控除後の退職所得の金額の2分の1を課税対象とする課税制度が採用されているところである。このように租税負担が軽減されている退職所得の課税制度が、給与所得を退職所得に化体させるというインセンティブにもなっている。後に述べる役員退職給与の打切支給の是非が争われるケースはかかる要因が問題とされた事例である。

ところで、仮に、短期定年制が社会的慣行として定着するのであれば、そこで支給される退職給与は、終身雇用制を背景とした長期間に亘る勤務にかかる報酬の後払いという性格とは異なり、しかも、老後保障的性格も喪失されることになるから、現行の退職所得の課税制度では不合理が生じるということにもなり、したがって、現行の退職所得課税制度は根本から改められる必要性が生じることになろう(5)。

従前、このような短期定年制による退職給与の支給が退職所得か給与所得かが争われた実例は2件であるが、そこでの最高裁判決の判示により、5年定年制の退職所得は賞与として給与所得とされ、10年定年制については、一定の制

限の下で退職所得として容認する判決が言い渡されたが，その後，現実に，かかる短期定年制が一般化しているという事態は発生していないようである。

以下では，この短期定年制の判決について，その論点を検証することとする。

(2) 過去の二つの裁判例の判示内容

ア 短期定年制に基づいて従業員に対して支給した退職給与の性格が争われた裁判例として，5年定年制と10年定年制に基づいた退職給与の支給事例があるが，5年定年制については，最高裁昭和58年9月9日判決（判例時報1093号65頁）は使用人賞与と認定し，10年定年制については，最高裁昭和58年12月6日判決（判例時報1106号61頁）は，10年経過後においても雇用が継続している場合には，雇用条件等が実質的に退職と同様の事情が認められない場合には退職所得には該当しないと判示し，かかる事実の存否を審理すべく原審に差戻した。その差戻控訴審の東京高裁昭和59年5月31日判決（税資136号順号5359）は，退職の事情は認められないと判示して，その退職給与の支給は使用人賞与として給与所得と認定した課税処分を適法としている。

5年定年制判決の事例は，従業員の提案により従業員給与規程を改定して，5年経過後ごとに退職給与を支給することとして，原告会社は，退職給与を現実に支給したものの源泉徴収すべき所得税がなかったことから，納税の問題は生じていなかったが，所轄税務署長は，当該給与は給与所得に該当するとして源泉所得税の納税告知処分等を行ったものである。

本判決は，退職手当に該当するかどうかについては，所得税法30条1項の規定の文理及び退職所得の優遇課税についての立法趣旨に照らして決すべきであるとし，退職所得というためには，①勤務関係の終了という事実により給付されるものであること，②従来の継続的な勤務に対する報償ないしその間の労務の対価の一部の後払いの性質を有すること，③一時金として支払われること，という要件が必要とし，さらに，所得税法30条1項に規定する「これらの性質を有する給与」というためには，実質的にみてこれらの要件の要求するところに適合，課税上，右「退職により一時に受ける給与」と同

一に取り扱うことを相当とするものであることを必要とする，と一般論を判示した。その上で，本件の事実関係に即して，5年経過後においても従来のまま就労を継続し，新規採用者とは異なり6日の有給休暇も与えられていること，中小企業退職金共済制度の掛金の支払いも継続しており，この制度の関係では従前の勤務期間は通算することとされていること，給与規程では5年経過毎に退職給与の支払いを受けた者は従業員の身分を失う旨の定めはなく，また，従業員の定年は55歳とする旨規定されて定年までの身分が保証されていること，を認定した上で，これによれば，実質的には当該退職金の支払いは雇用契約が継続している者に対する退職金の前払いの性質を有するものであるから，「退職手当，一時恩給その他の退職により一時に受ける給与」には当たらず，「これらの性質を有する給与」にも当たらないから，退職金名義の金員にかかる所得は退職所得には当たらない，と判示した。

イ　10年定年制判決の事例は，会社更生法の適用を受けた会社の従業員の要求に応じて，就業規則を変更して，「従業員の定年は満55歳とする。又は勤続10年に達したもの。ただし，定年に達した者でも業務上の必要がある場合，会社が本人の能力…（略），及び健康状態などを勘案して選考のうえ，あらたに採用することがある。」と規定された。これに従って，法人は，10年に達した者に退職金を支給して，退職所得にかかる源泉所得税を徴収して納付したところ，所轄税務署長は，当該退職金名義の金員は給与所得であるとして源泉所得税の納税告知処分を行ったものである。

原審判決（大阪高裁昭和53年12月25日判決・税資103号順号4305）は，使用者から被用者に対して支給された金員が所得税法上の退職手当（退職金）に該当するためには，原則としてそれが被用者の退職，すなわち雇用契約の終了に伴い，退職者に支給されるものであることを要する。しかしこの場合，被用者が常に事業主体から完全に離脱しこれと絶縁することを要するものと解すべきではなく，例えば，被用者が一旦退職金名義の金員の支給を受けたのち引き続き雇用関係を継続している場合であっても，当該退職金が支給されるに至った経緯など特段の事情があるときは，退職所得の制度趣旨に照しこ

れを税法上の退職所得と認めるべき場合が存する、と判示した。

　その上で、納税者（原告・被控訴人会社）の勤続満10年定年制は、一般にみられる定年制と比較して特異なものであり、また10年に達したとして退職金の支給を受けた従業員の大半が改めて明示の雇用契約を締結することなく引き続き原告会社に勤務しており給与、役職等について何らの変化もないが、他方、定年制が就業規則に明記されている以上、従業員には10年に達した後引き続き雇用されることを会社に要求する当然の権利はなく、再雇用については原則として会社に選択権があるといわざるを得ないとし、定年者の大半が引き続き納税者に勤務していることについては、労働市場において退職者に代わるべき若い労働力を確保できなかったこと、会社の主力になって働くべき者が多く含まれていたことによるものであることが認められ、新たに明示の雇用契約を結んでいない点についても、会社と被用者間に黙示の再雇用契約が締結されたものと解することができ、さらに勤務条件等が変化していないことについても、10年定年制採用当初の事務的な不慣れが原因であったものであり、現在では明確に区切りをつけていることが認められると認定した。これらの点、そして特に納税者の定年制が、租税回避の目的で設定されたものではなく、前記認定のように納税者の倒産状態からの再建過程にあって労使双方の一致した意見により採用されたという特殊事情を総合すると、納税者の従業員の勤続満10年定年制に基く退職は、その後の再雇用の如何にかかわらず社会一般通念上も退職の性格を有するものと認めるのが相当であり、納税者が支給した「退職金」は、まさに右の満10年の定年に達した者に一時に支給されたものであること、また、引き続き再雇用された右の者のうち、その後実際に退職するに至った者に対する新たな退職金の計算については、再雇用前の10年の勤務期間が一切加味されていないこと、及び前記の所得税法上の退職所得の制度趣旨等に鑑みると、本件「退職金」は、所得税法上給与所得とすべきものではなく、退職所得に該当するものと認むべきである、と判示した。

　これに対して、最高裁昭和58年12月6日判決（判例時報1106号61頁）は、

第4章　退職給与を巡る税法上の諸問題の検証

　所得税法30条1項の「退職手当，一時恩給その他の退職により一時に受ける給与」に当たるかどうかについて，前記5年定年制の最高裁判示を引用した上で，本件についてみれば，勤続満10年に達したものとして退職金名義の金員の支給を受けた前記15名の者は，その後ほどなく退職した2名の者を除き，引き続き被上告人に勤務していたこと，そして，これらの者の役職，給与，有給休暇の日数の算定等の労働条件に変化がなく，社会保険の切替えもされなかったものであり，納税者（被上告人）において，従業員との合意により，従前の満55歳定年制を存置させたまま，それ自体では従業員にとって不利となる勤続満10年定年制という新たな制度を設けた直接の動機は，主として，従業員が早期に退職金名義の金員の支給を受けられるようにするためであるとみられるのであって，この場合，従業員の関心は，専ら，勤続満10年に達した段階で退職金名義の金員の支給を受けられるということにあったもので，従業員としては，その段階で退職しなければならなくなるということは考えておらず，かえって，従前の勤務関係がそのまま継続することを当然のこととして予定していたものとみるのが相当であると認定した。そして，従業員の勤務関係が外形的には右定年制にいう定年の前後を通じて継続しているとみられる場合に，これを，勤続満10年に達した時点で従業員は定年により退職したものであり，その後の継続的勤務は再雇用契約によるものであるとみるのは困難であるといわなければならないと判示した。このような場合に，その勤務関係がともかくも勤続満10年に達した時点で終了したものであるとみ得るためには，右制度の客観的な運用として，従業員が勤続満10年に達したときは退職するのを原則的取扱いとしていること，及び現に存続している勤務関係が単なる従前の勤務関係の延長ではなく新たな雇用契約に基づくものであるという実質を有するものであること等をうかがわせるような特段の事情が存することを必要とするものといわなければならない，と判示した。

　そして，退職手当等と同様の「これらの性質を有する給与」に当たるというためには，当該金員が定年延長又は退職年金制度の採用等の合理的な理由

による退職金支給制度の実質的改変により精算の必要があって支給されるものであるとか、あるいは、当該勤務関係の性質、内容、労働条件等において重大な変動があって、形式的には継続している勤務関係が実質的には単なる従前の勤務関係の延長とはみられないなどの特別の事実関係があることを要するものと解すべきところ、原審の確定した前記事実関係の下においては、いまだ、このように本件係争の金員が「退職により一時に受ける給与」の性質を有する給与に該当することを肯認させる実質的な事実関係があるということはできないとして、その特別の事情の有無について審理することを求めて原審に差し戻したものである。

差戻審の大阪高裁昭和59年5月31日判決（税資136号672頁）は、「勤続満10年定年制の適用により退職金名義の金員を受領した従業員12名について、その受給後存続する勤務関係が従前の勤務関係の延長ではなく、新たな雇用契約に基づくものと認めるに足る証拠はなく、更に右金員が定年延長、退職年金制度の採用等の合理的理由による退職金支給制度の実質的改変による精算の必要に基づく支給であるとか、勤務関係の性質、内容、労働条件等において形式的に継続している勤務関係が、実質的には単なる従前の勤務関係の延長とはみられないなどの特段の事情の存在を認めることができないから、本件金員は、勤務関係の継続中における給付であって、退職すなわち勤務関係の終了という事実によって初めて給付されるものではなく、実質的にみて課税上「退職により一時に受ける給与」と同一に取り扱うことを相当とするものでもないといわなければならないので、本件金員を給与所得とした課税処分は適法である。」と判示した。

(3) 両判決の論点

この両事案から言えることは[6]、まず、5年定年制の5年間というのは、現行雇用制度の下では短いものであるという点に加えて、就業規則では満55歳までの身分が保証されており、また、雇用関係も従前と変わらず継続していることから、その退職給与名義の金員は退職所得ではなく給与所得とした結論には

第4章　退職給与を巡る税法上の諸問題の検証

一応首肯できるものであろう。ところが、かかる退職給与名義の金員の支給は、「雇用契約の終了」という本来の退職により支給される「退職手当…その他の退職により一時に受ける給与」に該当しないことは明白であるとしても、退職所得の定義規定にいう「これらの性質を有する給与」に該当するのではないかという疑念は払拭できないということもいえよう。

　このことは、「これらの性質を有する給与」が、「雇用契約の終了」による企業からの離脱という本来の退職に際して支給される退職金以外の金員の支給が「これらの性質を有する給与」として、退職所得に含まれていることから、退職金を経済的、実質的意義から解釈する余地はあるのではないかという疑念も払拭できないところである。

　この点に関して、短期定年制の退職金は、退職の事実が確定していないとしても、その経済的実質は「退職金の性質を有する給与（退職金の分割支払）」であり、その分割払いの利得は、賞与というよりも、「退職金の性質を有する給与」というべきであり、労働条件の恵まれていない短期定年制の下にある者に、退職給与としての租税負担軽減の特典を与えるようにする取扱いは、立法論ではなく、解釈論としてカバーできるのではないだろうか、と論じられている(7)。

　また、かかる短期定年制による退職給与名義の支給が退職所得か否かの判断に当たっては、いわゆる「勤務年数の打切り計算」か否かを絶対的な条件とする立場から、本件5年等の短期定年制による退職給与の支給は、その5年間の勤務期間は、その後の退職給与の支給計算において加味されないこととしている以上、退職所得になるものと判断できそうであるとする見解も見られる(8)。

　かかる解釈論による指摘は、5年間の勤務年数に係る退職金として支給された金員が給与所得として課税されると、高い累進税率が適用されるという制度上の現実の矛盾が背景にあり、そこで、退職所得の負担軽減と同様の措置が与えられるべきではないかという視座に立つ所論である。この点が短期定年制の最大の論点といえよう。

　この点に関連して、本件5年定年制の退職金を受領した従業員は、その後も

それ以前と同様の雇用条件で勤務していることから，退職による一時金の性質を有する給与とはいえないとしながらも，立法政策的に平準化措置の採用が検討されてしかるべきであるという指摘がなされている(9)。この点は現行法の解釈で考慮することは困難であるから，かかる5年定年制の短期のかつ退職の実態のない変型定年制を採用して退職給与名義の金員を供与した納税者の責任ということになるのであろう。

ところで，10年定年制の最高裁判決の判示においても指摘されているように，短期定年制は従業員の要請としての制度であるとしても，従業員の真意は5年又は10年経過後も雇用関係が継続するという意識が前提にあるものと思われる。このことは，両事案が就業規則等において55歳の定年制を維持していること，一方で，一定期間経過後に，短期定年制における退職給与名義の金員を取得，その後，55歳定年で退職した場合の退職金は，すでに支給された退職金名義の計算とされた勤務期間は含まれないこととされているところである。また，55歳定年制を堅持していることと，短期定年制との関係が必ずしも明確にはされていないこと，つまり，短期定年制を選択した後は，原則の55歳定年制は選択できないという関係にあるのかも明らかではない。

しかして，例えば，当初の10年間については，就業規則改定後の近接した時期に退職給与名義で金員を受領し，その後は，この短期定年制を選択せず，55歳定年制を選択するということが制度的に許されるようにも思われる。このような選択制度自体は，雇用形態が多様化している今日では，必ずしもが不合理といえないという考え方もあり得ようが，この場合には，終身雇用制度の下での長期間の勤務期間を前提としている現行の退職所得の課税制度には馴染まないものといえよう。その意味では，かかる短期定年制が一般的に採用されて慣行化されるのであれば，老後保障の色彩は事実上後退することから，現行の退職所得の課税制度は見直しを迫られることになろう。

そのような制度改正を含めて，10年定年制の最高裁の法廷意見が指摘するように，10年等の短期定年制の勤務期間が経過した場合には定年退職としての実質を有し，その後の再雇用は新規採用としての実態が認められる場合にのみ，

かかる短期定年制の退職給与の支給が本来の退職給与と認められることになるというのは，現行法の下での合理的な判断である。

　ところで，同最高裁判決には，反対意見（横井泰三裁判官）が付されているのが注目される。その反対意見の要旨は，本件10年定年制の退職金制度は，法が予定したものとは異なるものであるともいえることを前提としながら，終身雇用制度に変化が見られ，能力主義的雇用関係も芽生えており，10年という期間も短いものではないこと，10年間の退職給与名義の金員を一般給与として累進税率を適用すれば相当高額となるということが考慮されて退職所得とすべきであると述べている。当時においてさえも，新たな雇用関係の創出が指摘されているところであるが，昨今の多様化した雇用形態を考慮すれば，30年近く前に，短期定年制にかかる退職給与の支給について，退職所得として取り扱う方向性が示されたことは意義のあることである。

　ところが，かかる短期定年制であっても，従業員の安定的な雇用の確保という点からは，短期定年に達した従業員についても雇用契約の継続が一般的であるといえよう。これを短期定年制で退職し，使用者の選択により新規採用として再雇用するというのは，従業員の雇用条件等の待遇の後退をもたらすものであり，現実には困難ではないかと思われる。その後，このような短期定年制の問題が生起されていないのは，このような事情が背景としてあるのであろう。

　しかしながら，短期定年者が，その後も再雇用されている場合には，新規採用者とは異なり，当該業務に精通していることから，給与ベースも従前のそれを踏襲することもあり得ようし，しかして，問題は，短期定年制に基づいて支給した退職給与の算定の勤務期間が，その後の退職給与計算ベースに加味されないこととされているかどうかが基本的に重要な要素になるということができるのではなかろうか。その意味では，論理的には同最高裁判決の反対意見にも説得力があるといえよう。

　ところが，10年定年制の最高裁判決と下級審判決及び最高裁反対意見とで判断が分かれた要因は，現実の退職に際して支給される退職給与以外にも，企業からの離脱は伴わないが，法的性質ないし経済的意義から退職と同様の実情に

ある場合に対して支給される給与も「これらの性質を有する給与」として退職所得とされており、これに含まれる事例として、使用人の定年後の延長制度のほかに、常勤役員から非常勤役員に就任した場合、取締役から監査役に就任した場合、さらには役員報酬が分掌変更により激減した場合等が解釈通達として取り上げられていることが背景にあるように思われる。

　すなわち、定年に達した使用人が、その後雇用契約を継続しているとしても、その給与等の雇用条件は著しく異なるのが一般的であるから、その後の勤務は退職後における新たな再雇用とみるべきであり、むしろ、定年時の退職金の支給が通常であるといえよう。ところが、取締役から監査役に就任した場合又は役員分掌変更による報酬激減の場合等の打切支給は、すべての企業がこれを実践しているというものではなく、現実に委任（雇用）契約の終了に際して役員退職給与を支給する事例も見られるところである。

　このように現実の「退職の事実」とは異なる場合にも退職給与が支給されているという企業慣行を背景とした法人税及び所得税基本通達の取扱いに関して、狭義又は広義に理解するか否かにより、短期定年制に基づく支給が退職所得か給与所得かの判断に影響を及ぼしているように思われる。

　すなわち、退職給与の打切支給が認められる事例は、いずれも、その時点で職務の内容が異なり、それに応じて給与・報酬も低減している場合が予定されているものであることから、その退職と同視できる事実の前後の雇用・勤務条件の変動は、退職した場合と同視できるということが前提であると理解できる。

　一方、例えば、取締役から監査役への就任は委任関係は継続した上で、役員としての職務内容が変更されたにすぎないにもかかわらず、取締役在任期間の退職給与の打切支給が認められているという点に鑑みて、退職給与をより緩やかに捉えて、その租税負担軽減を図るという理解があり得るのである。その理解の前提が、その打切支給の勤務期間は、現実の退職の際に支給される退職給与の計算期間から除外されているかどうかを重視する見解へと繋がるものである。そこで、租税回避目的でもない労使間の話し合いにおいて決定された短期定年制に基づく給与を退職所得として捉えて、その後の当該勤務期間が退職金

の計算対象に加味されていないことを条件に退職所得として,「これ等の性質を有する給与」に含まれると解するのである。

　ところが,最高裁法廷意見は,短期定年制に基づいて支給される給与は,一定の退職と同様の経済的実態にある場合に受ける給与が一時に受ける退職手当と同様の性質を有する給与であると解釈したものであり,これは,前述した退職給与の打切支給を認めている各事例においても同様に,退職給与支給前と後では,異なる勤務条件が発生していることが前提であり,単に,「勤務年数の打切り計算」という事実によっているものではない。そこでは,退職の事情と認められる情況には差異はあるものの,一定の退職と同視する雇用条件の変動が認められることを前提としているものであるから,現行の退職所得課税制度の下における解釈論は,10年定年制の最高裁判決の法廷意見が指摘している退職と同様の事情と認められる場合に退職所得とされるという制限的解釈は合理的であるといえよう[10]。

　しかしながら,その一方で,終身雇用制度が現実には崩壊しつつあること,退職給与制度を廃止している企業が増えていることに鑑みれば,一定の短期定年制の退職給与については,所定の法整備を前提とした課税制度を構築することが考慮されてよいようにも思われる。

　また,役員の退職慰労金制度の廃止に伴う,その役員在職期間までの打切り支給は,課税庁は認めていないようであり,そのために,株主総会で制度廃止までの期間の退職慰労金の額を決議して,現実の支給は,実際の退職時に行うという方法が採用されているようである。しかしながら,かかる場合にも,退職給与制度の廃止に伴う打切支給をした場合には,法人税基本通達9－2－35と同様に退職所得として認めることとしても,その勤務期間の退職給与はその後は発生しないのであるから不都合は生じないと考える。

(注)
(1) 退職に際して又は退職後に支払われる給与であっても，その支払いの計算基準等からみて，引き続き勤務している者に支払われる賞与等と同性質であるものは，退職手当等には該当しないこととされている（所基通30－1）。
(2) 法人税基本通達（昭和44年5月1日直審（法）25）「法人税基本通達の制定について」の前文において，国税庁長官が国税局長等に対して，次のとおり示達していることに留意すべきである。「この通達の具体的な運用に当たっては，法令の規定の趣旨，制度の背景のみならず条理，社会通念をも勘案しつつ，個々の具体的事案に妥当する処理を図るよう努められたい。いやしくも，通達の規定中の部分的字句について形式的解釈に固執し，全体の趣旨から逸脱した運用を行ったり，通達中に例示がないとか通達に規定されていないとかの理由だけで法令の規定の趣旨や社会通念等に即しない解釈におちいったりすることのないように留意されたい。」
(3) 金子宏「所得税法30条1項にいう退職所得にはあたらないとされた事例」判例時報1139号（判例評論313号・1985年）179頁。同評釈は後述する5年定年制最高裁判決の判例評釈である。そこでは，「退職」という観念を税法の固有概念と解することによって，退職所得の範囲を合理的に解することができる，とされている。
(4) 退職所得控除は，勤務期間が20年以下の場合には「40万円×勤務期間」（20年超の勤続年数に係る部分は70万円）とされている。このため，勤務期間が5年間の短期定年制の退職給与が退職所得として認められれば，5年ごとに支給される退職給与から200万円（40万円×5年）が控除できることになる。
(5) 平成23年度改正で，勤務期間が5年以下の役員に対する役員退職給与について，上記2分の1とする制度が廃止されている。
(6) 両判決の詳細な紹介と評釈は，大淵博義『役員給与・交際費・寄付金の税務』税務研究会（1996年）240頁以下参照。
(7) 山田二郎『山田二郎著作集Ⅲ　租税法重要判例解説(1)』信山社（2007年）33頁（初出1986年），同「所得税法の所得の分類」民商法雑誌78巻臨時増刊(4)307頁－308頁。
(8) 吉良実「退職所得の課税優遇措置の適用が認められなかった事例」民商法雑誌第90巻第6号（1984年）927－929頁。同旨のものとして，山口敬三郎『重要租税判例の解釈』同友館（2011年）84頁－95頁参照。
(9) 金子宏前掲評釈（注3）182－183頁。同様の趣旨として，山林所得や譲渡所得における課税の調整方法との権衡についても考慮されてしかるべきとするものに，品川芳宣「本件判例評釈」税務弘報26巻12号（1978年）87頁，同旨のものとして，谷口勢津夫「5年退職金事件」租税判例百選第3版（別冊ジュリストNo.120，1992年）59頁参照。
(10) ここで掲記した判例評釈の他に，高梨克彦「5年定年制判例評釈」シュトイエル183号（1977年）1頁，同「変型定年制とその退職金の性格」シュトイエル185号（1977年）1頁，新村正人（最高裁調査官）「5年定年制判例紹介」ジュリストNo.807（1974年）68頁等参照。

III 役員の分掌変更等の場合の退職給与の損金性を巡る諸問題

1 法人税法における分掌変更等の場合の退職給与の損金性

　法人が役員の分掌変更又は改選による再任等に際してその役員に対し退職給与として支給した給与については，すでに述べたように，法人税基本通達9－2－32（平成19年改後，改正前9－2－23）において規定されている。

　再度，示せば，①常勤役員が非常勤役員になったこと，②取締役が監査役になったこと，③分掌変更後に報酬が激減したこと，であるが，ここでの「①常勤役員から非常勤役員になった場合」は，代表権を有する者及び実質的に経営上主要な地位を占めていると認められる者は除かれる。この場合，報酬の激減の事実がないとしても，また，一定数の持株数を保有しているか否かも，適用除外の要件とはされていない。

　次に，「②取締役から監査役になった場合」には，同族会社等における悪用を排除するために実質的に経営上主要な地位を占めていると認められる者の他に，使用人兼務役員となれない（法令71①五）一定数の持株を保有するオーナー株主を排除している。しかしながら，そこでは，監査役になったことによる報酬の激減の事実は除外の要件とはされていない。

　また，「③分掌変更後に報酬が激減したこと」の要件の場合には，当初，「経営上主要な地位を占めていると認められる者を除く」という要件は付されていなかったが，平成19年改正において，この場合にも，「同族会社における悪用が考えられる」[11]ことから，上記のような文言が付加されている。かかる除外役員が付加される以前は，おおむね50％以上の役員報酬の激減という事態は，分掌変更等により役員の地位が低下したことに起因することが予定されたものであるから，経営上主要な地位を有している経営者と認定された場合には，地

位の著しい低下による報酬激減でないことから，③の要件には該当しないこととして取り扱われていたことはすでに指摘したところである。

それにもかかわらず，平成19年改正により，経営上の主要な地位を占めている者を除くこととしたのは，従前，生命保険金を取得した場合や多額な土地等の売却益が発生した場合等において，この③の分掌変更による職務内容の変動により，実質的に退職と同質の実態が認められないにもかかわらず，役員報酬の激減という事実を作出して，退職給与を打切支給して，法人税を軽減させる手段として利用されたことから，これを明確にして排除することとしたものである。

ところで，②の除外要件である持株の一定数の保有という要件は，③の場合の除外要件とはされていないが，それは，株式を保有していることと経営上主要な地位を有するということとは直接的な関係はないからである。つまり，役員報酬の額は，その役員の持株数の多寡により決定されるのではなく，当該株主の役員としての経営の参画という職務執行の内容によってその対価として支払われるものであり，当該役員の持株数が減少したからといって減額される性質のものではないということである。しかして，ここでの「報酬が激減したこと」という要件は，その持株数とは無関係であるということに留意したい。

ところで，すでに述べたように，当該通達に規定する役員の地位の変動による場合に役員退職給与の支給とその損金性を容認することとしたのは，一般的には退職といわないとしても，当該退職と同様の事情があると認められる場合には，企業慣行として，役員退職給与を支給する場合があることを前提として規定されたものと解される。なぜならば，企業慣行として，かかる役員退職給与の支給慣行がないにもかかわらず，税法上，これを役員退職給与として，その損金性を容認することを通達で手当てすることの必要性が認められないからである。つまり，かかる通達による緩和的取扱いは，企業慣行の現実の実態に鑑みて，代表取締役が非常勤の取締役に就任する場合や，役員分掌変更等により，当該役員の業務執行の内容に即した役員報酬の激減が行われた場合などは，その業務内容の実体が退職と同様と認められることから，その分掌変更等の時

に役員退職給与を支給した場合には，当該給与を当該役員に対する臨時的給与（旧法の役員賞与）として損金不算入とする合理的理由に欠けるからである。

さらに言えば，長年，役員として勤務した期間に係る役員退職給与が一般給与として損金不算入とされるとすれば，その後に役員退職給与を受ける機会が喪失され，現実に会社から離脱した時の老後保障という退職給与の趣旨目的にも違背するという側面も考慮する必要がある。換言すれば，当該役員が形式的には役員の地位を継続しているものの，その実質は従前の役員の地位を離脱していることから，それまでの役員退職給与を打切支給することとし，その後は，当該役員が実質的に退任していると認められる期間にかかる業務内容に従い役員退職給与を支給することが前提とされているということである。

ちなみに，使用人が定年退職した後に引き続き勤務する場合に，定年に達する前の勤務期間に係る退職手当等として支払われる場合や，法人が解散した場合に引き続きその法人の清算事務に従事する者に対して支払われる解散前の勤務期間に係る退職手当が支払われる場合には，当該給与は退職所得として取り扱われている（所基通30－2(4)(5)）。この取扱いは，定年制による定年後の勤務期間の延長は，通常の場合，従前の役職等の勤務関係とは性質が異なり，実質的には会社規則に基づいて定年で退職して，新たな雇用条件で引き続き勤務するという実態に鑑みて認められている制度である。しかして，この場合にも，定年までの在職期間についての退職手当を支給する企業慣行が定着しているということが前提とされている取扱いである。また，取締役が清算人に就任した場合にも，業務内容が異なるものであるから，取締役の辞任（退職）と新たな清算人への就任という実態を有するものであり，この場合に取締役の辞任に対して退職給与を支給することは自然なことであり，企業慣行としても定着しているのではないかと思われる。

このように考えれば，法人税基本通達9－2－32の取扱いは，課税上，役員退職給与としての損金性を特別に容認した緩和通達と理解することは妥当ではない。通達が予定するのは，実質的に退職と同様の地位の変動に基因して役員退職給与を現金で支給することが一般的ではあるとしても，資金繰り等の格別

の事情や未払経理後の短期間に支払われた役員退職給与は，ここでの損金性を容認されるべきであると解される。

　すなわち，形式的に未払経理がなされたという事実で，当該未払経理の事業年度の退職給与としての損金性を否定するのは，現実の役員退職給与の支給実態にそぐわないばかりか，以後の現実の支給について退職給与以外の役員給与として課税することは，法人及び当該役員に過酷な税負担をもたらすことになる。加えて，制度上，企業から当該未払経理した金員以外の退職慰労金は支払われないという現実に鑑みれば，その租税負担能力及び退職給与の報酬の後払い若しくは老後保障等を前提とした退職所得課税制度の恩恵が受けられないという不利益を受けることになる。

　したがって，当該通達により役員退職給与としての損金性が否定される場合とは，現実に役員の地位又はその職務内容が激変している事実が認められない（つまり退職の実質を有しない）場合の打切支給である場合に限定されるべきであり，また，未払経理が一過性のものではなく長期間に亘り未払経理がなされることが予定される特段の事情が認められる場合等は格別，資金繰り等のために，地位の変動後の短期間の内に支払われている場合に，これを否定することは，実質主義により分掌変更等による役員退職給与の支給を容認した当該通達の趣旨に違背することになり許されないと考える。同通達の「原則として未払金等の額は含まれない」という「原則」の意味は，例外を認めるということであるから，資金繰り等による短期間の未払経理は，原則として容認されるというべきである。

　ちなみに，平成18年度法人税法改正により，役員退職給与の損金経理要件が不要とされたことから，未払経理による打切支給の役員退職給与の損金性が否定されたとしても，現実に未払退職給与が支給された事業年度において損金控除が必要となり，税務署長は職権により減額更正する必要が生ずるが，かかる減額更正が行われない場合には，義務付訴訟の対象となると解すべきである。

第4章　退職給与を巡る税法上の諸問題の検証

2　分掌変更の役員退職給与の分割支給の損金計上時期

分掌変更等の退職給与の打切り支給に関連する問題点について論じたところであるが，その分掌変更等により支払われる退職給与の支給が分割により支給された場合の損金算入の時期は，総会等の決議により退職給与債務が確定した事業年度か否か，また，分割支給された金員は損金不算入の役員給与（賞与）とされるのか，という問題が争われた事件がある。

(1)　事案の概要と争点

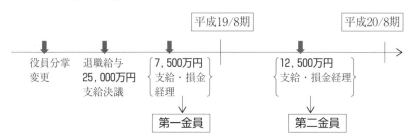

被告の課税処分，役員退職給与の損金算入時期として，法人税基本通達9-2-28のただし書（分割した時の損金経理による損金計上を容認）の規定は，特例的な取扱いとして現実に退職した役員の分割支給等に限定して認められるものであり，分掌変更による退職の場合は予定されていない，というものであり，審査請求の裁決も同様の理由づけを行っている。

これに対して，原告納税者は，同通達のただし書きは，公正処理基準に従ったものであり，分掌変更にも適用される適法なものである，と主張している。

これに対して，東京地裁平成27年2月26日判決（TAINSコード Z888-1918）は，次のように判示して，分掌変更等による退職給与の分割括払いの退職給与の支給の損金性を容認したものである。

(2) 判決の要旨

①法人税基本通達9－2－28のただし書に依拠した支給年度損金処理が役員退職給与を分割支給する場合に採用する会計処理の一つであること、②多数の税理士などが同通達ただし書きを根拠として支給年度損金経理を紹介していること、③昭和55年改正により創設された当該ただし書きの分割支給時損金算入は、定着した会計慣行と認められること、以上の点から、中小企業が企業会計原則等の会計基準よりも、法人税法の税務処理に依拠していることが認められることから、このような中小企業との関係においては、同通達ただし書きの支給年度損金経理は一般に公正妥当な会計慣行の一つであると認められることに照らすと、本件第二金員は、平成20／8期の支給時の損金として認められ、これを否認した本件更正処分及び賞与と認定して行われた告知処分は違法である（被告控訴せず確定）。

(3) 判決の妥当性

法人税基本通達9－2－28は、表題に「役員に対する退職給与の損金算入の時期」とあるように、役員退職給与の損金算入時期を規定したものであるから、この規定のただし書きに、「分掌変更の場合の退職給与支給の場合を除く」と規定されていない以上は、分掌変更による退職給与の分割支給も当然に含まれると解することが自然な解釈である。

これに対して、被告は、当該通達は、「退職した役員に対する退職給与の額の損金算入の時期」としていることから、課税庁は、この「退職した役員」とは現実に退職した役員を意味するものであり、分掌変更の場合のように、現実の退職（離職）とはいえない、と主張したものである。

「退職した役員」には分掌変更は含まれないという被告の主張によれば、株主総会等の決議によりその退職給与の額が確定した日の損金とする本文の規定も分掌変更の退職給与の打切支給は適用されないということになるが、かかる被告の主張自体が矛盾していることである。

被告の同ただし書きの取扱いは、特例的取扱いであるというのは、租税法律

主義の合法性の原則に違背するものであり,「課税庁が通達等により,法律上,許されない租税の減免を規定することは許されない」ということが理解されていない。

　法律上,退職給与の分割支給時の損金計上は許されないものであるが,例外的に,現実に退職した場合の分割支給を支給時の損金算入とする特例として規定したものであるから,現実の退職ではない分掌変更による退職給与の支給は含まれないということが,解釈論として採用される余地があれば,認められる余地もある。

　しかし,そうであれば,かかる通達は,租税法律主義違背の無効な通達とされるから,そのような論理の成立する余地はない。

　原告は,同ただし書の取扱いは公正処理基準に該当すると主張し,被告はこれを否定する。判決は,公正処理基準に該当すると認定して,これに反する課税を違法としたものである。ただ,そこでは,税理士等のただし書の解説等を指摘して,上記判旨のとおり,公正処理基準を認定しているが,本来のアプローチは,租税法律主義の合法性の原則からすれば,「同ただし書」により分割支給時損金算入を通達で明示した以上,課税庁が,それを公正処理基準（法法22④）と容認したことにほかならないから,これに反する処理は,違法という論理によるべきである。

　被告は,本件退職給与の額の分割支給による分割時の損金算入は認められないというのであれば,第二金員の平成20／8期の損金算入を否認して,債務確定時の平成19／8月期の退職給与として損金算入する減額更正すべきであるにもかかわらず,第二金員を賞与としたことは論外というほかはない。残念なことは,このような当然の事理が,審査請求の裁決において議論がなされていないことである。国税不服審判所（裁決）の存在意義が問われよう。

3 具体的事例による退職給与の打切支給の検証

(1) 判例にみる具体的支給事例の内容

　法人税基本通達9－2－32に規定する役員の分掌変更等に係る退職給与の打切支給の内容については，すでに紹介したところであるが，ここでの理解のために，再度，その内容を紹介する。同通達において示されている打切支給は，次の三つの場合である。

　ア　常勤役員が非常勤役員になったこと（代表権を有する者・実質的に経営上主要な地位を占めていると認められる者は除く）

　イ　取締役が監査役になったこと（実質的に経営上主要な地位を占めていると認められる者・使用人兼務役員とされない持株を有する者は除く）

　ウ　分掌変更後に報酬が激減したこと（おおむね50％以上の減少。その分掌変更後においても経営上主要な地位を占めていると認められる者は除く）

　このような役員退職給与の打切支給が裁判等で争われたのは，最近において数件みられる。その内容と結果の概要は次のとおりである。

① 東京地裁平成20年6月27日判決（判例タイムズ1292号161頁）

　代表取締役から監査役（非常勤・報酬激減）への就任に際して役員退職給与4,500万円の打切支給（決算期では未払経理・2か月後支給）……役員給与の損金不算入と給与所得の源泉所得税告知処分について，退職給与と認定しつつ（給与所得の源泉税取消），退職給与（未払）の債務確定時期は翌期と判示して，当期の損金算入を否認。

② 長崎地裁平成21年3月10日判決（タインズZ888－1442）

　使用人兼務役員とされない持株を有する取締役が退任して監査役就任に際して，退職給与1,800万円を打切支給……使用人兼務役員になれない持株を有し，報酬額20万円も減少していないものの職務内容が激変しているとして退職給与の打切支給を容認。

③　京都地裁平成18年2月10日判決（税資256号順号10309）・大阪高裁平成18年10月25日判決（税資256号順号10553）

代表取締役を退任して常勤の取締役就任・報酬半減，取締役を辞任し監査役に就任し報酬激減，2名の打切支給額5,560万円……代表取締役辞任後の取締役の地位は実質的に退職したものとは認められず，また，取締役の監査役就任も勤務内容は実質的に変動はないとして，退職給与の打切支給を役員賞与と認定。

④　東京地裁平成17年12月6日判決（税資255号順号10219）

代表取締役から取締役就任・報酬激減により9,000万円の未払退職給与を損金算入……実質的に退職の事実は認められず「支給」の要件も欠いているとして未払退職給与の打切支給の損金算入を否認。

⑤　東京地裁平成17年2月4日判決（税資255号順号9925）

代表取締役を辞任し非常勤取締役に就任・報酬半減したとして退職給与1億4,784万円を打切支給……代表取締役辞任後も常勤取締役として経営に従事していたとして退職給与の打切支給の損金算入を否認。

以上のとおり，分掌変更による退職給与の打切支給に関する判決で損金性が認められたものは，前記①及び②のいずれも監査役に就任した事例であり，他の三つの判決は，その打切支給の損金性が否認されている。この判決の内容については，必要に応じて分析検討する予定であるが，特徴的であるのは，いずれの判決も，最近の事例であるという点である。以前にもかかる分掌変更等による退職給与の打切支給の事例は存在しているが，それが否認された事例は，実質的に退職と同様の事情が認められない場合の否認事例のために，訴訟にまで至っていないということではないかと考えられる。

ところが，上記③，④及び⑤の役員の分掌変更等に伴う退職給与の支給事例にみられるように，実質的に退職と同様の事情が認められないにもかかわらず，分掌変更と称して多額な退職給与の打切支給が行われていることから，すでに述べたように，平成19年の通達改正により，分掌変更等による打切支給が認められる前記「ウ」の分掌変更後に報酬がおおむね50％以下に激減したことにつ

いて,「その分掌変更後においても経営上主要な地位を占めていると認められる者は除く。」というカッコ書きが加えられたものと考えられる。

(2) 判決の総論的考察～持株数の形式要件の是非～

このような役員の分掌変更等に伴い,実質的に退職と同様の事情にあると認められる場合の打切支給の損金算入通達は,退職所得の意義を規定する所得税法30条１項の「退職手当,一時恩給その他の退職により一時に受ける給与及びこれらの性質を有する給与」の「これらの性質を有する給与」の意義に関する解釈を示して,これを退職給与として打切支給している企業慣行を前提として,法人税法上の損金性を許容したものと解すべきである。しかして,法人税法上,本来,退職給与としての損金算入が認められない退職給与の打切支給につき通達において,「特例として」その損金控除を許容したとする東京地裁平成17年12月６日判決（前記④の判決）のような解釈も見られるが[12],かかる解釈には与し得ないことはすでに論じたところである。

役員の退職給与の打切支給につき,特例として損金控除を容認しているという理解を前提とすれば,その退職給与について期末では未払金経理し,その翌期に支給した場合には,特例であるが故に厳格に解して,その損金性を認めないという解釈を生じさせることになる。前記東京地裁判決は,このような解釈を展開しているところであるが,平成19年通達改正後では,「原則として」,未払経理は認めないとしているところであり,例外として損金性を容認することについて含みを持たしているところである。また,退職所得に含まれる「これらの性質を有する給与」として取り扱う範囲を例示している打切支給通達の趣旨に鑑みても,未払金をすべて否定する厳格な運用は疑問がある。

たしかに,同通達は,使用人兼務役員とされない持株を有している役員の場合の「取締役から監査役になった場合」の分掌変更等による打切支給の損金算入を否定しているなど,本来,実質的に退職と同様の事情が認められるにもかかわらず,それを一定の持株を有しているという形式基準により実質的な退職の事情を否定しているが,かかる取扱いを絶対視して現実の退職の実質的事情

の存在を否定するというのが，その取扱いの趣旨であれば，それは，法人税法上，退職給与の損金算入を特別に容認するという，租税法律主義に違背した緩和規定であるということになろう。しかしながら，かかる持株数の形式要件を満たしているにもかかわらず，退職給与の打切支給の損金算入を認めたのが，前記②の長崎地裁判決であることに留意する必要がある。この点の判決の分析・検討の詳細は後述する予定である。

ちなみに，ここで指摘しておきたいのは，使用人兼務役員とされない持株数を保有している場合には，前記「イ」の取締役から監査役に就任した場合に限定しているのは，いかなる理由であるか不明であるという点である。同族会社の監査役の就任による打切支給の損金算入を制限するというのであれば，それは，「ア」の常勤役員から非常勤役員となった場合や「ウ」の分掌変更による報酬激減の場合の打切支給も同様であり，これらは，同族会社において，より以上に利用されやすいものではないかとも考えられる。

これについて，この二つのケースの打切支給について，持株数の制限要件を措置していないのは妥当ではあるが，他方で，「イ」の監査役に限定してかかる持株数の制限要件を付与したことの合理的意味が理解できないところである。解説によれば，「同族会社における悪用が考えられるので，実質的経営者やオーナー株主については適用しないこととして，課税上の弊害を防ぐこととしている。」[13]とされているが，これが法律の規定であれば格別，通達の取扱いにより制限を付すことは，実態的に不合理な場合が生ずることになる。特に，使用人兼務役員とされない役員（株主）とは，同族会社の株主で6親等の親族に属する10％超の持株数を有する株主グループに属し，かつ，5％超の持株を有する個人株主という形式要件であるから，事実上，経営に従事していない少数株主の監査役であっても，この持株数の形式要件により，取締役から監査役への就任に際しての退職給与の打切支給が認められないことになる。

これを実質的な退職の事情を認定して排除した前記②の長崎地裁判決の判示に鑑み，このような形式要件によって認定判断することとされている上記「イ」の制限要件から持株数要件は削除すべきであると考える。つまり，役員

の分掌変更等による退職給与の打切支給の制限は、「実質的に経営上主要な地位を占めていると認められる者」を除外することで十分であるということである。

　すなわち、株主である役員が一定の持株数を保有しているとしても、そもそも、株主の持株数と法人の経営とは、本来、持株数とは無関係であるから、その監査役就任後の業務の関わりを実体的に判断して、取締役として行っていた経営からの離脱の有無を重視して、実質的に退職と同様の事情にあるか否かが認定されるべきである。税務当局が、このような実体的な事実認定を行うことの困難性は理解できるが、そうであるからといって、理論的に説明できない持株数制限の形式要件を措定することはいかがであろうか。上記各判決は、詳細な事実認定を行い退職と同様の事情にあるか否かを認定しているところであるが、それはかかる事実認定が不可能ということではないことの証左である。

　そもそも、当該分掌変更等の打切支給の通達は、現実の企業からの離脱という「本来の退職」の事実ではない場合であっても、それと同視し得る事情があれば、退職給与の打切支給の損金算入を容認するものであるが、それは、退職と同視できる実態・実質を有しているかという実質主義からの判断であるから、その判断に際して、「実質的に経営上主要な地位を占めていると認められる」か否かの実質判断を行うことは首肯できるものの、かかる退職の実質判断に際して、一定数の持株要件という形式要件を加味することは、もとより、論理的に矛盾しているということが理解されなければならない。

　このことは、例えば、取締役が非常勤の監査役に就任し、報酬が激減した場合には、前記通達に規定する「ア」、「イ」及び「ウ」のいずれの場合にも該当するが[14]、この場合、「イ」の持株数要件により打切支給は認めないという判断をするのか、それとも、「ア」の「常勤役員が非常勤役員になった場合」に該当するから、持株数要件は無関係であり、打切支給が認められるというのか、必ずしも、明確ではない。当該通達の規定からの文理からは、退職給与の打切支給は当然に認められると考えるべきであるが、それとは異なる課税庁側の訴訟上の主張も見られるところであり、また、文献にも同様の趣旨のことが記述

されている。そこでは、専務取締役から非常勤の取締役になった場合の退職給与の打切支給に関して、「形式的に同様の事情がある場合でも、実質的に経営上重要な地位を占めている場合、及び大株主である場合には、退職給与の支給は認められないことになります。」（傍点は筆者）[15]と記述されているところである。この点については、次に紹介する判決において、さらに論ずることとする。

このような矛盾・疑問は、打切支給の認められる三つの要件の一つにのみ、実質判断とは異質な形式的要件を除外要件として規定したことに基因している。同族会社におけるオーナー株主の打切支給を否定するというのであれば、監査役就任（「イ」）以外の場合にも同様に規定すべきものであるということができる。それが矛盾していることについては明らかであるところ、当該通達の整合性を維持するためには適用除外の持株数要件を削除すべきである。

ところで、前記判決のうち、①東京地裁平成20年6月27日判決（次の(3)①判決）及び③京都地裁平成18年2月10日判決は、生命保険金の満期保険金の収益や補償金収益が発生したことに際して、役員退職給与の打切支給を行ったものであるが、それ自体が、その打切支給の是非の判断において問題となることはない。タックス・プランニングとして、その分掌変更等を行い事実上の退職をしたことに際しての打切支給であれば、それがいかなる理由（動機）によるとしても、その真実性が問題となるにすぎず、その分掌変更等の動機によって、その事実が左右されるというものではないからである。

次に、所得税の判決であるが、大阪地裁平成20年2月29日判決（判例タイムズ1268号164頁）は、学校法人の高校校長を退任し同法人の理事及び学長に就任にした際に支給された校長在職時の退職給与の打切支給について、退職所得である「退職手当、一時恩給その他の退職により一時に受ける給与」に該当する退職、すなわち勤務関係の終了という事実によって初めて給付されるというものとはいえないとしても、実質的に退職という事実として取り扱うべきであると判示している。また、大阪地裁平成20年2月29日判決（裁判所ホームページ下級裁判例集）は、使用人から執行役に就任した6名に対して支払った使用

人時代の退職給与の打切支給について，勤務の契約関係の法的性質に重大な変動があると認定して，退職所得に該当すると認定している。

役員の分掌変更等についての退職給与の打切支給に関する裁決事例については相当数があるが，後に概観することとしたい。

(3) 使用人兼務役員とされない持株数を有する役員に就任した場合と役員退職給与の打切支給の是非

① 筆頭株主の代表取締役が非常勤監査役に就任した場合の役員退職給与の打切支給（東京地裁平成20年6月27日判決・判例タイムズ1292号161頁）

ア　本件事案の争点と特質

前掲(1)の①の事件は，洋品雑貨の販売，呉服等の繊維製品の販売等を営む同族会社・A社（原告会社）が代表取締役であり筆頭株主（発行済株式35％を所有）でもある甲（原告）が病弱のために，平成16年7月31日付で，代表取締役を辞任し非常勤の監査役に就任したことに対して[16]，取締役を退職したものとして，平成15年8月1日から同16年7月31日までの事業年度（以下「本件事業年度」という）において，甲に対して退職給与4,500万円（以下「本件退職給与」という）を損金経理により未払退職金として損金の額に算入して申告したところ，所轄税務署長が，平成17年4月27日付で，原告・甲がA社（原告会社）を実質的に退職したということはできないと認定して，当該退職金の損金算入を否認して法人税更正処分及び給与所得の源泉所得税納税告知処分を行うとともに，甲に対して給与所得とする所得税更正処分行ったことの是非が争われたものである[17]。なお，本件退職給与は，平成16年9月30日に現実に支給されている。

本判決は，代表取締役から非常勤の監査役就任に際して行った退職給与の打切支給が認められるかということが争われたものである。本件訴訟で特徴的な点は，甲が代表取締役であり，また，筆頭株主であることから，形式的に代表取締役を退任したとしても，経営に強い影響力があると認められることから，企業からの離脱である現実の退職の事実はないとして退職給与の打切支給の損

第4章 退職給与を巡る税法上の諸問題の検証

金性を否認したことの是非が問われたものである。

さらに、本件代表取締役甲は非常勤の監査役に就任したことから、前記、打切支給の損金性が許容される前記法人税基本通達9－2－32の①、②及び③のいずれにも該当するところ、「取締役が監査役になった」①のケースでは、実質的に経営上主要な地位を占めていると認められる者や使用人兼務役員とされない持株を有する者は除くとされている。本件甲は経営上主要な地位にないことは明らかであるとしても、筆頭株主である甲は、後者の一定の持株を有するものに該当することから、その退職給与の打切支給は認められないという解釈が採用される余地がある(18)。しかしながら、本件の分掌変更等の退職給与の打切支給が否認された課税庁の具体的な課税根拠は、必ずしも明確とはいえない。

すなわち、本件訴訟において、代表取締役甲に退職の事実はないことの根拠として、課税庁側は次のように主張している。

「原告甲は、平成16年7月31日に原告会社の代表取締役を退任した後も、引き続き監査役として原告会社の役員であり、現実に原告会社を退職した事実はない。また、原告会社は親族4人が発行済株式のすべてを所有する同族会社であり、原告甲はそのうち35％を所有する筆頭株主であって、代表取締役退任後もその株式の所有割合に変化はない。このように、原告甲は監査役として法人税法上の役員であるとともに、実質的な経営者又はオーナーといい得る株主であり、重要な経営判断に影響を与え得る立場にある。原告会社のような同族会社においては、大株主の権限は実質的に経営者と変わることがない。原告甲は、平成元年から約15年間にわたり原告会社の代表取締役であったのであり、また、現在の代表取締役である乙の父であるのであるから、仮に、現在、原告会社の経営に影響する行為を行っていないとしても、原告会社において重要な経営判断が迫られたときには、他の役員から前代表取締役としての経験を基に判断を仰がれたり、経営方針の説明を受けたりし、長年の経験を活かして、所有する株式を通じて原告会社の経営に参画することができる状態にある。そうすると、原告甲は、引き続き実質的に原告会社の経営上主要な地位を占めていると認められ、他に役員としての影響力を否定

するような事情があるということもできないから，代表取締役から監査役への分掌変更により，その職務の内容又は地位が激変したとは認められない。」

かかる課税庁側の主張の意味合いは不明確であり，文字どおり理解すれば，当該主張の論理は本来成立し得ない矛盾した論理の展開である。つまり，①筆頭株主である甲は，監査役就任後においても，その筆頭株主であるがゆえに，重要な経営判断に影響を与え得る立場にあるから，同族会社においては大株主の権限は実質的に経営者と変わることがなく，実質的経営者又はオーナーといい得る株主であるとしている点である。次に，②代表取締役が，経営に関する相談を受ける可能性を根拠に経営に参画できる状態にあるという点を根拠として，原告甲は，引き続き実質的に原告会社の経営上主要な地位を占めていると認められると認定し，そして，原告甲は代表取締役から監査役への役職変更により，その職務の内容又は地位が激変したとは認められない，と結論づけている。

ここで，かかる課税庁側の主張が明確でないというのは，先ず，①の主張は，同族会社において，筆頭株主であれば，実質的経営者であるとしているが，筆頭株主であれば経営に従事しているという認定は，本来の所有と経営の分離という関係では論理的に成立しないものであり，あくまで，その同族会社の経営の実態によって，当該株主が実質的に経営上重要な地位を占めているかどうかの事実認定により判断すべきものであるということである。②は，将来の経営の相談に乗るとしても，そのことは，過去の経験と実績に基づいた元経営者のアドバイスというものであって，かかる事実の可能性があるからといって，経営上主要な地位を占めているという認定と結びつくものではない。

ちなみに，かかる課税庁側の主張は，打切支給が認められる前記「ア」（非常勤役員），「イ」（監査役）又は「ウ」（分掌変更による報酬半減）のいずれに該当しないものをいうのかが明確ではない。仮に，「イ」の「取締役から監査役に就任した」場合の打切支給の認められるものには該当しないというのであれば，筆頭株主であるという事実とは直接関係なく，原告甲は同族会社の原告Ａ社の使用人兼務役員になれない株式数を保有していることを根拠として，

第4章 退職給与を巡る税法上の諸問題の検証

「イ」による退職給与の打切支給は認められないという主張で十分であったはずである。かかる主張を回避したのは，仮に，「イ」による打切支給が認められないとしても，「ア」又は「ウ」に該当することを排斥することが困難であるという認識の下で，上記のようないずれの場合にも該当しないという経営上主要な地位を占めているという点に重きをおいた主張を展開したものであろう。しかして，その認定根拠の要因の一つとして，筆頭株主に関して，その経営の関わりの事実関係を捨象して，原告甲は経営上主要な地位を有している者であるとして，退職の事実を否定したものである。このために，その主張は論理的には法律論とはいえない内容となっている。本来，かかる事案は，国税組織の一部である国税不服審判所長において，すなわち裁決において明確に判断して処理すべき事項である。

以上のような課税庁側の主張に対して，本判決は，次のとおり判示し，分掌変更等による退職給与の打切支給が退職所得であるとする認定判断を行っている。

イ　判決の要旨

(1) 原告甲を監査役に就任させたのは，家族以外の者を役員とした際における事務処理の煩雑を避けるためのものであることが認められるところ，原告会社のように役員全員が同居する家族のみで構成される小規模な同族会社においては，監査役の業務が実際上重要視されておらず，原告甲のように，現実には仕事をすることが困難な状況にある者について上記のような扱いをすることは間々あることということができるし，原告甲の外に新たに役員に就任するに足りるほど，原告会社の業務に関与している者の存在はうかがわれないのであるから，原告甲が監査役に就任したことをもって，原告甲に原告会社の経営上重要な地位又は権限が残っていることの現れとみることはできない。

(2) 原告甲は役員の分掌変更の前後を通じて原告会社の発行済株式の35％を所有する筆頭株主ではあるものの，前記認定事実のとおり，原告会社の発行済株式は，その全部を同居する家族がその出資割合に応じた比率のまま所有し

ていることなどに照らすと，原告会社において，役員が経営上の方針等について，その株式の所有割合に応じた影響力又は発言力を有しているとは認め難い。また，前述のとおり，原告甲は原告会社において，役員としてはおろか，従業員としても一切の業務を行っていない状態になったのであって，仮に，原告甲が筆頭株主として原告会社に対して何らかの影響を与え得るとしても，それは，あくまで株主の立場からその議決権等を通じて間接的に与え得るにすぎず，役員の立場に基づくものではないから，株式会社における株主と役員の責任，地位及び権限等の違いに照らすと，上記のような株式保有割合の状況は，原告甲が原告会社を実質的に退職したと同様の事情にあると認めることの妨げとはならないというべきである。

(3) さらに，原告甲が約15年間にわたり原告会社の代表取締役を務めており，原告会社の現在の代表取締役である乙の父であるとしても，そのような事情は原告甲が原告会社の経営に影響を与え得る可能性を抽象的に示すものにすぎず，実際に原告甲が上記のような立場に基づいて原告会社の経営に関与していることは何らうかがわれないのであるから，上記事情をもって原告甲が経営上主要な地位を占めていることを示すものと評価することはできない。

(4) 原告甲は，かつては原告会社の経営において中心的な役割を担っていたものの，その病状が悪化するに連れて，従前と同様の業務を行うことに支障を来すようになり，平成15年の前半ごろから徐々に原告会社において行う業務が減少し，以前に自己が行っていた業務と比べてはもちろんのこと，他の役員と比べても，その行う業務の分量及び重要性が著しく低下していたところ，同16年6月に受けた胆のう摘出手術などをきっかけとして，同年7月31日付けで原告会社の代表取締役を退任し，かつ，取締役を辞任して，監査役に就任することで，以後，原告会社の業務を行わなくなったのであり，代わりに，原告会社における主要な業務は，いずれも乙が中心となって行うようになったということができる。そうすると，原告甲については，上記分掌変更によって役員としての地位又は職務の内容が激変し，実質的に退職したと同様の事情にあると認められるというべきである。

第4章　退職給与を巡る税法上の諸問題の検証

(5)　そうすると，原告甲については，分掌変更によって役員としての地位又は職務の内容が激変し，実質的に退職したと同様の事情にあると認められ，本件退職給与は「退職により一時に受ける給与」に該当し，退職所得にあたるというべきであって，被告主張のようにこれを給与所得ということはできない。

(6)　前記認定事実のとおり，原告甲に支給する本件退職給与の額が決まったとされる平成16年7月31日の直後である同年8月2日の時点で，原告会社の普通預金口座には本件退職給与の金額を大きく上回る6,725万4,238円の残高があり，その後，本件退職給与が支払われるまでの間，同口座には常に5,146万6,211円以上の残高があったのであるから，原告会社は同年7月31日以降，原告甲に対する本件退職給与を実際に支給しようとすればいつでも支給することができる状態にあったにもかかわらず，同年9月24日まで支給していないことも不合理というべきである。原告らは，原告会社の新店舗の建替え等によって多忙であったため本件退職給与の支給が遅れたのであり，そこには合理的な理由が存在する旨主張する。しかし，前記認定事実のとおり，本件退職給与の額が決まったとされる平成16年7月31日以降，本件退職給与が実際に支給された同年9月24日までに，上記口座においては合計6日間，現金による取引が行われており，その際に併せて本件退職給与の金額である4,500万円を引き出すことができなかった事情はうかがわれないのであるから，原告らの上記主張を採用することはできない。かえって，乙が，新店舗の建築資金等の支払いのための預金を置いておかなければいけないという考えがあって，本件退職給与の支給を後に回した旨供述していること（原告代表者）からすると，上記新店舗の建築資金等の支払金額が確定しなければ，本件退職給与の金額も確定することができなかったということもうかがわれる。

以上の事実を考慮すると，本件退職給与の金額が本件事業年度の末日である平成16年7月31日までに確定したと認めるのは困難であり，その金額は同年9月16日ごろに確定したものと認めざるを得ない。そうすると，本件退職給与の

金額が確定したのは本件事業年度においてではなく、また、その支払いがされたのも本件事業年度においてではないことになるから、結局、原告会社は本件事業年度において本件退職給与に係る金額を損金に算入することはできないというべきである。

② 使用人兼務役員になれない持株を有する取締役が監査役に就任した場合の役員退職給与の打切支給（長崎地裁平成21年3月10日判決・税資259号順号11153）

ア　本件判決の概要と特質

(1)　事実の概要

　原告代表者甲の長男である乙は、平成13年5月26日、原告従業員として入社し、平成16年6月25日、原告の取締役に就任した。原告は、乙に対し、平成15年6月期に従業員給与及び賞与として合計255万9,500円を、平成16年6月期において従業員給与及び賞与として合計275万2,400円を、平成17年6月期において役員報酬として合計240万円を支給して損金の額に算入した。

　また、甲の妻である丙は、昭和56年5月17日、原告が組織変更する前のA有限会社の取締役に就任し、平成4年の組織変更を経て、平成16年6月25日、原告の取締役を退任し、監査役に就任した。同日の原告の株主総会において丙に対し退職金として1,800万円を支払う旨決議され、原告は、丙に対し、上記1,800万円を退職給与として源泉徴収税額等の金額を控除した1,737万6,000円を支払って損金の額に算入して申告した。

　これに対して、長崎税務署長は、平成18年6月27日、原告に対し、前記の乙に対する本件給与等を同族会社の行為計算の否認規定によりその損金性を否認し＜争点1＞[19]、また、丙に対する本件退職金の各支給は退職とみなされる事実は存在しないとして損金の額に算入しないものとする＜争点2＞更正処分を行った。この更正処分の根拠として、被告は次のとおり主張している。

(2)　被告の主張

＜争点1について＞

　法人税法132条1項の趣旨は、同族会社が少数の株主ないし社員によって支配されているため、当該会社又はその関係者の税負担を不当に減少させるよう

第4章　退職給与を巡る税法上の諸問題の検証

な行為や計算が行われやすいことに鑑み，税負担の公平を維持するため，そのような行為や計算が行われた場合に，それを正常な行為や計算に引き直して更正又は決定を行う権限を税務署長に認めるものである。そして，当該会社又はその関係者の税負担を不当に減少させるような行為や計算とは，非同族会社では通常なし得ないような行為，計算，すなわち同族会社であるが故に容易になし得るような行為，計算又は純経済人の行為として不合理，不自然な行為，計算である。乙は，平成12年3月に高校を卒業した後，カナダ等における語学留学を経て，原告に入社直後の平成13年7月から，再び米国ニューヨーク州の語学学校に入学し，平成18年1月に同州内のペース大学を卒業するまでの間，終始米国を拠点に生活していた。乙は，平成13年1月から平成18年2月までの間，年に1回程度，合計5回にわたって帰国したにすぎず，帰国時の日本国内の滞在期間は，いずれも1，2週間程度であるから，客観的に，乙が原告の業務遂行に関与できるような状況とは認め難い。したがって，本件給与等の実質は，乙の父である原告代表者が留学中の子の生活費等に充てるための仕送りとして自ら負担すべきものを，乙を原告の社員ないし役員とすることで原告を通じて費用を支出し肩代わりをさせた上，給与ないし役員報酬の名目で原告の損金としたものとみるのが最も自然かつ合理的である。したがって，乙に対して，給与又は役員報酬としての支給を容認することは原告の法人税の負担を不当に減少させる結果となるから，長崎税務署長が，法人税法132条1項に基づき，乙に対する本件給与等の損金の額への算入を否認したことは適法である。

＜争点2について＞

　役員に対する退職給与は，一般に役員の在職期間中の職務執行に対する対価であり，報酬の後払いとしての性格を有するから，原則として損金の額に算入されるところ，いまだ退職していない者に対して支給する金額は，たとえ退職給与の名目をもってするものであっても，原則として退職給与として取り扱うことはできないから，分掌変更等があった場合において実質的に退職と同様の事情があるときには，その支給した金額を退職給与として取り扱うことが相当であり，本件通達が退職給与として取り扱うことが相当か否かの基準を定めて

281

いる。丙は，平成16年6月25日の臨時株主総会において取締役を辞任して監査役に就任しているが，丙は，同族会社である原告の100％の株式を保有する第１順位の株主グループに属する者であって，平成16年6月期における丙自身の持株割合も12％に達しているから，本件通達イの括弧内で適用が除外されている使用人兼務役員とされない役員に該当する。したがって，このような同族会社の大株主は，その会社の経営の中枢にあって，経営上主要な地位を占めており，取締役から監査役になったとしても，独立した機関としての監査役の本来の機能は期待できず，その地位又は職務の内容が激変したとは認め難いから，実質的に退職したと同様の事情にあるとはいえない。

イ　争点に対する判決要旨

(1)　＜争点１＞について

　法人税法132条１項は，内国法人である同族会社は，少数の株主又は社員によって支配され，当該会社の法人税負担を不当に減少させるような行為又は計算が行われやすいことに鑑み，税負担の公平を維持すべく，そのような行為又は計算が行われた場合に，それを正常な行為又は計算に引き直して更正等を行う権限を税務署長に認めるものである。そして，同族会社のある行為又は計算が法人税の負担を不当に減少させる結果となると認められるかどうかは，それが純経済人の行為として不自然，かつ不合理な行為又は計算であって，それによって法人税の負担が減少したかどうかによって決すべきである。

　乙が原告又は原告代表者に対して提出した報告書は，その内容が直ちに原告の業務に結びつくものではなく，これらによって乙が実質的に原告の業務執行の決定に参画していたとはいい難いから，原告代表者や丙がこれらを生活費名目でした送金は，結局，乙に対する本件給与等の支給が，原告が同族会社であり，乙が原告代表者の子であることから可能であったということができ，これを原告の所得の計算上損金として認めることは，純経済人の行為として不自然，かつ不合理な行為又は計算であって，それによって原告の法人税の負担が減少するといわざるを得ない。

　したがって，乙に対する本件給与等の支給金額を原告の所得の計算上損金の

額に算入することが原告の法人税の負担を不当に減少させる結果となり、損金の額に算入することはできない[20]。
(2) ＜争点２＞について
（丙の役職等の推移）
ア　丙は、昭和56年５月17日、組織変更前の原告の常勤取締役に就任し、平成８年７月、常勤取締役から非常勤取締役となり、その後、平成16年６月25日、取締役を退任して監査役に就任した。原告は、丙が常勤取締役から非常勤取締役になった際、同人に対して退職金を支給していない。
イ　丙の昭和63年10月以降の報酬額の推移は、平成６年７月までに20万円から100万円に増額され、それ以降は50万円、平成８年７月以降は20万円に減額されている。
（判決の判断）
ア　丙は、平成16年６月25日、原告の取締役を退任し、原告の監査役に就任しているところ、取締役及び監査役と株式会社との関係はいずれも委任関係にあるものの、委任の内容は、取締役が業務執行の意思決定及び業務の執行であるのに対し、監査役が取締役の職務執行の監査である（なお、原告は商法特例法２条２号所定の小会社に該当するから、原告の監査役としての権限は会計監査のみである（同法25、22））。そうすると、取締役を退任し、監査役に就任することは、株式会社との委任内容等が異なるので、原則として、地位又は職務の内容が激変したということができる。
イ　また、丙は、永年、原告の従業員として勤務してきた部長２名が原告の取締役に就任し、丙が取締役の地位にいる必要がなくなったために取締役を退任したもので、監査役就任後、丙は、監査役としての業務を行っており、遅くとも平成16年終わりごろから、監査役としての任務のほか原告の業務にほとんど関与しなくなった。他方で、丙は、飲食業を営む会社設立の準備を行い、平成17年３月には、別の有限会社を設立して、その代表取締役に就任し、同会社が経営するインド料理店の開店後は同店に毎日出勤してその経理や従業員の管理に携わっている。

さらに，丙の監査役就任前の監査役であった原告代表者の母は，退任直前から体調を崩してその任務の遂行が困難になり，丙の就任後に死亡していることに照らせば，監査役就任後の丙が監査役としての職務を行っていたことは明らかであるが，その就任前には，丙は原告の会計上の処理にほとんど携わっていなかった。以上によれば，丙の職務内容は具体的にも激変したというべきである。

ウ　本件通達によれば，丙は，使用人兼務役員とされない役員に該当し，そのような者が取締役から監査役になったときは，取締役の退任に伴い支給された給与を退職給与として取り扱うことができる場合から除外されている。しかしながら，本件通達が退職給与として支給した給与を，法人税法上の退職給与として取り扱うことができる場合として掲げている事実は，その文言からも明らかなとおり，例示であって，結局は，役員としての地位又は職務の内容が激変し，実質的に退職したと同様の事情にあると認められる場合には，その際に支給された給与を退職給与として損金に算入することが認められるべきである。そして，認定事実によれば，丙が取締役を退任し，監査役に就任したことによって，その役員としての地位及び職務の内容が激変し，退任後も原告の経営上主要な地位を占めているとは認められず，実質的に退職したと同様の事情にあると認められる。

また，被告は，同族会社の大株主が取締役から監査役になったとしても独立した機関であるという監査役の本来の機能は期待できず，その地位又は職務の内容が激変したとは認め難いと主張するが，商法等は，このような大株主による監査についても一定の機能が果たされることを期待し，可能であることを前提としていたというべきである。そうであれば，法人税法施行令71条1項4号の要件のすべてを満たしている者については例外なく監査役の本来の機能が期待できないと解することはできないから，被告の上記主張は採用することができない。

平成16年6月25日の取締役の退任と監査役の就任の前後において丙の報酬額に変化はなく，報酬額の変化は当該地位や職務の内容が激変した場合

の一つの徴表ということができるとしても，それぞれの報酬額は月20万円であって，その金額からして，監査役の報酬を更に低額にすることは困難であるし，非常勤取締役としての原告に対する貢献と，非常勤監査役としての原告に対する貢献とが同額の報酬をもって評価されることはあり得るのであるから，丙の報酬額に変化がないことをもって，直ちに，原告における丙の地位又は職務の内容が激変していないということはできない。

エ　被告は，取締役が監査役になっただけでは，役員の退職に該当しないとの理解を前提に，そのような場合の使用人兼務役員に対する退職金は退職給与に該当しないと主張するが，しかし，退職給与は，取得した者については，所得税法上退職所得と取り扱われるところ，退職所得といえるためには，①退職すなわち勤務関係の終了という事実によってはじめて給付されること，②従来の継続的な勤務に対する報償ないしその間の労務の対価の一部の後払いの性質を有すること，③一時金として支払われることとの要件を備えることが必要である（最高裁昭和58年9月9日第二小法廷判決・民集37巻7号962頁）。使用人兼務役員とされない役員が取締役から監査役になり，任務が激変していれば，実質的に勤務関係が終了しており（①），その他の要件（②及び③）も満たすから，これを退職所得とみることに弊害があるとはいえない。

　　以上によれば，使用人兼務役員とされない役員が取締役から監査役になった場合，その任務が激変しているときには退職給与と認めるべきである。これに反する被告の主張は採用できない。

オ　したがって，丙に対する本件退職金の支給金額を原告の所得の計算上損金の額に算入することができる。また，原告は，丙に対する本件退職金の支給について，これが役員賞与に当たらない以上，源泉徴収義務を負うこともない。

③　両判決から明確にされた「分掌変更通達」の問題点の分析と検討

①の東京地裁判決（この事件の処分庁は徳島税務署長であるから，ここでは，「徳島事件判決」という）。及び②の長崎地裁判決（ここでは「長崎事件判

決」という）(21)の両判決は，同族会社が使用人兼務役員になれない一定の持株を有する監査役（以下，ここでは「一定割合の株式保有監査役」という）の分掌変更等に対して支給した役員退職給与の損金性が問題とされたが，いずれの判決も，役員の分掌変更等による打切支給の役員退職給与の損金性を容認したものである。両判決が，取締役から監査役に就任した場合の役員退職給与の打切支給について，一定の株式数保有監査役の支給を排除している法人税基本通達9－2－32（現行）の形式要件の適用を排除して，その実質的な退職の事実を認定した上で，その損金性を許容したことはきわめて意義のあることであると思料する。

ここでの考察は，まず，両判決に共通する論点に関する判決内容ついて分析・検討を加えることとする。

ア　退職給与の意義と「分掌変更等の場合の退職給与」等の打切支給規定の位置づけ

退職給与の意義に関して，徳島事件判決は，一般論として次のとおり判示している（前述の判決要旨では省略）。

「『退職給与』とは，本来，退職しなかったならば支払われなかったもので，退職に基因して支払われる給与をいうと解するのが相当である。また，役員が実際に退職した場合でなくても，役員の分掌変更又は改選による再任等がされた場合において，たとえば，常勤取締役が経営上主要な地位を占めない非常勤取締役になったり，取締役が経営上主要な地位を占めない監査役になるなど，役員としての地位又は職務の内容が激変し，実質的に退職したと同様の事情にあると認められるときは，上記分掌変更又は再任の時に支給される給与も，『退職給与』として損金に算入することとされるのが相当である。本件法人税通達は，これと同様の趣旨を，一般的に，実質的に退職したと同様の事情にあると認められる場合を例示した上で，規定したものであると解することができる。そして，本件法人税通達が具体的に規定している事情はあくまで例示にすぎないのであるから，分掌変更又は再任の時に支給される給与を『退職給与』として損金に算入することができるか否かについては，当該分掌変更又は再任

に係る役員が法人を実質的に退職したと同様の事情にあると認められるか否かを，具体的な事情に基づいて判断する必要があるというべきである。」

また，長崎地裁判決においても，「法人税法上，役員の『退職給与』は，役員の退職により支払われる臨時的な給与をいうと解されるから，役員の退職に基因する給与という実質を持つものに限られると解すべきである。したがって，役員に対する退職給与は，役員が現実にその法人から離脱した場合，又は役員の地位又は職務の内容が激変した事実があり，実質的に退職したと同様の事情にあると認められる場合に支給される給与に限って，退職給与として法人税法22条により損金の額に算入するのが相当である。」と判示している。

かかる両判決の判示内容は，退職給与の意義について，現実の企業等からの離脱である本来の退職以外の法人税基本通達に規定する役員の分掌変更等の打切支給，使用人から役員となった場合の退職給与の打切支給等の取扱いに照らして，合理的な解釈ということができ，後述の判決においてもほぼ同様の判示を行っているところである。

このことは，法人税法上の退職給与の意義に関しては，同法が格別の定義規定を措置していないから，所得税法上の退職所得の定義規定と同義に解しているということである。すなわち，所得税法30条1項では，「退職所得とは，退職手当，一時恩給その他の退職により一時に受ける給与及びこれらの性質を有する給与に係る所得をいう。」と定義しているところ，企業からの離脱という本来の退職に起因して一時に受ける給与のほかに，「これらの性質を有する給与」が退職所得とされていることから，「使用人から役員となった場合の退職給与」（法基通9－2－36）や「役員の分掌変更等の場合の退職給与」（法基通9－2－32）等に規定する退職給与の支給が退職給与として取り扱われることを確認していると解すべきである。その意味では，「退職所得」は，一般的な意味に対して広義の意味として，税法上の固有概念という理解が可能であろう。

以上のように，退職給与（所得）とは，本来，企業からの離脱（退職）に際して，過去の報酬・賃金の後払いの性質を有する金員として使用者から供与されるものであるところ，「国民年金法の法制度の下で支給される一時金」等は，

過去の勤務に係る報酬の後払いという性格とは異なるから，前記退職所得の定義規定に直截的に該当するということはできない。そこで，かかる法制度上の下で，使用人の退職に起因して支給される当該一時金の供与は，これを「退職手当等とみなす一時金」(所法31)とするみなし規定が措定されているところである。

これに対して，後述の東京地裁平成17年12月6日判決（税資第255号順号10219・④の判決。控訴審・東京高裁平成18年6月13日判決・税資256号順号10425。ここでは，「蒲田事件判決」という）は，中小企業退職金共済制度等への移行，定年延長に伴い退職給与規程の制定又は改正に伴う退職給与の打切支給を退職給与として支給時の損金算入とする「退職給与の打切支給」(法基通9－2－24（筆者注・現行は法基通9－2－35))の規定との対比において，「法基通9－2－23（筆者注・現行は法基通9－2－32）は，そもそも法人税法上は認められないはずの退職によらない役員退職給与の損金算入を認めるという，納税者に有利な特例的規定を創設しているものである」と判示，当該分掌変更等の退職給与を未払金として計上することを否定する根拠としている。

しかしながら，分掌変更等による退職給与の打切支給が退職所得（退職給与）とされるのは，すでに論じたように，「一時恩給その他の退職により一時に受ける給与」（現実の退職）のほかに，「これらの性質を有する給与に係る所得」を退職所得とする所得税法の退職所得の規定の合理的な解釈であるから，当該打切支給を退職給与とする取扱いが，納税者に有利な特例的規定であるという判決の解釈は疑問であるというほかはない[22]。

むしろ，法人税基本通達に規定する中小企業退職金共済制度等への移行等に伴う退職給与の打切支給を退職給与とする取扱いは，退職の事実はなく，これと同様の実態にあるというものでもないから，そもそも，実質的な退職給与ともいえないが，その支給を退職給与として損金算入とする特例的取扱いであるということができよう。

これに対して，分掌変更等の退職給与の支給は，分掌変更等による役員の地位の著しい変動を退職とみて退職給与を打切支給する企業慣行を前提とした規

定であり，正に，その経済的実体は退職であるということが前提とされた論理的解釈がなされたものである。したがって，特例制度的色彩が強いのは前者であり，分掌変更等の場合の退職給与の打切支給は，本来の退職給与と同質の性格を有する金員の給付であるということができる。

　かかる視座からすれば，法人税基本通達9－2－35の打切支給のように，実質的な退職に起因した退職給与の支給とは認められないものを退職給与として損金性を認めるというのであれば，法形式的には，立法的手当てが必要であると思われる。しかしながら，公的退職金制度への移行及び定年延長に伴い退職給与規程の制定又は改正に伴う退職給与の打切支給は，企業慣行として定着していること，かかる打切支給は相当の理由があり，また，その後に，支給される退職給与は，打切支給の対象期間が加味されないことに鑑みれば，前記蒲田事件判決が判示するように，かかる退職給与の打切支給を退職所得として取り扱わないことは，その使用人にとって過酷な課税を強いられるという不公平を招来することになるから，退職給与とする当該規定による長年の取扱いにより，従前，納税者にとって十分に合理的な機能を果たしたものといえよう。しかして，現在では，いわば，慣習法，先例法として位置づけてよいのではないかと考える。

　そこで，現行通達における退職給与の打切支給を退職給与（退職所得）として取り扱うこととされている規定は，次のような性格の給付に類型化することができる。

① 本来の退職と実質的に同様の身分上の地位の変動が認められる退職給与の打切支給
　・ 法人税基本通達9－2－32「役員の分掌変更等の場合の退職給与」
　・ 法人税基本通達9－2－34「合併法人の役員となった被合併法人の役員等に対する退職給与」
　・ 法人税基本通達9－2－36「使用人が役員になった場合の退職給与」
② 本来の退職所得とはいえないがその後の退職給与の支給において当該勤務期間が加味されないことから，その打切支給は退職給与として取り扱う

ことが公正と認められるもの
　　・法人税基本通達9－2－35「退職給与の打切支給」
　　・法人税基本通達9－2－38「使用人から役員となった者に対する退職給与の特例」
③　使用人兼務役員の特異性から使用人部分の期間の打切支給を使用人退職給与と認めているもの
　　・法人税基本通達9－2－37「役員が使用兼務役員に該当しなくなった場合の退職給与」ただし書

　以上のうち，③は少し特異な規定である。この通達は，過去に使用人として勤務した相当の期間があり，その使用人から使用人兼務役員に昇格した際に使用人退職給与の打切支給をせず，使用人兼務役員になれない役付役員に昇格した時に，使用人時代と使用人兼務役員の期間にかかる使用人部分の退職給与を通算して支給する場合に限定している[23]。この通達の本文では，使用人兼務役員が専務等の使用人兼務になれない役員になった場合には役員の昇格であるから，その使用人部分の退職給与の打切支給は認められないこととされているが，この「ただし書」は例外的な取扱いである。

イ　分掌変更等の退職給与の意義と「一定割合の株式保有監査役」の適用除外要件の是非

　この問題点については，前述の「判決の総論的考察～持株数の形式要件の是非～」（2の(2)）においても指摘したところであるが，この点に関し長崎事件判決は，「本件通達が退職給与として支給した給与を，法人税法上の退職給与として取り扱うことができる場合として掲げている事実は，その文言からも明らかなとおり，例示であって，結局は，役員としての地位又は職務の内容が激変し，実質的に退職したと同様の事情にあると認められる場合には，その際に支給された給与を退職給与として損金に算入することが認められるべきである。」と判示している。

　また，徳島事件判決も，同様に，「本件法人税通達は，一般的に，実質的に退職したと同様の事情にあると認められる場合を例示した上で，規定したもの

であると解することができる。」としている。

かかる判決は、法人が解散する以前の役員が、清算会社の清算人に就任した場合にも、その解散前の役員時代の退職給与の打切支給は退職所得として取り扱われていること（所基通30－2(6)）、所基通30－2の2（使用人から執行役員への就任）では、執行役員の契約関係が委任契約で、報酬等が役員に準じている等、雇用契約による使用人の執行役員への就任が勤務関係の性質、内容、労働条件等に重大変動がある場合の使用人時代の打切支給を退職所得として取り扱っていること[24]、法人税基本通達では、かかる場合の打切支給について規定するところではないが、法人税法上、このような退職給与の打切支給が損金算入されることは当然であるから、同判決が、法人税基本通達9－2－32で掲げる三つの事例の規定は例示であるとする判示は妥当である。

その上で、長崎事件判決は、「認定事実によれば、丙が取締役を退任し、監査役に就任したことによって、その役員としての地位及び職務の内容が激変し、退任後も原告の経営上主要な地位を占めているとは認められず、実質的に退職したと同様の事情にあると認められる。」と認定している。かかる事実認定は、本判決の前記判決内容の詳細な事実認定に基づく「確定した事実」によれば、格別の異論はないであろう[25]。

ところが、かかる判決内容を前提とすれば、一定割合の株式保有取締役が監査役に就任した本件の場合、「法人税基本通達9－2－32(2)」では、当該監査役が、実質的に経営上主要な地位を占めていると認められる者及び使用人兼務役員になれない一定数の持株割合の株式を保有する者に該当する場合には、当該通達の打切支給は認められないとしている規定との関係をどのように理解すべきかということが問題となる。

長崎事件判決の被告課税庁側は、「丙は、使用人兼務役員とされない役員に該当し、したがって、このような同族会社の大株主は、その会社の経営の中枢にあって、経営上主要な地位を占めており、取締役から監査役になったとしても、独立した機関としての監査役の本来の機能は期待できず、その地位又は職務の内容が激変したとは認め難いから、実質的に退職したと同様の事情にある

とはいえない。」と主張している。

このような被告の主張は，同通達の一定割合の株式保有の監査役就任における適用除外要件に該当する大株主である新監査役丙は，「経営上主要な地位を占めており，実質的に退職と同様の事情にあるとはいえない」から，その打切支給は退職給与とはいえないという論理である。ところが，「大株主はその会社の経営の中枢にあって，経営上主要な地位を占めている」という論理は，監査役に限定されるものではなく，常勤役員から非常勤役員になった場合及び分掌変更等による地位の変動による報酬激減した場合の当該通達の他の二つのケースも同様に，「大株主であれば経営上主要な地位を占めている」ことにより，当該通達による退職給与打切支給は，一定割合の株式保有役員のすべてが適用されないことになる(26)。これは少なくとも，通達の文言からは導くことはできない内容の解釈であり，当該通達自体が理論的に混迷していることの証左であるといえよう。

このような被告主張に対して，長崎事件判決は，「法人税法施行令71条1項4号の要件のすべてを満たしている者については例外なく監査役の本来の機能が期待できないと解すことはできない」とし，「その監査役の任務が激変しているときは退職給与と認めるべきであり，これに反する被告の主張は採用できない。」と説示して，被告の主張を一蹴した。

この点に関して，徳島事件判決において，被告課税庁側は，長崎事件判決のように持株割合を監査役就任の適用除外要件として明確に主張したのではなく，「原告会社は親族4人が発行済株式のすべてを所有する同族会社であり，原告甲はそのうち35％を所有する筆頭株主であって，代表取締役退任後もその株式の所有割合に変化はない。このように，原告甲は監査役として法人税法上の役員であるとともに，実質的な経営者又はオーナーといい得る株主であり，重要な経営判断に影響を与え得る立場にある。原告会社のような同族会社においては，大株主の権限は実質的に経営者と変わることがない。」と主張し，一定割合の株式保有役員は大株主として権限を有し，「実質的に経営者と変わらない」という認定の根拠として主張している(27)。

第4章 退職給与を巡る税法上の諸問題の検証

　この点につき，徳島事件判決における被告は，代表取締役から非常勤監査役へ就任した同事件の事実関係によれば，その分掌変更等が当該通達に例示する「ア　常勤役員から非常勤役員になった場合」にも該当し，また，「ハ　分掌変更等の後の役員報酬が激減している場合」のいずれにも該当することから，使用人兼務役員になれない一定の株式保有要件を満たす役員は，実質的に「経営上主要な地位を占めている者」に該当するとして，当該通達に例示する三つのケースのすべてについて，その通達による退職給与の打切支給の損金算入の規定は適用されないことの根拠としている。

　この点は長崎事件判決の被告主張が，大株主の監査役に限定したものであるのに対して，徳島事件判決は分掌変更等の退職給与の例示のすべてに関する主張であり，この点で，両事件の被告主張は異なった内容となっている。

　徳島事件の被告主張に対して，判決は，「原告会社において，役員が経営上の方針等について，その株式の所有割合に応じた影響力又は発言力を有しているとは認め難い。」とし，「株式会社における株主と役員の責任，地位及び権限等の違いに照らすと，上記のような株式保有割合の状況は，原告甲が原告会社を実質的に退職したと同様の事情にあると認めることの妨げとはならないというべきである。」と判示して，上記の被告主張を排斥している。その上で，仮に，原告甲が筆頭株主として原告会社に対して何らかの影響を与え得るとしても，それは，あくまで株主の立場からその議決権等を通じて間接的に与え得るにすぎず，役員の立場に基づくものではないから，一切の業務を行っていない状態である本件監査役甲は，退職したと同様の事情があると認定したのである。

　両判決は，ある意味で当然のことを判示したものである。つまり，法人（株主）から経営を委任された取締役等の役員と法人の関係は，「大口株主グループの株主＝実質的な経営者」という関係が当然にうかがわれるものではなく，したがって，一定割合の株式保有役員であれば，「実質的に経営者と変わることがない」などという論理は，個別事案の事実認定を抜きに，一般論として成立する余地はない。

　換言すれば，かかる大口株主グループに属し使用人兼務役員になれない株主

である取締役が監査役に就任した場合でも，当該監査役が，現実にその法人の経営上主要な地位を占めている場合があるし，逆に，大口株主であるとしても，経営の一線から完全に撤退する場合もあるということである。このことは，本来，経営上主要な地位を占めているかどうかは，当該法人の発行済株式の持株数又はその割合に応じて形式的に判断できる問題ではなく，個別具体的な事案に即して，個別に認定判断されるべき問題であるということである(28)。ただ，この場合，同族会社における大口株主の代表取締役が監査役に就任した場合には，個別認定の問題として，実質的に経営上主要な地位を占めている場合が多いとはいえても，病気等により非常勤の監査役に就任し報酬も無報酬である徳島事件判決の監査役や，現実に経営に参画していないことが客観的に明らかな長崎事件判決のような監査役の場合には，その持株割合の多寡とは無関係に，客観的に，実質的に経営上主要な地位を占めるか否かを判定すべきであるということである。

　ところで，分掌変更等の退職給与の打切支給を規定する当該通達は，本来の「企業から離脱による退職」に該当しない場合であっても，当該役員が，「実質的に退職と同様の地位の変動がある」と認められる場合には，実質主義により，「実質的な退職とみられる事情」と認定して，その退職給与の打切支給を容認するというのであるから，かかる実質主義による退職の事情の事実認定に当たって，分掌変更後の監査役が一定の株式数を保有しているか否かという形式要件を持ち込んで，退職の事実を判断することは，実質主義の認定に形式基準を加味するという二律背反の法理の適用であり，そもそも，容認される筋合いの論理ではないということである。ここに，この一定割合の株式保有監査役要件の持ち込むことの重要な矛盾が指摘できる。

　加えて，すでに指摘したことであるが，このような論理矛盾が生ずるのは，分掌変更等の退職給与の打切支給において，分掌変更後の役員が「実質的に経営上主要な地位を占めている場合」には，適用されないという当該通達の実質主義による認定判断において，同様に除外される要件である「一定割合の株式保有」という形式的な判断要素を，それも，監査役の場合に限定して持ち込む

第4章 退職給与を巡る税法上の諸問題の検証

ということに論理矛盾があるということである。このような株式保有の除外要件及び監査役に限定したという当該通達の存在が，課税処分に混乱を来しており，このことが二つの事件が課税訴訟に発展した原因であると考えられる。

かかる問題点については，①及び②の両判決は，本通達における一定割合の株式保有監査役の業務実態により，個別に認定判断すべきことを指摘しているのであり，当該判示によれば，かかる一定割合の株式保有監査役の除外要件の規定は削除すべきであると考える[29]。

ただ，現実の問題として，通達改正の見込みは薄いであろうから，少なくとも，監査役に就任した一定割合の株式保有要件を満たす監査役が非常勤である等，その業務内容から，従前の役員の地位の変動が認められる場合には，この株式保有要件の適用除外規定は機能しないということを確認すべきである。そして，その除外要件が機能する場合があるとすれば，監査役に就任した後も監査役の業務の他に，前取締役の職務と同様に経営に従事しているという場合の認定に当たって，その大口株主グループの株主としての現実の影響力により，「実質的にその法人の経営上主要な地位を占めていると認められる者」に該当するという副次的に作用する場合があり得るという位置付けで考慮されるべきであろう。それは，一定の株式保有による形式的要件に基づいて，「実質的に経営上主要な地位を占めている」という実質判断の要素として作用するものではないということでもある[30]。

ウ 徳島事件判決における退職給与の債務確定と未払退職給与の是非

徳島事件判決のもう一つの争点は，法人税法上，代表取締役を退任し監査役に就任した平成16年7月31日に，平成16年9月24日に支給された退職給与の金額の債務が確定しているか否かという点である。原告会社は，平成16年7月期において，分掌変更等による退職給与の額4,500万円を未払金として損金に算入しているが，徳島事件判決は，本件退職給与の金額が本件事業年度の末日である平成16年7月31日までに確定したと認めるのは困難であり，その金額は，税理士により作成された退職金計算書の作成日付である同年9月16日頃に確定したものと認めざるを得ないとし[31]，そうすると，本件退職給与の金額が確定

したのは本件事業年度ではなく，また，その支払いがされたのも本件事業年度ではないことから，本件事業年度末では，当該退職給与の金額は未確定であると認定して，同事業年度における退職給与の打切支給の未払計上による損金算入を否認したものである。

　本判決は，本件事業年度末において，原告甲が代表取締役を退任するとともに，取締役を辞任して監査役に就任した事実を認めながらも，その日には，退職給与4,500万円の金額は確定していないと認定したものである。この点は，事実認定の問題であるので，深くは立ち入らないが，疑問点を指摘すれば，①同年９年16日付の税理士作成の退職金計算書の存在は，確かに，当該事業年度末に4,500万円の金額が確定していれば，それから約３か月後に敢えて計算書を作成する必要はないとはいえるが，税理士が，本件退職給与の支給につき過大退職給与の疑問が生じないように，同期末に決定した退職金の計算根拠をあらためて確認するために作成したということもあり得ることである。また，②当該事業年度末には，受領した補償金が入金されており，当該退職給与は何時でも支給できるにもかかわらず，同年９月24日まで支給していないのは不合理と指摘しているが，税法上の問題を度外視すれば，現実に，建物の建設資金の準備もあったことから，代表取締役を退任したその日又は近接した日に支給する緊急性は格別認められなかったともいえること，③司法書士作成の平成16年７月31日付け臨時株主総会議事録には，原告甲に支給する退職給与の金額を3,500万円とする旨等が記載され，同年８月２日，徳島地方法務局に提出されていること，後に退職給与の額が4,500万円に修正された議事録があるが，その経緯はともかく[32]，少なくとも，８月２日には3,500万円が確定したことは否定できないところ，そうであれば，3,500万円の金額は同事業年度末の臨時株主総会で決定されたと評価することができるから，その金額を4,500万円に修正するために，税理士作成の退職金計算書が存在するという推定も可能である。

　このような推測による事実を前提とすれば，少なくとも，総会が開催された平成16年７月31日には，3,500万円の退職給与の金額の債務が確定していたと

第4章　退職給与を巡る税法上の諸問題の検証

評価することが可能であり，そうとすれば，債務が確定している3,500万円は，平成16年7月期の損金の額に算入されると解すべきことになる(33)。本件は，このような問題点を指摘することができる。

しかし，本判決は，本件退職給与の債務確定は翌期と認定したものであるが，かかる判示は，司法書士が退職給与3,500万円と記載されている株主総会の議事録の存在と法務局への届出についての評価がなされていないという事実認定の不備を指摘しておく。

それはさておき，本判決の認定による場合，現実に債務が確定し支給された平成17年6月期では，どのような課税関係になるのであろうか。当時は，退職給与の損金算入は損金経理が要件とされていたことから，同期においては，退職給与として損金経理がなされていないことから，形式的解釈によれば，その損金算入は認められないことになる(34)。現実に，退職給与の支給がなされ，本来，損金性が認められるべき役員退職給与について，損金経理という形式要件を課すことで種々の問題を惹起していたが，平成18年度改正より，その損金経理要件は不要とされた。

ところで，分掌変更等の退職給与の支給に際して，分掌変更等の事業年度の期末において退職給与を支給せず未払経理した場合，平成19年通達改正後では，その未払退職給与は，原則として，「退職給与として支給した給与」には含まれないこととされている(35)。しかし，現実に，資金の都合で，現実の支給が翌期にずれ込んだとしても，このようなやむを得ない事情が認められるのであれば（恣意性が認められないのであれば），その未払退職給与の損金算入を否定すべきではないことについて，古くから論じていたところである(36)。

このことは今も変わらないが，特に，通達改正により未払経理は損金算入が認められないという解説がなされているものが多いことから，どちらかといえば，分掌変更等による退職給与の未払経理の損金算入は認められないと認識されているものと思われる。この点の解釈の問題は，法人税基本通達9－2－32の取扱いが，①本来，損金性が認められない退職給与の打切支給につき，特例的に，損金控除を認めると理解するのか(37)，一方，②本来の退職と同様の事情

297

にある場合の分掌変更等の退職給与の打切支給は，その企業慣行からの支給実体及び実質課税の原則の上からも，その退職給与の損金性は当然に認めるべきであると解するか，とのいずれの視座に立つのかということにより結論が左右される。すなわち，①の立場によれば，退職給与打切支給の損金控除は課税上の特例であるから未払経理を否定する厳格解釈になるし，また，②の立場では，退職給与の打切支給は当然の処理であるから，一時的な未払経理の損金性は容認されるということになろう。

　これらの見解については，②の見解が妥当である。この分掌変更等の退職給与の打切支給の損金性は，実質課税の原則による退職給与打切支給の損金控除であるから，未払経理という形式的処理により，実質主義に基づく未払退職給与の損金控除性を否定することは許されないと考えている。

　ところで，この分掌変更等の退職給与の打切支給の未払経理について，判決がどのように理解されているかを見ておく。この点に関して，徳島事件判決及び長崎事件判決では，注目すべき対応がなされている。

　徳島事件判決の場合には，平成16年7月期末では4,500万円の未払経理がなされ，現実に支給したのは同年9月24日であること，長崎事件判決では，判示によれば分掌変更等から約1年後に支給されているようである。

　つまり，分掌変更等が行われた事業年度の期末では，その打切支給の退職給与額を未払退職給与として経理しているにもかかわらず，本件各課税庁は，その退職給与の未払経理による損金処理は認められないという主張は展開していないのである。徳島事件判決では，分掌変更等が行われた事業年度では退職給与の債務は確定していないという論点が審理判断されているのであり，未払経理による退職給与の損金算入の不当性は議論の対象とはされていない。

　また，長崎事件判決においては，課税庁及び判決は，当該通達及び多くの論者が未払経理の損金性を否定しているにもかかわらず，1年後に現実に支給されている未払退職給与の損金控除について，その否認の根拠として主張又は判断をしていないのである。

　このように，本件両事件判決の事案では，課税庁自体が分掌変更等による退

第4章　退職給与を巡る税法上の諸問題の検証

職給与の打切支給の未払金処理を損金控除の否認の問題とは捉えていないということである。それは，前述したように，分掌変更等の退職給与の打切支給の損金控除が，実質課税の原則の適用場面の一つであることから，単に未払経理という形式処理がなされたからといって，そのことを根拠に，その債務性が否定され損金控除性が否定されるという論理は成立しないからである。

　このことは，法律論としては，分掌変更等の退職給与の支給が退職給与規程又は当該企業の退職給与の慣行により明確にされており，その退職給与額が株主総会により決議された場合には，その事業年度の債務の成立が否定されるものではない。つまり，一時的に未払経理処理がなされたことをもって，法人にとって実体的に確定した退職給与債務の存在及びその損金控除が否定されるものではないということである。したがって，徳島事件判決及び長崎事件判決では，このような未払経理の問題点が争いの焦点とはされていなかったということであろう(38)。

　かかる正解した解釈に対して，前掲した蒲田事件判決（東京地裁平成17年12月6日判決・税資255号順号10219）は，「法基通9－2－23（役員の分掌変更等の場合の退職給与）は，法人税法上，認められないはずの退職によらない役員退職給与の損金算入を認める特例的規定を創設しているものであるから，その要件を法人税法の債務確定主義に依拠し，債務の確定で足りるとすべき必然性はなく，ある程度厳格な要件の下で納税者に恩典を与えることとしても特段問題となる余地はない」として，未払経理処理による退職給与の損金性を否定している。また，同判決は，法人のオーナーあるいは役員と法人とのなれ合いにより，実際には支給する予定のない退職金相当額を損金計上することで，容易に租税負担を軽減することが可能となるという弊害の防止の必要性に鑑みれば，同通達の「退職給与として支給した給与」とは，現実に支給した退職給与のことを指し，未払退職給与については含まない趣旨であるというべきである，とも判示する。

　かかる判示は，当該通達を定めた規定の趣旨目的を示したものであり，税務執行の上では，正に，かかる判示内容が，未払経理処理を否定する趣旨である

といえよう。しかしながら，ここで判示するように，法人の行った分掌変更等の退職給与の未払経理が，すべて，「租税負担を軽減するために行われる」ものではなく，単なる資金繰りのために，一時的で短期間に未払経理が行われる場合がある。このような場合の未払経理による分掌変更等による退職給与の損金算入を，未払による経理という法形式を原因としてその損金性を否定することは誤りであるということである。

同判決はこのような点に思いをいたしていないように思われるが，そのことにより，一時的な短期間の未払経理による分掌変更等の退職給与の損金控除が否定されるのであれば，かかる判示は疑問といわざるを得ず，同見解には与し得ない。

(4) 報酬激減の事実によっても実質的に退職の事実が認められないとされた事例

① 京都地裁平成17年9月29日判決（税務訴訟資料　第255号順号10145）・大阪高裁平成18年10月25日判決（税資256－順号10553）

この事件（以下「京都事件判決」という）の概要は，次のとおりである。

ア　事案の概要

(ｱ)　原告（控訴人）・X社は，平成13年4月1日から平成14年3月31日までの事業年度（以下「本件事業年度」という）の法人税の申告に当たって，平成14年3月31日，代表取締役を退任し取締役に就任した乙（創業者）に対して退職慰労金4,000万円を，また，取締役を退任し監査役に就任した丙（乙の子）に対しても退職慰労金1,560万円を支給することを臨時株主総会において決議し，その合計5,560万円を未払費用として損金の額に算入して法人税の確定申告を行った。また，平成15年3月に支給された本件未払費用の退職慰労金について，退職所得として乙及び丙に係る源泉所得税を徴収して納付した。これに対し，Y税務署長（以下「被告」と称する）は，両者には退職の事実は認められないと認定して，平成15年7月7日付けで，本件金員の損金算入を否認する更正処分等（以下「本件更正処分」という）を行うととも

に，本件金員が役員賞与に当たるとして，平成15年3月分の源泉徴収に係る所得税の納税告知処分等を行った。

(イ) 原告の発行済株式総数は2万株であり，乙，丙及び甲（乙の妻）らの同族がその大部分（本件事業年度においては，形式的には約73％。いわゆる名義株を本来の株主である乙の株式とすると同族の持株比率は100％となり，そのうち乙が約40％を所有している）を有している同族会社である。

原告は，平成10年6月1日から平成11年5月31日までの事業年度の収支が赤字となったとして，平成11年6月以降，乙の役員報酬を月額150万円から月額75万円に減額し，平成13年10月に95万円に増額，その後，本件退任に際して，平成14年4月から45万円に減額した。丙については月額80万円から月額20万円に減額され，その後，本件退任に際して8万円に減額して支給している。両者は，本件退任後も常勤の取締役，監査役となっている。

なお，原告は，平成13年11月までに従業員全員を解雇し工場も閉鎖しており，さらに，平成14年3月31日，F協同組合を脱退している。

イ　判決要旨

(ア) 上記認定の事実からすれば，乙は，平成14年4月1日以降も原告の取締役であり，また，丙も同日以降，監査役として法的な責任を負う立場にあって，原告との委任関係は続いているから，乙も丙も原告を退職したということはできない。そこで，乙及び丙が，平成14年3月31日をもって，実質的に原告を退職したと同様な事情があるかどうかについて検討する。

(イ) 上記のとおり，原告は，本件事業年度までに売上高が減少し，自社工場を閉鎖し，従業員を解雇しており，外注を主とするようになっており，原告の業務の実態，内容は，本件事業年度において大きく変わっていることはうかがえる。しかし，原告は，同年4月1日以降もCなどの従前の取引先との取引を継続し，その取引による売上げが同日以降も，従前の取引先との取引が原告の業務の主要部分を占めること，主要な取引先との実質的な対応は，引き続き乙が担当していたこと（なお，Cに対しては，代表者が交代したことを正式に知らせることもしていない），甲が企画制作及び販売している商品

の売上高が原告の売上高に占める割合は小さいこと，同日以降の乙の報酬は減額されたとはいえ，なお代表取締役である甲と同額であることなどの事情を考慮すると，乙は，同日以降も，原告で常勤しており，原告の売上げの相当程度を占める主要な活動について重要な地位を占めていたというべきである。そうすると，乙が平成14年3月31日をもって，本通達9－2－32(1)の「常勤役員が非常勤役員になったこと」との事実はなく，その他，原告を実質的に退職したのと同様な事情があったとは認められない。

　乙の報酬は，平成14年4月1日以降，従前の月額95万円が月額45万円と半額以下になっており，形式的には，本通達(3)に該当する事実は存在しているが，しかし，原告が同族会社であること，乙の報酬が減額されたことに代わって，乙の妻である甲の報酬は月額20万円が月額45万円に増額されており，両者の報酬額を併せると月額90万円であり，平成13年9月以前の報酬額の月額95万円と大差はないこと，乙が，同月1日以降も，原告の重要な業務を担当していることを考慮すると，乙の報酬が形式的には半額以下となったことをもって，乙が原告を退職したのと同様な事情があると認めることはできない。

(ウ)　丙については，平成14年3月31日以前は，従来から懇意にしていた一，二の取引先に機会があれば顔を出す程度で実質的な業務にはかかわっていなかったところ，原告代表者は，同年4月1日以降は，取引先に顔を出すこともなくなった旨供述する。しかし，そのような変化があったとしても，原告の業務への実質的な関与という点での変化と見ることはできず，その他，丙が実質的に原告を退職したと同様に取り扱うのが相当なほど業務が激変したことをうかがわせる事情は見当たらない。また，丙の報酬も，同日以降，従前の月額20万円から月額8万円に減額されているが，丙が同族会社である原告の発行済株式の実質的には約4割を有する株主であり，平成14年4月1日以降も，その点については変わりはないこと，次の(エ)の疑いがあることも考慮すると，丙の報酬が形式的には半額以下となったことをもって，丙が原告を退職したのと同様な事情があると認めることはできない。

(エ) 原告は，甲を代表者として，それまでの染色業から創作小物品の小売へと業務を転換し，それに伴い，乙及び丙は，原告を実質的に退職した旨主張するが，平成14年4月1日以降の原告の売上げの大部分は，従前の取引の継続によるものであり，甲の創作小物についてのそれまでの経験が豊富ともいえないことからすれば，創作小物品の小売への業務の転換を主な目的として代表者を交代し，それに伴って乙及び丙が原告を実質的に退職したとは考え難い。むしろ，本件事業年度には，保険金等の雑収入があり，本件金員の支払いがされ，それが損金として認められた場合には，法人税額は0円となること，原告の主張によっても，乙及び丙に対する退職金の支給が本件事業年度の最終日の株主総会及び取締役会で決議されたとされていることを考慮すると，上記の雑収入があったことに伴う法人税額の増額を避けるために，乙及び丙が原告を退職したものとして，本件金員の支払いをしたという疑いも生じる。

(オ) したがって，本件金員については，法人税法上，本件事業年度の損金に算入することはできない。

ウ 本判決の問題点の分析・検討

(ア) 法人税基本通達9－2－32の打切支給の判断基準の判示内容の問題点

　　本判決は，上記判決要旨の判示の前提として，「法人役員については，法人の役員を退職した場合ではなくても，分掌変更，改選による再任等を契機に，役員としての地位又は職務の内容が激変し，実質的に退職したと同様の事情がある場合には，分掌変更時，再任時に退職金等として支給される金額は，法人税法上も退職給与として取り扱うのが相当である。」（要旨）と判示し，法人税基本通達9－2－32も，実質的に退職したと同様の事情がある場合の基準を示したものと解されるとしている。すなわち，同通達は，実質的な退職の事実と認められる要件を例示的に示したものであり，それ以外の場合でも，同様に，実質的に退職したと同様の事情が認められるのであれば，その場合も，退職給与の打切支給は容認されることはいうまでもないことである[39]。

本判決は，分掌変更等による退職給与の打切支給について注目され多くの論者によって紹介された初めての判決といえよう。それは，当該判決が，本件原告が前提としたものと思われる「分掌変更による役員報酬の激減による打切支給」(同通達9－2－32(3))は，形式的に分掌変更による報酬激減の要件を充足していたとしても，その報酬の激減が実質的に退職と同様の実態にある分掌変更である場合に限定して，その打切支給の役員退職給与を否認した処分を適性としたこと，これを受けて，このことを確認するために，平成19年通達改正により，同通達(3)の分掌変更による報酬激減の事実の場合であっても，「経営上主要な地位を占めている者」の打切支給の損金性を認めない旨の規定を措置したことが挙げられよう。しかしながら，このことは，目新しいものではなく，従前の課税実務は同様に解釈され運用されていたものであるが，このことが，判決によって取り上げられて明確に判示されたということが注目を浴びたものであろう。
　ところで，本判決は，同通達(3)に限定した判示ではなく，形式的に，その(1)から(3)までの要件のいずれかに当たる事実がありさえすれば，当然に退職給与と認めるべきという趣旨と解することはできない，と判示している。この点の判示内容は，一応の妥当性が認められようが[40]，その判示の理解によってはやや問題があるように思われる。
　本判決の判示が，例えば，形式的に，同通達(1)の「常勤役員から非常勤役員になった場合」に該当する場合であっても，適用除外要件である「実質的にその法人の経営上主要な地位を占めていると認められる者」に対する退職給与の打切支給は認められないという趣旨であれば，当該通達の文言からの当然の解釈であるということができるが，当該判示が，非常勤役員としての経営への参画の事実をもって，「実質的に経営上主要な地位にある者」とまではいえない者に対してまで，この打切支給の適用除外に該当すると認定する趣旨であれば妥当ではない。
　すなわち，ここでの(1)の役員退職給与の打切支給の要件は，常勤役員が非常勤役員になったことであり，その事実が証明されているのであれば，この役員

第4章　退職給与を巡る税法上の諸問題の検証

の常勤から非常勤役員への勤務実態の変動自体が，「実質的に退職したと同様の実態として認められる」ということから，当該打切支給を認めるというものであり，その打切支給が認められない場合は，適用除外要件とされている当該非常勤役員となった後も，当該役員が，「経営上主要な地位を占めている者」という実質的な事実認定の判断ができる場合に限定されているということである。

　換言すれば，非常勤役員であるとしても，役員である以上，非常勤という勤務形態の下で，その法人の経営に関わることはむしろ当然であり，そして，その経営への関わり方の態様は区々であるから，現実に，経営上，主要な地位を占めているという認定判断が可能な場合に限定して適用除外とされるということに留意する必要がある。非常勤役員（取締役）としての地位により経営に参画している事実をもって，「実質的に経営上主要な地位を占めている」と認定するのではなく，その経営の関わり方により，「経営上主要な地位を占めているか否か」を判断する必要があるということである。そうでなければ，「常勤役員が非常勤役員になった場合」の退職給与の打切支給が容認される適用要件自体の文言が問題ということになろう[41]。

　また，同通達(2)の「取締役から監査役になったこと」，というのは，本来経営に関与していた取締役が監査役（常勤）になったことが[42]，打切支給の認められるための実態であり，その場合でも，「監査役でありながら，実質的にその法人の経営上主要な地位を占めていると認められる者」，つまり，監査役がその地位にありながら，監査業務以外に，以前の取締役の地位にあったのと同様に，実質的に経営上主要な地位を占めていると認められる常勤監査役につき，その退職給与の打切支給を制限するというのが，その趣旨である。つまり，監査役就任は形式的なものにすぎず，実際には経営に従事している場合には，実質的に退職と同等の事情があるという場合には該当しないから，ここでの打切支給は認められない。以前の取締役の業務内容の継続性が認められるからである。

　その意味では，監査役の地位にありながら経営に従事しているか否かが重要

なことであり，必ずしも，常勤役員から非常勤役員になった場合のように，実質的に「経営上主要な地位」にあるか否かの厳格な認定は要件とはされていないと解すべきであろう。そうであれば，監査業務とは異なる経営に参画しているか否かを認定することで足り，「経営上主要な地位にあるか否か」の通達の適用除外要件は疑問であると解することになろう。

かかる意味では，現行の同通達(2)の適用対象外は，「経営上主要な地位を占めている者を除く」とするのではなく，分掌変更等の後においても，主要という曖昧な用語は使用せず，「経営に参画していると認められる場合を除く」という表現がより妥当であるということになろう。

しかし，一方で，取締役が法人の正式な機関決定により監査役となったという事実は，実質的に法的な地位の変動ということができる。例えば平取締役が使用人兼務役員になれない専務取締役等に就任した場合には，その実質的な業務内容が専務の業務を行っていない場合であっても，法律上，正式な機関で選任された専務取締役は，業務内容の如何に関わらず，その法的な地位は形式的にも実質的にも専務取締役であるから，使用人兼務役員にはなれないという実質主義による解釈がなされているところである。かかる解釈に鑑みれば，監査役が経営に参画しているという程度では，監査役の地位にある役員が，その経験による経営に関する助言というものと認定できるとも考えられるから，取締役から監査役の法的地位の変動は，原則として退職と同等の地位の変動の実質を否定することは困難であるともいえる。しかして，現行通達は，「監査役が経営上主要な地位を占めていると認められる者」に限定して，退職給与の打切支給の適用除外としたものと解することもできる。

以上の点から，逆説的にいえることは，非常勤監査役はもとより，常勤監査役であっても，本来の監査役の業務にのみ従事しているのであれば，経営に参画している取締役を退任して，経営とは直接関係しない監査業務に従事する監査役に就任した事実を退職と同等の実情として，その退職給与の打切支給が容認されると解すべきであるというのが，同通達(2)の論理的帰結である。

ところが，同通達(2)では，経営上主要な地位の有無の実質的判断のほかに，

第4章 退職給与を巡る税法上の諸問題の検証

使用人兼務役員になれない一定割合の株式保有監査役については、この打切支給の適用対象外としているところである。その結果、取締役を退任して監査役に就任したことにより、経営とは無縁の監査業務に従事することとなったことが、実質的に退職と同等の事情にあるとしたのが当該通達(2)の場合であるにもかかわらず、経営への参画の事実とは無関係の一定割合株式保有により、監査役は退職と同等の事情にはないとする認定が不合理であることは明白である。しかして、かかる株式保有要件は削除すべきであることはすでに論じて指摘したとおりである(43)。

次に、同通達(3)の分掌変更により報酬が激減した役員の場合の打切支給は、役員の職務の分掌変更により、当該職務内容が質的、量的な面で変動し低下したために、その変動した職務に対応して役員報酬が半減したことが前提であるから、分掌変更後の職務内容が、実質的に、当該役員の従前の職務内容と大きな変動(職務内容の質的、量的な低下)が認められないにもかかわらず、役員報酬のみ激減しているとしても、かかる場合の打切支給は認められないのである。これは、ここでの適用除外とされている「実質的に経営上主要な地位を占めていると認められる場合」とは無関係の事柄である。

その意味では、本判決が、同通達(1)から(3)までの要件のいずれかに当たる事実がありさえすれば、当然に退職給与と認めるべきという趣旨と解することはできない、と判示している点は、必ずしも正確ではなく、上記のような分析から明らかなように、同(1)、(2)及び(3)のそれぞれの場合に応じた意味合いとして解釈すべきである。

例えば、(1)の場合は、常勤役員から非常勤役員になった事実が、実体的に退職と同等の事情にあると解すべきことを前提とした規定であり、その適用除外とされるのは、当該非常勤役員が、「実質的に経営上主要な地位を占めている場合」に限定され、それ以上に、実質判断をするということを当該通達は予定していないということである。

(2)についても、取締役から監査役への地位の変動が退職と同等とされているものである。次に(3)の要件の場合には、その適用対象外である「経営上主要な

地位を占めている者」でない場合であっても、その分掌変更等の後において、その業務内容の実質的判断により、退職と同等の事情にあるとは認められない場合があるということがいえるであろう。その意味では、同通達が「経営上主要な地位を占めている者を除く」としていることは限定的であり誤解を招くので、「分掌変更後の地位・戦略内容により、報酬が激減するとは認められない場合を除く」とすることが妥当ではなかろうか。

(イ) 本判決事例における退職給与打切支給の当て嵌め

本件の場合、乙は代表取締役から常勤の取締役に就任し、役員報酬は激減しているから、形式的には、同通達(3)の要件を充足しているとも考えられるが、本判決は、乙は、売上げの相当程度を占める主要な活動について重要な地位を占めていたと認定して、退職と同様の事情があるとは認められないと認定したものである。これは、原告が工場を閉鎖した後も外注に依存して事業を継続していること、従前の取引先の売上げが原告の業務の主要部分を占めること、主要な取引先との実質的な対応は、引き続き乙が担当していたこと等からの認定判断である。そうであれば、常勤の乙が代表取締役を辞任し、常勤の取締役に就任して、上記のような経営上の地位を有していると認められる以上、事実上、退職と同等の事情にあると認定することは困難というべきである。

ちなみに、本判決は、法人税基本通達9－2－32(3)の適用を否定する根拠として、「原告が同族会社であること、乙の報酬が減額されたことに代わって、乙の妻である甲の報酬は月額20万円が月額45万円に増額されており、両者の報酬額を併せると月額90万円であり、平成13年9月以前の報酬額の月額95万円と大差はないこと」を、当該規定が適用されない根拠の一つとしているが、そもそも、報酬激減の要素は、分掌変更した後の乙の報酬が対象とされるのであり、新たに代表取締役に就任したその妻甲の報酬額との合計額で判断すべきでないことは当然のことである。

この点の判示に関して、本件高裁判決は、「原判決が、乙に対する報酬額を甲に対する報酬額と合算して、本件通達の(3)の基準に関する判断をしているのは、控訴会社が指摘するとおり、相当とはいえないから、…原判決の説示を訂

第4章　退職給与を巡る税法上の諸問題の検証

正した。」と判示し，かかる両者の支給金額を加味したことについて，同通達(3)の認定判断の材料とすることは不当であることを認定していることに留意されたい(44)。

　次に丙は，取締役から監査役に就任したものであるが，それ以前は，従来から懇意にしていた一，二の取引先に機会があれば顔を出す程度であり，それ以後はそのような事情もないという原告代表者の供述について，①そのような変化があったとしても，原告の業務への実質的な関与という点での変化と見ることはできないこと，その他，丙が実質的に原告を退職したと同様に取り扱うのが相当なほど業務が激変したことをうかがわせる事情は見当たらないと認定している。そして，丙の報酬の激減については，②丙が同族会社である原告の発行済株式の約4割を有する株主であることに変わりがなく，③本件打切支給がなされ損金算入されると，法人税額は0円となり，当該事業年度に収入した保険金等の雑収入の課税を回避できること，原告の主張によっても，④乙及び丙に対する退職金の支給が本件事業年度の最終日の株主総会及び取締役会で決議されたとされていることを考慮すると，⑤上記の雑収入があったことに伴う法人税額の増額を避けるために，乙及び丙が原告を退職したものとして，本件金員の支払いをしたという疑いも生じることも考慮すると，丙の報酬が形式的には半額以下となったことをもって，丙が原告を退職したのと同様な事情があると認めることはできない，と認定している。ここでの取締役から監査役になった丙に対して，退職と同等の事情にはないとした本判決の事実認定は，かなり雑ぱくな認定という誹りを免れない。

　先ず，取締役時代の業務内容と監査役に就任後の業務内容の変化，つまり，監査役就任後は，一，二の取引先への訪問という行為はしていないという原告の主張に対して，①実質的な業務内容の変化ではないと認定しているが，同人は，取締役としての取引先への訪問が，監査役就任後は行っていないということであるから，従前の取締役としての業務を行っていないこと，つまり，取締役から監査役の地位の変動があったということであり，その取締役から監査役の地位の変動は，それ自体が退職と同等の事情にあるということができる。し

たがって，本来，丙の取締役から監査役になったことは，法人税基本通達9－2－32(2)に該当し，原則として，分掌変更等による退職給与の打切支給を否定することはできないことになるであろう。

当該規定の適用が否定される場合があるとすれば，監査役就任後も，丙が経営上主要な地位を占めていると認められる場合であるが，丙については，そのような事実は認定されていないから，丙の打切支給の否認は疑問もある[45]。

ところが本件丙は取締役から監査役に就任した事例であるから，法人税基本通達9－2－32(2)を文字どおりに解釈すれば，本件丙は40％の株式を所有する株主であり使用人兼務役員になれない役員の判定要件を充たしているから，分掌変更等による退職給与の打切支給は認められないことになる。

しかるに，本判決はそのことを根拠として，打切支給を否定したものではなく，「丙が原告を退職したと同様の業務の激変があったとは認められない」と認定して，打切支給を否認したものである。このことは使用人兼務役員になれない判定要件のすべてを満たしている株主グループに属しているかどうかと，実質的な退職と認められるかどうかということとは，法的には無関係であることの証左ともいえよう。この点の通達の規定は，すでに論じたように疑問のある要件であると考えるが，現実には，納税者に対しては，安易な打切支給をけん制する実質的機能を有しているともいえよう。その意味では，かかる株式保有要件は絶対的要件ではなく現実的に退職と認められる事情が認められる分掌変更等については，株式保有割合にかかわらず打切支給は容認すべきことが理解されるべきである（この点については，これを容認した前記長崎地裁判決参照）。

なお，本判決は，雑収入の存在と法人税負担の関係を指摘して，租税回避の疑念があることを論じているが，かかる事実と現実の退職の事情の存否とは直接関係しないというべきである。

② その他の判決にみる分掌変更等による退職給与の打切支給の検証

前記①の京都地裁判決のほか，分掌変更等に伴う退職給与の打切支給が争われたものとして，東京地裁平成17年12月6日判決（税資255号順号10219，東京

第4章　退職給与を巡る税法上の諸問題の検証

高裁平成18年6月13日判決・税資256号－165順号10425。以下，「蒲田事件判決」という）と東京地裁平成17年2月4日判決（税資255号順号9925，東京高裁平成17年9月29日判決・税資255号順号10145。以下「葛飾事件判決」という）がある。

　蒲田事件判決は，代表取締役から取締役に就任したことにより，役員報酬250万円が50万円に激減したことから，9,000万円の未払退職給与を損金算入したところ，未払退職給与の打切支給の損金算入が否認された事件である。

　判決によると，原告が，法人税法は債務確定時に損金計上することとしているから，同通達にいう役員退職給与の「支給」は，実際の支払いのみならず支払債務の確定を含むとみるべきである旨主張したところ，「同通達9－2－23（役員の分掌変更等の場合の退職給与）は，法人税法上，認められないはずの退職によらない役員退職給与の損金算入を認める特例的規定を創設しているものであるから，その要件を法人税法の債務確定主義に依拠し，債務の確定で足りるとすべき必然性はなく，ある程度厳格な要件の下で納税者に恩典を与えることとしても特段問題となる余地はない」と判示して，その主張を排斥して，未払退職給与の損金算入を否認したことは適法と判断したものである。

　すなわち，分掌変更等による退職給与の打切支給を許容する本通達は，本来，損金性が容認されない場合の退職給与の打切支給を認める特例であるから，その「支給」は厳格に解すべきで，未払経理による退職給与の損金性を認めないと解釈したものである。しかしながら，本判決は，この通達の制度自体の存在意義を誤解している。

　この蒲田事件判決は，法人税基本通達9－2－32の退職給与の打切支給は，所定の役員の地位の変動がある場合には，退職と同様の事情があるものとして，企業は，役員退職給与の打切支給を行う慣行があることから，同通達は，かかる企業実態に配慮して，特例として，打切支給の損金算入を認めたものであると判示し，一方，個人企業の法人が大半である現状に鑑み，実際には支給する予定のない退職給与相当額を損金算入することで租税負担を回避するという弊害を防止することも必要であるから，その打切支給は，未払退職給与には含ま

311

れないと判示する。

　かかる判示では，先ず，退職と同様の事情にある場合の退職給与の打切支給は慣行として存在していることを判示しているところであり，そうであれば，かかる企業実態を考慮して，退職と同様の事情にある場合に打切支給された役員退職給与は，所得税法30条（退職所得）の「…退職により一時の受ける給与及びこれらの性質を有する給与に係る所得」にいう「これらの性質を有する給与」に該当すると解すべきものである。しかして，必ずしも，法人税法上，退職給与として損金算入できない性質の打切支給を，特別，損金算入することを許容したのが当該通達であると解する本判決は，その退職給与の打切支給の本質の基本的理解に誤解があるといえよう。

　しかし，そうであるからといって，本件のような未払退職給与の損金性を全面的に認めるというのも，課税上弊害がある。そこで，損金性を有する退職給与に該当する場合の打切支給は，その退職と同等の事情が発生したが，資金繰り等の事情で，短期間の未払経理は容認すべきであると解すべきであり，それは，その事情発生後の打切支給の存否と期間，打切支給の意思等の有無等により認定すべき問題である。

　したがって，本判決のように，その通達の特例としての性格を前面に持ち出して，退職と同様の事情が認められるにもかかわらず，形式的，機械的に退職給与の打切支給の未払経理の損金算入を否認することは合理的ではないと解する。

　次に，葛飾事件判決は，代表取締役を辞任し非常勤取締役に就任したことから，退職給与1億4,784万円の打切支給をし損金算入したところ，代表取締役辞任後も常勤取締役として経営に従事していたとして退職給与の打切支給の損金算入を否認したものである。

　原告会社の元代表取締役は，18年余りにわたり代表取締役の地位にあった間，業界の取引に精通し，経営の中心にあって活躍してきたこと，同人に代わって代表取締役に就任した妻は，業界や会社経営についての十分な知識はなかったこと，妻は課税庁係官による税務調査において，会社の経営内容等については

とんど説明することができず，同人が説明，回答に当たっていたこと等の事実からすれば，元代表取締役は，辞任後も，妻に経営を任せておらず，従前と同様又はそれに近い程度に，自ら経営の中心となっていたものというべきであり，同人の地位又は職務の内容が激変し，実質的に退職したのと同様の事情にあると認めることができないから，同人に対する退職慰労金は賞与として扱われるべきであると判示した。

この事例の場合，原告会社の代表取締役を辞任した際に，役員報酬を210万円から100万円に減額していることから，法人税基本通達9－2－32(3)の要件に該当するが，本判決の認定しているような経営との関わりからすれば，その後の取締役の地位において，実質的には，原告会社の経営権を握ったまま，従前と同様又はそれに近い程度に，原告会社の代表取締役として行っていた業務を行っており，原告会社の経営の中心となっていたと認められるという認定により，打切支給は認められない事例であったということができる。

この事例は，同通達(3)の役員報酬の激減という形式を整えて，打切支給の損金算入を図った典型的事例であるといえよう。

ちなみに，本判決は，原告会社元代表取締役は，単に従前の報酬を自身と妻とに分割して受領するつもりであり，かつ，原告会社に多額の益金が発生しそうであったため，退職給与の形で，原告会社から原告会社元代表取締役に給付を行ったものであると認められると判示しているが，ここでの「従前の報酬の妻との分割受領」と「多額な益金の発生」という事実は，本来，当該役員が退職と同様の事情にあるかどうかの認定とは，直接関係ない事実であり，役員としての地位の変動を否定する単なる背景・事情にすぎない[46]。

(5) **裁決事例にみる分掌変更等による退職給与の打切支給の是非**
ア 退職給与の打切支給が認められた裁決

分掌変更等における退職給与の打切支給の是非を巡る裁決事例は数件あるが，その中で，納税者の打切支給の損金性が認められたものは，①平成15年12月15日裁決（TAINSコードF0－2－191）[47]，②平成18年11月28日裁決（TAINS

コードF0－2－227），③平成15年6月25日裁決（裁決事例集No.65，181頁）である。このうち，①の裁決は，原処分庁が非常勤役員となった役員の報酬額と常勤役員の報酬額を比較して，その差異からして，その職務内容に変更はないとした処分に対して，かかる報酬の比較からのみで，当該役員の職務内容が常勤役員と同様であるということはできないとして取り消したものである。

また，②の裁決事例は，代表取締役から非取締役の会長に就任した経緯，その後の役職の新設や異動，給与査定等の人事関係には関与していないこと，取引関係等の経営上の意思決定や設備等の取得等に関する決定には関与していないことなどから，実質的に退職と同様の事情があると認定されたものである。この事例は，正確な事実認定に立てば，いわば，当然に認められるべきものであり，かかる事情を考慮して規定されているものが，法人税基本通達9－2－32ということができる典型的な事案である。なお，①及び②ともに，報酬の激減の事実が認められている事例である。

次に，③の裁決事例は，A社を含む3社が新設合併した事例において，A社の専務取締役甲が新設法人D社の代表取締役に就任したケースについて，同社から請求人（甲）に支給された給与は，役員賞与として源泉徴収された事例に関して，請求人が退職所得として行った更正の請求が棄却された事案である。この事例で，請求人は，かかる退職給与の支給は，従業員退職給与規程の廃止よる打切支給と平仄を一にし，役員退職金制度廃止に伴う打切支給であると主張している。

原処分庁は，A社の専務取締役からD社の代表取締役になったことから，職務内容に退職と同等の事情があったとは認められないとして，退職所得とはいえないとしたが，本裁決は，D社の代表取締役の地位は形式的一時的で，事実上の権限はなく，その後短期間で退職していること等から請求人の勤務の性質，内容に重大な変動が見られるとして，退職所得と認定した。

このような場合，法人の退職給与制度として，被合併法人の役員が合併法人の役員に就任した場合であっても，被合併法人との勤務関係が終了していることから，これを契機として，その勤務関係の清算のための退職給与の打切支給

を認めるべきである。この裁決の後に，合併の場合の退職給与の打切支給の未払経理による損金算入，被合併法人の役員が合併後の合併法人の役員に就任した場合の打切支給の未払経理による損金算入の取扱通達が創設されたことにより，かかる裁決の事例の退職給与の打切支給の損金控除が認められているところである。

本裁決事例の場合，これに加えて，新設法人の代表取締役の地位は，形式的，一時的という認定がなされているのであるから，その打切支給が認められたのは，妥当であるというべきである。

ちなみに，平成23年5月31日裁決（T&Amaster No.419，11頁）では，期間契約社員雇用契約による契約社員が期間を満了した際に支給された本件慰労金について，最高裁昭和58年9月9日判決（民集37巻7号962頁）の退職所得の3要件に照らして，退職所得に該当すると裁決している。

イ　退職給与の打切支給が認められなかった裁決[48]
① 代表取締役から取締役になった事例

平成2年2月15日裁決（TAINSコードF0-2-023）は，代表取締役から非常勤取締役会長になった役員に8,800万円の退職給与を支給した事例，平成16年10月25日裁決は，代表取締役から非常勤取締役になった役員に1億円の退職給与を支給した事例，また，平成16年6月25日は，常勤取締役になった役員に4,000万円を支給した事例である。いずれも，報酬激減の要件を満たしているが，その後も，当該役員は経営上主要な地位を有していると認定され役員賞与とされたものである。

② 代表取締役から監査役になった事例

平成16年7月9日裁決（TAINSコードF0-2-223）は，代表取締役から監査役（報酬半減）になった役員に対して1,760万円の退職給与を支給した事例であるが，監査役後も経営上主要な地位を有している認定されて役員賞与とされた。

このほかに，平成16年12月1日裁決（TAINSコードF0-2-221）があるが，分掌変更の事実が認められない者（報酬半減）に対して5,000万円の退職

給与の支給が役員賞与とされた事案である。

　以上のように，分掌変更等による退職給与の打切支給が認められなかった裁決事例は，報酬激減の事実は満たしているものの，その分掌変更等によっても経営上主要な地位を有しているという実態があり，その前後において，職務内容に変動が認められない事例であることがわかる。このことは，この分掌変更通達が，租税軽減に利用されているということの証左である。

(注)
(11)　窪田悟嗣編著『法人税法基本通達逐条解説（5訂版）』税務研究会（2008年）759頁。
(12)　同判決では，法人税基本通達9－2－32の通達は，「法人税法上は本来認められないはずの退職によらない役員退職給与の損金算入を認めるという，納税者に有利な特例的規定を創設しているものであることからすれば，その要件を，法人税法上の債務確定主義に依拠して，債務の確定で足り，現実の支払を要しないとしなければならないとする必然性はなく，その趣旨や弊害防止の必要性等にかんがみて，ある程度厳格な要件の下で納税者に恩典を与えることとしていたとしても，特段問題となる余地はないものというべきである。」としている。
(13)　窪田悟嗣編著『法人税基本通達逐条解説（5訂版）』税務研究会（2008年）759頁。
(14)　本来，通達が予定する「ウ」の分掌変更は取締役の分掌変更であり，取締役から監査役に就任した者は予定していないのであろうが，広義でみれば，分掌変更として捉えることもできる。
(15)　渡辺淑夫・山本清次編集代表『法人税基本通達の疑問点』ぎょうせい（2012年）529頁参照。しかし，常勤役員から非常勤役員（アの場合）及び分掌変更による報酬激減の場合（ウの場合）に該当する場合には，その役員が大株主であれば，退職給与の打切支給は認められないという要件が付されていない以上，かかる解釈は，通達の形式的解釈はもとより実質的にみても不合理であることはいうまでもない。
(16)　甲は以前から病弱のために，代表取締役を退任する以前から，その長男乙が取締役として経営に従事しており，今回の正式な退任に伴い，代表取締役に就任している。
(17)　本件訴訟では，雑費として計上した500万円が代表取締役甲に対する給与（役員賞与）に該当するどうかが争われているが，ここではこの点については取り上げない。
(18)　本件訴訟では，この点については格別問題とはされていないようである。
(19)　本稿のテーマとは直接関係のない争点であるが，興味ある判示がなされているので紹介する。この争点に関して発表されている多くの論説は，ここで指摘する問題点が看過されているので，同族会社の行為計算の否認規定を論ずるに当たって注意を喚起するために，本判決の判示を掲載して，その（注）において，若干の論点の指摘を試みることとする。
(20)　この判旨の問題点は，総論部分の判示において，同族会社の行為計算の否認規定は，

第4章　退職給与を巡る税法上の諸問題の検証

異常，不合理な行為計算を「正常な行為又は計算に引き直して更正等を行う権限を税務署長に認めるものである。」と正解した解釈を判示しておきながら，結論部分の判示では，「これを原告の所得の計算上損金として認めることは，純経済人の行為として不自然，かつ不合理な行為又は計算であって，それによって原告の法人税の負担が減少するといわざるを得ないから，乙に対する役員報酬を損金の額に算入することはできない」として，正常な行為計算に引き直す（置き換える）ことを懈怠し，単純に，その報酬の支出額を損金不算入としている点である。つまり，本判決は，「通常行われる合理的な法形式の引き直し」ではなく，単に業務に従事していない役員報酬の支給を損金不算入とする根拠として法人税法132条1項が適用されたところに問題があるということである。業務に従事していないことを強調して役員報酬を否認するのであれば，当該支出額は無償の供与（贈与）として寄附金と認定することも考えられるが，法人税法132条1項を適用するのであれば，「正常な合理的な行為計算に引き直す」ことが不可欠である。ちなみに，同規定の「税務署長が認めるところにより」というのは，税務署長が役員報酬を損金不算入として認めるという意味ではなく，同族会社の採用した異常不合理な行為計算を，その行為計算による同等の経済的意義（成果）を獲得するための「通常行われる合理的な行為計算に置き換えること」を意味するものと解すべきある（田中治「所得税法における同族会社の行為計算の否認規定」（財）日本税務研究センター編『同族会社の行為計算の否認規定の再検討』財経詳報社（2007年）83頁は，このことを明確に指摘している）。かかる行為計算の置き換え（引き直し）が，「税務署長が認めるところにより」という意義である。この点に関して，日本税法学会のシンポジウムでの右山昌一郎税理士（税法学560号277頁・2008年）の質問の中で，「税務署長の認めるところにより」という規定によって，現在の課税実務は，「税務署長はなんでもできる」ということになって，「税務署長は王様みたいになっています」と指摘し，「その認めるところ」という課税要件規定を法定すべきではないかと指摘しているが，この点の指摘が，正に，現在の同族会社の行為計算の否認規定の適用に当たり，正常な行為計算に引き直すことを懈怠した結果の論理的破たんを示しているといえよう。

そこで，「引き直される行為計算」は，当該報酬は利益処分による役員賞与として損金不算入とすることが考えられるが，役員賞与の損金不算入規定のない現行法の下では困難である。しかし，業務に従事していない未成年の子女に対する原告会社の役員報酬の支払いは，父親が扶養義務のある未成年の子女の留学生活の費用負担等として，原告会社から子女らの役員報酬相当額が代表取締役甲（父）の報酬として支払い，それを未成年の子女の名義預金に預け入れて留学費用等の生活資金として使用しているという資金の流れを擬制することが可能であろう。しかして，かかる認定によれば，擬制された甲に対する役員報酬と既存の役員報酬の合計報酬額が過大役員報酬に該当するか否かが検討されることになる。そして，この場合，甲に対する役員報酬が過大報酬に当たらないとすれば，法人税法上，当該子女に対する報酬の額の損金算入は，結果として認められることになるが，それは，何ら租税正義に反するものでもなく不公平でもない。そもそも，そのような擬制した行為が正常な合理的行為である

からである。なお，この場合には，甲に対する源泉所得税及び所得税額が増加することになる一方で，扶養義務者の留学費用等（生活資金）の供与として，贈与税は非課税となるから，当該子女に対する報酬の源泉所得税又は所得税額は減額されることになる。この場合の所得税の是正は所得税法157条1項が適用される。

なお，本判決と同旨の判決として，東京地裁平成8年11月29日判決（判例時報1602号56頁）同控訴審判決・控訴審・東京高裁平成10年4月28日判決（税資231号866頁），最高裁平成11年1月29日判決（税資240号407頁）があるが，いずれの判決も，ここで指摘した誤謬を犯している。これらの判決の検証につき，大淵博義『法人税法解釈の検証と実践的展開　第Ⅱ巻』税務経理協会（2014年）177頁以下参照。

(21)　この判決の判例研究として，品川芳宣・「留学中役員の報酬等と役員分掌変更に伴う退職慰労金の損金性（上）」T＆Amaster No.337（2010年）29頁，「同（下）」同No.338（2010年）30頁，増田英敏「取締役から監査役への分掌変更に伴う役員退職金の損金算入の可否」TKC税研情報19巻2号（2010年）1頁がある。

(22)　その一方で，同判決は，当該分掌変更等による退職給与の打切支給は，実質的に退職とみて多くの企業では退職給与を支給する慣行があるという企業実態に配慮して，役員が継続した在職している場合の退職給与の特例として，税務上も退職給与として損金算入する場合があり得ることを認めたものであると解される，と判示しているところからすれば，法人税法上，損金算入されないものを損金に算入することとした特例という強い意味での判示であるともいえない要素もみられる。

(23)　この点については，使用人兼務役員の退職に際しては，使用人退職給与規程に基づいて，その使用人部分の退職給与を支給すべきであるとした最高裁昭和56年5月11日判決（金融商事判例625号18頁）があることから，疑問もあるが，現在まで，国税当局は，当該最高裁判決に呼応した通達改正は行っていない。それは，使用人兼務役員といえども，役員としての委任関係等の法的地位にあり，使用人として雇用契約は併存していないと考えていることから，専務等の役付役員に昇格して，使用人兼務役員の地位を喪失したとしても委任契約等は継続していることから，使用兼務役員の使用人部分のみを別途取りあげてその部分の退職給与の打切支給を容認していないものであろう。しかし，当該最高裁判決によれば，使用者の法人には，使用人兼務役員の退職に際しては，使用人部分の退職給与の支給義務の存在が判示されているから，何らかの手当てが必要ではないかと考える。この点についての問題点の考察について，大淵博義『役員給与・交際費・寄附金の税務』税務研究会（1997年）277～281頁参照。ちなみに，武田昌輔名誉教授は，上記最高裁判決を受けて，「現行通達について何らかの手直しも必要となろう。」（週刊　税務通信 No.1685・昭和56年6月8日）とコメントされている。なお，武田昌輔「役員の退職金等をめぐる税務上の諸問題」商事法務 No.918（1981年）9頁も参照。

(24)　この規定は，平成19年改正により追加されたものであるが，それ以前では，積極，消極で意見が分かれており，このため，執行役員の制度が導入された当初は，使用人時代の退職給与の打切支給が相当数の企業で行われていたようである。現実に，雇用契約から委任契約の契約形態の変動は，重大な雇用条件の変動であるから，使用人時

代の退職給与の打切支給を否定する理由はない。
㉕ このために，本件事件の課税庁は控訴を断念したものと推測される。
㉖ かかる被告主張は当該分掌変更等の退職給与の打切支給通達の内容に反するものであり，当該通達自体の存在意義が理論的に混迷している証左であるといえよう。
㉗ この点に関して，大江晋也「役員分掌変更に伴う役員退職給与の検討」税務事例研究Vol.100（20007年）29～30頁は，分掌変更通達の本文では，同族会社のオーナー株主の分掌変更等に適用がないとは規定されていないこと，監査役就任の場合には株式保有要件により適用除外がされる場合があるが，それは，「同族会社の悪用を防止するため」という通達解説を指摘して，「解説により規制するのではなく，当該通達の本文の文言で定めて課税要件を明確にすべきであるとしている。
㉘ 各税理士会の会報に掲載された税務相談事例について掲載された，衛藤政憲「発行済株式の25％を保有する専務取締役が登記上だけの取締役となった場合の役員退職金の支給について」税研No.141（2008年）117頁では，多数の株式を保有していることにより，株主総会を通じて会社に影響力を及ぼすことができるという立場であっても，そこをもって直ちに，法人の経営上主要な地位を占めているということはできないものと考えます。」と述べている。
㉙ 法人税基本通達9－2－32が，もし，同族会社において，税理士等が恣意的な租税回避目的で，形式をととのえようとする傾向が多いことを考えれば，むしろ本件通達は廃止すべきしするものし，竹内進「役員給与と所得区分等の問題」税法学565号（2011年）125頁参照。
㉚ 山本展也「本判決研究」税務事例42巻2号（2010年）16頁は，本件長崎事件判決は，監査役が監査業務以外の業務に従事していないという認定がなされたものであるが，この認定は困難を伴うので，本判決は，あくまでも本件通達の「例外」という位置付けで考えないと，実務では判断を誤るであろう，としている。しかしながら，取締役から監査役に就任し，監査業務以外の業務に従事していないということが真の実態であれば（監査役就任が真実であれば），課税庁がかかる真実の実態を否定して，分掌変更等の事実を否認することはそもそも許されない。
㉛ 判決は，仮に，平成16年7月31日の総会時に退職給与の金額が確定しているとすれば，同年9月16日付けの関与税理士の退職給与の金額の計算書を作成する必要はないと認定している。
㉜ 原告会社には，退職金が3,500万円と4,500万円とされている2通の総会議事録が存在しているが，3,500万円のものは，司法書士の手違いによるものと主張している。
㉝ この場合，追加支給の1,000万円の損金性が問題となるが，それを役員賞与と認定することも考えられるが，総額で適正額あることから，異例ではあるが，追加支給を決定した平成17年7月期の退職給与として損金控除を認めても，格別，不公平はないと思われる。
㉞ しかしながら，法人が当該打切支給の退職給与について，前期において損金経理して損金性（過去の報酬の後払い）ありとして意思表示して未払経理していることから，その未払退職給与が認められないとしても，その後の債務確定又は支給時の事業年度

㉞　において，損金経理がなされたものとして，損金算入を認めるべきであろう。これに参考になる法人税基本通達9－2－20「具体的に確定する前に未払計上をした役員退職給与」（平成18年削除）参照。かかる見解に立てば，平成23年9月末時までの更正の期間制限（5年間）内に職権減額を行うべきであるということになる。

㉟　「原則として」という通達の規定は，例外があるということを前提としていることに留意されたい。

㊱　筆者は，この未払退職給与の損金算入が，資金的事情から一時的に未払経理されている等の事由であれば，その未払経理による退職給与の損金控除は容認されるべきことを強調していた。この点につき，大淵博義前掲書（注5）260頁参照。

㊲　この見解に立ち，未払退職給与の損金性を否定した判決が前述した蒲田事件判決である。

㊳　木島裕子「筆頭株主の分掌変更と退職の事実」山本守之監修『税務判決・裁決事例精選50』ぎょうせい（2011年）281頁は，長崎事件判決について，「詳細に判決を検討すれば，債務が確定しているような場合は未払計上が認められたわけであり」とし，分掌変更通達の趣旨を考えると，未払計上を認める余地は残されているのではないかとされている。

㊴　これに該当する場合が，所得税基本通達30－2(6)に規定する解散した法人の代表取締役が清算人に就任した場合に支給される代表取締役期間に係る役員退職給与の打切支給である。

㊵　山本守之「役員の実質的退職の判定と通達の役割」税務事例39巻1号（2007年）53頁は，「…通達を適用する場合は，適用上の背景を無視してはならない。この意味では，京都地裁平成18年2月10日判決は，われわれに多くの教訓を与えてくれる。」とされている。

㊶　法人税基本通達9－2－32(1)は，「常勤役員から非常勤役員となった場合」で，かつ，「代表権を有する者，実質的に経営上主要な地位を占めていると認められる者」でない場合には，その役員退職給与の打切支給が認められるとしているところ，非常勤役員（取締役）として経営へ参画している非常勤役員は除くという趣旨であるとすれば，それは本末転倒である。非常勤といえども取締役である以上，経営に参画していることは当然であるからである。

㊷　法人税基本通達9－2－32(2)は，監査役が常勤か非常勤かは問うところではないが，非常勤監査役であれば，同通達(1)の「常勤役員から非常勤役員になった場合」にも該当するから（「非常勤役員」から監査役を除くとは規定されてない），「常勤取締役から非常勤監査役にった場合」もこれに該当することになる。したがって，(2)の「取締役から監査役になったこと」という要件は，実質的には常勤監査役になった場合の認定判断において問題になると解される。

㊸　武田昌輔「事例研究・社長の辞任と退職金」税研125号53-54頁は，「株主そのものは，法人の経営に口を出すことはできず，（略），株主であることについては，一応は問題にはならないと考える。」と指摘されている。また，大江晋也「役員分掌変更に伴う役員退職給与の検討」税務事例研究Vol.100（2007年）30頁は，「同族会社がこの

第4章　退職給与を巡る税法上の諸問題の検証

通達の適用ができないことにはなっていないものと考えられる。すなわち，通達の解説で規制するのであれば，通達上の本文の文言で定めるべきである。課税要件を明確にすべきである。」と指摘されている。ちなみに，一定割合の株式保有をもって直ちに，その法人の経営上主要な地位を占めているということはできないとして，現実に25％保有する専務取締役が登記上のみの取締役とされたことに対して，退職給与の打切支給が認められるべきであるという衛藤正憲「九州北部是士会会報　会員相談室　相談事例」の回答が紹介されている（税研No.141（2008年）116-117頁）。

(44)　この点の高裁判決の判示について，「注目すべきである」と評価するものに，渡辺充「本件判例研究」税務事例39巻4号5頁参照。

(45)　品川芳宣「本件判例評釈」税研130号（2006年）102頁及び同「本件判決研究」T＆Amaster No.185（2006年）30頁は，この丙については退職給与（退職所得）と認められる余地があるとされている。また，渡辺充同上「判例研究」6頁も同旨。なお，藤曲武美「本件判例研究」最新租税判例60（税研No.148）109頁は，丙についての否認の論拠が今ひとつ明確とはいえない，と指摘している。このような論者の見解は，株式保有要件自体の矛盾を示すものといえよう。

(46)　代表取締役辞任後の取締役の地位は，従前と変わりがないことという事実認定を前提として，その分割支給等の事実は，退職と同様の事情が認められないという実態にあることの背景としての事情認定にすぎないものと解すべきである。

(47)　中島孝一「役員の分掌変更に伴う給与・退職金」税務弘報　57巻6号（2009年）11頁。同論文では，この裁決と他の裁決及び判決事例について，その事案と判決内容を一覧表にまとめてわかりやすく解説しているので参考とされたい。

(48)　この裁決事例の事実関係については，多くの点で，中島孝一同上論文の事案のまとめを参考にさせていただいている。

Ⅳ 使用人等の地位の変動に伴う退職給与の打切支給と退職所得該当性に関する判決事例

1 使用人から執行役に就任した場合の退職給与の打切支給の是非

　使用人から役員に就任した場合においては，使用人時代に係る退職給与の打切支給が認められているが（法基通9－2－36，所基通30－2(2)），それは，当該使用人の会社との関係における地位が，雇用契約から委任契約に変更され，その地位の変動が退職と同等の事情と認められているからである。

　ところで，原告（控訴）会社X社が，平成15年6月26日の株主総会の決議に基づいて，平成17年法律第87号による廃止前の「株式会社の監査等に関する商法の特例に関する法律」1条の2第3項にいう「委員会等設置会社」に移行したが，その際，同決議により，当該会社の使用人6名が，同法21条の5第1項4号に定める執行役に選任されたことに伴い，X社は，同社の就業規則に基づいて算定された使用人時代の退職給与総額6,341万円を支払うこととし，その後の支払いに際して，退職所得に係る源泉所得税を徴収して納付した。

　これに対して，所轄税務署長は，雇用関係から委任関係に変わったにすぎないから，勤務関係の終了という事実によって初めて支給されたものとはいえないとして，給与所得であると認定し源泉所得税の納税告知処分を行ったものである。

　大阪地裁平成20年2月29日判決（ジュリストNo.1369，130頁）は，「一般に，会社の使用人がその執行役に就任する場合，会社の規模，性格，実情等に照らし，当該身分関係の異動が形式上のものにすぎず，名目的，観念的なものといわざるを得ないような特別の事情のない限り，その勤務関係の基礎を成す契約関係の法的性質自体が抜本的に変動し，勤務関係の性質，内容，労働条件等に重大な変動を生じるのが通常であるということができるところ，本件において，

第4章　退職給与を巡る税法上の諸問題の検証

使用人から執行役に就任した者と原告会社との間の勤務関係は，執行役就任により，その性質，内容，労働条件等において重大な変動を生じており，実質的にみて，執行役就任前の勤務関係の単なる延長とみることはできないから，同者に対して退職金として支払われた金員は，単なる従前の勤務関係の延長とはみられない実質を有する新たな勤務関係に入ったことに伴い，それまでの従業員としての継続的な勤務に対する報償ないしその間の労務の対価を一括清算する趣旨の下に，一時金として支給されたものであり，課税上，『退職により一時に受ける給与』と同一に取り扱うのが相当であって，所得税法30条1項にいう『これらの性質を有する給与』に当たるというべきである。」と判示して，当該告知処分を取り消した。

　この給与所得とした納税告知処分事件は，法人税法及び所得税法における前記基本通達の明文の規定に違反する違法な告知処分であることは，誰の目にも明白である。執行役が役員である（法法2十五）以上，法人税基本通達9-2-36（使用人が役員になった場合の退職給与）の規定に該当し，正に，かかる場合において，使用人時代の退職給与を打切支給する企業慣行に鑑みて，退職給与として容認するというものであるから，使用人が執行役に昇格した本件の場合，これを排除する理由は全くない。本件更正処分が行われた理由が不明である。この原告のX社は，資本金が34億円余，従業員300名を超える大法人に属する法人であり，この点に鑑みても，課税庁の本件告知処分の根拠は意味不明という誹りを免れない[49]。

　ところが，使用人が，いわゆる執行役員に就任した場合の使用人退職給与の打切支給は，従前，議論があったところである。例えば，使用人から取締役である執行役員に就任した場合には，使用人から役員への昇格の場合に該当し，その打切支給は認められることは当然であるが，非取締役の執行役員になった場合は，使用人から役員になった場合には該当しないから，打切支給が認められないのではないかという議論があり得る。

　しかしながら，雇用契約の使用人から委任契約の執行役員に就任した場合には，その使用人の法的地位は大きく変動しているものであり，事実上，使用人

323

を退職して，契約関係の異なる事実上の役員待遇の執行役員に昇格した実態に鑑み，使用人退職給与の打切支給が行われた場合が相当数見られたところである。税務上，この点が明確にされていなかったが，平成19年の所得税基本通達の改正により，使用人から委任契約（雇用契約は除く）の執行役員に就任し，かつ，執行役員退任後に再雇用が保障されているものではないこと，服務規律等は役員に準じたものであること等，という役員と同等に待遇されている一定の状況にある場合には，その使用人退職給与の打切支給を退職所得とする通達を措置したところである（所基通30－2の2）。

加えて，かかる要件に該当しない場合の使用人から執行役員になった場合に打切支給された退職給与であっても，勤務関係の性質，内容，労働条件等において，大きな変動があり，実質的に退職したと同等と認められる場合の打切支給も退職所得とすることが留意的に規定されている[50]。

これは，変型定年制における短期定年制による退職給与の所得区分が問題とされた最高裁昭和58年12月6日判決（訟務月報30巻6号1065頁）が[51]，「従業員が勤続満10年に達したときは退職するのを原則的取扱いとしていること，及び，現に存続している勤務関係が単なる従前の勤務関係の延長ではなく新たな雇用契約に基づくものであるという実質を有するものであること等をうかがわせるような特段の事情が存することを必要」と判示した上で，「所得税法30条の『これらの性質を有する給与』にあたるというためには，当該金員が（略），当該勤務関係の性質，内容，労働条件等において重大な変動があって，形式的には継続している勤務関係が実質的には単なる従前の勤務関係の延長とはみられないなどの特別の事実関係があることを要するものと解すべきである。」という判示を受けて，使用人が雇用契約の執行役員に就任した場合であっても，その使用人時代の退職給与の打切支給は退職所得に該当すると解する余地があることを明示したものである[52]。

2　学校法人の校長職を退任して学長に就任した際に退職給与として支払われた金員の性格

　所得税法上の判決であるが，学校法人の理事長甲が高校等の校長を退職し，大学の学長に就任したことに伴い，甲に支給された金員が，退職所得か給与所得かが争われた大阪地裁平成20年2月29日判決（判例タイムズ1268号164頁）がある。

　この事件の特質は，平成14年3月に原告の学校法人の中学と高校の校長を退任し，大学の学長に就任した際には，甲は昭和29年に就任した理事長の職にあったこと，したがって，原告の学校法人の理事長の職にありながら，校長の職を辞任して，学長の職に就任したことが，甲の学校法人の地位が，重大に変動したといえるのか，という点にある。

　つまり，甲の使用者である学校法人からみれば，その理事長の職を継続しているということは，退職の事実と認定する事由を欠くといえるから，退職と同等の事情にある地位の変動ということは困難であろう。その意味では，本件の事例は，課税庁の給与所得としたことは，一定の理解が得られるようにも思われる。

　しかしながら，学校法人としては，常勤を必要とする校長の職務と，大学の学長との職務とは勤務形態やその内容自体が異質であり，報酬も30％の減額とされていること，校長を退任し学長の職務に付いたことに際して，原告学校法人は，同学校における52年間にわたる教育に従事した現場からのリタイアであり，その実情に際して，当該期間にかかる退職給与の打切支給を実行したものである。かかる支給基準が書面化されているかどうかはともかく，当該退職給与の打切支給は当該法人の慣行的なルールとして評価することもできるし，また，その打切支給の基準は，その後の学長の辞任時の退職給与の算定期間には含まれていないこと，理事に対する退職給与は考慮されていないこと等から[53]，甲に対する4,800万円余の退職給与を退職所得として認定することに各別の不

合理性，不公平は生じないといえよう。

　このような使用人に対する退職給与の打切支給は，役員のそれとは異なり，法人税法上の損金性の問題はないこと，本件のような事例は，甲の退職所得とするか給与所得とするかにより，その租税負担が多額になり，事後，打切支給の勤務期間にかかる退職所得を受領することはできないこと等からすると，恣意的な打切支給である場合は格別，本件のように，その実態から判断すれば，むしろ，退職所得と認定することが，実質課税の原則の法理念からも合理的であるということができる。

　したがって，かかる場合には，法人の退職給与の打切支給の意思を尊重し，加えて，その打切支給の対象とされる勤務期間について，事後に，再度，退職給与が支給される余地がないことを前提として(54)，その打切支給の金員を退職所得と認定すべきである(55)。

(注)
(49)　この事件で国側は，打切支給でなければ退職手当等が本来有すべき精算金的性質を有しないから，打切支給である旨が就業規則等に明記されていない限り，所得税法30条1項にいう「これらの性質を有する給与」には該当しないと主張しているが（判決では排斥），かかる国側の主張は，法人税法及び所得税法の打切支給に関する基本通達の規定の文言にない規制を加えることである。かかる主張が国側からなされること自体論外であり，信義則に反するというべきである。なお，この事件の判例研究等として，今仲清・税務事例42巻2号（2010年）22頁，この判決を素材として，退職給与の打切支給の判断基準の検討を行ったものとして，谷口智紀「打切り支給退職給与と退職所得該当性の判断基準」税法学560号（2008年）233頁がある。
(50)　前述の執行役に関する打切支給の判決の判例研究等を行うとともに，ここでの執行役員の退職給与の打切支給に関しての論説として，牛嶋勉「執行役員就退任時の退職金」税務事例研究Vol.105（2008年）29頁がある。
(51)　この最高裁判決については，本章Ⅱで詳述している。
(52)　牛嶋勉前掲論文（注2）は，このような理解の下で，その打切支給の退職所得性を判断すべきであるとしている。
(53)　朝倉洋子「本件判例研究」税理51巻10号（2008年）124頁は，本判決は，この点を評価したものであろうとされている。同判例研究では，本件の詳細な事実関係が図表化されており，参考にさせていただいた。この他に，中村雅紀・税務事例40巻10号14頁参照。

第4章　退職給与を巡る税法上の諸問題の検証

(54)　この点の要素を重視するものとして，吉良実「退職所得の課税優遇措置の適用が認められなかった事例」民商法雑誌第90巻第6号（1984年）927-929頁参照。

(55)　文中引用の他，分掌変更等にかかる判断基準について述べた論説として，竹内進「役員給与の所得区分の等の問題」税法学565号103頁，石川欽也「退職所得を巡る諸問題に関する一考察」税務事例41巻10号（2009年）1頁，平仁「役員分掌変更と退職の事実」税務事例40巻8号（2008年）28頁等参照。

使用人兼務役員に対する退職給与の打切支給等を巡る問題点

1 問題の所在～最高裁(第2小)昭和56年5月11日判決と税務への影響～

　使用人が役員に昇格した場合，雇用契約の使用人の地位から委任関係の役員の地位の変動を捉えて，使用人時代の退職給与の打切支給の慣行が見られることから，税法上も退職給与の支給として容認されている(法基通9－2－36)。ところが，使用人兼務役員から専務等の役付役員に就任して使用人兼務が解かれた場合の使用人部分に係る退職給与の打切支給は消極に解されている(法基通9－2－37)。それは，使用人兼務といえども役員であるから，役員から専務等の役付役員に昇格したものであり，退職と同等の事情が認められるというものではないからであろう。

　ところで，使用人兼務役員の法的性格には種々の見解が見られるが，使用人兼務役員が退職した場合に支給される退職慰労金が，旧商法269条の役員報酬の決議を要するかという点が争われた事案において，最高裁(第二小)昭和56年5月11日判決(判例時報1009号124頁)は，「取締役が退職に際して支給をうくべき退職慰労金が，従業員にも共通に適用される退職慰労金支給規定において勤続年数と退職時の報酬日額を基礎にして算出すべきものとされている場合であっても，右慰労金は商法269条所定の報酬に当たる。」と判示している。

　この事件は，使用人兼務役員である工場長の退職に際して，法人は役員退職慰労金を支給しなかったために，当該退職役員が，その退職慰労金の支払いを求めて提訴したものである。上記最高裁判決の原審である大阪高裁昭和53年8月31日判決(判例時報918号114頁)は，最高裁と同旨の判断により，商法269条の報酬の決議を欠く本件役員の退職慰労金の支払請求を棄却したが，その判

示の中で、従業員の地位を兼務している本件退職取締役が、役員の退職とともに、その従業員としての地位を失う場合には、別に従業員としての退職慰労金部分が明白であれば、少なくともその部分に対しては、商法269条の適用はないと解するのが相当である。けだし、右退職慰労金部分は、労働関係の対償として支払われるものと解され、同会社の退職慰労金支給規定は、同人の退職従業員たる資格に基づき、同人に対しても適用があるというべきである。」と判示し、前記最高裁判決もこれを支持している。

使用人兼務役員の退職に際しては、使用人の地位に係る使用人退職慰労金が明確に区分できる場合には、これを役員退職慰労金とは別個に、使用者の法人は、使用人退職慰労金として支給すべき義務があることを容認したものである。

ところで、使用人から使用人兼務役員に就任した際には、使用人退職給与の打切支給をせずに、その使用人兼務役員から専務等の役付役員に昇任した際に、使用人時代及び使用人兼務役員時代の使用人部分の期間を通算して、使用人退職給与として支給する場合には、以前の課税実務でも、その使用人退職給与として認めてよいという取扱いがなされていたようであるが[56]、それが前記判決に影響したのかどうかは定かではない。

ところが、このような取扱いは、前記判決の論旨を前提とすれば当然の解釈であり、しかして、その判決の影響かどうかはともかく、平成19年通達改正によって、法人税基本通達9－2－37（ただし書き）において、その損金性が明文化されているところである。ただ、その損金性の要件として、使用人であった期間が相当程度であること、使用人退職給与規程により通算して計算されたもので、その金額が相当であること、とされている。

しかしながら、当該改正によっても、使用人兼務役員が専務取締役等、兼務役員になれない役員に就任した際に、使用人部分に相当する退職給与を支給した場合には、従前と同様に、当該役員に対する給与として取り扱われている（法基通9－2－37）。それは、使用人兼務役員も役員であるから、その地位に変動はないという理解であろうが、前記最高裁判決が支持した高裁判決の論旨とは不整合ではないかという議論が考えられる。

以下，同判決の判示する私法上の解釈論を前提とした場合，これまでの課税実務に問題が発生するか否かを検証することとする。

2　最高裁判決の論旨と課税上の問題点の検証

　本判決で問題となるのは，上述した使用人兼務役員に係る退職給与の過大認定においては，使用人部分を含めて判定することとされているが（法基通9－2－30），使用人兼務役員の役員給与については，使用人部分の給与の額を定めている場合には，それを除いたところで，過大役員報酬を認定することとされているのと同様に，役員退職慰労金についても，使用人部分が明確にされている場合には，それを除いたところで過大退職給与の認定がなされるべきであるという議論があり得るところである。

　上記判決の論旨によれば，使用人兼務役員における使用人に係る退職給与は，退職した使用人兼務役員に請求権が認められたものであるから，その使用人部分に係る退職給与は役員退職慰労金とは異なる性格の退職給与として，その過大認定の役員退職給与に含めないで，役員退職給与の過大認定の判断をすべきであるという解釈も首肯し得るところである。この点に関連しては，現行通達の取扱いは，同判決の趣旨に反すること，使用人兼務役員の役員退職給与の過大認定は，当該使用人部分に係る退職給与相当額は使用人給与として除外すべきであるという見解も披歴されていたところである[57]。

　ところが，その後，国税庁はこの点についての通達改正を行っていない。その理由については，本判決が，使用人兼務役員が使用人の地位を有していると判示されたものではなく，使用人部分の退職給与の支払義務が認められたにすぎないという理解に立っているからのようである[58]。

　確かに，当該訴訟は，退職した使用人兼務役員が請求した退職慰労金の是非に関して，役員である以上，旧商法269条の株主総会等の決議を要するとしたものであり，その際，使用人に係る退職慰労金について明確であれば，これを分離して，使用人退職給与の支払請求を認めたもので，同判決は，使用人兼務

第4章　退職給与を巡る税法上の諸問題の検証

役員の性格について，使用人としての雇用契約と役員としての委任契約の両面の法契約が成立していることを明確に判示したものではない。しかし，その一方で，本件原審判決は，「退職役員が従業員の地位を兼任していて，取締役の辞任と同時に退職により従業員としての地位を失う場合には」と判示していることからすれば，使用人兼務役員は委任契約と明示又は黙示の雇用契約が存在し，したがって，その使用人分の報酬は旧商法269条の適用はないという通説に従って，使用人兼務役員の退職役員に対して，使用人分の退職慰労金の請求権の存在を容認したものと見ることもできる。

いずれにしても，このような種々の理解がみられるのは，使用人兼務役員の法的性格が明確ではないことに基因しているものである。例えば，使用人から使用人兼務役員に就任した場合，①使用人の雇用契約がいったん終了し，新たに，使用人兼務役員の使用人としての雇用契約が締結されたとみるのか，②使用人としての雇用契約は継続し，それに取締役としての委任契約が付加されたものか[59]，さらには，③使用人から使用人兼務役員になったことにより，雇用契約が終了したものであり，その使用人の職務を行っているのは，雇用契約の使用人の地位が存在するからではなく，役員が事実上使用人の職務に従事していると理解するのか，必ずしも明確ではないからである。

ところで，わが国の法人税法では，「使用人としての職務を有する役員」を使用人兼務役員としており，それは法的な意味での性格を定義したものではないが，「使用人としての職務を有する役員」にいう「職務」の内容は，役員が部長，課長等の職務を行っていると理解されているのであろう。かかる理解の下で，前記③のように，使用人から使用人兼務役員に就任した場合には雇用契約の終了による退職とみなして，使用人時代の退職給与の打切支給が認められているのである。

このような使用人兼務役員の法的地位を確定的に論ずることは困難であり，殊に，法人税法における使用人兼務役員の地位が不明確であることを前提として，使用人兼務役員の形式基準による役員給与の過大認定について，使用人としての職務に対する給与を含めないで支給限度額を定めている場合には，その

使用人としての職務に照らして相当な給与額を含めないで認定することとされている（法令70一ロ）。ところが，一方では，その実質基準の認定判断は，使用人兼務役員に係る退職給与の過大認定と同様に，使用人部分の給与も含めて判断することとしている。

このような規定によれば，法人税法の下では，使用人兼務役員は役員であり，ただ，使用人の職務を有している場合の役員給与のうち，使用人の職務における適正給与額として明確に区分されている場合には，役員給与の形式基準による過大認定の認定においてのみこれを控除して判定することを明文で規定したものである。しかして，その反対解釈からすれば，かかる形式基準による過大認定以外は，基本的には，使用人兼務役員は本来の役員の地位を有する者として理解し，当該使用人兼務役員が使用人としての地位を併有する者としては理解していないと解される。

このような前提によってのみ，使用人から使用人兼務役員への就任の使用人時代の退職給与の打切支給及び使用人兼務役員から専務取締役等，使用人兼務役員になれない役員への就任の打切支給の否定という現行の課税実務取扱いが理解できるのである。

したがって，前掲最高裁判決等の言い渡しを受けても，現行法人税法の解釈は当該判決に呼応して，使用人兼務役員の法的地位を使用人に係る雇用契約と取締役に係る委任契約が併存しているという理解を前提として，税務処理することは困難であると思料する。

しかし，当該判決を受けて，立法的に解決することは可能であろう。例えば，①使用人兼務役員の使用人に係る部分の相当額の退職給与は，役員の過大退職給与の判定においては，実質基準においても除外して判定すること，②使用人兼務役員が専務取締役等になった場合の使用人部分の退職給与の打切支給を容認する等である。

しかしながら，この②の場合には，当該使用人兼務役員は役員として継続しており，使用人の職務に従事しないこととなっただけであり，これを退職と同様の事情にある場合の退職給与の打切支給を容認することにも違和感がある。

第4章　退職給与を巡る税法上の諸問題の検証

当面は，現実に退職した場合の退職給与の支給額が過大がどうかの判定において，実質的にも使用人退職給与である部分を除外して判定するという規定で，十分ではないかと考える。

なお，整合性という視点からは，前述した使用人から使用人兼務役員，その後専務等の役付役員に就任した場合の使用人時代及び使用人兼務役員の使用人部分の退職給与の打切支給も同様に法定すべきではないかと考える。

(注)
(56)　武田昌輔「役員の退職金等を巡る税務上の諸問題」商事法務 No.918（1981年）11頁，同「役員の退職給与の問題点」税理25巻11号（1982年）2頁は，当然に損金の額に算入されるべきである，とされていた。また，中津山準一・若林孝三他編『給与・退職金の税務』大蔵財務協会16頁も一定の条件で容認されるとしている。
(57)　武田昌輔同上論文（商事法務）10頁。
(58)　税務通信1685号（1981年）5頁。
(59)　フランスでは，使用人の取締役兼務という制度が採用されているようである（奥島孝康「フランスにおける使用人兼務取締役の制限」商事法務 No.917（1981年）5頁参照）。

VI 過大退職給与認定における個人時代の勤続期間の考慮と税務上の問題点

1 過大退職給与の認定と勤続年数

　退職給与に関する最後の論点として，過大退職給与の認定の問題がある。不相当に高額な退職給与は，過去の報酬の後払いとしての直接的な対価性を有しないものであり，本来，利益処分により供与される性格の給与という理解の下で，その損金性が否定されている。

　その退職給与の過大認定に関する税務訴訟は，過去に相当数の判決があるが，その多くは，死亡保険金の収受や株式の譲渡益の発生等による法人税負担軽減のための退職給与の支給であり，必ずしも，その支給額の算定に合理性を認めることができないものが大半である(60)。

　最近の過大退職金を巡る訴訟では，大分地裁平成21年2月26日判決（裁判所ホームページ行政事件裁判例集税資259号順号11）があるが，この事件は，死亡保険金2億7,200万円を原資として，役員退職慰労金2億6,100万円（他に弔慰金900万円）を支給して損金の額に算入したものである。この事案では，平成14年1月から役員報酬を150万円に増額しており（改定前88万円），これに対して，課税庁は，適正退職給与額は，1億5,540万円（認定適正報酬額120万円×37年×功績倍率3.5）と認定して，これを上回る部分の金額は，過大退職給与として損金不算入とする更正処分を行ったものである。ところが，訴訟に至り，課税庁は比較法人の平均功績倍率を2.3として適正退職給与額1億1,639万円を算定して，これを超える部分は不相当に高額な退職給与であると主張している。

　本判決は，退職役員が，創業者であることを考慮すると，功績倍率は3.5が適正として，これにより計算された退職給与額を超える部分の金額は不相当に

高額であると判示した。この功績倍率法は，退職給与の過大認定に広く使用されており，この事件では，更正処分の功績倍率3.5が訴訟上の主張により2.3に引き下げられたものである。これは，通達方式により収集された倍半基準による比較法人の平均功績倍率であり，いわゆる訴訟上の範囲内主張として，この種の訴訟事件における課税庁の主張として一般化されている。ただ，本件の場合には，創業者の要件が比較法人の選定基準要素から欠落していたことから，本判決は，この要素を加味すると3.5の功績倍率を下回らないとしたものであり，更正処分で採用された当該倍率と同等であることから，判決の判断は妥当である。

このように，役員退職給与の適正額の認定判断は，「最終報酬額×勤続年数×功績倍率」という算式で求められるのが一般的であり，この場合の功績倍率法には，平均功績倍率法と最高功績倍率法とがある。いずれを採用するかは，それぞれの個別の実情に即して決定すべきものであるが，それは社会通念により，その算定された適正退職給与額の結果的妥当性を判断して結論づけるべき問題である。

ちなみに，適正退職給与額の認定に当たっては，実際の勤続年数が重要な要素となるが，この場合，個人経営時代の勤続年数をどのように考慮するかということが問題となることがある。それが問題とされたのが，次の福島地裁判決である。

2 法人成り後の退職に際して支払われる個人経営時代の在職期間に対応する退職給与の性格

(1) 法人税基本通達9-2-39の趣旨

個人が行っていた事業に従事していた使用人が，法人成りにより設立された法人に継続して勤務していた場合，その法人設立後に当該使用人が退職したことにより支給された退職給与は，本来，使用人時代の期間に係る分は，個人の事業所得の経費であり，また，法人成り後の勤務期間に係る退職給与は法人の

損金の額に算入されることが原則である。

ところが，法人税基本通達9－2－39（個人事業当時の在職期間に対応する退職給与の損金算入）では，法人成り後，相当の期間経過後の退職金の支給については，法人の損金の額に算入されることとされている。

その趣旨について，福島地裁平成4年10月19日判決（税資193号78頁）は，次のように判示している。

> 「『法人成り』の場合，個人事業主と法人とは別個の独立した法人格を有し，経営主体及び納税主体が法的に異なるものであるから，個人経営時代の在職期間に対応する使用人への退職給与は，本来，個人事業主の事業所得の必要経費とすべきであるが，個人事業主が使用人に対し個人事業の廃業時点でその在職期間分の退職給与を支払っている事例は稀であり，法人が個人経営時代の在職期間に対応する分もまとめて退職給与を支給する事例が多いという実情に鑑み，法人設立後相当期間の経過後（一般的には，個人事業主の最終年分の所得税について，国税通則法70条2項1号による減額更正ができなくなる5年の経過を想定していると解されている。）には，本来個人事業主の事業所得の計算上必要経費に算入すべき（本来法人の損金の額に算入できない）額を，便宜，法人の損金の額に算入することを許容しようというものであると解される。」

(2) 福島地裁判決の概要と論点

この判決の事案の概要は，次のとおりである。

ア 精神科の病院を経営する医療法人T病院は平成6年2月に法人成りし，甲が理事長に就任し，その母の乙が常務理事に就任した。T病院は平成8年4月1日から平成9年3月31日までの事業年度において，平成8年6月に死亡退職した常務理事乙に対して同年9月30日に役員退職慰労金9,599万円及び弔意金780万円，合計1億379万円を退職金として損金経理して法人税の確定申告を行った。T病院が算定した乙の役員退職慰労金の算定根拠は，個人経営時代における乙の在職期間を通算して次のような基準によって算定されて

いる。

130万円（最終報酬）×28年4か月（在任年数）×2.6（最終役位係数）
＝9,599万円

イ　この確定申告に対して，平成10年1月，K税務署長は役員退職慰労金9,599万円のうち1,757万円を超える7,841万円は不相当に高額な部分の金額に該当するとして，法人税法36条の規定によりその損金算入を否認する更正処分を行ったが，訴訟上，下記算式による1,023万円を超える8,576万円が不相当に高額であると主張している。

130万円×2.33（T病院設立以前の個人経営期間における乙の勤続年数を除く役員在任年数の2年4か月）×2.6（役位係数）×1.3（功労加算）

(3) 法人税基本通達9－2－39の適用範囲

　個人事業を法人組織とする，いわゆる「法人成り」の場合，個人事業主と法人とは別個の独立した経営主体であるから，法人成り後の使用人に対する退職給与が，個人事業主と法人のどちらかの収入又は収益を得るために必要な経費であったといえるかという見地からは，①個人経営時代の在職期間に対応する退職給与は，一般的には個人事業主の最終年分の事業所得の必要経費として，当該年分の所得税につき減額更正を行うべきであり，②法人経営時代の在職期間に対応する退職給与は法人の損金とすべきものとなる。この点は，福島判決も同様の判示をしており，格別，問題はないものといえよう。

　すなわち，個人経営時代の勤続年数は，法人税法施行令72条の2の「法人の業務に従事した期間」には含まれないことになるから，これ含めて算定した退職給与の額は，個人経営における個人の事業所得の計算上控除すべきであり，これを法人成り後の病院の法人所得の計算上の損金控除は疑問が生ずる。しかしながら，本件事案において，個人経営時代の勤続年数を通算してT病院が支出した乙の役員退職給与が不相当に高額か否かの判断に当たって，形式的に当該役員の個人経営時代の業務に従事した期間に相当する退職給与の全額が不相当に高額な部分の金額であると認定することは，必ずしも合理的といえない。

その金額の相当性の判断は，後述するように，個別事情に応じて実質的な側面から判断すべき問題であると考える。

ところが，同通達は，個人経営時代の使用人が，法人成り後も使用人で退職した場合の勤続期間の通算を認めて，法人がその退職した使用人に退職給与を支給することを前提として，その法人における損金性を容認したものである。しかし，個人経営時代には使用人として従事していた者が法人成りの法人の役員に就任した場合のその役員の退職に際して支払われる役員退職金については，この通達の規定するところではない。

しかしながら，個人時代の使用人が役員に就任した場合であっても使用人の退職の場合と同様に取り扱うことは，本通達の趣旨に適うものと考えられる。この点に関して，福島判決は，「法人税基本通達9－2－27（現行9－2－39）の趣旨からすれば，使用人に限らず，役員に対する退職給与についても右通達を適用すべきであり，右退職給与の支出が法人設立後相当期間の経過後であれば，右退職給与のうち個人経営時の在職期間に対応する部分も法人の損金に算入することが認められるべきである」と判示しているところである。

ところが，本事例の場合，現代表者甲の母である乙は，個人当時は事業専従者であることから，個人の事業所得の計算上，仮に，法人成りに際して当該専従者に対して退職金を支給したとしても，専従者に対する費用支出として必要経費にならないことから，法人成立後に，乙に対する役員退職金の支給額をT病院の法人の損金の額に算入することはできないという一応の結論を導くことができる。

(4) 役員退職金のうち個人経営時代の在職期間に係る退職金と過大退職給与の認定

ところで，この事例で問題となるのは，個人経営時代の勤続年数を通算して退職給与の金額を算定しているが，この場合，その個人経営時代の勤続期間に係る退職給与額が，T病院の所得金額の計算上，過大退職給与として損金不算入とされるのか，その場合，期間対応部分の退職給与額が形式的に過大退職給

与と認定されるのか又はT病院が死亡退職した役員乙に対して支給した退職給与額が，実質的に不相当に高額かどうかが判断されるのかという問題がある。さらには，T病院の過大退職給与の認定の問題ではなく，個人経営時代の個人が負担すべき退職金を法人が肩代わりしたと考えるのかという問題もある。

この点に関して，福島地裁判決は，「本件退職役員に対する個人経営時代の在職期間に対応する退職給与部分は，右役員が個人事業当時青色事業専従者（所法57条1項）であり，個人事業の廃業時点で退職給与が支払われたとしても，生計を一にする親族に対する対価の支払として，個人事業主の事業所得の計算上必要経費に算入することはできないものであるから（所法56条），右退職給与の支払が仮に法人設立後相当期間の経過後であっても，当然に，損金算入が認められることにはならない」と判示している。

しかしながら，かかる判示内容は，T病院の所得金額の計算上，個人経営時代の勤続期間に係る退職給与相当額は，個人に帰属する費用であるから，法人の損金には算入されないとしているようであるが，その根拠が明確に示されてはいない。つまり，退職給与の算出方式のいかんにかかわらず，T病院が死亡退職役員乙（その遺族）に9,599万円の退職給与を支給したことが私法上の事実である以上，「その費用支出を損金の額に算入しない」という法人税法上の根拠は認められない。

換言すれば，個人経営時代の個人が負担すべき退職給与を法人が負担したものであるから，T法人の損金算入は認められないというだけでは，損金性否認の根拠としては不適切である。T病院は，死亡退職役員乙（その遺族）に，個人経営時代の勤続期間を通算した退職給与を実際に支給しているのであるから，その支給事実をもって，その一部を損金不算入とするためには，税法上の根拠を必要とするということである。

すなわち，個人が負担すべき退職給与をT病院が負担したことは，個人時代の経営者（甲の父）の退職給与負担債務をT病院が肩代わりして支給したとして，当該個人（甲の父）に対する利益供与と認定するか，また，乙の死亡退職に際して，退職給与として現実に支給した金員は退職給与であることに変わり

がないから，その後の税務上の問題は，これを出発点として，税法規定を適用すべきであり，そうであれば，当該支給した役員退職給与額が，不相当に高額がどうかの問題として処理すべきであるのかという問題がある。この点は，法人組織のＴ病院が，死亡した役員乙（その遺族）に対して退職給与として支給したものであるから，実際に支出したＴ病院の役員退職給与の損金性を問題にすれば足りるというべきである。

　役員退職給与は労働協約や就業規則により支給される使用人退職金とは異なり，定款の定め又は株主総会の議により確定し，法人税法上も，その金額の確定した時を債務の確定時期として損金の額に算入される。したがって，役員退職給与の決定において，個人事業時代の期間を考慮して決定するかどうかは，株主総会の私的自治に委ねられる問題であり，法人の自由であるということになる。

　しかして，仮に，法人が退任役員の在職年数に個人経営時代の期間を考慮して役員退職金を計算しているとしても，個人経営時代の期間は含まれないから，法人の役員退職給与は不相当に高額であるということはできても，個人経営時代の在職期間を除外して計算された役員退職給与を上回る部分の金額が，当然に不相当に高額な役員退職給与であると認定するのは疑問があるということである。この場合，法人としてのＴ病院が個人経営時代の乙の功績をも評価して，個人経営時代の年数に相当する金額を乙の功労加算としたという見方ができるからである。

　税法上の役員の過大退職給与は，法律が定めているように，当該役員の職務内容，在職期間，使用人の支給状況及び類似法人の支給状況等を斟酌して決定されるものであるが，退職給与額の算定方式が法定されているものではないから，その算式のいかんにかかわらず，法人が実際に支給した金額が，退職役員の退職給与であり，したがって，その金額が過大か否かを問題にすれば足りるということである。

　この事件の場合，乙の過大退職給与の認定に当たっては，乙に対する本件役員退職給与の額と類似法人の支給状況等を比較する実質基準に基づいて過大部

分を認定すべきものである。

(注)
(60) この点に関しての過去の判決の評釈については、大淵博義『役員給与・交際費・寄附金の税務』税務研究会(1997年) 289-392頁参照。

第5章

国際課税を巡る税務訴訟の実際と課題(1)
～移転価格税制を巡る税務訴訟の検証～

I はじめに

　本章では，我が国において発生した最近の国際課税を巡る税務訴訟の判決内容を検証して，その問題点について検討を加えることとする。今後の数回に亘る講座では，国際課税のうち，移転価格税制，タックス・ヘイブン対策税制及び外国税額控除制度等の税務判決を通してみた国際課税を巡る問題点に検討を加えることとする。

Ⅱ 我が国の移転価格税制の論点

1 我が国の移転価格税制導入の背景と法益

　我が国の移転価格税制は1986年に導入されたものであるが，その導入の直接的なインセンティブは，当時，すでに主要諸外国の多くが移転価格税制を導入し，我が国の国外関連企業がその適用を受けるケースが多発していたことから，「外国政府による過大な権限行使を牽制ないし防止するためには，我が国も同じ制度を持つことが必要であった」(1)という点にある(2)。それ故に，昭和59年に移転価格税制の準備のために主税局長の諮問機関として設けられた「国際課税問題研究会」の審議において，多くの委員から，「移転価格税制は，『伝家の宝刀』として，持つこと自体に意味があり，みだりに使うべきではないという意見が述べられた。」(3)と言われていた。

　このように，我が国の移転価格税制の導入は，諸外国，特にアメリカにおけるトヨタ，日産に対する移転価格税制の適用（オート事件）等，我が国を代表する自動車関連企業等を初めとする国外関連企業に対する米国内国歳入法482条の移転価格税制（transfer pricing taxation legislation）の適用強化の対抗措置として規定されたものといえるようである。

　もとより，移転価格税制の導入の直接的なインセンティブがこのようなものであるとしても，移転価格税制の創設は，多国籍企業をはじめとする海外展開による企業活動の国際化が進展する中にあって，グループ内取引が非関連者間で成立する価格とは異なる価格によって行われた結果として，所得が一方の法人から他方の法人に移転し，関連企業の租税債務が歪められることになることから，その歪みを是正するために，関連企業間の取引を正常な取引に引き直して課税所得を算定することにより，その租税債務の歪みを取り除くための税制

が移転価格税制であるというのが制度の本来の背景であり趣旨であることはいうまでもないことである(4)。

その意味で移転価格税制は、国外関連者との間の取引に係る価格操作による所得移転に伴う我が国の課税権の侵害を排除して税収の減少を防止するという点にあるということができる。

ところで、当初の移転価格税制が、「外国政府による過大な権限行使を牽制ないし防止するための制度」という視座からの抑制的な運用が期待されていたこととは裏腹に、課税当局は、外資系企業の移転価格税制の適用よりも、我が国の親会社と国外関連者間の取引について、より厳格、かつ集中的に、移転価格税制の適用を強化する運用が行われているのが現状ではないかと考えている。その意味で、「税制ができた当初と今とではかなり状況が変わってきており、現実の執行と税制の基本構造とに大きな乖離が出てきた」(5)というのが、実際ではないかと考えられる。

この現状について、法律的に批判することはできないが、船舶建造請負取引について移転価格税制を適用した課税処分が訴訟提起された今治造船事件などをみると、果たして、移転価格税制を適用する事案であったのか疑問が残る事件も発生している。何故ならば、この事件は、いわゆる便宜置籍船の建造請負取引であり、その請負価額は数十億円の多額な取引であり、しかも、その建造価額の決定は、コモディティー商品や自動車等のように、画一的な価額で見込生産や大量生産される商品とは異なり、取引先毎に決定される個別性の強い特殊な取引であり、非関連者間取引においても、その価額の相違があることは容易に推測できることである。加えて、市場における船価の変動も大きいという特質もあり、このような多額な請負取引に移転価格税制を適用するか否かの判断に当たっては、その船舶建造請負取引の建造価格決定の特異性を十分に考慮する必要があると考えている。たまたま、近接した時期に高額な非関連者取引があれば、これによる独立企業間価格が決定されるという不都合が生ずるからである。

また、国外関連者の国際運輸業に係る所得が相手国で無税であり、船舶の取

得価額に基づいて算定された減価償却費等の費用を控除した留保所得金額につきタックス・ヘイブン対策税制が適用されて，我が国の法人株主にすべて合算課税されているから，価格移転があるとしても，外国政府に租税として配分されるものはない。したがって，課税の時期というタイミングの問題を除けば，国外関連者への所得移転は発生しておらず，タックス・ヘイブン対策税制の適用によって，価格移転による実質的弊害はないといえる事例である。さらに，この事件の場合，パナマとの間で租税条約が締結されていないために相互協議の余地がないから，外国の国外関連者との間の移転価格税制の適用は，より慎重でなければならない。

　その一方で，この移転価格税制は，みなし規定であるために，その間の事情は斟酌すべきではなく，法令に従って算定された独立企業間価格と比較して実際の取引価格がこれを下回っている場合には，課税所得が減少しており，そのことにより，移転価格税制が適用されるという論理が，誤りであるともいえない側面もある。

　そうであるとしても，本件の場合，タックス・ヘイブン対策税制適用による価格移転の弊害は少なく，しかして，移転価格税制ではなく低額取引と認定できる場合には，その低額の部分は寄附金として課税することで，対応すべき事案ではないかと思料する。この点について後に詳述する。

2　移転価格税制における「独立企業間価格」

(1)　「独立企業間価格」の意義

　我が国の移転価格税制は，法人が国外関連者との間で資産の販売，資産の購入，役務の提供等の取引を行った場合に，当該法人が国外関連者から支払いを受ける対価の額が独立企業間価格（arm's length price）に満たないとき，又は支払いの対価の額が独立企業間価格を超えるときは，当該国外関連取引は独立企業間価格で行われたものとして，法人税の計算を行うものである（租税特別措置法（以下「措置法」という）66条の4第1項）。

第5章 国際課税を巡る税務訴訟の実際と課題(1)

　我が国の独立企業間価格は実定法上，①独立価格比準法（ＣＵＰ法），②再販売価格基準法（ＲＰ法），③原価基準法（ＣＰ法）の基本３法のほか，これが使用できない場合の④その他の方法によることとされる「基本３法優先の原則」が採用されていた。ところが，平成23年度税制改正では，この原則は廃止され，「当該国外関連取引の内容及び当該国外関連取引の当事者が果たす機能その他の事情を勘案して当該国外関連取引が独立当事者間取引につき支払われるべき対価の額を算定するための適切な方法」によるという最適方法（ベスト・メソッド）のルールが採用された。

　これは，「ＯＥＣＤ移転価格ガイドライン（2010年版）」において，比較対象取引の存在を前提としたいわゆる伝統的な取引基準法がその他の方法に優先して適用されるという原則が廃止され，一方で，事案に即して「最も適当な方法（most appropriate method）」を適用することとされたことを受けた改正であるとされている[6]。

　独立企業間価格に満たないか又は超えるかという判断，すなわち，取引価格が操作され国外関連者に所得移転が行われたかどうかの有無は，独立当事者間の原則又は独立企業の原則（arm's length principle）による取引価格によって判定されるが，この価格の算定は，基本３法が適用できない場合に，その他の方法によることが認められていた。このため，これまでの税務訴訟では，基本３法によることができないことについての立証責任が問題とされていたが，今後はかかる議論は必要がなくなったということになる。

　しかし，このような法律改正を受けた後の「移転価格事務運営要領」（以下「事務運営要領」という）の改正では，基本３法は独立価格比準法，次に再販売価格基準法と原価基準法が同等の長所を有するものとされており，そこで，最も適切な方法が複数ある場合には，独立価格比準法が最も適切であるとされている（事務運営要領３－２）。

　ところで，棚卸資産の売買取引における独立企業間価格の算定は，基本３法の「独立価格比準法」，「再販売価格基準法」又は「原価基準法」により算定されるが，それ以外にそれぞれの方法に準ずる方法又はその他政令で定める方法

（取引単位営業利益法，寄与度利益分割法等）によるものとされている。

また，棚卸資産の売買取引以外の取引については，「基本３法と同等の方法」，「基本３法に準ずる方法と同等の方法」又は「その他政令で定める方法と同等の方法」とされている。平成23年度改正においては，制度上，この基本３法を優先適用するのではなく，通常の取引条件に従って行われる場合の対価の額を算定するための最も適切な方法によることとされたものである。しかし，現実には，これまでの独立当事者間取引の存在を前提として算定される方法が多く使用されるのではないかと思料されるが，それが「最も適切な方法」であるという立証責任の問題が新たに生ずるものと思われる。

ところで，独立企業間価格の意義ついて，「1979年ＯＥＣＤ報告書」は，「同一又は類似の条件のもとに同一又は類似の取引について非関連者間で合意されたであろう場合の価格」と定義している(7)。このような独立企業原則による独立企業間価格は，いわば不特定多数の当事者間で成立する市場価格という価格概念であるが，「もともと，独立企業間価格という観念は幅を持った観念であり，いかなる資産や役務についても唯一の独立企業間価格は存在しない。」(8)のであり，しかして，ある一定の原理原則で確定的に決定し得るものではないという宿命を負っているということができる。

このような的確な指摘は以前からなされていたものであるが，平成23年度移転価格税制の租税特別措置法通達（以下「措通」という）66の４(3)-４（比較対象取引が複数ある場合の取扱い）改正により，国外関連取引に係る比較対象取引が複数存在し，独立企業間価格が一定の幅を形成している場合において，当該幅の中に当該国外関連取引の対価があるときは，移転価格税制の適用はないこととされた。また，国外関連取引の価格が，その幅（レンジ）の外にある場合には，国外関連取引の比較対象利益率等の平均値により独立企業間価格を算定することとされている（事務運営要領３-５）。

そこで，いかなる尺度をもって，独立企業の原則の具体的適用としての独立企業間価格が決定されるのかという点が実際的な運用の場面での最も重要な課題である。この点については，「お互いに唯一頼れるものはやはり客観的でか

つ合理的な理屈」(9)であるということであろう。また，これに関連して，木村教授は，独立企業間価格の原則というのは，「当該関連企業が独立企業として得たであろう利益が算定されるべきであることを意味していない。むしろ，我国の裁判例が同族会社行為計算の否認に関する原則を定立するに際して結節点として用いた合理的経済人の概念がここでも有用である。」ことを指摘され，したがって，「独立性の概念は，内部取引の価格を算定するに当たって客観化する要素としてのみ有用である。」とされている(10)。

また，同教授はその著書において，移転価格税制における移転価格の意義について次のとおり，貴重な論点を指摘して論述されている。

「『健全な経営者が経営経済的理由からそして状況の全体を斟酌して当該取引を締結する気になったであろうか否か』が決定的であるべきである。連邦財政裁判所も次のことを承認している。すなわち，商品がグループ内部で一般的価格水準を下回る価格で供給されるときにも，これは場合によっては租税法上も斟酌されなければならない。なぜならば，非関連の外国販売会社に対してもこのような低価格での商品供給は，生産能力を完全に稼動させ，過剰な製品を一掃し又は外国の競争者に打ち勝つために，考え得ることだからである。」(11)

つまり，合理的経済人としての健全かつ善良な経営者が採用したであろう価格かどうかの判断が問題となるということ，換言すれば，「独立の第三者と同じ条件で取引を行ったかどうかということ」(12)が重要なメルクマールになるということである。

そのためには，取引における外部的及び内部的諸要因の詳細な分析を前提として，非関連取引との比較可能性が検討されなければならない。「価格操作（Transfer Pricing）を規制の対象とした移転価格税制は，適正な価格とはなにかというような高度に技術的なものを対象とするところから，事実関係の認識を踏まえた経験上の知識の重要性が特に強調されなければならない。」が，「多くの場合，適正な独立企業間価格（arm's length prices）は政府間協議によって決められるべきことが予定されているともいえる」(13)とされ，移転価格

税制における独立企業間価格の決定は，政府間協議が極めて重要なものとなることを指摘されている。けだし，自国の課税権行使において有用であるとして決定された独立企業間価格は，他国の税収を減少させる関係にあるから，両国の政府間の相互協議に基づいて自ずと適正価格に収斂されることになるからである。

しかして，無税国で租税条約締約国でない国の国外関連取引に関しての移転価格税制の適用は，後述するように，それ自体の違法性を論ずることも可能であり，仮に，形式的条文構成からの解釈として，移転価格税制の適用は適法であるとしても，その独立企業間価格の決定において，条約締結国におけるそれよりも，さらに精緻な分析が必要であり慎重な対応が望まれることは当然のことである。いずれにしても，独立企業間価格は，多くの場合，税務当局と当該企業との間の交渉により，多くの観点，対立点を慎重に評価，衡量することによって得られるものである，という点を忘れてはならない。

(2) 「独立企業間価格」の比較可能性基準について
ア　独立価格比準法における「比較対象取引」の意義

措置法64条の4第1項に規定する独立企業間価格の算定の基礎となる比較対象取引とは，独立価格比準法の場合には，国外関連取引を行った法人が非関連者との間で行う取引又は非関連取引のうち，国外関連取引にかかる棚卸資産と同種の棚卸資産を当該国外関連者取引と取引段階，取引数量その他が同様の状況の下で売買した取引をいい（同条2項1号の「イ」，措通66の4(2)-1(1)参照），その対価の額が独立企業間価格とされる。この場合，「当該取引と国外関連取引とにおいて，取引段階，取引数量その他に差異のある状況の下で売買した場合には，その差異により生ずる独立価格比準法に規定する対価の額の差を調整することができるものに限る。」（同「イ」かっこ書き及び同通達かっこ書き）とされている。

すなわち，措置法では，独立価格比準法につき，「取引段階，取引数量その他が同様の状況の下で売買した取引の対価の額」を独立企業間価格と定義し，

措置法通達では、独立価格比準法の比較対象取引による独立企業間価格が認定できるのは、国外関連取引と非関連取引とに差異がある状況の下で売買された場合において、その差異を調整することが可能な場合に限定して比較対象取引と定義しているのである。したがって、その差異が定量化、数量化できないのであれば、それは、もはや独立価格比準法による比較対象取引として採用することはできない（措通66の4(2)-1(1)かっこ書き）。

また、再販売価格基準法及び原価基準法の場合には、「売手の果たす機能その他に差異がある場合には、その差異により生ずる利益率の差につき必要な調整を加えることができるものに限る。」と規定している。これらの規定は、単に措置法や同施行令に規定されていることの表現を変えたものにすぎず、通達で新たな規定を設けたものではないが、独立企業間価格の算定に当たって特に留意すべき点を明らかにするために、独立価格比準法については、法が「取引段階、取引数量その他に差異のある状況」という表現を用い、再販売価格基準法及び原価基準法については、通達が「売手の果たす機能その他に差異がある場合」という表現を用いている。

「比較可能であるということは、特定の方法の下で検討されている条件（たとえば、価格や利幅）に実質的な影響を与える差異が全くないか、又は差異がある場合には、かかる差異の影響を取り除くために相当程度正確な調整が可能であるということを意味している。」[14]ということであり、きわめて慎重な比較可能性の検証が求められるのである。

イ　比較可能性基準の要素

(ｱ)　移転価格税制の適用に当たっては、国外関連者との現実の取引価格と異なる独立企業間価格を見出す困難な認定作業を要するが、この場合の独立企業間価格とは、当該国外関連取引と同一又は類似の取引要素を帯有するものでなければならない。これが比較可能性の問題である。

当初の「1979年ＯＥＣＤ報告書」は、有形資産の移転のうち商品について取り扱うのみであり、不動産や株式等の特定の資産についての取扱いは示されてはいない。同報告書では、独立企業間価格との比較可能性の諸要素につ

き，①経済的比較可能性，②比較可能な流通過程，③比較可能な商品について検討を加えている。その後，順次，後続の章が追加され，2010年7月に最終の改定がなされている。その改定では，比較可能分析を行うためのステップを例示している。

(イ) 次に，我が国の比較可能性，つまり調整すべき差異の諸要素については措通66の4(3)-3に規定されているが，この規定は限定的なものではなく単に例示的に列挙しているものである。規定に列挙されている要素は以下のとおりである。

　①棚卸資産の種類，役務の内容等，②取引段階（小売り又は卸売り，一次問屋又は二次問屋等の別をいう），③取引数量，④契約条件，⑤取引時期，⑥売手又は買手の果たす機能，⑦売手又は買手の負担するリスク，⑧売手又は買手の使用する無形資産（著作権，基本通達20-1-21に規定する工業所有権等のほか，顧客リスト，販売網等の重要な価値のあるものをいう。以下に同じ），⑨売手又は買手の事業戦略，⑩売手又は買手の市場参入時期，⑪政府の規制，⑫市場の状況

また，こうした差異について実際に調整を行う場合の方法については，国税庁による事務運営要領の第4章（4-3）に記載されている。ここでは「国外関連取引と比較対象取引との差異について調整を行う場合には，例えば，次に掲げる場合に応じ，それぞれ次に定める方法により行うことができることに留意する。」として，上記12項目の差異の調整方法について一部例示している。

① 貿易条件について，一方の取引がFOB（本船渡し）であり，他方の取引がCIF（運賃，保険料込み渡し）である場合
　　比較対象取引の対価の額に運賃及び保険料相当額を加減算する方法
② 決済条件における手形一覧後の期間について，国外関連取引と比較対象取引に差異がある場合
　　手形一覧から決済までの期間の差に係る金利相当額を比較対象取引の対価の額に加減算する方法
③ 比較対象取引に係る契約条件に取引数量に応じた値引き，割戻し等がある

場合

　国外関連取引の取引数量を比較対象取引の値引き，割戻し等の条件に当てはめた場合における比較対象取引の対価の額を用いる方法
④　機能又はリスクに係る差異があり，その機能又はリスクの程度を国外関連取引及び比較対象取引の当事者が当該機能又はリスクに関し支払った費用の額により測定できると認められる場合

　当該費用の額が当該国外関連取引及び比較対象取引に係る売上又は売上原価に占める割合を用いて調整する方法

　以上の規定から，国外関連取引と比較対象取引の間に差異があり，その差異が定量的，数量的に調整できる場合には比較対象取引として使用することができるといえる。しかし，差異についてすべての要素が数量的に調整できなければ全く比較対象取引として使用できないのか，あるいは重要な要素については差異が調整できなければ比較対象取引として使用できず，また，重要でない要素については差異が調整できなくても比較対象取引として使用できるのかというようなことについては明確に示されていない。

　その差異の調整については，以前，対価の額や利益率等の算定に影響することが客観的に明らかで，その差異を定量化できる場合に行うとされていたが[15]，平成23年現在の事務運営要領では，その差異が対価等の算定に影響を及ぼすことが客観的に明らかである場合に行うことに留意する，と規定されている。しかして，「対価の額の差」を生じさせ得るものすべてを対象とするものではない[16]。

　また，措通66の4(2)−1では，国外関連取引と比較対象取引との間に差異がある場合には，原則として，その差異を調整した上でなければ比較対象取引として使用できないと考えなければならない。しかし，当該規定は，独立価格比準法については「取引段階，取引数量その他に差異のある状況」，再販売価格基準法及び原価基準法については「売手の果たす機能その他に差異がある場合」と表現を使い分けていることから，調整すべき差異の要素についての重要

353

度がそれぞれの算定方法によって異なると考えることもできる。

ウ　国外関連取引の価格に影響を与える「事業戦略」とその斟酌の重要性

　独立企業間価格の決定の代表的な方法である独立価格比準法は，非関連取引の取引価格に比準して独立企業間価格を決定するものであるが，「アメリカ合衆国の1973年の研究では，移転価格税制の調整が行われた事例のうち約20％だけが，独立価格比準法に依拠している」にすぎず，その理由として，「特殊の関係にない販売が存在する場合であっても，その取引は多くの場合，特殊の関係のある販売と比較することができないからである。」といわれている[17]。この点は前述した比較可能性を満たす独立企業間価格の存在が現実にはきわめて困難なことを示唆している。さらに，その困難性を高める要因として，国外関連取引のように企業グループ間における取引は，種々の経営，経済上又は租税上の理由から，その価格を決定して取引が行われることが容易であるという点である。例えば，在庫品の一掃販売，市場の新規開拓又は維持，拡張のための販売，欠損の国外関連企業の欠損補填のための支援等により低価販売又は高価買取りが行われる場合があることも指摘できる。

　このような企業の事業目的からの価格設定は，企業の経済的合理性の基準によって判断されるべき問題である。仮に，一般的価格水準から乖離する移転価格であっても，その価格が非関連者についても受容されるであろうと考えられる限りにおいては，独立企業間価格として承認されなければならないことはすでに確認したところであり異論のないところである。独立企業間価格とは，その問題となった取引価格が，その取引に見合った条件の下でならば，非関連者間の取引（第三者間取引）で締結された又は締結される価格である。そこで，この条件，つまり，それにより取引の価格が相違するであろうと考えられる諸条件の検討が必要となる。

　この点の諸要素については，すでに述べたように，我が国の租税特別措置法通達で明示しているところであるが，このうち，比較可能性の要素で価格決定に顕著な影響を及ぼすと認められる「事業戦略」による価格差異の要素について，考察を加えておく。

「事業戦略」の要素は、事業計画を斟酌して比較可能性を検討するということであるが、事業戦略に基づく国外関連取引の価格が市場価格と差異が発生している場合であっても、合理的な差異として容認される。すなわち、「市場価格からの乖離は、『そのための特別な理由が存在するときはすでに』に許容される」(18)と考えるべきである。この場合の特別の経済的理由とは、例えば、既存の販売市場の拡張のため、また、新規市場において競争力を養成するために通常の市場価格より低額で販売することは、正常な事業上の手段であると評価されるのである。その低価が市場開拓や、市場の確保、維持のためのものである場合には、その低価販売は非関連者間においても同様の価格設定により行われたであろうと認められるから独立企業間価格として許容される(19)、というのが、移転価格税制の適用において認められている考え方であり、広く国際的にも容認されている(20)。

このような市場拡張のための販売は、一定の期間について、いわゆる競争価格として一般的市場価格より低額となることは、健全な経営者としても当然の行為であり、移転価格の問題は生じない。この他にも、企業グループ内部における販売価格が一般的な市場価格の水準を下回っているとしても、場合よっては租税法上も斟酌されなければならない場合がある。

例えば、商品がグループ内部で一般的価格水準を下回る価格で供給されるときにも、「『健全な経営者が経営経済的理由からそして状況の全体を斟酌して当該取引を締結する気になったであろうか否か』が決定的」な判断要素であり、このことは、「非関連の外国販売会社に対してもこのような低価格での商品供給は、生産能力を完全に稼動させ、過剰な製品を一掃し又は外国の競争者に打ち勝つために、考え得ること」(21)（傍点筆者）であり、しかして、「事業主が市場に適合した行動をとるとき、その事業計画が斟酌されなければならない。」(22)と解されるからである。

この場合の事業目的又は事業計画の斟酌による取引価格が移転価格に該当せず、合理的経済人としての合理的な価格設定であるかどうかのメルクマールは、非関連取引においても同様の価格が設定されるであろうということが唯一の尺

度になると考えるべきである。

そして，実際的な移転価格税制の適用の部面において，国外関連者間の取引価格が価格移転に該当するかどうかの判断に当たっては，その比較対象取引における独立企業間価格がただ一点の価格に集約されるというものではなく，当該国外関連取引価格は，合理的経済人としての経営的判断による裁量の範囲内の価格の一つとして経営者の判断に依存して存在することの可能性を考慮に入れるべきである。その意味で，独立企業間価格は，「広い価格帯（広い許容範囲）内で確定されうるにすぎない。」(23)のである。

これが，独立企業間価格幅（レンジ）の問題である。以下では，この点に関して考察することとする。

3　移転価格税制の問題点と運用のあり方 　　〜独立企業間価格の幅の活用〜

(1)　学説の理解

我が国の移転価格税制は，法人税法22条4項の「別段の定め」として導入されたものと解されている。すなわち，同条項は，公正処理基準に従って計算が行われるために，棚卸資産の販売等の取引が「通常の取引価格」という幅のある概念を前提としているために，これを一部制限された狭い範囲を示す「独立企業間価格」という概念を導入したもので，会計慣行から離れた専ら精緻な合理性のみを追求するアメリカの制度との比較においては，その前提に大きな相違があるといわれている(24)。したがって，このような「『一般に公正妥当と認められる会計処理基準』（確立された会計慣行）の概念をベースとする我が国の移転価格税制における『独立企業間価格』の概念としては，企業にとって通常の取引価格としてすでになじみのある範囲内で決められるべきものが予定されている。」(25)と考えるべきである。

この点に関して，金子宏東京大学名誉教授は，「もともと独立企業間価格という概念は幅を持った概念であり，いかなる資産や役務についても唯一の独立

第5章　国際課税を巡る税務訴訟の実際と課題(1)

企業間価格は存在しない。一物一価の原則は，理論としては成り立つが現実の経済取引においては，それは神話に過ぎない。」(26)と，取引の現実と実態を踏まえた指摘を行っている。また，山川博樹氏（当時，東京国税局調査一部国際情報課長）は，「比較対象取引となりうる類似の取引が複数ある場合は，通常は，問題取引に最も類似したものを絞り込むわけですが，差異を明確に数量化して完全に調整することが困難で結果的に比較対象取引を一つに絞ることが現実に不可能な場合もあり，幅の概念自体は容認されている」(27)と述べている。

　また，富岡幸雄中央大学名誉教授は，「その現実に即した測定基準の形成と運用には，相当幅のあるものを考えなければならないであろう。このために，いわゆるリーゾナブル・プライスという考え方の導入をも考慮し検討せられるべきであると思われる。」(28)とされ価格幅を認めている(29)。また，川端康之教授も「移転価格税制が市場を離れて存在することは無理というべきであるし，市場が多様な価格形成で成り立っている以上，独立企業間価格（というよりは，arm's length 価格）も幅のあるものと解することが妥当であろう。」とされている。

　さらに，木村弘之亮教授は，「相当の移転価格（複数）の間に格差は残りうる。価格帯の完全な除去は一般的にもまた勧められない。そこで，移転価格の問題については，対価の確定に当たって，経営者の判断余地がある程度受け入れられなければならない。（中略）裁量の余地の範囲内で，一つの対価を選択することは経営者に委ねられている。その限りにおいて，税務当局が経営者の裁量判断に代えて自己の裁量を置き換えようとするのは，許容されないものと考えられる。」(30)と指摘されている(31)。

　志賀櫻弁護士の最近の論稿でも，「日本の移転価格税制についても，ごく例外的な場合を除けば実際には存在しない虚構の概念である独立企業間価格が存在することを想定することから，ピンポイントではなく，幅（レンジ）の概念を容認すべきである。」とされているところである(32)。

　さらに，加盟国の国際的指針としての『ＯＥＣＤ　移転価格ガイドライン』においても，関連者間取引における関連条件（例えば，価格や利益）が独立企

業間価格幅に入っている場合には，調整は行われるべきでない，としている(33)。

　これに対して，「我が国の税制上，独立企業間価格は一つに定めることを前提としている。従って，『幅』の概念は用いられない。」(34)とし，幅の概念を否定する見解も見られる。この考え方は，米国財務省規則のように一定の価格幅を法定しているわけではない我が国にあっては，法律で規定されていない以上，一定の価格幅を設定することはできないという趣旨と考えられる。つまり，移転価格税制の適用において，価格移転の金額を算定する上では，一定の独立企業間価格を算定する必要があることから，ある一定の幅の上限と下限を許容することは法が予定していないという理解であろうから，結局は，この点の問題は，複数ある比較対象取引の選定の合理性の問題に帰着することになろう。

　ところが，かかる見解が，所得の海外移転の有無を認定判断するための独立企業間価格の認定において，一定の価格幅を容認し，それを前提として弾力的な価格移転の是非を検証すべきであるという税務執行上の運用を否定して，特定の独立企業間価格を算定して，それと比較して，価格移転を認定すべきであるというものであれば，この見解は誤りである。それは，「移転価格税制における『独立企業間価格』の概念としては，企業にとって通常の取引価格としてすでになじみのある範囲内で決められるべきものが予定されている。」(35)という公正な運用が否定されることになるからである。

　そして，かかる見解であるとすれば，それは，比較対象取引の選定をどの範囲で行うか（例えば，比較対象取引の時期等）等，その比較対象取引の比準要素が個別規定として法定されていないことから，課税当局の移転価格の税務調査はかなりの恣意性が働く余地があることに鑑みれば，その比較対象取引の独立企業間価格の選定によって，その価格移転の金額が大きく変動することがあり得るのである。いわば，独立企業間価格の虚構性の要素が完全に払拭できない以上，その危険性は否定することはできないであろう(36)。

　独立企業間価格を認定する場面にあって，複数の非関連取引に基づく価格が複数存在することは，特定の場合を除き，いわば当然のことであるから(37)，その価格幅を容認するとともに，その価格幅の範囲内の価格を経営者として選択

第5章　国際課税を巡る税務訴訟の実際と課題(1)

する余地を残すことが，その運用において妥当であると考えられる。

(2) 税務執行上の運用

　ちなみに，我が国の課税当局は，独立企業間価格幅についての法的見解を明確にしていなかったが，以前の改正による「事務運営要領」においては，「調査に当たり配慮する事項」として「法人の国外関連取引に係る事業と同種で，規模，取引段階その他の内容が概ね類似する複数の非関連取引（比較対象取引の候補と考えられる取引）に係る利益率等の範囲内に，国外関連取引等に係る利益率等があるかどうかを検討する。」（旧事務運営要領2－2(1)）と規定している。この利益率の幅の容認は，結局，従来，明確にされていなかった独立企業間価格の幅の概念を導入したと同様であり，そのような視座からの検討の結果，価格移転の有無を判断するということは評価できる対応である(38)。

　また，従前の課税当局は，独立企業間価格に幅（レンジ）がある場合，複数の独立企業間価格による「幅（レンジ）」を認めず，それらの「平均」によるとしてきた（旧運営要領3－3）ところであるが(39)，独立企業間価格が複数存在するにもかかわらず，その平均値を独立企業間価格と認定する法律上の個別規定が存在しない以上，例えば，100や120の独立企業間価格が存在するにも関わらず，その平均値110が独立企業間価格であるという合理的な法的根拠は見出し得ないことは言うまでもない。

　後述する今治造船事件控訴審・高松高裁平成18年10月13日判決は（税資256号順号10528）は，実際の課税実務の中で，控訴人が主張する「幅」なる概念を持ち出した場合には，移転価格税制の適用の有無が，その「幅」の設定いかんによって左右されることになってしまい，課税の公平・公正が確保できないばかりか，課税実務上の混乱を招くことになりかねない，と判示した。ところが，それを受けて，「もっとも，独立企業間価格は，あくまで類似の取引との比較可能性があることを前提としているものであって，差異を調整するにしても完全に同一の条件で調整ができるとは限らないから，調整上の誤差という意味での価格の『幅』が出てくることは予想できる。」と判示して，独立企業間

価格の「幅」の存在自体は容認しているところである。

かかる判決の影響かどうかは定かではないが、平成23年度の通達改正により、独立企業間価格幅（レンジ）の取扱いが明確にされ、国外関連取引の価格等が、レンジの中にある場合には移転価格課税を行わないことが明確にされ、また、レンジの外にある場合には比較対象取引の平均値に加え、その分布状況等に応じた合理的な値を用いた独立企業間価格の算定もできることを運用において明確にされている(40)。

この通達改正により、前述した独立企業間価格に幅（レンジ）がある場合には、移転価格税制は適用されないことが明確にされ、その場合の平均値による独立企業間価格の認定の問題点は解消された。きわめて妥当な通達改正であるといえるが、このようなある意味で当然のことが捨象された運用が、移転価格税制創設以来行われてきたところに問題がある。

その原因は、従前の課税実務において、かかる平均値課税が一般的に行われてきた影響であるように思われる。

例えば、平均同業者率による所得の推計課税の場合は、実額課税が排除される合理的事由を前提とした一種の制裁的課税として、推計課税を許容する個別規定が存在するし、また、推計課税の対象納税者が、多くの比準同業者の内のどの位置にあるかが不明であることに加えて、それぞれの同業者の個々の差異を平均化して平準化することによる平均値課税の論理的合理性が認められるものである(41)。

ところが、移転価格税制における独立企業間価格の認定は、租税回避行為の意思・目的の有無に関わらず、取引関係国との間の税収の奪い合いという制度であるから、当該国外関連取引における合理的な独立企業間価格を認定するに当たっては、絶対的な要因による合理的認定は困難であるという前提に立って、前述したように、その執行に当たっては、自制的運用が図られるべきものである。と同時に、不確定要因が多く存在するのが移転価格税制の実践であるから、独立企業間価格の認定は、その「さじ加減」でかなりの変動を来す要因が内在するものであるという点も考慮すべきである。

第5章　国際課税を巡る税務訴訟の実際と課題(1)

　その意味からも，独立企業間価格の平均値が，当該国外関連取引に係る合理的な独立企業間価格であるという合理的根拠は，法の個別規定による以外は見出し得ないものであるから，独立企業間価格の幅（レンジ）の中にある国外関連取引価格については，平均値によることなく，移転価格税制の適用を断念することが合理的である。その意味で，このような移転価格税制の適用の是非の検討に当たっての今回の通達改正は評価できる。

　しかしながら，その独立企業間価格幅から外れた国外関連取引価格の場合には，比準法人の独立企業間価格の平均値によることができるとされていることから，前述した法解釈上の問題が払拭されたわけではない。この問題は，今後，訴訟において，判断されることになるのであろうが，移転価格税制を適用するに当たって，独立企業間価格を認定する場合には，移転価格税制の創設当初の趣旨，目的に鑑み，前述したように，納税者に最も有利になる独立企業間価格を採用して課税すべきことは[42]，自制的運用という視座からも合理性があるというべきである。

　しかるに，複数の独立企業間価格の幅（レンジ）にある当該価格が，いずれも独立企業間価格として採用可能な合理的価格であるにもかかわらず，これを捨象して，納税者が不利となる平均値という，存在しない独立企業間価格によって独立企業間価格を認定する場合には，その法的根拠となる個別の法規定が整備されることが不可欠である。しかし，現行のように，措置法通達による改正により運用することは，租税法律主義違背が問題となる可能性がある[43]。

　この点に関しては，比較対象性を有する実際の複数の取引価格がある場合に，過去の事業年度の所得金額を決定する調査にあっては独立企業間価格幅（レンジ）の平均値等によるとする一方で，将来の事業年度の所得水準に関する事前確認にあっては，独立企業間価格幅（レンジ）の下限値又は上限値により合意するという執行の違いについて，「事務運営要領3－5」は，その法的根拠を示すものではないことが指摘されている[44]。

　このことは，いずれの場合も，同一の移転価格規制の規定でありながら，事前確認制度の下では，価格幅（レンジ）を前提として合意し，他方，過去の国

外関連取引に対して移転価格税制を適用する場合には、複数の独立企業間価格の平均値により特定の一点の独立企業間価格を算定すべしということの不合理性を指摘しているものである。このことは、独立企業間価格幅（レンジ）にある国外関連取引については移転価格税制は適用されず、また、その幅から外れる場合には、納税者が最も有利となる独立企業間価格により移転価格税制を適用すべきであるという前述の論理正当性が証明されているということでもある。したがって、このような独立企業間価格以外の認定、つまり平均値価格によるのであれば、それは、最早、法律事項として法定して対処すべきである。

(3) 運用のあり方

　以上の検討のように、独立企業間価格は、前述したように幅のあるものとして理解すべきであるが、そのために、実際的な個別取引の場面では、何が独立企業間価格であるかはきわめて不分明であるという宿命を負っている。移転価格税制の適用は、独立企業間価格の概念の相当性の幅を巡って、課税当局の恣意的な判断による独立企業間価格の設定がなされることは皆無ではない。このことは納税者の法的安定性と予測可能性を害するという結果を招来する余地があるということである。また、移転価格税制が私的取引における対価の設定を誘導することによって、私的自治ないし契約自由の原則と抵触することになりやすいとも指摘されている(45)。

　このような移転価格税制の法的安定性、予測可能性の確保という租税法上の基本的要請と私的自治の尊重という観点を考慮すると、移転価格税制の抑制的な運用が不可欠である(46)。そして、かかる運用は、非関連取引といえども、同一種類の商品や製品等であっても、その市場における競争力の相違や相手方との関係において価格が異なるという場合も少なくないということを考えると、課税当局の運用の姿勢として当然のことである。

　このような移転価格税制の自制的運用の方法論の一つとして、金子宏東京大学名誉教授は、最も適切と認められる方法によって独立企業間価格が算定された場合に、その上下一定範囲（例えば、上下20パーセント）の安全帯を設け、その範囲内の価格は独立企業間価格として許容する取扱いが合理的であると提

言している(47)。我が国企業の国外関連者との国際取引の課税面における法的安定性と予測可能性を高めるという点で，この提言は正鵠を射たものと評価されるべきである。

したがって，その独立企業間価格の決定がきわめて硬直的であることが証明され，一般的な価格幅と認められる範囲内の国外関連取引価格に移転価格税制を適用することは，相対的評価により違法になる場合があり得ると解する余地があるが，解釈論として，上下20％の範囲を画することが困難であるというのであれば，アメリカのような規則による「四分位レンジ」のような一定の幅を法定して整備することか検討されるべきであろう。

（注）

(1) 金子宏「移転価格税制の法理論的検討－我が国の制度を素材として」樋口陽一・高橋和之編『現代立憲主義の展開・下』有斐閣（1993年）441頁。

(2) 移転価格税制の立法に携わった小田嶋清次氏も，米国が日系企業に対して移転価格課税を強化したことから，イコール・フィッティングのためには日本も刀をもたなければいけないということで入れた旨，述べている（同「近時の国際課税実務の動向と企業の対応」中里実・太田洋・弘中聡浩・宮塚久編著『国際租税訴訟の最前線』有斐閣（2010年）73頁）。

(3) 金子宏前掲論文（注１）441～442頁。

(4) 国税庁「昭和61年　改正税法のすべて」189頁以下参照。

(5) 小田嶋清次前掲論文（注２）74頁。同氏は，このような状況下で移転価格税制課税事例が訴訟になったら怖い気がします，とも述べている。

(6) 太田洋「第１章　我が国移転価格税制の概要」中里実・太田洋・弘中聡浩・宮塚久編著『移転価格税制のフロンティア』有斐閣（2010年）9頁。

(7) 「Transfer Pricing and Multinational Enterprises of OECD Committee on Fiscal Affairs 1979」（「ＯＥＣＤ報告書」）第２章，第１節「独立企業間価格の原則とその適用」「一般的考察」Para.37）。

(8) 金子宏前掲論文（注１）465頁。

(9) 山川博樹『移転価格税制の執行－理論と実務－』税務研究会（1996年）43頁。同氏は，当時，東京国税局国際情報課長である。

(10) 木村弘之亮「独立企業間価格の実体原則」『法学研究』（慶応大学）63巻12号（1990年）146～147頁。

(11) 木村弘之亮『多国籍企業税法―移転価格の法理―』慶應義塾大学法学研究会（1993年）29頁。

(12) 五味雄治『Ｑ＆Ａ　移転価格の税務』財経詳報社（1997年）134頁。

⑬　小松芳明「所得課税の国際的側面における諸問題」『租税法研究』第21号，有斐閣（1993年）21頁。
⑭　岡田至康監修（訳）「ＯＥＣＤ・新移転価格ガイドライン（平成10年9月）」((社)日本租税研究協会）第1章独立企業原則　C(i)12頁。
⑮　この点につき，赤松晃『国際課税の実務と理論（第3版）』税務研究会（2011年）356頁参照。
⑯　「移転価格税制適用に当たっての参考事例集」〔事例9〕（国税庁・事務運営要領別冊）
⑰　木村弘之亮「移転価格の審査に関する一般原則」金子宏編『所得課税の研究』有斐閣（1991年）360頁。
⑱　木村弘之亮前掲論文（注10）179頁。
⑲　大崎満『移転価格税制』大蔵財務協会（1988年）242頁参照。
⑳　岡田至康前掲書（注14）第1章C(i)b「5」16頁参照。
㉑　木村弘之亮前掲論文（注11）29頁。
㉒　木村弘之亮前掲論文（注10）179頁。
㉓　木村弘之亮前掲論文（注10）179頁。
㉔　小松芳明『国際取引と課税問題』信山社（1994年）156頁。
㉕　小松芳明同上書114頁。
㉖　金子宏前掲論文（注1）465頁。同論文は，金子宏『所得課税の法と政策（所得課税の基礎理論　下巻）』有斐閣（1996年）363頁以下に所収されている。また，同『租税法・第21版』有斐閣（2016年）534頁は，「独立企業間価格は，比準取引の選定の仕方によって異なりうるから，各取引の具体的な状況に応じて，取引価格が，これらの方法で算定された独立企業間価格の上下ある程度の幅の中にある場合には，当該取引は適正な価格で行われたと解してよい場合が多い。」とされている。
㉗　山川博樹前掲書（注9）57頁
㉘　富岡幸雄「トランスファー・プライシングに対処する税制上の新しい規制」『商学論纂』28巻1号（1986年）37頁。
㉙　川端康之「移転価格税制の展開」租税法研究題36号（2008年）81頁。なお，五味雄治前掲書（注12）は，「問題となった取引価格が一定の許容範囲内にあることを説明するよう努める必要があるといえましょう。」（119～120頁）とされており，その価格幅を認めている。独立企業間価格に幅を持たせることの容認は，日本公認会計士協会「国際租税に関する諸問題についての研究報告（中間報告－移転価格税制）」ＪＩＣＰＡジャーナルNo.554（2001年）133頁でも提言されている。
㉚　木村弘之亮前掲論文（注10）190頁。
㉛　この点に関連して，金子宏『所得課税の法と政策（所得課税の基礎理論　下巻）』389頁では，同「移転価格税制の法理論的検討－我が国の制度を素材として」（注10）の論文の「附記」として「移転価格税制の適用において法的安定性の確保と私的自治の尊重を両立させる必要がある」ことを指摘しているところである。
㉜　志賀櫻「移転価格税制の基本的諸問題・詳論」租税訴訟学会『租税訴訟』財経詳報

社（2008年）No.2 256頁。
㉝ 『OECD 移転価格ガイドライン「多国籍企業と税務当局のための移転価格算定に関する指針」2010年版』（社）日本租税研究協会（2010年）88頁。
㉞ 別所徹弥「国際課税規範としてのOECD移転価格ガイドライン」『税務大学校論叢』28号（1997年）483頁。
㉟ 小松芳明前掲書（注24）114頁。
㊱ 移転価格税制の問題点とその虚構としての性格につき，志賀櫻前掲論文（注32）に詳しい。なお，同氏税務事例（40巻9号32頁以下）の論文も参照。
㊲ 赤松晃『国際課税の実務と理論（第3版）』税務研究会（2011年）359頁は，独立企業間価格は，独立の当事者であれば成立したであろう価格を意味するから，比較対象性の実際の複数の取引（transactions）における価格の幅（レンジ）と解することは当然であるとしている。
㊳ 同一の原価に一定の利益率を基に独立企業間価格が算定できるのであるから，その利益率に幅を認めたということは価格幅を容認したことと同様である。
㊴ 国税庁調査査察部調査課国際調査官水谷年宏「国際課税を巡る最近の状況について－OECD移転価格ガイドライン改定を中心として－」租税研究743号（2011年）115頁は，「恣意的なポイントを決定するというのを避けるためにも，原則的には平均値を利用することが適切ではあると思います。」とされている。
㊵ 租税特別措置法通達66-4(3)-4，移転価格事務運営要領3-5。
㊶ ちなみに，同族会社の行為計算の否認規定により過大管理料等の支出について，比準納税者の平均値により適正管理料を認定して過大部分の必要経費性を否認しているが，一方で，非同族会社又は個人に対する同様の過大経費の支出は，過大部分の贈与認定又は所得税法37条の必要経費の解釈により，その必要経費性が否認されているところである。その意味では，同族会社に対する当該支出も，税務署長の固有の権限である同族会社の行為計算の否認規定の適用によるのではなく，非同族会社等に対する支出と同様に，贈与認定（事実認定の問題）又は法解釈という一般的法理により否認することが合理的である。この場合には，比準納税者の平均値によるのではなく，納税者有利になるような適正管理料等を個別に認定すべきであると考える。
㊷ この点を的確に指摘するものに，太田洋・北村導人「第2章　今治造船高松高裁判決」中里実・太田洋・弘中聡浩・宮塚久編著『移転価格税制のフロンティア』有斐閣（2011年）99頁がある。
㊸ 移転価格税制と租税法律主義に関しては，志賀櫻前掲論文（注32），高久隆太「移転価格税制を巡る諸問題(1)」税経通信　巻2号（2007年）28～29頁参照。
㊹ この点を指摘するものに，赤松晃前掲書（注37）357～358頁参照。
㊺ 金子宏前掲論文（注1）442頁は，移転価格税制の合理性の問題点として，「納税者の法的安定性と予測可能性を害する」という点と「私的自治ないし契約自由の原則と抵触することになりやすい」という2点を指摘されている。
㊻ 増井良啓「移転価格税制－経済的二重課税の排除を中心として－」『日税研論集』Vol.33（1995年）47頁では，このような抑制的態度からの見解が「価格操作移転税

制」という小松芳明教授の見解であるとされ，かかる見方は，移転価格税制の運用を濫用事案の抑止に限定する解釈論上の働きを持つとされる。また，独立企業間価格の算定に当たって，幅のある審査も可能となるとしてこの見解を支持されている。金子宏前掲論文（注１）467頁も，移転価格税制は，国際的経済活動に好ましくない影響を与えるおそれがあることから，各国が十分に慎重な態度で自制ぎみに適用すべきことを提言している。

(47)　金子宏前掲論文（注１）465頁。

III 移転価格税制を巡る税務訴訟の分析と検証

1 はじめに

　我が国の内国法人が移転価格税制が適用されて課税処分が行われた場合，税務争訟を提起することは制度的には何ら支障はないが，現実には，これまでに税務争訟が提起された事案は数件にすぎない。それは，我が国で移転価格税制を適用して課税した場合には相手国の課税権を侵害することから，条約締結国との間では相手国との相互協議が実施され，それにより紛争解決が図られている事例が大半を占めているからである。

　ここでは，その移転価格税制の適用事件が税務訴訟に移行し判決として最初に言い渡された税務訴訟の判決を中心として，移転価格税制の論点に関して詳細に検証したいと考えている。

　それは，①当該判決が数十億円の高額な船舶建造に係る請負取引という相対による個別交渉により価額が決定される棚卸資産であり，大量生産品等の棚卸資産とは異質な資産について，非関連取引である一つの船舶の建造価額（以下「船価」ともいう）を独立企業間価格として移転価格税制が適用されたという点に基本的な疑問があること，②かかる場合には，原則の寄附金課税の是非を個別的に検討して対処すべきであること，③しかも，国外所得が無税であるパナマの国外関連者間の取引に係るもので，パナマに所得移転されたとしても一定のタイム・ラグを捨象すれば，タックス・ヘイブン対策税制により内国法人の所得として合算されて，国外関連者の所得の全額が我が国の所得として法人税が課税されているから，外国に所得を移転して，外国政府に納税されることによる我が国の法人税の収奪は発生せず，また，相互協議も行われない事案であるという特異性があるにもかかわらず，我が国の移転価格税制が形式的に適

用された判決であること，したがって，本来，移転価格税制の立法の趣旨目的にも離反した課税であるという，根本的な疑問を抱いているからである。

そして，不動産と同視されている船舶の建造請負取引のようなきわめて個別性の強い相対取引で，かつ，上述のように，結果として外国からの税収収奪のおそれのない本件取引事案について，形式的に独立価格比準法により独立企業間価格を認定して移転価格税制を適用した課税庁の対応は，内国法人の米国子会社に対する米国の移転価格税制適用の対抗策として導入された我が国の移転価格税制は抑制的に行われるべきという当初の立法趣旨が失念されて，むしろ，我が国の課税庁は内国法人とその子会社の国外関連者間の取引を中心として移転価格税制の執行が行われていることの証左といえ，納税者としても留意すべき点である。

不動産の建物建築請負取引の成約に至る例を見ても明らかなように，注文建築の特殊性から，独立当事者間取引においても，個別交渉の結果の建築価額に差異が生ずることは常態であるし，また，売残りのマンションは，個別交渉により販売価格の20％程度値下げされて販売されていることも周知のことである。このことは，不動産や船舶は，大量生産品の通常の棚卸資産とは性質を異にしているということであり，移転価格の税制の適用は謙抑的に行われるべきであり，それが不自然に低額というのであれば，寄附金税制により対処すべきことを強調しておきたい。

2 船舶建造請負取引に移転価格税制を適用した判決

日本の船舶建造売上の最上位を占める今治造船㈱が提起した税務訴訟事件である松山地裁平成16年4月14日判決（訟務月報51巻9号2395頁），控訴審・高松高裁平成18年10月13日判決（訟務月報54巻4号875頁）の事案については，すでに若干触れたところであるが，ここでは，具体的な訴訟事案と判決の内容について検討する。

(1) 事案の概要

X社・控訴人である今治造船㈱（以下，原則として「X社」といい，「原告」又は「控訴人」という場合もある）は，グループ内国法人が出資して設立したパナマ子会社（国外関連者）との間で，便宜置籍船(48)といわれている下記「別表」の船舶の建造価額による船舶建造請負契約を締結して，船舶を建造して子会社に引き渡して，その金額を船舶建造収益に計上して，平成4年3月期及び平成6年3月期に係る法人税の確定申告を行った。

かかる申告に対して課税庁は，X社と国外関連者であるパナマ子会社との間の取引（以下「国外関連取引」という）は，独立企業間価格に満たないとして，平成8年3月，非関連取引の価格に比準する独立価格比準法に基づいて独立企業間価格を認定し，その差額（別表参照）を所得に加算する更正処分を行った。

ちなみに，パナマ国は，国際運輸業等の国外所得については非課税であり，我が国とは租税条約も締結されていないために，相互協議も行われていない。

本件訴訟は，船舶建造請負取引における移転価格税制の適用の是非，独立企業間価格の算定方法，事業戦略等の差異調整の是非等が争われたものである。

<別表>

国外関連取引船	建造価額 ①	独立企業間価格 ②	差額 ③	価格幅 (③÷②)
S-486取引	2,450,000千円	2,579,791千円	129,791千円	5.0%
S-1190取引	4,600,000	5,506,077	906,077	16.5
S-1209取引	3,000,000	3,718,977	718,977	19.3
S-1218取引	3,000,000	3,589,215	589,215	16.4
S-1230取引	3,000,000	3,486,052	486,052	13.9

（注）「S-486取引」の部分は，裁決により取り消されている。

(2) 判決内容の総括的分析と検証

ア 船価決定の特異性と移転価格税制適用の是非

X社の本件各事業年度における国外関連者船の建造請負取引に係る移転価格税制の適用による更正処分は，我が国ではもちろん世界でも例を見ない移転価

格税制の適用事例と思われる。我が国において、X社と同様の造船会社がいわゆる便宜置籍船を建造している事例があるにもかかわらず、その取引に移転価格税制が適用された例はないようであるが、その理由は次の点にあるものと思われる。

　数十億円という多額かつ長期に亘る船舶建造請負取引という性格上、船主（発注者）と受注者（X社）との従前の取引関係、当該契約における受注数量と従前の受注状況又は将来の受注見込み、受注に至る経緯等に鑑みて、発注者（船主）の財務状況に応じた値下げ要求等を背景として建造価額が決定されるという、いわゆる相対取引の個別事情に応じた建造価額であるという特質を有しており、従前、移転価格税制が適用された事例とは異質の取引要素が介在しているために、一定の独立企業間価格を認定することが困難な面があるという点である。

　このことは、独立企業原則の下であっても、我が国の土地やマンションの売買取引事例のように、地理的条件、その用途形状等が同一の土地やマンションであっても、その売買価額が同一でないことがあり得るし、マンション等の不動産の建設請負の場合にも、当該受注企業の経営状態から、固定費用をカバーするために、粗利益又は営業上の利益がゼロ又は赤字による第三者との間の受注も企業が生き延びる過程の中ではあり得る事象であることも周知のことである。

　加えて、本件の場合、非関連者船と国外関連者船の建造に至る経緯が異なるという点も、従前、国外関連者船の建造価額が問題にされなかった理由の一つであろう。X社の主張によれば、非関連者からの受注を受けて建造する過程の中で、船台にアイドリングが生じた場合、この空き船台の期間を利用して国外関連者船を建造することによって船台の完全操業が達成せられ（この点は後述参照）、変動費その他固定費をカバーして一定の業績を確保して、X社の業績の維持拡大を図ることにより、大手企業に伍して事業展開を図ることができたのである。その結果、X社の建造売上高は我が国の業界トップの業績を誇るに至っている。

このように，多額でかつ長期間に亘る建築や船舶建造の請負取引は，コモディティー商品等の製造販売とは異なり，複雑な取引要素が介在し，同様の仕様であるとしても受注金額にかなりの乖離がある取引が存在するということであり，しかして，税務執行上，移転価格税制における非関連者船取引と国外関連者船取引との比較可能性の検証は極めて慎重にかつ自制的に行われるべきことはいうまでもないことである。

イ　船価決定とその実際

船舶建造請負取引の特異性として，船価に大きなバラツキを生じさせていることは，造船業界の常識として理解されているようである。すなわち，船価は，「時期によっては倍半分となる」(49)といわれており，また，一般的な船価決定の要因は，契約時における用船料の相場が起点となり，その相場で契約がまとまる場合もあるし，その価額から値引交渉が行われる場合もある。このように船価は，「アバウトなところがあり，純然たる金額では計り知れないもの」があり，また，「長い取引関係から，各取引で若干の貸し借りを作り合い，長期的な採算をとっていくという昔ながらのやり方も強く残っている」ところから，船舶の建造は，ある取引で貸しを作り，他の取引で貸しを回収するという長期的な採算を考えて行われる場合がある，といわれている(50)。

このような船価決定の特質は，「移転価格の問題については，対価の確定に当たって，経営者の判断余地がある程度受け入れられなければならない。（中略）裁量の余地の範囲内で，一つの対価を選択することは経営者に委ねられている。その限りにおいて，税務当局が経営者の裁量判断に代えて自己の裁量を置き換えようとするのは，許容されないものと考えられる。」(51)という論説の妥当性が論証されているということでもある。

これが，健全な経営者，つまり，合理的経済人としての企業の経営的判断であり，このような状況にある取引価格が海外に所得移転をもたらすような不自然な価格であるということは一概にはいえないであろう。本件のような多額な船舶建造請負取引において，自動車や家庭用品等と同様の観点から独立企業間価格を算定することの不当性は明らかであると考える。

ウ　効率的経営判断による独立企業間価格の決定と移転価格税制

　独立企業間価格は，比較可能性の基準を満たす非関連取引が存在しない等の理由から，それを見出し得ない場合もあり得る(52)。しかして，企業の価格設定という私的自治に介入するに等しい移転価格税制における独立企業間価格の認定は，その国外関連取引と比較対象取引との類似性，同質性が生命線であるといえよう。そして，かかる類似性の検証に当たっては，慎重の上にも慎重を期すべきであり，殊に，取引の相手先によって独立企業間価格が異なる本件船舶建造取引における独立企業間価格の認定は，よほどの同質性が立証されない限り不可能であり，比較対象取引にそもそもなり得ないというべきである。

　しかも，X社の完全操業達成という経営目標を達成するための国外関連者船の建造というX社の主張を前提とすれば，独立当事者間取引とは異なる要因が介在しており，かかる要因が価格設定に当たって重大な影響を与えることは，取引社会における常識である。

　要するに，課税庁が採用した本件比較対象取引が類似性のある合理的な取引として容認されるためには，国外関連取引と同様に，「空き船台の解消による完全操業を達成する」という経営方針に従って，本件比較対象取引の非関連者に依頼して受注し建造したという場合に，本件国外関連取引と比較対象取引に類似性があり，比較可能性の有用性が担保されているということができる。すなわち，移転価格税制の独立企業間価格を独立価格比準法により決定するのであれば，「その基本となるところは，あくまでも独立の第三者と同じ条件での取引であったか否かということ」(53)が重要であり，その検証なくして，移転価格税制の適用は論じられない。

　したがって，多くの場合，このような多額な建物等の建設工事や船舶の建造には，移転価格税制の適用は馴染まないといっても過言ではないであろう。しかしながら，このことは，かかる船舶建造取引においては，税務上，自由な価格設定が許容されるということではない。かかる取引の場合，移転価格税制の適用が多くの場合不適用であるとしても，法人税法22条2項及び法人税法37条の規定により，国内法人と同様に，価格操作による利益の移転は寄附金課税に

よって対処することで、その自由な価格操作による利益移転の課税上の問題は解消できるのである。

　殊に、本件の国外関連者船の所在するパナマは無税国であるから、タックス・ヘイブン税制により国外関連者の留保所得は、グループ企業の内国法人への完全合算課税が達成せられており、移転価格税制が本来予定している「国外への所得移転による我が国の課税権の侵食を防止する」という目的は、若干のタイム・ラグを除けば、完全に達成されていることに鑑みれば(54)、本件において、移転価格税制を論ずる必要性に乏しいといえよう。

　なかんずく、一般的に独立企業間価格の認定には困難をきわめ、また、「移転価格税制が国際的二重課税をひきおこし、国際的な経済活動に好ましくない影響を与えるおそれがあることに鑑みると、各国は、十分に慎重な態度で自制ぎみにそれを適用すべきである。」(55)という立法当初の趣旨目的に思いを致せば、税務執行上、個別的色彩の強い多額の船舶建造取引においては、さらなる自制的な運用が図られるべきことは当然の事理であるともいえよう。

　敷衍すると、本件でＸ社は、「空き船台の解消による完全操業を達成する」と主張しているが、この場合、国外関連者船の受注が困難なために、空き船台を回避して固定コストをカバーするという戦略は、合理的な経営者の経営判断であるといえよう。その場合、空き船台の受注活動が非関連者に対して行われず、空き船台における建造が国外関連者に限定して行われていることから、その事業戦略についての合理性に疑問も生じよう(56)。ただ、この点に関しては、経営判断として、非関連者に空き船台の受注活動を行った結果、非関連者船を低価格で建造することにより、非関連者船で堅持されていた一定の建造価額の値崩れを排除するために、国外関連者船の建造に限定していたという戦略も考えられるところであり、一概に、国外関連船に限定したことの合理性を排除することはできないのではなかろうか。

　ところが、その一方で、Ｘ社は、好況時には低価格で不況時には高価格で国外関連者を建造し、一定の経営効率を図り売上げを増進していたという点の合理的経営の主張がなされているところであるが、これに対して、一審判決は、

それ自体が価格移転を繰り返して海外に所得を移転していると判示して排斥している(57)。

　この点についてのX社の主張は，毎年の完全操業達成という，X社の経営効率の達成のために，X社が国外関連者に受注を依頼したものであるから，その船価は低額となる可能性があるともいえよう。しかし，合理的経営の達成と移転価格税制における独立企業間価格の認定による価格移転の認定は，別次元の問題であるということができるし，何よりも，X社の経営効率ために非関連者船の受注を先行させた上での空き船台を活用したというものでない以上，「事業戦略」による差異調整は無理があるということになるであろう。

　その意味では，本件のX社が空き船台を解消するための受注を国外関連者に限定して行っていたという事態に止まるのであれば，「事業戦略」としての一応の合理性は認められようが，空き船台とは無関係に，自由な船価設定により一定の国外関連船を建造を優先させていたというのであれば，その差異調整は不要という本件判示はやむを得ないところである。

　以下では，上述の総括的検証を踏まえて，さらに個別的問題点について考察することとする。

(3) 争点に関する判決内容の分析と検討

ア　船舶建造請負取引の特異性と独立価格比準法の適用

　本件訴訟においてX社は，船舶建造の請負取引は個別的色彩が強く，船価については，そもそも比較可能性がなく「独立企業間価格」を観念することができないから移転価格税制の適用はないとして，次のように主張している。

　「a　船舶建造請負取引は，取引ごと，取引相手ごとに，個別的色彩の強い取引であって，国外関連者の建造価格たる船価には，そもそも「比較可能性」が前提となる「独立企業間価格」を観念することはできない。すなわち，移転価格税制は，自動車・家電製品・日常用品などの大量生産がされる規格商品取引を適用対象として想定されたものであり，実際にも，かかる取引に限って適用されてきた。船舶建造の請負取引について移転価格税制が適用さ

第5章　国際課税を巡る税務訴訟の実際と課題(1)

れた例は，本件課税処分が初めてのことであり，世界的にも例を見ない。

　　b　船舶建造の請負取引は，大量生産品とは異なり，相対取引における個別性・特異性が大きく影響するものであるから，同型船で，引渡時期が近接してからといっても，関連者ごと，取引ごとに，建造価格が異なってくることは当然である。しかも，船価は，我が国及び世界の景気動向に大きく左右され，さらには，海外造船会社の伸長による競争激化，取引毎の個別性の強さなどを反映して決定されるから，一律には決定できない。このように，船価の決定は，①社会的な景気動向，②当該企業の業績状況，③新型船舶か，建造済船舶か，④船台で建造された船舶と同型船か，⑤建造船舶の構造・仕様・材質の違い，⑥船主との取引実態（その継続性と受注実績等），⑦交渉経緯，⑧請負期間の長短，⑨支払条件，⑩リスク保証，⑪その後の受注獲得の可能性，⑫競争会社との競合の有無，⑬船価の市況動向などを踏まえて行われる。実際に，X社が，非関連者から注文を受け，建造した船舶を調べても，同型船の契約だからといって同じ価格であることはない。粗利益率も異なれば，赤字受注すらあるといった状況である（船価は，数十億円にもわたる多額なものなので，わずか数パーセントの差が数億円の価格差となる。）。換言すると，このような多種多様の船価決定要素を捨象し，契約時期の近接性等の形式的な基準を用いて，独立価格比準法でもって，一義的に『独立企業間価格』を算定しようとすること自体が，不可能なことなのである。」

　かかるX社の主張は，船主（発注者）との長年の関係を前提として，相手方の要求等を前提とした個別折衝に基づいて決定される建造価額は，大量に生産される規格品の通常の棚卸資産の販売価額とは異なり，一義的に決定されるものではないということを前提とした主張である。

　これに対して，一審判決は，移転価格税制の規定の構造上，比較可能性の問題は措置法66条の4第1項によって独立企業間価格を算定する過程において問題となり，その際，取引の種類によっては独立企業間価格を算定できない場合も想定できるところではあるが，そうであるからといって，同条1項の要件に，「比較可能性があること」を加え，限定解釈をしなければならないとする根拠

もなく，結局のところ，各取引において同条2項に定められている「独立企業間価格」を観念できるか否かに帰着するものと解されると判示した。

しかしながら，かかる判示には疑問もある。つまり，X社は，同型の船舶であっても，その建造契約ごとに個別の事情があり，その船価決定には一つとして同一の情況はないこと，課税庁の認定した非関連者船と国外関連船とが同型で契約時期等も近接している等の類似性があるとしても，その建造価額の決定においては，比較可能性が担保されているという状況にはないから，独立価格比準法により独立企業間価格を認定することは疑問であることを主張したものである。

本判決は，同条1項の要件に，「比較可能性があること」を加え，限定解釈をしなければならないとする根拠もない，と判示しているが，X社の主張は限定解釈をしようするのではなく，そもそも，比較可能性が欠如している個別性の強い取引である船舶建造取引は，独立企業間価格を認定することは困難であるということを論じているのである。そして，X社は，このような船舶建造取引については移転価格税制の適用ではなく，非関連者船の建造価額と比較して低廉であるというのであれば，それが贈与と認められることを立証して，寄附金課税を行うべきではないかという点を主張しているのである。

X社は，後述するように，最終的な建造価額決定の前提となる総原価の多寡（非関連者取引には受注獲得の営業活動に要する販売費・一般管理費等を要するので，総原価は国外関連者船のそれとは異なる）の相違からも，本件非関連者船は比較可能性を欠くとも主張している。このような相違は，国外関連取引と非関連取引との間に比較可能性を欠くものであり，独立価格比準法による独立企業間価格自体に疑問が生ずることになるから，課税庁は，本件更正に当たっては，それ以外の方法も検討すべきであったというべきである[58]。

ちなみに，本判決の別表から，課税庁の採用した非関連者船の比較対象取引とX社が採用すべきとした比較対象取引との差異を見ると次のとおりである。なお，両比較対象取引の船舶の船型・総トン数等の要素はすべて同一である。

第5章 国際課税を巡る税務訴訟の実際と課題(1)

	国外関連者船 （S−1190）	被告選択取引 （S−1195）	原告選択取引 （S−1188）
契約日	H2.5.24	H2.5.25	H2.3.29
竣工日	H3.9.25	H4.4.3	H3.7.17
売上計上金額	4,600,000千円	5,578,000千円	5,293,000千円
建造原価	4,305,699	4,402,273	4,212,738
建造利益	294,300	1,175,726	1,080,261

　以上から分かることは，同一の非関連者船であっても，契約時期に2か月の差異があり，また，契約時から竣工時までの建造期間が国外関連者船が1年4か月，「S−1195」では2年10か月，「S−1188」では，1年4か月余であるが，かかる差異が，「被告選択取引」と「原告選択取引」の両者の非関連者船の売上計上額に2億8,000万円の差異があることとの関連を合理的に説明することは困難である。その原因は，正に，船舶建造の個別性，特殊性に由来するものではないかと考えられる。

　また，国外関連者船「S−1209」の取引では，その船型等及び契約締結時の有意の差異は認められないにもかかわらず，「被告選択取引」と「原告選択取引」の船価の差異は約6億円，建造利益率の差異は約12％もある。また，国外関連船「S−1218」の取引でも船型等及び契約締結時も同様であるにもかかわらず，両者の船価の差異は，約6億円，利益率は約10％の差異が生じている(59)。

　このような差異があることから，X社は，個別性の強い船価決定の船舶建造請負取引に，独立価格比準法を適用する問題点を指摘しているのである。それにもかかわらず，本判決は，契約時期が近接している非関連者船の船舶建造取引を比較対象取引とし，「原告選択取引」の船価を捨象したことの具体的理由を判示していない。

　イ　投下費用による「総原価」概念と建造価額の決定
　　〜「総原価」等の相違と差異調整の関係〜
　X社は，非関連者船と国外関連者船の間の総原価の多寡には大きな違いがあるのに，これらを捨象して，独立価格比準法を用いて，比較対象船の船価を独

377

立企業間価格とするのは不当であると主張したが，一審判決は，船舶建造請負取引をことさら別なものとして取り扱うべき事情はないので，独立価格比準法を用いて独立企業間価格を算定する場合には，各取引と「同種の棚卸資産」であって，かつ，「同種の状況の下でされた取引」を選択して算定すべきところ，「同種の棚卸資産」か否かの問題は，対象品の性状などの物理的・化学的要因に着目して判断すべきであり，販売管理費など，各取引相手方ごとに変動する要素を加えて，その類似性を要求することは，本来予定されていないものといわざるを得ず，総原価の差異を含めた取引条件等の差異が，結果として，価格に影響を与えているときは，かかる差異について調整する必要があるが，それは，個別，具体的な判断の問題であり，総原価に差異があるから，およそ独立価格比準法を採ることができないということは，当裁判所の採らないところであるとして排斥している。

この点に関して，控訴審判決は，「同種の棚卸資産」か否かは，国際的な船価相場の区分に従い対象船舶の性状・構造・機能等の物理的・化学的要因に着目して判断すべきであり，これに加えて販売管理費，一般管理費等，各取引相手ごとに変動する要素を考慮することは本来予定されていないものといわざるを得ず，もちろん，総原価を含めた取引条件等の差異が結果として価格に影響を与えているときは，かかる差異を調整する必要があるが，それは個別具体的に判断すべきものであって，およそ独立価格比準法を採り得ないというものではないとして排斥している。

ここでのＸ社の主張は，パナマ子会社（国外関連者）との間の船舶建造請負契約に関しては，いわゆる自社船建造と同様に評価し得るものであるから，「①船主（発注先）との営業活動は要せず，②船主からの様々なスペック付与が省略され，③既往の設計図の中から選択すること等により安価な仕上がりを可能ならしめる。」(60)ものであるのに対して，非関連者船の建造契約に至るまでは，Ｘ社の今治本社及び東京支社において事業年度を通じた地道な受注のための営業活動が展開されているものであるから，非関連者船の建造に係る受注活動に要する人件費等の費用投下は，国外関連取引船の建造に至る場合では，

378

第5章　国際課税を巡る税務訴訟の実際と課題(1)

その総原価の額が異なるものであるということを論じているのである。

　国外関連者と非関連者の船舶の価格決定には自ずと相違がある以上、単に非関連者船の建造価額（船価）に基づいて独立企業間価格を決定することは、その原点において異なる要因があることは否定できない。確かに、かかる要素があるからといって、独立価格比準法が採用できないということにはならないという判決の判示は相当であるとはいえるが、その差異調整について、控訴審判決は、X社の国外関連取引は非関連者取引と比べて、債権回収の確実性を確保するための取引コストが軽減、排除されているとのX社（控訴人）の主張に対して、単に投下費用が少ないという一般的な事情のみでは、取引価格への影響が客観的に明らかであるとはいえず、また、投下費用の節約と取引対価の値引きとの客観的な対応関係は不明といわざるを得ないから、投下費用に基因する差異の調整を行う必要は認められないと判示している。

　結果として、控訴審判決は、かかる総原価の差異が建造価額の決定に左右するという原価と製品価格決定の関係を無視して、差異調整を否定したものであるが、ここで、投下費用の節約と取引対価の値引きとの客観的な対応関係は不明といわざるを得ないとしたのは、明らかに誤りである。

　なぜならば、総原価をもって棚卸商品の販売価額が決定されることは明らかであり、したがって、数十億円の非関連者船の受注に要する受注活動等の販売費一般管理費の投下費用を要しない取引であれば、それを要する船舶に比べれば、その船価が低額に設定されることに合理性があるということである。

　また、控訴審判決は、原価の節約が値引きの一要因となり得るとしても、その場合、売手は必ず値引きをしなければならないというものではなく、また、値引きをするとしても節約された額と同額の値引きをしなければならないものでもない、と判示しているが、ここでは、国外関連船の建造価額が非関連者船のそれを下回ることの是非が問題とされ、しかも、当該建造価額を決定したX社が、かかる価格設定のプロセスを主張しているのであるから、その主張の不合理性を論証すべきである。一般論としての上記の判示の論旨は不適切というべきである。

ウ　比較対象取引の選択基準と独立企業間価格の価格幅
　㈦　船舶建造請負取引と移転価格税制の適用
　　通常のコモディティー商品や自動車等の規格品の大量生産が前提とされている棚卸資産とは異なり、相対の個別交渉によって種々の要因に左右される船舶建造請負取引の建造価額について、価格移転の存在を認定するに際しては、本来、移転価格税制が予定している取引とは異質な要因が介在していることを考慮する必要があることはすでに論じたところである。
　　再度、主要な論点を指摘すれば、非関連者間取引においても、その船価の決定に当たっては、「長い取引関係から、各取引で若干の貸し借りを作り合い、長期的な採算をとっていくという昔ながらのやり方も強く残っている」ところから、船舶の建造は、ある取引で貸しを作り、他の取引で貸しを回収するという長期的な採算を考えて行われる場合があり、その意味では、船価は、「アバウトなところがあり、純然たる金額では計り知れないものがあ」るとされている[61]。
　　すなわち、非関連者船の船価決定における特異性に鑑みれば、非関連者船の建造価額は、それぞれの特異な要因により型式等の同一の船舶の建造取引としても、その船価はそれぞれ異なるものであり、したがって、その船価にはバラツキ、つまり、独立企業間価格の価格差（価格幅）が存在するということである。このように、非関連者船の建造に係る発注者（船主）との船価交渉による個別的要因によって決定される船価に思いを致せば、X社の子会社である国内関連会社が設立したパナマの子会社（国外関連者）との間の取引についても同様に生じ得ることも否定できないところである。このような諸要因に照らせば、非関連者船の独立企業間価格を合理的に認定することは困難であると考えることも可能であろう[62]。
　　しかして、ここで、夙に強調したように、かかる船舶建造請負取引の移転価格税制の適用に当たっては、税務の運用においては、きわめて、自制的、謙抑的な税務執行が望まれることはいうまでもないことである。このことは、移転価格税制の趣旨、目的を前提として、その制度の適用の適否を判断すべきであ

るという見解の文理解釈に立てば，その適用自体が違法であるという解釈もあり得ないわけではない(63)。

しかし，その一方で，法律解釈としては，船舶建造請負取引において移転価格税制の適用自体が許されないという解釈は，本判決が採用したように困難であるという解釈もあり得るところであり，その場合の特異性は，独立企業間価格の認定のそれ自体の是非の問題であるということになる。

そこで，従前，移転価格税制が適用された取引とは異質な要素が介在する本件船舶建造請負取引の比較対象取引の選定に当たっては，きわめて厳格な判断基準が要求されるものというべきである。そして，その独立企業間価格の認定判断に当たっては，その価格幅の存在を前提として弾力的に対処すべきことが望まれる。

(イ) 比較対象取引の選択基準に関する判決内容

この点に関して，控訴審判決は，一般に，いくつかの価格決定要因が存在する場合に，最も比較可能性の高い取引を選定しようとするならば，それを不適当とする特段の事情がない限り，価格決定要因のうち，最も影響力の大きいものに着目して候補を絞り込んでいく方法が最も合理的であると解される，と判示している。そして，認定事実，証拠及び弁論の全趣旨によれば，船舶には国際的な市場及び取引相場が存在し，需給関係によって船価が左右されること，造船業は好不況の波が非常に大きい産業であること，控訴人の非関連者との船舶建造請負取引に係る船価もほぼ文献の船価等の推移に見合ったものとなっていること，船価は，現在の造船市況と竣工引渡時の市況を見極め，造船所及び船主がそれぞれの利益を勘案しながら，それぞれの思惑の下で駆け引き，交渉をする過程で決定されることが認められ，これらによれば，船価決定に最も大きな影響を与えているのは「市況」であるということができると判示，したがって，本件において，比較可能性が最も優れた取引を選定する際の考慮要素として，第一義的に「市況」を重視することには合理性があると考えられるから，契約締結日の近接を基本的な選択基準とした被控訴人の判断は相当と解されると判示した（①の判旨）。

また、控訴人が、比較対象取引の選定に当たっては、船価（売上計上金額）や利益率も考慮し、スペック等が類似していて比較対象取引となるものが複数存在する場合には、売上計上金額及び利益率が最も低いものを選択すべきであると主張したことに対して、独立価格比準法は、国外関連取引と最も比較可能性が高い非関連取引に付された価格により、独立企業間価格を直接把握する方法であるから、取引の結果としての売上金額や利益率は直接的には比較対象の要素とはならないということができるのであって、比較対象取引を選択するに当たり、利益率等の要素を考慮しなければならない根拠は見当たらないから、控訴人の上記主張は採用することができない、と判示した（②の判旨）。

　まず、「①の判旨」は、比較可能性が最も優れた取引を選定する要因として、第一義的に「市況」を重視することの合理性を認定し、課税庁が国外関連取引の契約締結日と近接した非関連取引を基本的な選択基準としたことを合理的であるとしたものである。その判断要素が不合理であるとはいえないものの、そうであるからといって、国外関連取引の建造請負の契約締結日に近接した非関連者船の建造請負取引の建造価額を絶対視して、それ以外の非関連者船の建造価額を捨象し否定することの合理性は論証されていない。

　特に、前述したように、業界においては、船価は、「アバウトなところがあり、純然たる金額では計り知れないものがある」る(64)、という船価決定の特異性は、独立当事者間取引としての船価にも価格幅があることの証左であり、その価格幅を合理的に利用して独立企業間価格を認定する合理性が期待されるところである。このことは、船価の決定においては、船舶建造請負取引の当事者が相対して値引交渉が行われた結果、船価が決定されるものであり(65)、かかる値引交渉は、相手方との従前の取引関係（建造船籍数等）や発注者の財務状況等の個別の要因によって、それぞれの値引幅（値引額）が異なり、独立企業間価格である非関連取引の船価にもバラツキが発生することは容易に理解できる。

　その意味では、国外関連者船の独立企業間価格の決定において、当該船舶の船舶建造請負取引に係る契約締結日に近接する非関連者船の一例の建造価額をもって独立企業間価格と認定することはあまりにもリスクが大きすぎる(66)。そ

の契約日が近接する非関連者船の発注者の請負取引に係る建造価額が，全く，過去の取引関係や発注者の船舶建造固有の事情に鑑みて値引き交渉が行われずに決定されている場合の価格と，一方，発注者のこれまでの建造実績及びその財務内容を背景とした値引交渉に対して，代表取締役等の権限ある役員の意思決定により大幅な値引交渉に応ずることもあり得ると考えられるからである(67)。

　このような船価の決定要素の多様性から，独立企業間価格を認定する場合には，通常のそれとは異なる注意深い検討が必要であることはいうまでもないことである。判決が判示するように，「市況」が重要であるとはいえても，その市況における船価決定は千差万別であることから，その市況を具体的，合理的に反映した独立企業間価格を認定することは困難であることも理解できよう。

　また，課税庁及び本判決がいう「市況」を反映する船価水準は，その統計対象時期において成約された船価を事後において平均したものであり，それは，あくまでも同時期における船価の平均値を表しているにすぎないものである。しかして，その平均船価を構成する個別の船価は相当程度のバラつきのあることは，Ｘ社が本訴で提示し主張している近接時期の船舶建造請負取引の建造価額の差異によっても証明されているようである。このことは，特定時期の平均船価は，バラついた船価の平均という意味であるにすぎず，その平均船価をもって独立企業間価格が認定できるものではないし，また，独立企業価格の認定において有意の船価水準を示しているものでもない。

　その意味では，本判決が，Ｘ社の非関連者との船舶建造請負取引に係る船価も船価等の推移に見合ったものとなっていること，船価は，現在の造船市況と竣工引渡時の市況を見極め，造船所及び船主がそれぞれの利益を勘案しながら，それぞれの思惑の下で駆け引き，交渉をする過程で決定されることが認められ，これらによれば，船価決定に最も大きな影響を与えているのは「市況」であることから，本件において，比較可能性が最も優れた取引を選定する際の考慮要素として，第一義的に「市況」を重視することには合理性があると考えられるから，契約締結日の近接を基本的な選択基準とした課税庁の判断は相当と解されると判示したことは，短絡的であり論理的にも疑問のある内容である。

383

なぜならば，市況が重視されるとしても，国外関連者船の建造契約の締結日に最も近接する非関連者船の建造請負取引を比較対象取引に選定し，他の近接した非関連者船の建造請負取引を捨象する合理的理由は認められないからである。後に明示するように，課税庁が比較対象取引とした船舶と同型の類似する非関連者船の建造価額との間に，相当な差異が生じていることについて，課税庁と同様に本判決は，その差異が僅かな契約時期の差異によって当然に生ずることの合理的根拠を何ら証明してはいない。

　換言すれば，市況という漠然とした要因を根拠として，課税対象とされた本件国外関連取引の契約締結時期に最も近接した非関連取引の一事例の建造価額が，唯一の独立企業間価格であるという合理的な根拠は存在しないということである。課税庁の本件取引における独立企業間価格認定の疑問はこの点にある。X社が後述のような比較対象取引の非関連者船の建造価額の存在を主張し，独立企業間価格である非関連者船の建造請負取引の建造価額は複数存在することを主張しているにもかかわらず，課税庁及び本判決は，その主張を無視して何ら答えないままに，結果として，最も近接した建造請負取引の建造価額が，唯一の独立企業間価格であると認定したものにほかならず，船価そのものにバラツキがあるという業界の取引認識を理由もなく捨象したという独立企業間価格認定のプロセスは，理解しがたいものというほかはない。

　次に，「②の判旨」は，X社の，比較対象取引となるものが複数存在する場合には，売上計上金額及び利益率が最も低いものを選択すべきであるとする主張に対して，独立価格比準法は，比較対象取引を選択するに当たり，利益率等の要素を考慮しなければならない根拠は見当たらないとしたものである。

　この点についての本判決の論旨は論理的に当を得ない内容である。すなわち，X社は，非関連取引であっても，十分な受注が得られない場合や個別の価格交渉における当該船主の要請により，過去の建造実績及び将来の受注見込み等から値引きした建造請負契約が成立することもあるから，かかる非関連取引の存在を前提として，移転価格税制の適用においては，X社が有利となる低い建造価額又は低率な利益率の非関連取引を比較対象取引とすべきことを主張してい

るのである。しかるに、本判決は、比較対象取引を選択するに当たり、利益率等の要素を考慮しなければならない根拠は見当たらないと判示しているが、その判示は、X社の主張に対する答えになっていない。

X社の主張は、売上金額や利益率を比較対象の要素とすべきということを述べているのではなく、非関連取引の建造価額はバラツキがあり価格幅がある取引が存在するから、その内から、比較対象取引を選択する場合には、納税者が有利となる非関連取引に係る建造価額又は低率な利益率の非関連取引を選択すべきであるとしているのである。結局は、独立企業間価格に価格幅がある場合の独立企業間価格の合理的認定の是非という問題に帰着することになる。

エ　本件における国外関連者船の船価の「価格幅」とその対応の是非

(ｱ)　双方の主張

本件取引における独立企業間価格の価格幅に関して、X社は次のとおり主張している。

船舶建造請負取引は、個別性・特異性が強く、独立価格比準法によって独立企業間価格を算定することはできないところ、仮に、独立価格比準法によるとしても、一つの点をもって独立企業間価格を定めることは困難であるから、「独立企業間価格」の「幅」の概念を認めるべきであり、平均船価についても相互に大幅な差を生じており、一つの点をもって独立企業間価格を定めることはおよそ困難であること、また、措置法66条の4第1項は、「最も比較可能性が高い取引を一つ選択する」などとも規定しておらず、文理上、独立企業間価格に「幅」があるか否かは、その意義自体に委ねられていると解するべきであると主張している。そして、このように、実際の取引金額ではなく、評価し、算定した額を取引金額とみなして課税する場合には、複数のデータを収集、検討した上で、平均値ではなく、納税者に過重な負担とならないような金額を採用すべきであること、いわゆる相互協議や事前確認の場面においては、「独立企業間価格」は単一の価格ではなく、一定の幅を持った概念であることが前提とされて実務が運用されており、税務当局も「幅」の概念を採用していると主張している。

これに対して，被控訴人（課税庁）は，本件控訴審判決とほぼ同旨の主張を行っている。

(イ)　**本件控訴審判決の判示内容**

① 　独立企業間価格が「幅」をもって算定されると，上記差額も幅をもって算定され，損金の額に算入できない額が一義的に定まらず，具体的な税額を確定できないことになる。実際の課税実務の中で，控訴人が主張する「幅」なる概念を持ち出した場合には，移転価格税制の適用の有無が，その「幅」の設定如何によって左右されることになってしまい，課税の公平・公正が確保できないばかりか，課税実務上の混乱を招くことになりかねない。もっとも，独立企業間価格は，あくまで類似の取引との比較可能性があることを前提としているものであって，差異を調整するにしても完全に同一の条件で調整ができるとは限らないから，調整上の誤差という意味での価格の「幅」が出てくることは予想できる。

② 　また，独立企業間価格を算定するに当たり，比較可能性が同等に認められる取引が複数存在するため，比較対象取引を一つに絞り込むことが困難で，敢えて一つに絞り込むことがかえって課税の合理性を損ねると判断されるような場合には一定の範囲（価格帯）が形成，認識できることになり，そのような意味での独立企業間価格の「幅」の概念が採用される余地はあると解される。

③ 　しかしながら，前記のとおり，移転価格税制は，当該取引の対価と独立企業間価格に差異があって，その差異があることで法人の所得が減少している場合に，当該取引が独立企業間価格で行われたものとみなして，所得計算を行うものであるから，独立企業間価格は，措置法66条の4が定める算定方法に基づき，一義的に定められるものというべきである。そして，本件の船舶建造請負取引のように，比較対象取引となり得る取引が限定され，あるいは，比較対象取引の候補となり得る取引が複数存在しても，その比較可能性に明らかな差があり，容易に比較対象取引を一つに絞り込むことが可能である場合には，上記「幅」の概念を用いるまでもなく，最も

比較可能性の高い取引を比較対象取引として独立企業間価格を算定することができる。
④ 以上によれば，本件においては，「独立企業間価格の幅」の概念を採用する必要はなく，これを認めるべきであるとする控訴人の主張は採用することができない。
⑤ いわゆる事前確認制度は，移転価格課税に関する納税者の予測可能性を確保し，その適正・円滑な執行を図るための制度であるから，事前確認制度の運用においては，所得移転がないと判断できる範囲で確認する場合が多くなることもやむを得ず，むしろ，特定の一点にあらかじめ決定しておくことは合理的でないのに対し，措置法66条の4の適用に当たっては，前記のとおり，過去の年度における課税所得を決定するために「独立企業間価格」を一点で算定する必要があり，これらは場面を異にする。

(ウ) **本判決の論旨とその問題点の考察**

a　本件比較対象取引選定の問題点

本判決の結論は，X社が本件船舶建造請負取引における独立企業間価格は，非関連取引においての価格決定の特異性から幅のある概念として理解すべきであるから，課税庁のように，一取引事例の一つの価格を独立企業間価格と認定することは困難であるという主張に対して，最も比較可能性の高い取引を比較対象取引が一つに決定できる場合には，その結果として「独立企業間価格」も一つに決定されると解するべきであると判示し，課税庁の主張する理由により，X社の主張を排斥している。

問題は，比較対象取引の候補となり得る取引が複数存在しても，「その比較可能性に明らかな差があり，容易に比較対象取引を一つに絞り込むことが可能である場合」に該当するか否かの事実認定の是非という点であるが，課税庁の主張及び本判決の判旨を見る限りは，「比較可能性に明らかな差がある」という事実の具体的証明がなされているとはいえない。

すなわち，X社は，比較対象取引を一つに絞り込むことが困難とする根拠として，非関連取引といえども，その船価の決定は船主との個別の交渉によ

① 国外関連者船「S-1190」の取引

	国外関連取引 （S-1190）	被告選択取引 （S-1195）	原告選択取引 （S-1188）
総トン数・載貨重量	52,450・91,500トン	同左	同左
① 契約日	H2.5.24	H2.5.25	H2.3.29
② 竣工日	H3.9.25	H4.4.3	H3.7.17
①〜②の期間	1年4か月	2年10か月	1年4か月
売上計上金額	4,600,000千円	5,578,000千円	5,293,000千円
建造原価	4,305,699	4,402,273	4,212,738
建造利益	294,300	1,175,726	1,080,261
利益率	6.40%	21.08%	20.41%

（注）　国外関連者船におけるオイル積み容量・船等級・長さ（235m）・幅（42m）・深さ（19.5m）・喫水（12.8m）及び主機関・馬力・速度は，被告及び原告の選択取引の各船舶と数値等と同一である。

② 国外関連者船「S-1218」の取引

	国外関連取引 （S-1218）	被告選択取引 （S-1206）	原告選択取引 （S-2057）
総トン数・載貨重量	35,900・69,100トン	同左	35,884・69,128トン
① 契約日	H5.1.27	H4.9.28	H5.9.6
② 竣工日	H5.11.29	H5.4.13	H7.1.2
①〜②の期間	10か月	約7か月	1年4カ月
売上計上金額	3,000,000千円	3,680,000千円	3,075,000千円
建造原価	2,923,268	2,938,860	2,740,909
建造利益	76,731	741,139	334,091
利益率	2.56%	20.14%	10.86%

（注）　国外関連者船における船等級・長さ（215m）・幅（32.2m）・深さ（18.3m）・喫水（12.2m）及び主機関は被告及び原告の選択取引と同一である。また，馬力・速度は，国外関連取引と被告及び原告の選択取引とは僅かな差異はあるが，被告及び原告の選択した各取引の船舶のそれとは同一である。

第5章　国際課税を巡る税務訴訟の実際と課題(1)

り個別的な諸要因に左右されるという特異性があると主張しているが，本判決は，この点について格別，論及していない。課税庁及び本判決が論じている，「容易に比較対象取引を一つに絞り込むことが可能」とする論拠は，唯一，船価の決定は「市況」に連動しているという点であり，そのことにより，国外関連取引の契約締結時に最も近接する契約締結日の非関連取引に限定して，その取引事例における当該非関連者船の一取引例の船価を独立企業間価格としたものである。

しかしながら，当該国外関連取引に近接する取引が複数存在しない場合はともかく，X社は，課税庁が採用した比較対象取引以外の契約締結日が比較的近接する非関連取引の船価も考慮すべきであるということを主張しているが，この主張に対して本判決は，個別にその適否を論証せずに，国外関連取引の契約締結日が最も近接する時期の非関連取引の船価が最も合理的な独立企業間価格であると認定したものにすぎない。そこでは，契約締結日の近接の程度の僅かな相違が，船価に有意の差異が生ずるという事実は証明されていない。確かに「市況」，つまり，建造価額（船価）の決定は，契約締結日の用船料の現況を踏まえてその基礎的な価額が算定されるであろうことは推測できるが，それが，建造期間，船主の建造に係る意向等や値引交渉により，個別的に建造価額が決定されることはX社の主張からも，また，取引通念からも首肯し得るものであるから，その最終的な建造価額が「市況」の要素のみによって決定されるものでないことは明らかである。

しかるに，課税庁及び本判決は，かかる船舶建造請負取引の実態を捨象して，国外関連取引の契約締結日に最も近接する非関連取引の一点の建造価額を独立企業間価格としたものであるが，かかる契約締結日の近接という一つの要素が，「その比較可能性に明らかな差があり，容易に比較対象取引を一つに絞り込むことが可能である場合」に該当するとはいえないであろう。その意味からも，本判決は複数存在する非関連取引を一つに絞り込んだ合理的根拠を論証しているとはいえない。

そこで，本件一審判決の別紙として添付されている「国外関連取引」と

「比較対象取引」及び「X社選択比較対象取引」の一覧表に基づいて，二つの国外関連取引事例について作成した各船舶の比較対照表を紹介し，そこから，本判決の問題点を考察することとする。なお，すでに，その一部の内容を紹介して疑問点を指摘したところであるが，より詳細に紹介して再度検証することとした。

本判決は，①国外関連者船「S－1190」の比較対象取引として，原告選択取引（S－1188）を否定して被告選択取引（S－1195）を採用したのは，国外関連取引の契約日の翌日であるのに対して，原告選択取引の契約日は2か月前であることにある。しかしながら，被告選択取引と原告選択取引の僅か2か月の契約日の相違が，2億8,500万円の船価の相違をもたらしているが，その差額：1億3,500万円の差異が，市況の相違によってもたらされた合理的差異といえるかどうかは，確かな証拠による証明がなされているものでもない。その意味では，原告選択取引も比較対象取引としての独立企業間価格の一つであるということを明確に否定することはできないと考えられる。また，契約日から竣工日までの期間（①から②の期間）を比較すると前頁の表のとおり，国外関連取引と原告選択取引はいずれも1年4か月で同一期間であるのに対して，被告選択取引（比較対象取引）は船主の建造延期の要請により2年10か月のとされているのであるから，原告選択取引の方がより近似した建造期間であるという点からみても，当該取引の価格も一つの独立企業間価格として考慮する必要があるといえよう。

②国外関連取引「S－1218」についてみると，本判決が，被告選択取引（S－1206）を比較対象取引と認定し，原告選択取引（S－2057）を否定したのは，被告選択取引の契約日が国外関連取引の契約日の4か月前の契約日であるのに対して，原告選択取引の契約日は約7か月後であるという差異とともに，その他の差異の存在も認定している。しかし，契約日以外の差異で，国外関連取引及び被告選択取引と原告選択取引との差異は「総トン数・載貨重量」のみであり，その差異は総トン数で16トン，載貨重量で28トンである。これを国外関連取引の総トン数と比較すると0.04％減，載貨重量の比

較では0.04％増であり、かかる微小な差異が、船価決定に有意の差異があることを証明することは困難であり、本判決でも触れるところではない。しかして、本件非関連取引についても、契約日がより国外関連取引に近接しているという要素によって、被告選択取引が比較対象取引と認定されたということになる。被告選択取引と原告選択取引の契約日の相違は1年であるが、その結果、6億円を超える船価の差異となって表れており、しかも、利益率は、被告選択取引と原告選択取引との間で9.28％の差異が生じている。この点の契約時期の差異について、課税庁は、国際マーケットプライスの統計値に基づいて、各契約時期の統計値の差異割合により調整しているが、このような事後的な統計値に基づく推計値により、差異調整額を認定することには問題もあるように思われる。すなわち、原告選択取引の契約日は、7か月後であるが、国外関連取引の契約時以降、船価の下降傾向が見て取れるが、そのことを前提とすれば、種々のバラツキのある船価を事後的に平均化した統計値（推定額）に基づいた現実に存在しないアバウトな価格よりも、安全な独立企業間価格認定の視座から、現実に発生した原告選択取引の船価によることの合理性も認められてよいと考える。ちなみに、課税庁の採用した当該統計値による価格差異の合理性を論証するためには、少なくとも、国外関連取引の契約日と原告選択取引の契約日における国際マーケットプライスの統計値に基づいた課税庁推定と同様の方法により認定した独立企業間価格とを比較して、X社にとって有利な独立企業間価格を採用すべきであったと思料する。

b　独立企業間価格幅の合理的取扱い

業界においては周知のように、船価にはバラツキがあり、船価決定に当たって貸し借りもあり得るとされているが、このことは、船価の決定は、用船料の市況を踏まえた上で、個別的な価格交渉によって決定されるきわめて個別性の強い請負取引であることの証左であるから、可能な範囲で複数の独立企業間価格を認定した上で、一つの独立企業間価格を認定すべきであるという対応が望ましいのではないかと考える。このことからすれば、原告選択取引の建造価額も一つの合理的な価格として、独立企業間価格の価格幅に含

まれるという取扱いが合理的ではないかと思料する。

その場合，被告選択取引と原告選択取引の複数の建造価額を平均して独立企業間価格を求めるか，Ｘ社が主張するように，複数の独立企業間価格のうち，納税者が最も有利となる価格を選択するという方法があり得る。

この点については，平成23年度税制改正に関連して，措置法通達レベルの改正により，独立企業間価格が一定の幅を形成している場合において，当該幅の中に当該国外関連取引の対価の額があるときは，当該国外関連取引については移転価格税制の適用はないことが明確にされている（措置法通達66の4(3)－4）(68)。また，その一定の幅の外に国外関連取引の価格又は利益率等がある場合に，原則として，その平均値に基づき独立企業間価格を算定する方法によることとしつつ，分布状況等に照らして，中央値等の他の合理的な値が認められる場合には，それを用いて独立企業間価格を算定することとする改正がなされている事務運営要領（4－5）が明確にされている。

独立企業間価格の価格幅（レンジ）に関する通達改正は，直接，法令の改正に伴う通達改正ではないことから，一定の価格幅の中にある国外関連取引の対価等は移転価格税制を適用しないという改正による行政解釈は，従前の移転価格税制の下においても論理的なあるべき法解釈論といえよう。かかる税務執行の改正は，移転価格税制の立法の本来の趣旨目的に適った自制的運用を明言したものであり合理的な改正であることはいうまでもない。

したがって，今回の通達改正以前の事案である本件において，独立企業間価格が複数存在することを前提としたＸ社主張の合理性が首肯できるであろう。

ところが，本判決は，独立企業間価格は一点に絞られるものであり，そうでなければ，その価格移転の金額が算定できないと判示しているが，その判示の不当性は，今回の通達改正により明確にされたことと思われる。

次に，一定の価格幅から外れた場合の国外関連取引の独立企業間価格の認定の問題であるが，運営指針の改正では平均値を原則としているが，他の合理的な数値があれば，それを採用することを否定してはいない。独立企業間

価格に基づく移転価格税制の課税処分は，明らかに贈与と認められる低額譲渡の寄附金課税とは異なり，それまでには至らない価格設定を否定するものであるから，私的自治による取引価格の設定を否認して侵害するものであり，しかも，その認定は不明確な要素が常に介在するものである。殊に，本件のような高額な船舶建造請負取引の建造価額が多様な要因によって決定されている実態に鑑みれば，複数の独立企業間価格の平均値によるのではなく，納税者にとって有利となる複数の独立企業間価格のうち，最も低額な対価等を独立企業間価格と認定して移転価格税制を適用すべきであると考える。

　独立企業間価格の平均値を比較対象取引の独立企業間価格とすることは，そもそも，独立当事者間取引として現実に存在しない，平均値の取引価格によって価格移転の額を認定するものであるから，厳密にいえば，法の整備が必要ではないかと考える(69)。

　複数存在する独立企業間価格は比較可能性が担保されているものであるから，例えば，非関連取引の価格が80，90，110，120の価格が独立企業間価格とした場合，その平均値100が具体的に採用される独立企業間価格となるが，その価格の最低値の独立企業間価格も合理的な独立企業間価格という前提であるから，これを理由もなく捨象して，それよりも20高額な価格100を独立企業間価格として選定する合理的根拠は見出し難い。それを採用すべきというのであれば，法律上，複数存在する独立企業間価格については，その平均値を採用する独立企業間価格とみなすということを法定することが必要であるという議論があり得るからである。

　このことは，上記の四つの比較可能な独立企業間価格がある事例において，国外関連取引の価格を70とすると，現行の運営指針では，その平均値100が独立企業間価格とされ，30の価格移転が認定されるのに対して，国外関連取引の価格が81の場合には，平均値と19の差額がありながら，80から120の価格幅の中に収まっているから，移転価格税制は適用されないということになる。その矛盾は明らかであろう。しかして，かかる場合には，独立企業間価格の最定値80を比較対象取引の独立企業間価格とすることにより，70の国外

393

関連取引は10について移転価格税制が適用され，また，81の場合には移転価格税制の適用はないと解することの合理性が首肯されることになる。

本件Ｘ社が，被告選択以外の原告選択の非関連取引を主張し，その低い船価を独立企業間価格として選定すべきというのは，かかる論理的な根拠が背景にあるものと思われる。その意味からも，その価格幅にある独立企業間価格のうち，納税者が最も有利となる価格を選択するという方法が許されるべきであると考える(70)。

そのことは，本稿で夙に強調したように，多くの不確定要素が前提とされて，一定の独立企業間価格を認定することを背景としている移転価格税制の税務執行は，より自制的，謙抑的な対応が望まれるということと軌を一にするところである。

ちなみに，本判決は，課税庁の主張をそのまま採用して，事前確認制度の下では価格幅が認められるべきであるが，それとは異なる場面である事後的な移転価格税制の適用に当たっては，一つの価格に収斂されるべきものであると判示したが，同一の法律の解釈適用に当たって，それが事前か事後かという時系列の相違が価格幅の存在の合理性に相違をもたらすという法的根拠は認められないというべきである。事前確認により確認され許容された価格幅は，事後の税務調査においても合理性があるから容認されるのである。本判決の論理によれば，事前確認を得た納税者の国外関連取引の価格幅の中に位置する価格での国外関連取引は，事前確認を得ていない納税者は課税対象とされることになるが，それが当を得ない論理であることはいうまでもないことである。

したがって，実際的な移転価格税制の適用においては，その比較対象取引における独立企業間価格がただ一点の価格に集約されると考えるのではなく，合理的経済人としての経営的判断による裁量の範囲内の価格が，経営者の合理的判断に依存して複数存在することの可能性を考慮に入れるべきである。その意味で，独立企業間価格は，「広い価格帯（広い許容範囲）内で確定されうるにすぎない。」(71)という点が再認識されるべきである。

(4) 総　　　括
ア　船価決定の特異性と独立企業間価格認定の問題点

　これまで論じたように，一般的な船価決定は，契約時における用船料の相場が起点となり，その相場で契約がまとまる場合もあるが，個別の相対交渉の結果，値引が行われる場合もあり，非関連取引といえども，その船価は，「アバウトなところがあり，純然たる金額では計り知れないものがあ」[72]るといわれている。かかる個別の値引交渉の経緯は，ある取引で貸しを作り，他の取引で貸しを回収するという長期的な採算を考えて行われる場合があるといわれていることから[73]，一般の棚卸資産とは異なり，非関連取引の船舶建造の価額（船価）について，合理的な独立企業間価格を一点に絞り込むことは困難な面があることは容易に知り得るところである。

　加えて，本件X社の子会社である国内関係会社が設立したパナマ子会社がX社の国外関連者であるから，その取引の制約に至るプロセスは，非関連取引とは全く異質の要素が介在していることも看過してはならない。すでに，指摘したように，かかる資本的人的関係にある国外関連者の建造した船舶の価額と，非関連者船の建造に至る過程で発生した販売費及び一般管理費を含む総原価に相違があること，X社の国外関連取引は，国外関連者の日本親会社である国内関係会社がX社の依頼を受けて建造しているものであり，その建造資金の借入れに当たっては国内関係会社が保証していることから，非関連者とは異なり代金回収のリスクは皆無であること，さらに，実質的な船舶建造の依頼者は国内関係会社であり，長年に亘る過去の船舶の建造実績も非関連取引とは異なるものと推測されるから，そのことも低価格の要因となる余地がある。

　ところで，国外関連取引である便宜置籍船の建造は，親会社のX社の経営計画の一環として行われるものであるから，東京支社を設けて地道な受注活動の結果，成約される非関連取引に係る船舶建造契約と比較すれば，その販売費及び一般管理費（販管費）を含む総原価の差異は明らかである。

　ちなみに，原価計算では，原価概念の分類の一つとして，「製造原価（product costs）」と「期間原価（period costs）」という分類がある。前者は

原告の製造（建造）原価であるが，後者は販売費，一般管理費及びその他の費用を会計期間で集計した原価であり，当期の収益に対応させる原価概念である。また，全部原価（absorption costs）と部分原価（partial costs）という分類における全部原価とは，全部の製造原価に販売費及び一般管理費を加えた総原価（total costs）を意味し，それが製品原価といわれるものである(74)。したがって，「販売価格は，当該製品の販売時，または再生産時において予想される，製品単位当たりの全部製造原価に営業費，財務費，研究開発費等の割当額と，期待利益を加えたもの」(75)であり，それは，総原価に何がしかの利益を加えた金額をもって売価とするということである(76)。

この販管費の差異の調整に関して，「その価格（売上）に影響を与える差異ととらえて，売上で調整してはどうかと考える。」(77)とされているが，このことは，販管費の差異についても，差異の調整を図る必要があることを当然の前提としているものである。

しかるに，非関連取引と国外関連取引とは販管費の発生に相違があるということは明白であるところ，本判決が，結果として，その際の調整を否定しているのは疑問といわざるを得ない。

また，本件控訴審判決は，独立企業間価格の算定に当たり独立価格比準法の他に，①再販売価格基準法，②原価基準法，③その他の方法があるが，そのいずれを採用すべきかについては格別の規定はないことから，いずれの方法を取るべきかは，課税庁の判断に委ねられていると判示し，納税者が，①ないし③の方法によることがより適切であり，優れているとの主張，立証もされていないから，被告が独立価格比準法により独立企業間価格を算定したこと自体には，特に問題もない，と判示している。

この点の判示については，被告に独立企業間価格の適法性の主張立証責任がある以上，疑問もある。なぜならば，独立価格比準法による本件独立企業間価格の認定の合理性に関して，X社は総原価の相違等，種々の相違を主張して，その独立企業間価格の不合理性を主張しているのであるから，被告がその納税者の主張には合理性がないことを証明して初めて，その判決の論理は成り立つ

のである。しかして，独立価格比準法以外（前記①ないし③）の方法による独立企業間価格の合理性についての主張，立証責任は納税者にあるという前提に立って，課税庁の採用した独立価格比準法による独立企業間価格の合理性を肯定することには疑問がある(78)。

イ　結　語

(ア)　金子宏東京大学名誉教授は独立企業間価格の「安全帯」を20％とする価格幅を提言されている(79)。その基準によると，本件で否認された国外関連者船の船価と本判決（課税庁）が認定した独立企業間価格との差額の当該価格に占める割合（価格幅）は，「S－486」は5.0％（裁決で課税取消し），「S－1190取引」は16.5％，「S－1209取引」は19.3％，「S－1218取引」は16.4％，「S－1230取引」は13.9％であり(80)，いずれの国外関連取引も独立企業間価格の20％の価格幅の範囲内にあることが明らかである。

同教授が提唱される20％の価格幅は，国外関連取引と非関連取引とに格別な差異が認められない場合の差異の許容範囲であるところ，本件における船舶建造取引に関しては，両取引にはいくつかの顕著な差異が認められることはすでに指摘したとおりであるから，その両取引の価格差異はより大きくなることが見込まれるであろう。

移転価格の問題は経営者の判断の余地が全く否定されるものであってはならない。「裁量の余地の範囲内で一つの対価を選択することは経営者に委ねられている。その限りにおいて，税務当局が経営者の裁量判断に代えて自己の裁量を置き換えようとするのは，許容されない」(81)というべきである。その経営者の裁量の範囲というのが，企業グループ間における事業目的の範囲内の，そして，租税法上も経済的合理性の範囲内と認められる価格設定である。その合理的な価格幅が，金子教授の提言されている20％という範囲ではないかと考える。

殊に，本件国外関連取引は，すでに強調したように，X社（今治造船）グループの法人が国外関連者の外国子会社を設立して便宜置籍船を建造して事業拡大を図るという事業戦略に従った取引であるから，20％の価格幅におさまる国外関連取引の価格設定は，合理的経済人である健全な経営者としての合理的

な判断であるという見方も不当であるとはいえないであろう。

すでに述べたように,非関連者からの船舶建造の受注が困難であるために発生した空き船台を活用するために国外関連者船(便宜置籍船)を建造したというのであれば,非関連取引の場合も同様であるから,この国外関連取引に対して,移転価格税制を適用することは不合理であるといえよう。ところが,本判決は,かかる国外関連者船の建造取引は,好不況にかかわらず,一定の建造価額による一定数の国外関連者船を建造しているとも認定しているところ,そのことが価格移転であると判断している。この点の判示については不合理とはいえず,移転価格税制適用もやむを得ないと評価できるかもしれない[82]。

しかし,この点については,異なる理解も可能である。中井教授は,本件便宜置籍船の建造は,空き船台を活用し見込み建造によるストック・ボートの卸売取引であるから,これは,独立価格比準法よりも再販売価格基準法を採用するのが相応の合理性を認める余地があるとされ,その理由として,非関連者からの受注建造と国外関連会社にストックする見込建造では,取引相手先の事情やリスクが全く異なることを上げている。そして,この見込建造によってX社には,造船業界の低迷期には熟練工等の雇用が確保できること,既存の汎用性の高い設計図によって建造が可能であること,空き船台の活用により固定費が削減されること,ストック・ボードの受皿会社であるパナマ船籍保有会社は再販売先が現れるまでには,在庫リスクや係留コストを要するから,船舶の価格は低く設定されても不自然ではないこと,その上で,X社のストック・ボート政策は,同社の建造シェアを世界全体の7%まで拡大した画期的な経営戦略であり,OECDのガイドラインに掲げる「市場確保・市場拡大戦略に関する事業戦略」に該当することは明らかである[83],と指摘している。

同教授は,X社の経営戦略は,一定の船舶を見込建造してストックし,それを他の非関連者に売却するか,国外関連者が裸用船に供するということから,ストック・ボード政策として位置づけているところであり,多くの国外関連者が便宜置籍船を事後に売却しているという実態に鑑みれば,グループ全体からした経営戦略により,X社(今治造船)の企業の発展を意図した合理的な経営

政策であるということがいえよう。その意味で、好不況にかかわらず、一定数の国外関連者船の建造は、経営判断としての合理性が認められるという見方も可能である。

「裁量の余地の範囲内で一つの対価を選択することは経営者に委ねられている。その限りにおいて、税務当局が経営者の裁量判断に代えて自己の裁量を置き換えようとするのは、許容されない。」という貴重な論理を我々は再確認すべきであろう。

(イ) 移転価格税制の創設は、諸外国、特に米国の日本の現地法人に対する厳格な移転価格税制の適用に対しての対抗措置として、いわば「伝言の宝刀」として導入された経緯に照らし、また、その独立企業間価格の不透明性から要請される税務執行の抑制的かつ慎重な対応という視座から考えると、本件のような高額で個別性の強い船舶建造取引について、その取引に近接した非関連取引の一つの船価を独立企業間価格として移転価格税制を形式的に適用することは慎重でなければならない。仮に、移転価格税制の適用を前提としても、その独立企業間価格の価格幅は相当な幅を容認することが弾力的な移転価格税制の制度の趣旨に照らして妥当であるというべきである。

一審判決は、「移転価格税制の下での幅の概念が許容されるのは非常に限定的な場合であり、本件はこれに該当しない」と判示しているが、国外関連取引と非関連取引との間の差異が顕著であり、相対交渉により価格が決定される高額な船舶建造請負取引という特異性に鑑み、本件こそ、「幅の概念が許容される限定的な場合」ではないかと考える。

移転価格税制の適用は、法的安定性、予測可能性の確保という租税法上の基本的要請と私的自治の尊重という観点を考慮すると、抑制的な運用が不可欠である[84]。そして、かかる運用は、非関連取引といえども、同一種類の商品や製品等であっても、その市場における競争力の相違や相手方との関係において価格が異なる場合も少なくないということを考えると、課税当局の運用の姿勢として当然のことである。

ところで、移転価格税制における独立企業間価格認定の妥当性は、税務当局

と多国籍企業の交渉によって多くの対立点を慎重に判断し，解決することによって得られるものである。しかも，一般的には，国外関連者の所在する国外の外国政府と自国政府との相互協議によって，自ずと妥当な独立企業間価格が収斂されて決定されることが期待されている。

ところが，すでに指摘したように本件のパナマのように国際運輸業の所得が無税である国に所在する国外関連者との間の取引では，そもそも，我が国と外国との間における所得配分を調整する必要もなく，タックス・ヘイブン税制により，本件国外関連者の留保所得は，その全額が我が国の法人所得として日本において課税されているから，移転価格税制を適用する場面とは異なるものである。しかも，租税条約が締結されていない無税国との間では相互協議の行われる余地はなく，したがって，我が国課税当局と利益相反関係にある外国の課税当局の相互協議により移転価格が収斂されることが予定されている一般の移転価格税制の適用の場面とは異なり，我が国の課税権の行使による一方的な独立企業間価格が認定される恐れがある。

その意味でも，移転価格税制の税務調査は，慎重にかつ丁寧な調査による資料収集に努め，独立企業間価格の算定につき，その資料に基づいた対立点を課税庁と納税者が慎重に協議した上で解決を図ることが，納税者の企業活動における法的安定性と予測可能性の観点からきわめて重要である。

この点につき，「同業者名簿等から把握した類似の取引を行っている企業に対してはほぼしっかい的といえるレベルで臨社又は書面照会の方法で質問検査権に基づく調査を実施し，類似の製品・商品に関する非関連取引価格や粗利益率に関する情報を徹底的に収集するなど，極力合理性の高い比較対象取引を抽出するための作業を行うプロセスを踏むことが移転価格調査における合理的な判断行使につながっていると思われます。」[85]という，当時，課税当局の移転価格調査の責任者の地位にあった山川氏の見解は貴重な指摘である。

本件において，このような「しっかい的」調査が第三者企業に対して行われていたことは窺われないが，仮に，それが行われていたのであれば，その独立企業間価格幅，粗利益率幅の多様性とその偏差の程度が知れたであろう。移転

価格税制の税務調査に関しては，OECDも次のように述べている。
「第一には，税務調査官は，当該調査において柔軟であり，かつ，すべての事実と状況の下において非現実的な精緻さを納税者に要求しないよう奨励される。第二に，税務調査官は独立企業原則の適用に関して，納税者の商業的判断を考慮するよう奨励される。というのも，移転価格の分析は事業の現実に直結しているからである。」[86]

本件の船舶建造請負取引について移転価格税制を適用することは，その取引の特異性に鑑み，慎重な対応が望まれるところであるが，仮に，国外関連者船の建造を通じて本件グループ法人の安定的な業績向上を意図した経営政策に関して，非関連者船の船価の20％以下の価格幅の中に所在する本件国外関連者船の建造取引に移転価格税制を適用すべきであるとしても，更正権の発動する前に，行政上の指導を展開し，将来に向けて是正を図ることとしても，税務行政の柱である「調査・広報・相談・指導」の「指導」に適うものとして評価されるべきである。

3 その他の移転価格税制を巡る税務訴訟の概要

(1) アドビ事件判決（東京高裁平成20年10月30日判決・税資258号順号11061）

この事件は，コンピューターソフトウェアー製品の販売支援・マーケティング・製品サポート事業を行う原告（控訴人）・アドビシステム㈱（以下，「アドビ」という）とその国外関連者との間の契約に基づいて行われたアドビの販売促進等の役務提供取引について，再販売価格基準法に準ずる方法と同等の方法（以下「本件算定方法」という）によって，独立企業間価格を認定して更正処分を行ったところ，アドビは，本件比較対象取引と本件国外関連取引との間には類似性に欠けているとして，当該課税処分の違法性を主張して訴えを提起した事案である。

一審・東京地裁平成19年12月7日判決（訟務月報54巻8号1652頁）は，アド

ビの請求を棄却したが，控訴審判決は，要旨，以下のとおり判示して，アドビの主張を容認して更正処分を取り消した。

(ア)　「基本3法に準ずる方法と同等の方法」とは，棚卸資産の販売又は購入以外の取引において，それぞれの取引の類型に応じ，取引内容に適合し，かつ，基本3法の考え方から乖離しない合理的な方法をいうものと解するのが相当である。課税庁は，課税処分取消訴訟において，所得の存在について主張立証責任を負うものであるから，措置法66条の4第2項2号（国外関連者との取引に係る課税の特例）所定の基本3法と同等の方法を用いることができない場合に当たることについても，立証責任を負うものというべきところ，国において，課税庁が合理的な調査を尽くしたにもかかわらず，基本3法と同等の方法を用いることができないことについて主張立証をした場合には，基本3法と同等の方法を用いることができないことが事実上推定され，控訴人会社側において，基本3法と同等の方法を用いることができることについて，具体的に主張立証する必要があるものと解するのが相当である。

(イ)　本件国外関連取引は，本件各業務委託契約に基づき，本件国外関連者に対する債務の履行として，卸売業者等に対して販売促進等のサービスを行うことを内容とするものであって，法的にも経済的実質においても役務提供取引と解することができるのに対し，本件比較対象取引は，本件比較対象法人が対象製品であるグラフィックソフトを仕入れてこれを販売するという再販売取引を中核とし，その販売促進のために顧客サポート等を行うのであって，控訴人会社と本件比較対象法人とがその果たす機能において看過し難い差異があることは明らかである。また，再販売業者が行う販売促進等の役務の内容が控訴人会社の提供する役務の内容と類似しているとしても，およそ一般的に価格設定にかかわるそれ以外の課税庁主張の要因等が単なる事務処理作業としてほとんど考慮する必要がないものとはいい難いのであって，本件役務提供取引において控訴人会社と本件比較対象法人の果たす機能との間には捨象できない差異がある。

(ウ)　本件比較対象法人の行う役務提供の内容が，控訴人会社が行う役務提供

の内容と類似しているとしても，本件比較対象法人の総利益には製品の再販売の利益も含まれるのに対し，控訴人会社が卸売業者の再販売と並行して販売促進等を行う場合であっても，控訴人会社には製品を再販売することによる利益はないのであるから，本件算定方法のように，我が国における製品の売上高に本件比較対象法人の売上総利益率を乗じて得られる利益額の中には，卸売業者が再販売して取得する販売利益も含まれる蓋然性が高い。また，本件国外関連取引において控訴人会社が負担するリスクと，本件比較対象取引において比較対象法人が負担するリスクとの比較において，控訴人会社は本件各業務委託契約上，報酬額が必要経費の額を割り込むリスクを負担していないのに対し，本件比較対象法人は，その売上高が損益分岐点を下回れば損失を被るのであり，負担するリスクの有無においても基本的な差異があり，この差異が捨象できる程軽微であったことについて，これを認めるに足りる的確な証拠はない。

(エ) 以上のとおり，機能及びそのリスクの差異に照らせば，本件算定方法は，それぞれの取引類型に応じ，本件国外関連取引の内容に適合し，かつ，基本3法の考え方から乖離しない合理的な方法とはいえないから，「再販売価格比準法に準ずる方法と同等の方法」に当たるということはできない。

以上のように，一審判決が，本件国外関連取引と本件比較対象取引との類似性を肯定したのに対して[87]，控訴審判決は，国外関連取引は役務提供行為であることによる両取引の非類似性から，「再販売価格比準法に準ずる方法と同等の方法」とした独立企業間価格の認定を違法としたものである。同判決は，「原告会社は製品の販売を行っていないから，販売利益が収受すべき手数料に含まれないが，本件比較対法人の売上粗利益率には製品の販売利益が含まれる」と判示するが，正当な判断である[88]。

このような控訴審判決は，国外関連取引と比較対象取引のそれぞれの当事者における機能及びリスクの比較を慎重に検討した結果の判決であり，その点に意義があるということができる[89]。

ところで，本判決は，平成23年法律82号による改正前の独立企業間価格の算定が基本3法を原則としていた事案であることから，前記判示「ア」の立証責

任論が展開されているが，当該改正後の措置法66の４第２項は，基本３法優先の原則を廃止して，その事案の特質に即した「最も適切な方法」によることとされた。そこで，本判決の判示する「基本３法によること」及び「基本３法に準ずる方法と同等の方法」に関する立証責任の問題は発生しないこととなったが，これに代わって，独立企業間価格の算定に際して，課税庁が採用した認定の方法が「最も適切方法」であるかどうかに関しての立証責任が問題となる。

これに関しては，「具体的に，複数の算定方法が（あるいは法令に定められた全ての算定方法）を試してみる必要があるのか，その必要があるとしても，どの程度の調査を尽くしてトライする必要があるのか，という点は，今後の裁判例と実務の蓄積を通じて初めて明かになってくるものと思われる。」(90)と指摘されている。この場合，「最も適切な方法」とされ，「最も」という字句が使用されていることから，推計課税の方法の合理性で議論される「一応の合理性」の概念とは異なるものであり，また，単に「適切な方法」とも，その意味合いは異なるものである。したがって，その合理性は厳格に解される余地があり，加えて，その最も適切な方法の認定判断に当たっては，納税者に有利になる方法との兼ね合いも考慮されるべきであろう。いずれにしても，自制的運用という本来の制度の趣旨目的の原点に立って，課税実務が執行されることを期待したい。

(2) その他の裁判例

移転価格税制に関する税務訴訟は，ここで紹介した２件のほか，ダイハーツ貸付金事件（東京地裁平成18年10月26日判決・訟務月報54巻４号922頁），日本圧着端子事件（大阪高裁平成22年１月27日判決・タインズＺ888－1588，原審・大阪地裁平成20年７月11日判決・判例タイムズ1289号155頁）(91)があり，いずれの判決も，課税庁が認定した独立企業間価格の妥当性が支持されている。

このうち，原価基準法により独立企業間価格を認定した日本圧着端子事件の控訴審判決では，「国外関連取引と比較対象取引との間に差異があるとしても，それが通常の利益率の算定に重大な影響を与えるようなものでない場合に

は，その調整を行う必要がない反面，このような差異が存在しているのであれば，当該差異は相当程度正確に調整することを要し，それができないのであれば，当該比較対象取引に基づく独立企業間価格を算定することは許されない。」と判示している。

この判示は，通常の利益率の算定に「重大な影響を与えるか否か」により，その差異調整の是非を判断するとしているが，ここでの「重大な影響」という意味が，利益率に重大な差異がある場合には調整を要し，それほど重大な差異でなければ調整を行う必要がないという趣旨でないことは明らかであろう。しかして，その「重大な影響を与える」という意味内容は，取引の差異が利益率自体に影響を与えることが明確である場合には，その差異の調整を要するということを意味していると解すべきである。

4　おわりに

平成24年4月7日付読売新聞（朝刊）は，「武田薬品の追徴税返還　国税局申告漏れ977億円取り消し」という記事が掲載された。それによると，2006年に，同社が，米国医薬品会社との合弁会社に対して行った医薬品の販売につき，1,223億円の価格移転が認定され移転価格税制が適用されたところ，同社の異議申立てを受けて，大阪国税局は，このうち977億円は価格移転はないとして課税処分を取り消す決定をしたようである。同社の主張は，「取引価格は米国の医薬品会社の合意なしでは決められず，移転価格税制は適用されるべきではない」というものであるが，かかる主張はきわめて常識的で自然であり，現実の取引社会の実態に即した論理というべきである。

推測するに，両社の持株は各50％の合弁であると考えられるが，そうであれば，低価格の取引により合弁会社に対して多額な価格移転が行われたということは，その低価格取引による所得移転の半額が合弁会社の他の株主の医薬品会社に移転させるための取引ということになるが，異議申立人の武田薬品が資本関係にもない合弁の医薬品会社に対して，610億円を超える価格移転による利

益供与を実行するということ自体が，取引社会の実際に反したものということができる。このことは，かかる多額な取引を実行する場合には，合弁の相手方の了解を要するという異議申立人の主張は，取引の実際に合致したものということである。

しかるに，本件更正の処分庁と同一の国税局長の下での異議申立ての審理によって，その更正処分の大半が取り消されたという事実は，自制的運用という移転価格税制の制度の趣旨目的に即した勇断であると評価したい。

移転価格税制は，もともと，所得移転の蓋然性に対処するために設けられたものであるから(92)，今回の武田薬品事件のような支配従属関係にない企業との間の合弁会社との取引には，かかる所得移転の蓋然性が認められないという評価が可能であり，当初から，課税処分には疑問があったといえよう。かかる場合に，移転価格税制が適用されるというためには，その価格交渉に関する実態に関して所得移転の事実を立証した上で，移転価格税制を適用すべきであるといえよう。換言すれば，所得移転の蓋然性が認められないと推定される取引の場合には，課税庁がその蓋然性の推定を否定して，初めて移転価格税制が適用されるべきであり，それが制度創設の趣旨・目的に適うものである。換言すれば，単純に，一定の方法に基づいて算定した独立企業間価格と国外関連取引との取引価格に開差が生じた場合には，移転価格税制を適用するという発想には疑問があるということである。

本稿では，これまでに例を見ない無税国で租税条約も締結されていないパナマの国外関連者との間での高額な船舶建造請負取引に移転価格税制が適用された事案の判決を中心として検証し，一点の近接した船価に基づく独立企業間価格を認定することの危険性等，移転価格税制の有する問題点を論じたところである。なお，多くの論点に関して検討すべき点が残されているが，今後の研究課題としたい。

第5章　国際課税を巡る税務訴訟の実際と課題(1)

(注)

⑷⑻　便宜置籍船とは，国際運輸業に係る所得等の国外所得が課税対象外とされているパナマ，リベリア等に，日本法人が子会社を設立，日本の造船会社とその子会社との間で船舶建造契約を締結して，パナマ子会社がパナマで登録した船舶を保有して，用船契約等で収入を得るという形態である。このような便宜置籍船のメリットは，パナマの法人所得が免税されること，当時の日本船籍の船舶には，人件費の低額な外国船員が混乗できなかったことから便宜置籍船を建造して，パナマ等の外国船籍として運輸業の低コストが達成できたことにある。この便宜置籍船の稼得した所得（損益）については，タックス・ヘイブン対策税制が創設される以前は，実質所得者課税の原則を適用して，親会社に帰属する損益として，合算課税を行っていたものである。同税制創設後においても，従前の例により親会社の所得として合算課税する法人が相当数いるとされていたが（馬木昇『パナマ便宜置籍船の法律実務』成山堂書店（1993年）140頁），それが完全にペーパーカンパニーであれば格別，本件のようなパナマ子会社が数十億の船舶を所有している以上は，ペーパーカンパニーとはいえないから，現在は，タックス・ヘイブン対策税制が適用されるべきである。

⑷⑼　㈱いよぎん地域経済研究センター『愛媛の造船業―その現状と課題―』㈱いよぎん地域経済研究センター（1995年）24頁。

⑸⑴　㈱いよぎん地域経済研究センター同上書 25頁。

⑸⑴　木村弘之亮「独立企業間価格の実体原則」『法学研究』63巻12号（1990年）190頁。

⑸⑵　中里実『国際取引と課税』有斐閣（1994年）441頁～442頁。同書では，「比較可能性の基準を満たす非関連者取引が存在しない等の理由で，独立企業間価格が算定できない場合は実際には少なくないものと思われる。これが独立当事者間基準の最大の問題点であろう。」とされ，その上で，価格以外に着目する，例えば生産要素収益率が考えられると述べられている。

⑸⑶　五味雄治編著『Q&A　移転価格の税制（3訂版）』財経詳報社（1997年）134頁。

⑸⑷　国外関連者の船舶の減価償却費の過少計上による所得金額の増加につき，タックス・ヘイブン税制により，国内関係会社の法人所得として合算課税されるほか，国外関連者は，事後的には国外関連者船を売却することが一般的であることから，その船舶の売却原価が過少に計上される結果の売却利益増についても，合算課税の対象とされることにより，「国外への所得移転による我が国の課税権の侵食を防止する」という点は払拭されることになる。その点では，国外への所得移転という弊害は治癒されているともいえる。

⑸⑸　金子宏「移転価格税制の法理論的検討―我が国の制度を素材として」樋口陽一・高橋和之編『現代立憲主義の展開・下』有斐閣（1993年）466頁。同論文は，金子宏『所得課税の法と政策（所得課税の基礎理論　下巻）』有斐閣（1996年）363頁以下に所収されている。

⑸⑹　太田洋・北村導人「第2章② 今治造船事件高松高裁判決」中里実・太田洋・弘中聡浩・宮塚久『移転価格税制のフロンティア』有斐閣（2011年）92頁は，この点を指摘している。その一方で，非関連者船の受注活動を展開して，それでも空き船台が生

じた場合に，国外関連者船を建造するというものであれば，かかる「事業戦略」も差異調整の根拠として認められた可能性もあるとされている。
⑸7 太田洋・北村導人同上論文93頁も，その価格差は，恣意的な利益操作によるものであり，「事業戦略」によって生じたものではないとする。
⑸8 この点については，後に検討を加える。
⑸9 この被告と原告の選択した取引の船価の差異が，具体的要素の相違に基因したものかどうかは不明である。
⑹0 中井稔『企業課税の事例研究』税務経理協会（2010年）133頁。同書では，本件事件判決は疑問であると評価している。
⑹1 ㈱いよぎん地域経済研究センター前掲書（注49）25頁。
⑹2 すでに指摘したように，無税国のパナマとの間の取引においては，便宜置籍船を建造し保有している国外関連者の留保所得にはタックス・ヘイブン対策税制が適用されて，原告等を含む国内関連会社の内国法人の所得として合算課税されていることから，外国政府（パナマ）による我が国の法人税の収奪は回避されており，タイムラグを除けば，本来的には移転価格税制の法の趣旨目的とは異なる場面である。
⑹3 この点に関連して，本件の船舶建造取引に関してではないが，タックス・ヘイブン対策税制の立法の趣旨目的から，当該税制を適用したグラクソ事件判決に関して疑問を提起する興味ある論稿として，占部祐典「租税法における文理解釈の意義」同志社法学61巻2号（2009年）175頁，同「租税法における文理解釈の意義と内容」税法学563号（2010年）75頁参照。同教授の見解は，常に，制度の立法趣旨・目的を前提として解釈するのが文理解釈であることを強調されているものであるが，そうであれば，本件の船舶建造請負取引の移転価格税制の適用も疑問であるという見解も考えられるであろう。なお，文理解釈については，最近の田中治「税法の解釈における規定の趣旨目的の意義」税法学563号（2010年）215頁も参照。
⑹4 ㈱いよぎん地域経済研究センター前掲書（注49）25頁。
⑹5 一般的な船価決定の要因は，契約時における用船料の相場が起点となり，その相場で契約がまとまる場合もあるし，その価額から値引交渉が行われる場合もあるとされている（㈱いよぎん地域経済研究センター前掲書（注49）25頁）。
⑹6 X社は，本訴で造船業に対しての移転価格税制の適用につき限定解釈の主張をしているが，かかる原告主張は，その個別性の強い取引を否定して国外関連者船の建造時期に近接する時期の同型船の非関連者船の建造取引を単純に比較対象取引とし，その建造価額を独立企業間価格と認定した課税庁に対して，本件のような個別的色彩の強い相対の交渉で価格が決定される特異な建造価額においては，一般的に独立企業間価格の認定は困難であるという趣旨の主張と解される。このことは，船舶には一定の価格水準は存在しないということを主張しているのではなく，きわめて個別性の強い船舶建造請負取引であるから，かなりの価格幅が容認されるということを前提とするものであり，たまたま本件国外関連者船の建造と近接する時期の一隻の同型船の船価をもって独立企業間価格とする課税庁の認定は比較対象可能な独立企業間価格というものとはいえないというのが，原告主張の趣旨であると解される。

⑰　船舶建造請負取引の船主との関係で，将来に亘り継続的に行われる数十億円に上る高額な請負取引において，かかる取引実態にあることは，取引の通念に照らして容易に推測できるところである。それ故に，前述したように，船舶の建造は，ある取引で貸しを作り，他の取引で貸しを回収するという長期的な採算を考えて行われる場合があり，その意味では，船価は，「アバウトなところがあり，純然たる金額では計り知れないものがあ」るとされているのである（注50参照）。ちなみに，本件の国外関連者はX社の子会社である国内関連会社が親会社であり，その親会社との関連でみれば，非関連者船の船主以上に過去に継続して便宜置籍船を建造しているようであり，その点に関して，X社は，国外関連者との間の取引が低額に決定されている合理的理由があると主張している。しかしながら，本判決は，船舶建造請負取引の当事者は，X社と国外関連者との間の一隻の建造契約であるとして，X社の主張を形式的に排斥している。かかる論点も，移転価格税制が予定した取引事例とは異なる要素である。

⑱　平成23年度の税法及び通達の改正前において，最適方法ルール及び幅の概念を導入すべきこと等，価格幅について詳細に論じた最近の論稿として，小島信子「移転価格税制における独立企業間価格の算定に係る『レンジ』の採用について」税大論叢67号（2010年）338頁以下がある。この論稿は，価格幅の通達改正前のものであり，税務執行上の問題（行政解釈）として価格幅を利用すべきことを論じたものと理解されるが，その内容は，本来の税法解釈として，その価格幅を利用することの合理性・相当性を論じたものと理解すべきである。

⑲　この平均値を独立企業間価格とする問題点について，太田洋・北村導人「独立企業間価格の幅（レンジ）の明確化」税務弘報60巻1号（2012年）は，独立企業間価格を平均値によることとする法的根拠は明らかではないとし，その算定は，裁判所において，措置法66条の4第1項及び第2項に反すると解される可能性もあるように思われる，とされている（43〜44頁）。同「今治造船事件高松高裁判決」中里実・太田洋・弘中聡浩・宮塚久前掲書（注56）99頁は，平均値を独立企業間価格とすることは事前確認の局面ではともかくとして，「租特法66条の4第1項及び第2項に反するように思われる。」とされている。

⑳　この点につき，太田洋・北村導人同上論文99頁は，最も納税者に有利な取引価格を独立企業間価格であると考えるべきではないかと思われる，としている。

㉑　木村弘之亮前掲書（注51）179頁。

㉒　㈱いよぎん地域経済研究センター前掲書（注49）25頁。

㉓　㈱いよぎん地域経済研究センター前掲書（注49）25頁。

㉔　宮本寛爾『原価計算の基礎』税務経理協会（1996年）9頁〜11頁参照。

㉕　安達和夫「価格政策と原価概念」産業経理25巻4号（1965年）88頁。

㉖　溝口一雄編『管理会計の基礎』中央経済社（1987年）180頁参照。

㉗　別所徹弥「国際課税規範としてのOECD移転価格ガイドライン」税務大学論叢28号（1977年）502頁。

㉘　この点に関しては，太田洋・北村導人「今治造船事件高松高裁判決」中里実・太田洋・弘中聡浩・宮塚久前掲書（注56）100頁〜102頁は，この高裁判決の判示には，客

観的に証明責任が納税者に転換するという考え方（「客観的証明責任転換説」・今村隆「移転価格税制の適用範囲と独立企業間価格の算定方法」ジュリスト1289号（2005年）236頁）と，主観的な証明責任が納税者に移動するのみであり，客観的証明責任は課税庁にあるとする見解（主観的証明責任移動説）の二つの説があるとされ，その上で，独立価格比準法を用いるよりもそれ以外の算定方法を用いる方が「適切であり，優れている」ことの主張立証責任を負わせるような本判決の上記判示は単なる勇み足であり，本判決は，基本的には主観的証明責任移動説の立場を採用しているものと解すべきように思われるとしている。このことは，本件非関連者船の建造契約の成約に至るまでの長期間に亘る営業活動に要する人件費等の販売費・一般管理費を含む総原価の額は，国外関連船のそれとは異なること等，原価構成要素の相違による比較可能性の欠如の納税者の主張に対して，課税庁はその主張が不合理であることの証明に成功していないといえ，したがって，このような状況の下で，課税庁にある客観的な主張立証責任が納税者に移動すると解する合理性は見出し得ない。

(79)　金子宏前掲書（注55）465頁。
(80)　その金額の詳細については，341頁を参照。
(81)　木村弘之亮前掲書（注51）190頁。
(82)　このことの指摘について，太田洋・北村導人「今治造船事件高松高裁判決」中里実・太田洋・弘中聡浩・宮塚久前掲書（注56）92-93頁参照。
(83)　中井稔前掲書（注60）162～163頁。
(84)　金子宏前掲書（注55）467頁は，移転価格税制は，国際的経済活動に好ましくない影響を与えるおそれがあることから，各国が十分に慎重な態度で自制ぎみに適用すべきことを提言している。
(85)　山川博樹『移転価格税制の執行―理論と実務―』税務研究会出版局（1996年）58頁。
(86)　岡田至康監修（訳）「ＯＥＣＤ　新移転価格ガイドライン」（(社) 日本租税研究協会）「第4章　移転価格に関する紛争の回避及び解決のための税務執行上のアプローチ」Ｂｉ4.9)。
(87)　一審判決の問題点についての指摘につき，中井稔前掲書（注60）161頁参照。
(88)　この控訴審の判示に対して，飯守一文「機能分析とリスク分析」本庄資編著『移転価格税制執行の理論と実務』大蔵財務協会（2010年）637頁の「一般的なプロトタイプを前提に判断がなされている」旨の批判，また，「問題取引と比較対象取引との間の機能とリスクの両面について過度に厳格な比較を行った」という批判（望月文夫「アドビ移転価格課税事件」国税速報6064号（2009年）46頁）があるが，同判決が，その取引態様の相違によるリスクの相違，費用負担の相違を指摘している以上，その事実の不存在又はその取引態様の相違によっては，収益や費用の額に相違がないことを証明するのでなければ，その批判は当たらない。
(89)　藤枝純「独立企業間価格の意義」租税判例百選・別冊ジュリストNo.207（2011年）136頁参照。
(90)　太田洋・手塚崇史「アドビシステム事件東京高裁判決」中里実・太田洋・弘中聡浩・宮塚久前掲書（注56）（2011年）73頁。同論文は，本件事件に関する多くの論点

について詳細で深度ある研究がなされている。
(91)　この事件の詳細な研究として，太田洋・佐藤修二「日本圧着端子製造事件大阪高裁判決」中里実・太田洋・弘中聡浩・宮塚久前掲書（注56）106頁以下参照。なお，そこでの引用文献も参照。
(92)　矢内一好『移転価格税制の理論』中央経済社（1999年）1頁，佐藤正勝『移転価格税制の理論と適用—日米両国法制の比較研究—』税務経理協会（1997年）40頁。

国際課税を巡る税務訴訟の実際と課題(2)
~タックス・ヘイブン対策税制を巡る税務訴訟の論点~

I　はじめに

　前章では，国際課税訴訟のうち，移転価格税制を巡る訴訟上の論点を中心として検証し，幾つかの論点に関する執行又は判決の問題点を指摘したところである。本章では，タックス・ヘイブン対策税制を巡る税務訴訟の問題点について考察を加え，その訴訟上の論点の是非について検証することとする。

　なお，タックス・ヘイブン対策税制の訴訟事件のうち，いわゆるガーンジー島事件判決の論点は，『法人税法の解釈の検証と実践的展開（第Ⅰ巻・改訂増補版）』第11章において検討を加えたところから，ここでは，取り上げない。

II 制度創設の背景と趣旨目的から派生する論点

1 制度の趣旨目的

　タックス・ヘイブン対策税制は，昭和53年度の税制改正により創設された制度であるが，その創設に際して，昭和52年の税制調査会答申では，親会社がタックス・ヘイブン国に子会社を設立して，その法人に所得を留保することにより，我が国の法人税を回避する等の事態に対処するための国際的租税回避を防止するための制度であるとしている。そして，その一方で，特定外国子会社等が，所在地国において独立企業としての実体を備え，その地において事業活動を行うことにつき十分な経済的合理性がある場合にまで，タックス・ヘイブン対策税制を適用することは，我が国の正常な海外投資活動を阻害することになるために，これを回避するための制度として，当該税制の適用に当たって，一定の適用除外規定を措置しているところである。

　この制度の趣旨に関して，最高裁（二小）平成19年9月28日（民集61巻6号2486頁）は，「租税特別措置法66条の6第1項の規定は，内国法人が，法人の所得等に対する租税の負担がないか又は極端に低い国又は地域に子会社を設立して経済活動を行い，当該子会社に所得を留保することによって，我が国における租税を回避しようとする事例が生ずるようになったことから，課税要件を明確化して課税執行面における安定性を確保しつつ，このような事例に対処して税負担の実質的な公平を図ることを目的として，一定の要件を満たす外国会社を特定外国子会社等と規定し，これが適用対象留保金額を有する場合に，その内国法人の有する株式等に対応するものとして算出された一定の金額を内国法人の所得の計算上益金の額に算入することとしたものである。」と判示している。しかして，同判決は，タックス・ヘイブン対策税制が，タックス・ヘイ

ブン国に外国子会社を設立して所得を留保することによる国内親会社の租税回避を防止するための制度であるとしている。それが、この制度の趣旨・目的であると解されるところである。

　ちなみに、タックス・ヘイブン対策税制の趣旨について、外国子会社が国内親会社に配当しないことによる「課税の繰延の防止」という側面があったが、平成21年度改正により、国内親会社が外国子会社から受けた配当金については、一定の要件の下で当該配当額の95％相当額が益金不算入とされたことにより、かかる制度趣旨の説明は困難になったとして、当該税制の趣旨は、国際的な租税回避の防止という点に純化さたと考えることができるという指摘がなされているところである(1)。

　そこで、国際的な租税回避防止の税制であるタックス・ヘイブン対策税制においては、一定の独立した事業主体としての本質を有する外国子会社につき、租税回避としてその所得を国内親会社の所得として合算することは適切ではないことから、一定の適用除外基準を措定し、それに該当しない外国子会社の留保所得につき、当該税制を適用して親会社の所得として合算課税することとしたものであり、実質所得者課税の原則の適用基準の曖昧さを捨象する一方で、タックス・ヘイブン対策税制の適用除外規定に該当しない場合には、当該税制が適用されて合算課税が行われると解するのが一般的な理解であろう。

2　タックス・ヘイブン対策税制創設の背景と派生する論点

(1)　タックス・ヘイブン対策税制創設と実質所得者原則との関連

　移転価格税制の講座でも触れたところであるが、タックス・ヘイブン対策税制の創設前においては、船舶を所有して国際運輸業を行っている内国法人が、日本船籍の船舶には外国船員の乗船が制限されていたところから、内国法人が国際運輸業所得が無税のパナマ国等にパナマ子会社等を設立して、当該法人がパナマ船籍の船舶（便宜置籍船）を取得して所有し、人件費の低額な外国船員を乗船させるという経営目的のための便宜置籍船の経営戦略が取られていたと

ころである。

　このような戦略について，当時の課税当局は，外国子会社の所得金額又は欠損金額につき，実質所得者課税の原則を適用して課税していたようであるが，国内親会社も，租税回避行為のためのみの便宜置籍船の保有ではなく，船舶運送のコスト削減による経営効率化のための事業目的によるものであることから，課税当局による外国子会社の留保所得の合算課税による対応を受け入れて法人税の申告を行っていたようである。

　そのメリットは，外国子会社の欠損金額を親会社の欠損として取り込んで控除できるという点にある。そのために，昭和53年度のタックス・ヘイブン対策税制導入後においても，かかるタックス・ヘイブン国に所在する外国子会社の欠損金額を親会社の所得金額の計算上取り込んで申告する合算申告が事実上黙認されていたのではないかと推察される。

　この点に関して，平成5年に出版された文献では，「そのような背景から，現在においてもパナマ子会社と親会社との合算申告をしている例も相当数あるようである。」(2)と論じられているところであり，タックス・ヘイブン対策税制導入後15年も経過しているにもかかわらず，親会社による合算申告が行われているということ自体，課税庁の対応としては不適切であるといえよう。すなわち，タックス・ヘイブン対策税制創設後は，従前の合算申告から新税制を適用すべきものとして，業界指導を徹底すれば，昭和58年の事業年度における国内親会社によるパナマ子会社の欠損金額の合算申告の是非が争われた双輝汽船事件は発生することはなかったと思われる。

　ところで，タックス・ヘイブン対策税制創設前に行われていた実質所得者課税の原則の適用による便宜置籍船を所有するパナマ等の外国子会社の所得金額又は欠損金額の国内親会社の合算申告は，本来，許されないと考えられる。なぜならば，当該外国子会社は数十億円の船舶を所有し，これを用船等して事業収入を得ている以上，当該パナマ子会社等は，いわゆるペーパーカンパニーといわれる形式的にのみ存在する形骸化した法人という実在ではないからである。しかして，法的に船舶所有者であるパナマ子会社等の事業経営が親会社の支持

により行われているとしても，それは株主としての法的地位による経営関与であるにすぎないと解すべきである。すなわち，かかる当該親会社の経営参画の事実があるとしても，そのことが，そのパナマ子会社の所有する便宜置籍船の用船事業等により生じた所得の法律上の真の帰属者は当該子会社ではなく国内親会社に帰属する所得であるという実質所得者課税の原則の適用は，法的帰属説，経済的帰属説のいずれの視座から見ても，成り立ち得ない論理であるというべきである。

その意味では，資産を保有していない本来の形式的なペーパーカンパニーの場合は格別，法人税法11条の実質所得者課税の原則を適用して，便宜置籍船の所有者であるパナマ子会社等の所得を国内親会社に帰属する所得として合算課税する課税庁の昭和53年前の税務対応は，そもそも，無理があったということである。

タックス・ヘイブン対策税制創設に携わった職員により執筆された文献において，「行政当局においては，タックス・ヘイブンを利用する我が国［企業の］税負担の不当な軽減に対して，従来から法人税法11条の実質所得者課税の規定により，それを適用し得る範囲において規制してきたが，適用に当たっての所得の実質的な帰属についての具体的な判定基準が明示されていないため，課税執行面での安定性に必ずしも問題なしとしない面があった。このため，租税法律主義からも，租税回避対策のための明文規定の整備が強く要請されていた。」(3)とされているところである。この点の問題点の危惧は，上述したような便宜置籍船を所有する外国子会社の所得を国内親会社に合算して課税することの法的根拠の問題点の認識がその背景にあったものと推測される。

(2) タックス・ヘイブン対策税制の法的性格

このタックス・ヘイブン対策税制の性格については，国際的な租税回避を防止する規定という性格とともに，同税制創設前に行われていた実質所得者課税の原則の適用をタックス・ヘイブン対策税制が規定したものとみる考え方がある。

この点につき,「タックス・ヘイブン対策税制については,租税回避行為を防止するための創設的規定であるか実質所得者課税の原則の規定（法人税法11条）を明確にした確認的規定であるかという問題がある。」(4)と指摘し,前者では,外国子会社の欠損金は控除できないが,後者の場合であれば控除できるとされている。
　しかし,そもそも,法人税法11条の所得者の帰属認定の基本原則である実質所得者課税の原則が,租税特別措置法（以下「措置法」という）において確認的に規定されたということ自体,奇妙な論理である。仮に,実質所得者課税の原則の適用について規定したとしても,それが措置法である以上,本来の実質所得者課税の原則とは要件を拡大又は縮小した措置法の規定と解すべきであろう。
　しかしながら,すでに見たように,そもそも,実質所得者課税の原則に当たるか否かにかかわらず,タックス・ヘイブン国に所在する外国子会社の所得を国内親会社の所得として合算課税することを規定したものが,タックス・ヘイブン対策税制であると解されるところからすれば,租税回避行為を防止するための規定であり,実質所得者課税の原則の規定とは異なると解すべきである(5)。
　ところで,すでに指摘したように,便宜置籍船を所有して収入を得て資産を保有する外国子会社はペーパーカンパニーとはいえないから,実質所得者課税の原則を適用して,その外国子会社に生じた欠損金が実質的に親会社に帰属するとして合算課税することは許されないであろうが,外国子会社に資産もなく,その収入の実質も親会社の帰属と認められる,本来のペーパーカンパニーである場合には,当該子会社の欠損金は親会社の帰属であると認定することは,タックス・ヘイブン対策税制とは別の事実認定として許されるとも解される。
　中里実教授は,タックス・ヘイブン対策税制が租税回避行為否認の規定であれば,実質所得者課税の原則が適用される場合には,タックス・ヘイブン子会社の留保所得について合算課税をしながら,別のタックス・ヘイブン子会社の赤字を法人税法11条に基づいて親会社に帰属するものとして扱うことに,何の制限も存在しないということになるのではないかと思われる(6),という指摘を

行っている。

この場合には,タックス・ヘイブン子会社の所得の合算課税は,措置法66条の6の規定によるものではなく,実質所得者課税の原則の適用としての合算課税ということになろう。いわば,課税の根拠規定の競合が許されるかという問題である。しかし,このような二重構造的解釈が,現行のタックス・ヘイブン対策税制を前提とした合理的解釈の下で許されるかということは,慎重に検討を要する問題である。後に紹介する双輝汽船事件は,正にこの点が争われたものであるが,この論理の是非については,同事件判決の検討において考察を加えることとする。

このような論点に加えて,外国子会社の留保所得を国内親会社の所得として合算課税しながら,一方で,当該子会社に生じた欠損金は捨象して合算課税の対象としないことについて,純理論的な問題は生じないのか,という疑問もある。確かに,外国子会社の欠損金額は,我が国の繰越欠損金の繰越控除制度が利用できるが,親会社には子会社の欠損金を吸収する余力がありながら,子会社にはその繰越欠損金の全額を控除できる余力がない場合には,租税負担能力の視座から問題があるようにも思われる。しかしながら,タックス・ヘイブン対策税制が租税回避行為の否認規定と位置づければ,外国子会社の所得計算において欠損金の繰越控除を認めて合算課税の対象にしないということになるのは,やむを得ないところであると解することになるのであろう。

3　制度の概要

(1)　適用要件

居住者又は内国法人等(外国関係会社の株式総数の10％以上直接,間接に有する者)が,発行済株式総数の50％超を直接間接に所有する外国法人である外国関係会社のうち,その所得に対して課される税の負担が本邦における法人の所得に対して課される税の負担に比して著しく低い25％(平成22年度改正により20％)以下である「特定外国子会社等」に対して,その適用対象金額のうち

その内国法人の有する当該特定外国子会社等の直接及び間接保有の株式等の数に対応するものとして計算された課税対象金額に相当する金額は，その居住者の雑所得に係る収入金額又は内国法人の収益の額とみなして課税される（措法66の6①）。

そして，その課税対象金額は，特定外国子会社等の各事業年度の同号に規定する基準所得金額から，我が国の繰越欠損金の繰越控除することとされている。

適用対象となる法人等の範囲を示すと下図のとおりである(7)。

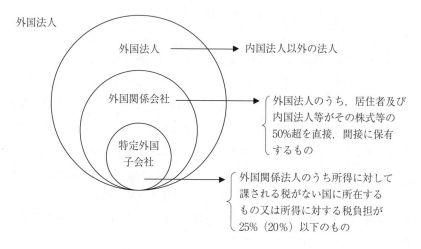

(2) 適用除外要件

タックス・ヘイブン対策税制は，タックス・ヘイブン国において独立企業としての実体を備えて事業活動を行っている場合には，同税制の適用しないこととされている。それは，前述したように，タックス・ヘイブン国において事業活動を行うことに十分な経済的合理性を有する場合にまで，同税制を適用すると，我が国の企業の正常な海外投資活動阻害することになるからである。具体的な適用除外要件は，次のとおりである。

まず，(a)「事業基準」であるが，これは，外国子会社の主たる事業が，①株式若しくは債権の保有，②工業所有権その他の技術に関する権利，特別の技術

による生産方式若しくはこれらに準ずるもの（これらの権利に関する使用権を含む）若しくは著作権等の提供又は船舶若しくは航空機の貸付け以外の事業であること，(b)「実体基準」は，その本店又は主たる事務所の所在する国又は地域においてその主たる事業を行うに必要と認められる事務所，店舗，工場その他の固定施設を有していること，(c)「管理支配基準」は，特定外国子会社等が本店又は主たる事業所の所在する国又は地域において，その事業の管理，支配及び運営を自ら行っていること，(d)「非関連者基準」として，主たる事業が，卸売業，銀行業，信託業，金融商品取引業，保険業，水運業又は航空運送業である場合，その事業を主として「非関連者」との間で行っていること（収入金額の50％超が非関連者との取引によること），(e)「所在地国基準」は，主たる事業が上記以外の事業については，その事業を主として本店又は主たる事務所の所在する国又は地域において行っていること，以上が適用除外要件の内容の概要である。

（注）
(1) 中里実・太田洋・弘中聡浩・宮塚久『国際租税訴訟の最前線』有斐閣（2010年）135頁，136頁。
(2) 馬木昇『パナマ便宜置籍船の法律事務』成山堂（1993年）140頁。
(3) 高橋元監修『タックス・ヘイブン対策税制の解説』清文社（1979年）82頁。
(4) 白木康晴「裁判例における租税回避行為否認論の研究」税大ジャーナル17号（2011年10月）62頁。同氏は，この点の問題に関して，武田昌輔「租税回避行為の意義と内容」日税研論集14号25頁，中里実「租税法における事実認定と租税回避否認」金子宏編『租税法の基本問題』有斐閣（2007年）148頁を引用している。
(5) 武田昌輔同上論文26頁は，タックス・ヘイブン対策税制は，実質課税の原則を具体化したとみるべきではない，とされている。
(6) 中里実同上論文148頁。
(7) この表は，中央大学経理研究所の「A＆Bフォーラム」における北村導人弁護士・公認会計士（西村あさひ法律事務所）の講演資料「国際課税訴訟の最新動向と検討」を参考にして作成したものである。

III 特定外国子会社等の欠損金を内国親会社に合算して課税することの是非

1 双輝汽船事件判決の概要

　タックス・ヘイブン対策税制は，特定外国子会社等の留保所得（適用対象所得金額）を国内親会社の所得として合算して課税する制度であるが，特定外国子会社等に生じた欠損金については，すでに指摘したように，必ずしも明確に規定されているとはいえない。このため，特定外国子会社等に生じた欠損金額を国内親会社の所得に合算して控除することの是非が争われた双輝汽船事件の第一審・松山地裁平成16年2月10日判決（民集61巻6号2515頁）は，その合算を容認して課税処分を取り消したが，その控訴審・高松高裁平成16年12月7日判決（民集61巻6号2531頁）は，これを否定して課税庁勝訴とする判決が言い渡され見解が分かれた。その上告審では，最高裁平成19年9月28日判決（民集61巻6号2480頁）は，控訴審判決を支持して，課税庁勝訴の判決を言い渡した。そこで，この事件の概要と判示内容について紹介することとする。

2 事実の概要

　海運業を営む同族会社である原告（双輝汽船）が，昭和58年6月にパナマ共和国にT社を設立し，原告はT社設立以来，T社名義の資産，負債及び損益はすべて内国法人親会社である原告に帰属するものとして法人税及び消費税等の確定申告をしていた。これにより原告はT社の欠損金も原告の所得金額の計算上損金の額に算入していた。

　これに対し被告である課税庁は，平成10年9月29日付けで，原告に対して，T社が措置法66条の6第1項及び第2項に規定される特定外国子会社等に該当

する会社であり，適用除外の規定の適用もないため，同条の規定が適用されることを主な理由として，法人税に係る更正処分及び過少申告加算税の賦課決定処分を行った。

本件訴訟では，①特定外国子会社等に係る欠損を内国法人の損金の額に算入することは，措置法66条の6によって禁止されるか，②租税回避のおそれがない場合には，措置法66条の6の適用が否定されるか，③措置法66条の6は本件更正処分の根拠となり得るか，という点が争点とされた。

この争点のうち，①の争点である「特定外国子会社等に係る欠損を内国法人の損金の額に算入することは，措置法66条の6によって禁止されるか。」という点に関しての双方の主張は，次のとおりである。

(1) **原告の主張**
(ア) 措置法66条の6は，課税要件として同条1項所定のとおり，特定外国子会社等であること，及び適用対象留保金額があることを規定するものであり，このうち後者の要件を充たさない本件においては，措置法66条の6が適用されることはない。
(イ) また，措置法66条の6第2項2号は，未処分所得の金額の計算方法を規定しているものにすぎず，措置法66条の6によって特定外国子会社等に係る欠損は翌事業年度以降の未処分所得の会社の計算において控除すべきものとして繰り越すことを強制され，単年度ごとに親会社たる内国法人の所得の金額の計算上，損金の額に算入することが禁止されるということはできない。

(2) **被告の主張**
(ア) 措置法66条の6第2項2号及びこれを受けた措置法施行令39条の15は，適用対象留保金額の基礎となる未処分所得の金額について，当該特定外国子会社等に生じている各事業年度開始の日の前5年以内の繰越欠損金について調整した上で算出するとの仕組みを採用しているが，このような欠損繰越控除規定が設けられた趣旨は，タックス・ヘイブン対策税制が，特定外国子会社

等の各事業年度の留保所得がある場合にのみ，これを親会社たる内国法人の所得の金額の計算上，益金の額に算入するものであることから，特定外国子会社等に係る欠損についても一定の手当を講じるとともに，その処理につき統一的な取扱いを定める点にある。

　このような欠損繰越控除規定の趣旨に鑑みれば，措置法66条の６第２項２号は，特定外国子会社等に係る欠損について，５年間は翌事業年度以降の未処分所得の金額の計算において控除すべきものとして繰り越すことを強制し，単年度ごとに親会社たる内国法人の所得の金額の計算上，損金の額に算入することを禁止している規定であると解すべきである。

(イ)　仮に，原告主張のように，特定外国子会社等が欠損を生じた事業年度には，同条は全体として適用される余地はないということになれば，特定外国子会社等に係る欠損の金額について翌事業年度以降の未処分所得の金額を計算する上において差し引く旨の上記措置法66条の６第２項２号は，全く無意味な規定となり，そのような規定を置くこと自体，立法政策上あるいは立法技術上も考え難い上，内国法人に対する課税上の不公平を改善することを目的として規定された同条２項２号の立法趣旨に悖ることになる。

　　また，「②　租税回避のおそれがない場合には，措置法66条の６の適用が否定されるか。」という点について，原告は，「T社は，いわゆるペーパーカンパニーであり，原告の一部門であって，T社に実質的に帰属する資産，負債及び損益はない。そのため，原告は，T社設立以来，一貫して，T社名義の資産，負債及び損益はすべて実質的には原告に帰属するものとして，原告の決算に含めて確定申告をしてきたものであるから，原告の所得の金額の計算上，T社の損益を原告に帰属するものとすることには，何ら租税回避のおそれはないから，タックス・ヘイブン対策税制は，適用されないというべきである。」と主張している。

　　一方，被告は，「文理上，租税回避目的それ自体を要件とはせず，特定外国子会社等について課税対象留保金額がある場合に，これを内国法人の収益とみなして，同条所定の事業年度の所得の金額の計算上，益金の額に算入す

るとしたものであるから、当該外国関係法人が特定外国子会社等に該当する場合であれば、租税回避のおそれの有無にかかわらず、同条が適用されると解すべきである。」と主張している。

このような双方の主張に対して、裁判所は次のとおり判示した。

(3) 一 審 判 決

(ア) タックス・ヘイブン対策税制の立法趣旨等に照らすと、措置法66条の6は、特定外国子会社等の所得の金額に所定の調整を加えた上でなお所得が生じていると認められる場合に、これを一定限度で内国法人の所得の計算上、益金の額に算入する取扱いを規定したものにすぎず、特定外国子会社等に欠損が生じた場合にそれを内国法人との関係でどのように取り扱うべきかということまでも規定したものではないというべきである。

(イ) 被告は、措置法66条の6は、特定外国子会社等に欠損が生じた場合には、それを5年間は当該特定外国子会社等の未処分所得算出において控除すべきものとして繰り越すことを強制しており、内国法人の所得の金額の計算上、損金の額に算入することを禁止するものであると主張するが、同条が内国法人の所得の計算における特定外国子会社等に係る欠損の取扱いについて定めた規定であると解釈することは、その文理に照らして疑問である上、措置法は、法人税法等の特例であるところ（措法1）、法人税法22条3項は、内国法人の損金の額に算入すべき金額について、別段の定めがあるものを除き、同項1ないし3号所定の額と定めており、内国法人と法人格を異にする特定外国子会社等に係る欠損の金額がこれに含まれないことは明らかである。だとすれば、措置法66条の6が、上記のような法人税法の規定に加えて、特定外国子会社等に係る欠損の金額を内国法人の損金の額に算入することができない旨を特に規定したと解することは相当でなく、同条は、本則である法人税法22条3項によって、特定外国子会社等に係る欠損の金額が内国法人の損金の額に算入されないことを前提として、特定外国子会社等に生じた所得が内国法人の益金の額に算入されることとの均衡上、特定外国子会社等の所得

を算定するに当たり、5年以内に生じた欠損の額を控除することを定めたものにすぎないというべきである。

(ｳ) また、被告は、措置法66条の6第2項2号が特定外国子会社等に係る欠損につき、内国法人の損金の額に算入することを禁止したものと解さなければ、同号の規定は無意味なものになると主張するが、同号の規定は、前記のような趣旨に基づくものであり、同号の規定がなければ、特定外国子会社等に係る欠損の金額を特定外国子会社等の所得の算出に当たり控除することができなくなる可能性もあるから、同号を被告主張のように解さなければ、同号の規定が無意味になるということはできない。

(ｴ) 以上によれば、特定外国子会社等に係る欠損を内国法人の損金の額に算入することが、措置法66条の6によって禁止されるとすることはできない。

(4) 控訴審判決

① 措置法66条の6と実質課税の原則について

(ｱ) 実質所得者課税の原則とは、収益の法律上帰属するとみられる者が単なる名義人であって、その収益を享受せず、その者以外の法人がその収益を享受する場合には、その収益はこれを享受する法人に帰属するものとして、法人税法を適用するというものであり（法法11）、法律上の所得の帰属の形式とその実質が異なるときには実質に従って租税関係が定められるべきであるという租税法上当然の条理を確認的に定めた規定である（なお、法人税法11条は、収益についてのみ規定しているが、損失・費用の帰属についても同条の適用があるのは明らかというべきであるから、結局のところ同条は収益と損失・費用の差額であるところの所得の帰属について定めたものと解される。

(ｲ) （松山地裁と同旨の）タックス・ヘイブン対策税制の立法趣旨に鑑みれば、措置法66条の6は、特定外国子会社等に欠損が生じた場合には、それを当該年度の内国法人の損金には算入することはできず、当該特定外国子会社等の未処分所得算出において控除すべきものとして繰り越すことを強

制しているものと解すべきである。したがって，内国法人の子会社が特定外国子会社等にあたる場合には，同条3項の適用除外に該当しない以上は，当該特定外国子会社等に適用対象留保金額があるかないかにかかわらず，実質所得者課税の原則（法法11）を適用する余地はない。

　これに対し，第一に，被控訴人（原告）は，措置法66条の6第1項は，課税要件として，適用対象留保金額があることを規定しているなどの理由をあげて，措置法66条の6は，特定外国子会社等に欠損が生じた場合に，それを内国法人の損益と合算申告することを禁止したものではないと解すべきであると主張する。しかしながら，課税執行の安定を図るというタックス・ヘイブン対策税制の立法趣旨に鑑みれば，特定外国子会社等に該当する以上は，適用対象留保金額があるかないかにかかわらず，措置法66条の6を適用すべきであり，また，もし被控訴人主張のように解した場合には，実質所得者課税の原則により特定外国子会社等の欠損を当該年度の内国法人の損金に算入できる余地があるので，内国法人は措置法66条の6第2項2号により欠損を繰り越すか，実質所得者課税の原則による当該年度の内国法人の損益と合算するか，選択できることとなるが，課税執行面での安定を目指して導入された措置法66条の6がそのような不安定な扱いを想定しているとは思われない。

　第二に，被控訴人は，T社には租税回避のおそれはないのであるから，措置法66条の6の立法趣旨から考えて，同条は適用されないと主張する。確かに，T社は，その設立以来一貫して合算申告を行っていたとのことであり，敢えて被控訴人が租税回避しようとしたとは認められない。しかしながら，タックス・ヘイブン対策税制の立法趣旨は，前記のとおり，外国法人を利用することによる税負担の不当な回避又は軽減を防止するとともに，課税執行面の安定性を確保しつつ税負担の実質的公平を図ることにあるのであって，このような趣旨に鑑みれば，特段の明文の規定がないにもかかわらず，租税回避のおそれの有無という認定の困難な要件を，措置法66条の6の適用の要件に加えるべきとは考えられない。したがって，措置

法66条の6の適用の有無は，特定外国子会社等に該当するか否かでのみで判断すべきである。

以上のとおり，被控訴人の主張はいずれも採用できない。

(ｳ) そこで，Ｔ社が被控訴人の特定外国子会社等に該当するかであるが，前提事実によれば，Ｔ社は措置法66条の6第2項1号に規定する「特定外国子会社等」に該当し，かつ，同法3項に規定する適用除外の要件を満たさないと解されるので，措置法66条の6が適用され，Ｔ社の欠損を被控訴人の当該年度の損金の額に算入することは許されない。

(5) 最高裁判決の要旨
(ｱ) 特定外国子会社等に生じた欠損の金額は，法人税法22条3項により内国法人の損金の額に算入されないことは明らかであることからすれば，措置法66条の6第2項2号は，上記のように特定外国子会社等の留保所得について内国法人の益金の額に算入すべきものとしたこととの均衡等に配慮して，当該特定外国子会社等に生じた欠損の金額についてその未処分所得の金額の計算上5年間の繰越控除を認めることとしたものと解される。そうすると，内国法人に係る特定外国子会社等に欠損が生じた場合には，これを翌事業年度以降の当該特定外国子会社等における未処分所得の金額の算定に当たり5年を限度として繰り越して控除することが認められているにとどまるものというべきであって，当該特定外国子会社等の所得について，同条1項の規定により当該特定外国子会社等に係る内国法人に対し上記の益金算入される関係にあることをもって，当該内国法人の所得を計算するに当たり，上記の欠損の金額を損金の額に算入することができると解することはできないというべきである。

(ｲ) 原審の適法に確定した事実関係によれば，Ｔ社は，本件各事業年度において上告人に係る特定外国子会社等に該当するものであり，本店所在地であるパナマに事務所を有しておらず，その事業の管理，支配及び運営は上告人が行っており，措置法66条の6第3項所定の要件は満たさないが，他方におい

て，パナマ船籍の船舶を所有し，上告人から資金を調達した上で自ら船舶の発注者として造船契約を締結していたほか，これらの船舶の傭船に係る収益を上げ，船員を雇用するなどの支出も行うなど，上告人とは別法人として独自の活動を行っていたというのである。そうすると，本件においては上告人に損益が帰属すると認めるべき事情がないことは明らかであって，本件各事業年度においては，T社に損益が帰属し，同社に欠損が生じたものというべきであり，上告人の所得の金額を算定するに当たり，T社の欠損の金額を損金の額に算入することはできない。

3 判決内容の検討とタックス・ヘイブン対策税制の問題点

(1) 一審判決の判断枠組みの論旨に関する疑問点

本件訴訟は，その判示内容から明らかなように，特定外国子会社等の欠損金が内国親会社の所得の金額の計算上，損金の額とすることができるかという問題である。さらに，租税回避の意思の下で行われた特定外国子会社等の設立ではない場合，又は特定外国子会社等に欠損金が発生している場合の事業年度においては，租税回避に該当しないから，タックス・ヘイブン対策税制とは無関係であるとして，内国親会社の欠損金として控除することができる，という論点の是非も問題とされている。

特に，この点は，本件訴訟の内国親会社は，パナマ等のタックス・ヘイブン国に子会社を設立して，その国の船籍の便宜置籍船を所有することにより，外国船員を乗船してコスト削減による効率的経営を意図したものであるから，その特定外国子会社等の実態は内国親会社が支配管理していることを理由として，その特定外国子会社等の所得金額又は欠損金額について，多くの内国親会社は，実質的に自己に帰属する所得又は欠損として，親会社の所得の計算上，当該子会社の所得を合算し又は欠損金を損金として控除していたというのが，タックス・ヘイブン対策税制創設以前の状況であるという経緯がある。すなわち，実質所得者課税の原則（法法11）により，かかる海外子会社の便宜置籍船は，実

質的には内国親会社が所有しているという理解の下で，合算申告していたということである。

　この点については，厳密にいえば，実質所得者課税の原則をすべてに適用することには限界があること，タックス・ヘイブン国に子会社を設立して租税回避を図るという国際的傾向に対処するために，昭和53年度の税制改正により，同対策税制が創設されたものである。

　ところで，本件納税者は，合算申告について次のように主張している。

　「本件外国子会社B社は，いわゆるペーパーカンパニーであり，原告の一部門であって，B社に実質的に帰属する資産，負債及び損益はない。そのため，原告は，B社設立以来，一貫して，B社名義の資産，負債及び損益はすべて実質的には原告に帰属するものとして，原告の決算に含めて確定申告をしてきたものであるから，原告の所得の金額の計算上，B社の損益を原告に帰属するものとすることには，何ら租税回避のおそれはない。したがって，B社が形式的には特定外国子会社等に該当するとしても，該当しないものとして取り扱い，措置法66条の6の適用は否定されるべきである。」

　本件の場合，特定外国子会社等の設立の時期及び所得金額を内国親会社の所得として合算して申告した事業年度があるのかどうかも不明であるが，本件納税者は，本件係争年度の平成7年7月期から平成9年7月までの事業年度前において，継続して特定外国子会社等の資産等を合算して申告していたようである。そして，当時の文献によれば，このような合算申告が相当数の法人において行われていたようである。

　本件の特定外国子会社等の存在及びその所得等は，本件納税者が主張するように，実質所得者課税の原則により，100％株主の内国親会社に帰属するものという理解が妥当かどうかは，一つの問題である。かかる原則の理解にもよるが，少なくとも，適法に海外子会社が設立されると法人格を有することとなり，そして，その法人がその外国船籍の船舶所有者であり，その傭船により収入を得ている以上，法的にはその収入金額により得た金員等の資産や船舶の権利者は，形式的にも実質的にも当該子会社であるから，実質所得者課税の原則の機

能する余地はない(8)。

しかるに、一審判決は、①タックス・ヘイブン対策税制は、特定外国子会社等に欠損が生じた場合にそれを内国法人との関係でどのように取り扱うべきかということまでも規定したものではないこと、②措置法66条の6に関する特定外国子会社等の欠損金の繰越控除の取扱いは、特定外国子会社等に係る欠損の金額を内国法人の損金の額に算入することができない旨を特に規定したと解することは相当でなく、特定外国子会社等に生じた所得が内国法人の益金の額に算入されることとの均衡上、特定外国子会社等の所得を算定するに当たり、5年以内に生じた欠損の額を控除することを定めたものにすぎないというべきであること、以上の理由により、特定外国子会社等に係る欠損を内国法人の損金の額に算入することが、措置法66条の6によって禁止されるとすることはできないから、被告の措置法66条の6に基づく本件更正処分等は、その余について検討するまでもなく、違法といわざるを得ないと判示している。

この一審判決は、本件更正処分が措置法66条の6により、その特定外国子会社等の欠損金を内国親会社の損金として控除することは適法としたものであるが、一方で、「内国法人と法人格を異にする特定外国子会社等に係る欠損の金額がこれに含まれないことは明らかである」とも判示している。

すなわち、一審判決は、措置法66条の6により、特定外国子会社等に係る欠損を内国親会社の損金の額に算入することを否認することはできないから、それを根拠とした本件更正処分は違法としたように読める。しかしながら、当該規定が、特定外国子会社等の欠損金を内国親会社の損金算入を否認する根拠にならないとしても、同判決が自ら判示しているように、「内国法人と法人格を異にする特定外国子会社等に係る欠損の金額がこれに含まれないことは明らかである」から、否認に関する法の解釈として、その根拠規定の適用を誤ったとしても、そのことが本件更正処分の違法事由になることはない。本判決の判示のように、措置法66条の6は否認の根拠とはなり得ないとしても、特定外国子会社等の欠損金が法人格の異なる内国親会社の損金の額に算入される法律上の根拠は存しないからである。それは、単に適用した根拠条文の誤謬ということ

であり，そのこと自体により，理由附記不備等の手続違背の問題は生じないから，本件更正処分が違法というのであれば，実体的な違法事由を判示することが必要となる。しかしながら，そのような実体的違法事由は本件更正処分には存しない。

　以上のように，一審判決は，特定外国子会社等の欠損金を内国親会社の損金の額に算入することができるとした具体的根拠が示されていないところであり，その点においても本判決は疑問といわざるを得ない。

　仮に，一審判決の認定判断が妥当であるというためには，少なくとも，本件特定外国子会社等の実体がペーパーカンパニーであり，その活動，資産等の帰属，特定外国子会社等の対外的法的責任等が，すべて内国親会社に帰属するという実質判断が可能である場合に初めて，その実体判断に基づいて，本件特定外国子会社等の欠損金は，内国親会社に帰属するということの正当性が担保されるのである。しかし，その一方で，実体のない子会社の事業からの欠損であるとしても，タックス・ヘイブン対策税制の存在によって，特定外国子会社等の合算対象所得の計算上，繰越控除されることとされているから，かかる特定外国子会社等の欠損金を内国親会社の損金とすることは許されないという，法解釈も可能であり，この点も議論の対象となり得る。この点に立つ見解が本件控訴審判決である。

(2)　控訴審判決の判断の枠組みとその論点

　控訴審判決は，本件納税者が主張する特定外国子会社等の欠損金を内国親会社に帰属するものとして取り扱うことができると解した場合には，内国法人は措置法66条の6第2項2号により欠損を繰り越すか，実質所得者課税の原則による当該年度の内国法人の損益と合算するか，選択できることとなるが，課税執行面での安定を目指して導入された措置法66条の6がそのような不安定な扱いを想定しているとは思われない，と判示して，納税者の欠損金の合算の主張を排斥している。

　また，同判決は，租税回避のおそれの有無という認定の困難な要件を，措置

法66条の6の適用の要件に加えるべきとは考えられないから，措置法66条の6の適用の有無は，特定外国子会社等に該当するか否かで判断すべきであるとして，結局，海外子会社は措置法66条の6第2項1号に規定する「特定外国子会社等」に該当し，かつ，同法3項に規定する適用除外の要件を満たさないと解されるので，措置法66条の6が適用され，T社の欠損を被控訴人の当該年度の損金の額に算入することは許されないと結論づけている。

かかる判決の判断の枠組みは，一審判決とは正反対に，措置法66条の6の規定の存在によって，当該規定の特定外国子会社等に該当すれば，当該会社の合算対象留保所得金額の計算上，欠損金は繰越控除が認められているにすぎないとし，それとは別に，特定外国子会社等の欠損金を内国親会社の損金として控除することは許されないというものである。

このことは，特定外国子会社等の欠損金を発生のつど，内国親会社の欠損として損金控除することとすれば，特定外国子会社等の留保所得金額の計算上，繰越控除する欠損金は発生しないことになるから，措置法66条の6に規定する欠損金の繰越控除の規定は無意義なものとなる(9)。また，株主の合算対象の内国法人や個人が多数いる場合には，特定外国子会社等の欠損金をどのように配分帰属させるかという問題が生ずるが，この点に関する明確な規定は存しないのが現行法である。しかして，かかる規定上の不合理性を考えれば，本件控訴審判決のように解釈することに合理性があると考える。

ところで，便宜置籍船を保有し傭船事業を展開している本件特定外国子会社等の実体に鑑みれば，本件特定外国子会社等はペーパーカンパニーとはいえず，実質所得者課税の原則が機能する余地はない。このような場合には，そもそも，特定外国子会社等の欠損を内国親会社に帰属する欠損と認識することはできないが，現実に，形骸化し実体のない法人であるとすれば，なお，実質所得者課税の原則の適用の余地がないとはいえないことになる。この点の関係の議論は後述する。

(3) 最高裁判決の判断枠組みとその論点

　以上のような一審及び原審判決に対して，本件最高裁判決は，特定外国子会社等に生じた欠損の金額は，法人税法22条3項により内国法人の損金の額に算入されないことは明らかであるとし，特定外国子会社等に欠損が生じた場合には，その未処分所得の金額の算定上，5年を限度として繰り越して控除することが認められているにとどまるものというべきであるから，当該内国法人の所得を計算するに当たり，上記の欠損の金額を損金の額に算入することができると解することはできない，と判示している。

　かかる解釈は，原審判決と同様であるが，最高裁判決は，さらに進んで，原審の確定した事実から，特定外国子会社等は，パナマ船籍の船舶を所有し，上告人から資金を調達した上で自ら船舶の発注者として造船契約を締結していたほか，これらの船舶の傭船に係る収益を上げ，船員を雇用するなどの支出も行うなど，上告人とは別法人として独自の活動を行っていたというのであり，そうすると，本件においては上告人に損益が帰属すると認めるべき事情がないことは明らかであるから，上告人の所得の金額を算定するに当たり，特定外国子会社等の欠損の金額を損金の額に算入することはできない，と判示しているところである。

　かかる最高裁判決は，一審及び原審判決とは異なり，特定外国子会社等に該当する本件海外子会社の事業実体の実質判断を行っているところであり，この点に関する原審判決の認定事実によれば，法人税法11条にいう実質所得者課税の原則の適用の余地はないことは明らかであるとしたものである。

　この点からすれば，もはや，この最高裁判決の正当性は議論の余地はなく容認されるべきであるといえよう(10)。最高裁の結論は，立法当局者の立法趣旨とされる次の説明と合致するものといえよう。

　「本税制は，子会社等の法人格を否定することなく，その留保所得が実質的に帰属する者である我が国株主に課税しようとするものであり，そのための課税要件を明確かつ具体的に定めている。別個の法人格を有する外国法人の所得を株主の所得に算入するような措置は極めて異例なものといえるが，し

かし，タックス・ヘイブンの利用という事態に対して課税の実質的公平を確保するために本税制のような所得計算についての本則の特例を設けることにより株主に対する措置を講ずることが妥当と考えられたのである。従って，本税制は連結納税制度的な考え方に基づくものでは全くなく、親会社と子会社等との損益通算は認められていない（子会社等の欠損はその子会社等の段階で5年間（筆者注：現行9年間）にわたり繰越しを認められるにすぎない。）。」（傍点部筆者）

しかしながら，特定外国子会社等に生じた欠損金を実質所得者課税の原則によって内国法人の損金の額に算入できるか否かについては，本件事案における特定外国子会社等の資産の保有や事業状況の実体から，その損益は特定外国子会社等に帰属すると判断しているものの，本件事案を離れて一般論として，実質所得者課税の原則によって内国親会社の損金の額に算入できるか否かについては，最高裁判決においても明言されていない。しかして，事実認定の問題とタックス・ヘイブン対策税制の適用との関連をどのように理解すべきかの基本的な論点が，本判決によって浮かび上がってきたように思われるので，すでに，触れたところであるが，以下，この点についてさらに詳しく検討を加えることとする。

4　実質所得者課税の原則とタックス・ヘイブン対策税制の関連

タックス・ヘイブン対策税制の法的性格については，すでに論じたところであるが，これまでの議論からすれば，国際的租税回避に対処した特別の規定であるというものである。ここでの「租税回避」という概念は，広く，租税を回避して軽減するというものとして理解されており，必ずしも，講学上の「狭義の租税回避行為」という意義として使用されているわけではない。タックス・ヘイブン対策税制が租税回避を否認するための規定であるという理解は，正しいものとはいえず，本来，「広義の租税回避を否認するための規定」とするか，「不当な租税負担軽減行為を否認するための規定」というのが正しい[11]。何

故ならば,「狭義の租税回避行為」の一般的定義には該当しないものを含めて,特定外国子会社等の未処分利益を内国親会社の益金として加算すると規定と解されるからである(12)。

そこで,この点の論点の直接的な議論に入る前に,本件最高裁判決における古田佑紀裁判官の補足意見を見ておきたい。同補足意見は,次のとおりである。

「法人は,法律により,損益の帰属すべき主体として設立が認められるものであり,その事業として行われた活動に係る損益は,特殊な事情がない限り,法律上その法人に帰属するものと認めるべきものであって,そのことは,ある法人が,経営上は実質的に他の法人の事業部門であるような場合であっても変わるものではないというべきである。措置法66条の6は,特定外国子会社等に関し,<u>その事業として行われた活動に係る個々の損益について,それ自体が当該特定外国子会社等に係る内国法人に帰属するものとせず,当該特定外国子会社等における事業活動に係る損益の計算に基づく未処分所得につき内国法人が保有する株式数等に応じて所定の範囲で,これを内国法人の所得に算入することとした規定であることは文理上明らかであり</u>,法人の事業活動に係る損益の帰属について前記の理解を前提として,特定外国子会社等が外国の法人であることをも踏まえて特別の措置を定めた規定と解すべきであると考える。本件において,原審が適法に確定した事実によれば,B社における船舶の保有,その運用等がすべて上告人の決定によるものであるとしても,これらは,措置法66条の6の上記趣旨をも考慮すれば,法律上B社の事業活動と認めるべきものであることは明らかであり,したがって,これらの活動に係る損益は同社に帰属するものであって,上告人に帰属するものではないというべきである。」(下線筆者)

この補足意見の論旨は,法廷意見の判決の論旨と変わるところはないが,その補足意見が強調したことは,本来,親会社により子会社が設立され法人格を異にするものである以上,そこでの事業活動そのものは,当該法人に帰属するものであることを確認した上で,措置法66条の6は,その特定外国子会社等の未処分所得を内国親会社の益金に算入することを規定した特別の規定であると

判示している。つまり，この判示は，タックス・ヘイブン対策税制は，実質所得者課税の原則を措置法で明文化したものというのではなく，タックス・ヘイブン国に子会社を設立して所得を留保させて，結果として，合法的に内国親会社の租税負担の軽減を図るという事態を是正するために創設された特別な規定がタックス・ヘイブン対策税制であると位置づけているということである。

この点に関して，立法当局者の執筆による解説によれば，次のとおり記述されている[13]。

「本税制は，軽課税国に設立された外国法人と我が国株主との資本関係を通じて留保所得を持ち分に応じて株主に帰属させるものである。実質課税の原則が租税負担軽減の不当な軽減防止する目的で適用される限りにおいては本税制の趣旨と競合する部面もあるが，本税制は，資本関係がある場合に限定されていること，更に本税制が規定するような50％超100％未満の持分に応じた所得の帰属関係の否認に自ら限界があると考えられることから，法人税法第11条と本税制とはそれぞれ独立した規定として存在することが意図されているといえよう。従って，これら両者はその本来の目的に応じてそれぞれの規定が適用されることになる。ただし，両者が競合する場合には，租税法律主義の要請を考慮すれば居住者又は内国法人と資本関係のある外国子会社等については，先ず法人税法（又は所得税法）の特別法である本税制の規定を適用するのが相当であろう。」

この解説は，一般法としての法人税法11条の実質所得者課税の原則とタックス・ヘイブン対策税制は，それぞれの規定が適用されるということになるが，それが競合する場合には，タックス・ヘイブン対策税制が優先されるとするものである。

ところで，本件訴訟の納税者のように，高額な便宜置籍船を保有して従業員も採用し，傭船事業による収益も得ているというのであるから，内国親会社が100％支配し，子会社の経営の意思決定を行い，その利益を親会社が実質的に享受しているとしても，少なくとも，法的帰属説に立つべきと考えられる法人税法11条の解釈適用において，その利益が親会社に帰属すると認定することは

許されない。また，仮に，経済的帰属説に立ち，子会社の利益は，実質的に親会社に帰属する利益であると認定するとしても，その競合関係は，タックス・ヘイブン対策税制が優先適用されると解するのが合理的であると考えられる(14)。

ところが，本件のような場合ではなく，形式上の外国子会社は形骸化し，その利益が経済的実質はもとより法的実質からみても，当該子会社に帰属するものではなく親会社に帰属する利益であると認定できる場合，すなわち，当該子会社の実体は別法人ではなく，親会社と同一法人であるという認定が可能な場合には，どのような理解が正当であろうか。

この点について，中里実教授は，本件最高裁判決が言い渡される前の論文において，前記立法当局者の解説を紹介した後に，「そうであるならば，租税特別措置法66条の6に明文のかたちで定められていないことについては，基本的に，一般法である法人税法11条にもどって考えていくべきなのである。」(15)とされ，さらに，「タックス・ヘイブン対策税制は，実質所得者課税の原則を確認し，その適用関係を明確化したものであり，特段の懲罰的な色彩をもたず（したがって，加算税等は課税されない），単にあるべき課税を回復することを目的としているのである。したがって，タックス・ヘイブン子会社に欠損があるからといって，それを無視することまでを，措置法66条の6が強制していると解すべきではない。」(16)，とされている。

また，本件最高裁判決後の論文においても，国際的租税回避に対処する等の目的を実現するための政策的税制として理解するという前提に立ち，国際的租税回避が存在しないような場合においてまで同制度を適用すべきではないという考え方が導かれるのではなかろうか，と述べ，その上で，海外子会社に赤字が生じた場合には，租税回避とは無関係であるから，タックス・ヘイブン対策税制は適用されず，本来の法人税法11条に立ち返って，同上の要件を充たす場合には，私法上の法関係に基づく所得の帰属を尊重して，海外子会社の赤字を親会社の赤字として取り扱うことが許されると解すべきである，という見解を述べられている(17)。

また，同様の立場に立っている増田英敏教授は，租税法において拡張解釈は

許されないとし,「そうすると,欠損金の取扱いが明文で定めてない以上,欠損が生じた場合には,同規定の射程外と解する他はないのである。」とされ,本最高裁判決は,租税法律主義の視点から疑問の余地がある,と論じられている(18)。そして,その妥当な解決の鍵は,「子会社と親会社が別法人と認定するか,それとも同一法人と認定できるかという,事実認定にあるといえよう。」とされている。

　このような見解に立つとしても,本件最高裁判決等が認定するように,本件特定外国子会社等の法的,経済的実体が,内国親会社と同一法人と認定できないことは当然であるから,最高判決の結論は正当であるいうことになると考える。

　問題は,本件のような内国親会社と特定外国子会社等の実体とは異なり,法的実質の意味においても,資産負債の保有や子会社に帰属すべき収益も発生していない場合で,形式的な外形のみ,当該子会社に帰属させているような場合で,実質的にもその収益は法人が稼得していると認定できる場合には,そもそも,内国親会社とは独立した特定外国子会社等の存在自体が認められず両社は同一法人と認定できるのであれば,法人税法11条の実質所得者課税の原則を適用して,課税関係を形成するということも理論的には十分にあり得るところである。

　しかし,このような実体が認定されて,親会社の支配下にある子会社の存在が形骸化した形式のみの存在にすぎず,法的実質の意義からも,両社は同一法人であるという場合が現実にあり得るかといえば,ほとんど考えられないであろう。タックス・ヘイブン対策税制が問題とした軽課税国に子会社を設立して,その国の船籍を建造して,その収益や船舶の売却益を取得している当該特定外国子会社等が,このような形骸化した法人ではなく,親会社の意思決定や支持,資金の提供が（子会社では借入）認められるとしても,それは,子会社の運営の実体であり,法人格自体が名目的な形骸化したものとして否定することとは次元の異なる事実認定の問題である(19)。

　しかし,仮に,ここで指摘したような親会社と子会社との実体的関係は同一

法人であるという認定が可能であれば，形式的に子会社に帰属するとしている所得を親会社の所得と認定し，また，その欠損金も同様に親会社に属するものということは，理論的には可能な議論であるという結論に到達しそうである。

ちなみに，租税逋脱事件の判決であるが，当該判決では，「タックス・ヘイブンを利用した租税回避に対する規制として，実質所得者課税の原則や法人格否認の法理などの適用では制約や限界があることから，これらによる可能な場合も含め，その適用対象と課税要件を明文化したものである。したがって，形式的に右の要件等が充足されている以上，所論のいうペーパーカンパニーであつても，適用上，これを除外する理由はないと解するのが相当である。」[20]と判示している。

この判示を文字どおり理解すると，ペーパーカンパニーもタックス・ヘイブン対策税制の適用対象であるということになるが，この判決のペーパーカンパニーの実質も，便宜置籍船保有会社であるから，前述した，実体のない形骸化した法人というものとは異なる。そのかぎりでは，かかる判決の判示があるとしても，内国親会社と海外会社との関係で，法人税法11条の実質所得者課税の原則の適用の余地がないということにはならない。

結論的にいえば，「端的に特定外国子会社等に該当すれば，法人税法11条の適用はいかなる場合であろうとも排除されると解される。」[21]ということであり，しかして，法人税法11条の実質所得者課税の原則の適用があり得るとすれば，海外子会社の存在自体が形式的で形骸化した法人格にすぎず，その子会社は内国親会社と同一であるという認定が可能である場合[22]に限定されると解すべきであろう[23]。

(注)
(8) これを法的実質主義として理解するのであろうが，これに対して，仮に，経済的実質主義が，その経済的所得等の現実の支配管理と利得が親会社であるとして，その所得等の実質的帰属は親会社であるというのであれば，それは誤りである。かかる親会社の現実の利得は，子会社から贈与等により利得したものと認定するのが妥当である。
(9) 占部裕典・大屋貴裕「特定外国子会社等の欠損を内国法人の損金に算入することの

第6章　国際課税を巡る税務訴訟の実際と課題(2)

是非」〔執筆占部裕典〕税経通信59巻11号（2004年9月号）201頁は，「措置法66条の6第2項2号の規定の存在は，直截的に特定外国子会社等に係る欠損金を内国法人の損金の額に算入することを禁じていると解することはできないが，そのように解さなければ損金に算入した後の欠損金をさらに内国法人において繰り越すこととするのかあるいは特定外国子会社等において繰り越すこととするのかなどに対応する規定等がまったくなく，同号を欠損を損金に算入することを禁じているとの前提で理解することが合理的であると解される」と述べている。

⑽　これに対して，増田英敏「タックス・ヘイブンに設立した特定外国子会社の欠損を親会社の損金に算入することの可否」判例時報2011号（2008年）174頁は，経済的実体の有無の判定について，本判決が事案の妥当な解決に不可欠である事実認定と，認定された事実の法的評価が明瞭にされておらず，最高裁は事業の管理，支配及び運営をＴ社が行っていると認定しながら，なぜＴ社とその親会社が別法人であり，その認定事実を法的に評価できるのかについて説得力のある説明がなされていないと批判し，「本件では形式ではなく実質的に両社が同一法人か別法人か問われているのである。」と指摘している。しかし，原審判決が認定して，最高裁が判示したように，本件海外子会社は，便宜置籍船を建造して所有し，その法的責任において，傭船により収益をあげていること等，事実認定として法人格が否認されるような実体にないから，その子会社と親会社の支配関係をもって，両者が同一の法人と認定することは困難であろう。

⑾　「狭義の租税回避行為」とは，通常の経済的合理的な行為で得られる経済的成果と同様の成果を得るために，異常，不合理な行為計算（う回行為等）を利用して，結果として，租税負担を軽減・回避する行為であるが，広義は，行き過ぎた節税行為を含み，仮装行為，外形上の形式を利用した行為で「事実認定の実質主義」により否認されるものを含む広い概念である。そして，行き過ぎた節税行為を否認するためには，同族会社の行為計算の否認や組織再編税制の否認によることはできず，個別規定を創設して否認する以外にはない。本件のタックス・ヘイブン対策税制は，その実質が特定外国子会社等に帰属する所得であるとしても，一定の要件の下で，特定外国子会社等に帰属する利益を内国親会社の所得として合算することを規定した個別帰属による否認という理解が正当である。

⑿　このように「租税回避」という用語が，正当な理解もなく使用されているところに，本来の狭義の租税回避行為概念の拡大をもたらし，現在，同族会社の行為計算の否認等の狭義の租税回避行為の否認論の議論は，講学上の議論から，課税実務上の議論，つまり，租税回避の主観的意思を基にして（不当な行為計算を正常な行為計算に引き直しをせずに），否認しているのが現状である。その典型が，生前において，株主の被相続人が同族会社から資産の高額買取り（未払い）を行い，債務控除した事例である。その高額部分は，売買契約書の形式を利用した書面による贈与契約と解すべきであり，そうであれば，この贈与債務の債務控除を否認することは，相続税法64条ではなく，事実認定の問題として，私法上の高額売買（高額部分の贈与）の契約内容は仮装であると認定して否認する以外には許されない。

⒀　高橋元監修『タックス・ヘイブン対策税制の解説』清文社（1979年）99頁。

⑭　平成13年12月21日裁決（裁決事例集62巻293頁）も同様の理解に立っている。
⑮　中里実「タックス・ヘイブン対策税制と赤字子会社」税研123号（2005年）74頁。
⑯　中里実同上論文75頁。
⑰　中里実「タックス・ヘイブン対策税制と子会社の赤字」西村利郎先生追悼論文集『グロバリゼーションの中の日本法』商事法務（2008年）235頁。なお，同論文は，本件最高裁判決は，本件の特定外国子会社等は，かかる法人税法11条の適用される実体にないことを前提とした判示であるから，ここでの議論とは矛盾しないとされる。
⑱　増田英敏前掲論文（注3）174頁。そして，本件控訴審判決が判示した特定外国子会社等における欠損金の繰越控除か，内国親会社における特定外国子会社等の欠損金の控除が選択できるということに対して，内国親会社と特定外国子会社等が独立している場合には，特定外国子会社等の所得計算において欠損金の繰越控除をすることになるだけであり選択の余地はないとされる。
⑲　前掲平成13年12月21日裁決（注14）は，「措置法66条の6の規定は当初から便宜置籍船を保有するペーパーカンパニーを有する内国法人に対して適用することを予定して立法されたものである。」という判断をしているが，ここでのペーパーカンパニーというのは，「形骸化した形式のみ存在する法人」という正確な意味でのペーパーカンパニーとは異なることに留意が必要である。
⑳　大阪高裁平成5年7月22日判決（法人税法違反事件・判例タイムズNo.855，286頁）。
㉑　占部裕典「タックス・ヘイブン対策税制の欠損の帰属」民商法雑誌138巻1号（2008年）106頁。
㉒　増田英敏前掲論文（注10）の趣旨は，このような理解に立っているものと認識できる。
㉓　占部前掲論文（注21）は，その最後に，「残された問題は，外国法人が措置法66条の6に規定する特定外国子会社等にそもそも該当しない場合に，法人税法11条が適用されうるかであろう。」（同106頁）とされているが，ここで指摘した形骸化した形式的にのみ存在する海外子会社の場合を想定している趣旨とも解される。

タックス・ヘイブン対策税制の適用除外制度を巡る税務訴訟の現状とその論点

はじめに

　タックス・ヘイブン対策税制を巡る税務訴訟で，最も多いのがタックス・ヘイブン対策税制の適用除外要件に該当するか否かを巡る事例である。この適用除外の内容は法定（措置法66の6④）されているが，その内容は曖昧な基準であるために，その適用除外基準の射程範囲を巡っては，課税実務上争いが生ずる余地がある。加えて，タックス・ヘイブン対策税制は，本来，国際的租税回避を是正する趣旨目的であることから，かかる租税回避の意図・目的は存在しない場合には，タックス・ヘイブン対策税制は適用すべきではないという理解に対して，一定の適用除外基準に該当しないと認定された場合には，租税回避の意図目的の存否にかかわらず，同税制が適用されると解され執行されている課税庁の姿勢と制度本来の趣旨目的との齟齬が，その争いの根底にあるものと考えられる。

　以下では，この適用除外要件の該当性が争われた事例の論点を検証することとする。

1　適用除外基準の意義

　措置法66条の6第3項は，タックス・ヘイブン対策税制が適用されない要件として，次の①～③の基準を充たすとともに，その行う主たる事業の業種内容に応じて，④又は⑤のいずれかの要件を充足する場合には，特定外国子会社等のその該当する事業年度に係る適用対象留保金額については措置法66条の6第1項の規定は適用しない旨規定している。

① 特定外国子会社等で，株式若しくは「債券」の保有，工業所有権等その他の技術に関する権利，特別の技術による生産方式若しくはこれらに準ずるもの若しくは著作権（出版権，著作隣接権等を含む）の提供又は船舶若しくは航空機の貸付けを主たる事業とするもの以外のものであり（事業基準），

② その本店又は主たる事務所の所在する国又は地域において，その主たる事業を行うに必要と認められる事務所等の固定施設を有すること（実体基準），

③ その事業の管理，支配及び運営を自ら行っているものであること（管理支配基準），

④ 主たる事業が，卸売業，銀行業，信託業，証券業，保険業，水運業又は航空運送業である特定外国子会社等にあっては，その事業を主として当該特定外国子会社等に係る関連者以外の者との間で行っていること（非関連者基準），

⑤ 主たる事業が，(ア)不動産業の場合は，「主として本店所在地国にある不動産（その不動産の上に存する権利を含む）の売買又は貸付け及びその代理又は媒介及び当該不動産の管理を行っていること」，(イ)物品賃貸業の場合は，「主として本点所在地国において使用に供される物品の貸付けを行っていること」，(ウ)前記④及び(ア)(イ)の事業以外の事業の場合は，「主として本店所在地国において行っていること」（所在地国基準）

この適用除外規定の意義については，特定外国子会社等が独立企業としての実体を備え，かつ，その所在地国で事業活動を行うことにつき十分な経済合理性がある場合にまでタックス・ヘイブン税制により合算課税することは，我が国企業の正常な海外投資活動を阻害する結果を招くことになるので避けるべきであるとの趣旨で設けられたものと解される[24]。

2 「主たる事業」の意義

　タックス・ヘイブン対策税制における適用除外規定には，上記適用除外基準の①事業基準，②実体基準，④非関連者基準又は所在地国基準において，「主たる事業」に該当するか否かの判断を要することとされている。この「主たる事業」の解釈について争点とされた訴訟事件として，ホンコンヤオハン事件がある。この事件では，その行う事業が金融業か，①事業基準に規定する「株式の保有」に該当するか否かが争点とされたものである。

　一審静岡地裁平成7年11月9日判決（訟務月報42巻12号3042頁)(25)は，措置法66条の6第3項は，特定外国子会社等の営む主たる事業が，株式（出資を含む）若しくは債券の保有，工業所有権その他の技術に関する権利等の一定の権利の提供又は船舶若しくは航空機の貸付けである場合には，その特定外国子会社等は，最初から適用除外の対象とはならないこととしているが，「その趣旨は，その事業の性格からして我が国においても十分行い得るもので，その他に所在することについて積極的な経済的合理性を見出すことが困難であるから，そのような事業については，そもそも同項の適用除外の対象としたものである」と判示，その上で，「タックス・ヘイブン課税の適用除外は属人的なものではなく，あくまで特定外国子会社等の各事業年度ごとの留保所得を内国法人の所得に合算課税しないというものであるから，右適用除外規定の適用の前提となる特定事業を営む場合，そのいずれの事業が主たる事業であるかの判定は，その事業年度における具体的・客観的な事業活動の内容から判断するほかはないのであるから，その事業活動の客観的結果として得る収入金額又は所得金額の状況，使用人の数，固定施設の状況等を総合的に勘案して判定するべきであり（措通66の6-8参照），その際，課税要件事実は当該事業年度ごとにその存否が確定される性質のものである以上，決算日以後の事情など当該事業年度には判断不能な事柄などは勘案されるべきではないことはいうまでもない。」と判示しているところである。さらに，本件の係争事業年度における納税者の

「主たる事業」は，株式の保有であると認められ，タックス・ヘイブン課税の適用除外の規定に該当しない，と結論づけている。

また，いわゆる来料加工事件において(26)，東京地裁平成21年5月28日判決（税務大学校ホームページ）では，「適用除外制度の趣旨及び『その行う主たる事業』『その事業を主として行っている場合』等とする根拠条文の事実状態に即した文言・内容等にかんがみると，非関連者基準又は所在地国基準のいずれが適用されるかを決するための特定外国子会社等の「主たる事業」の判定は，現実の当該事業の経済活動としての実質・実体がどのようなものであるかという観点から，事業実態の具体的な事実関係に即した客観的な観察によって，当該事業の目的，内容，態様等の諸般の事情を社会通念に照らして総合的に考慮して個別具体的に行われるべきであり，関係当事者との間で作成されている契約書の記載内容のみから一般的・抽象的に行われるべきものではないと解するのが相当である。」と判示している。

かかる判示は，一般論の認定基準としては合理的な内容であると評価できる。

3　管理支配基準の判断基準

適用除外基準のうち，「管理支配基準」の判断基準については，安宅木材事件判決(27)において，次のような規範が判示されているところである。なお，ニコニコ堂事件判決においても(28)，同様の判示がなされている。

「租税特別措置法66条の6第3項に規定する管理支配基準を充足しているか否かは，当該外国子会社等の重要な意思決定機関である株主総会及び取締役会の開催，役員の職務執行，会計帳簿の作成及び保管等が本店所在地国で行われているかどうか，業務遂行上の重要事項を当該子会社等が自らの意思で決定しているかどうかなどの諸事情を総合的に考慮し，当該外国子会社等がその本店所在地国において親会社から独立した企業としての実体を備えて活動しているといえるかどうかによって判断すべきものと解される。」

ちなみに，従前の措置法通達66の6-16では，次のように規定されている。

「措置法第66条の6第3項の規定の適用上,内国法人に係る特定外国子会社等がその本店又は主たる事務所の所在する国又は地域において,事業の管理,支配及び運営を自ら行っているかどうかは,当該特定外国子会社等の株主総会及び取締役会等の開催,役員としての職務の執行,会計帳簿の作成及び保管等が行われている場所並びにその他の状況を勘案の上判定するものとする。この場合において,例えば当該特定外国子会社等の株主総会の開催が本店所在地国等以外の場所で行われていること,当該特定外国子会社等が現地における事業計画の策定等に当り,当該内国法人と協議し,その意見を求めていること等の事実があるとしても,そのことだけでは当該特定外国子会社等が事業の管理,支配及び運営を自ら行っていないことにはならないことに留意する。」

このような判断基準によって,管理支配基準の有無について判示された前記安宅木材事件の控訴審判決は,本件特定外国子会社の実質的業務はサービス業であるから,そのサービス内容が控訴人会社の指示に基づくことは当然であり,したがって,このような業務遂行の実態から本件特定外国子会社の自己の業務に対する管理・支配を否定することは不当であるとの控訴人会社の主張に対して,「本件特定外国子会社のサービス業なるものは,業として存在し得たとしても,本件特定外国子会社が,その本店所在地国たる香港において独立した法人として,その事業を自ら管理,支配及び運営していたものとは到底いえず,むしろ,親会社たる控訴人会社がその本店所在地である我が国においてこれを実質的に管理,支配していたものといわざるを得ない」と判示して,これを排斥している。

4 来料加工貿易のタックス・ヘイブン対策税制適用の是非
～東京地裁平成21年5月28日判決(29)

(1) 事案の概要・争点と課税の現状

　本件は，精密金型・成形製品の製造・販売及び光学機器の製造販売等を業とする法人である原告の本件各事業年度の法人税につき，原告の中国香港特別行政区に本店を有する子会社B社が措置法66条の6第1項所定の特定外国子会社等に該当し，その主たる事業である製造業を主として中国で行っており同条3項各号の適用除外事由に該当しないため，同条1項に規定するタックス・ヘイブン対策税制が適用され，B社に係る課税対象留保金額に相当する金額を原告の所得の金額の計算上益金の額に算入すべきである等として，各更正処分等を受けたことから，B社の主たる事業は卸売業で非関連者基準を充足しているから，タックス・ヘイブン対策税制は適用除外となるというべきであり，仮に，その主たる事業が製造業であるとしても香港は中国の一部であり適用除外事由に該当する等の理由により，同条1項は適用されず，本件各更正処分等はいずれも違法であるとして，その取消しを求めている事案である。

　この取引は，来料加工貿易といわれるものであるが，その「来料加工」とは，本件の香港企業が中国国内企業の長安工場に対して，原材料を無償で支給し，中国の工場が委託者の要求する品質，規格，デザイン，商標に基づき製品を製造し，加工された製品を，委託者が全量引き取る方式であり，さらに，委託者が受託者に加工に使用する機械を無償で貸与することが行われている。したがって，この取引においては，原材料・製品輸出の際には決済は伴わず，受託者が加工賃のみを受けることになる(30)。

　このような来料加工取引は，「華南地域の経済力及び技術力の不足を香港企業によって補うと同時に，香港自体の金融，物流拠点としての優位性と中国側の地域経済の活性化という政策上の観点から90年代以降急速に発展したといわれており，少なくとも，1000社前後の日本企業が来料加工取引を利用している

第6章　国際課税を巡る税務訴訟の実際と課題(2)

との推計がある。」(31)といわれている。

　ところで，この来料加工貿易に対してタックス・ヘイブン対策税制が適用され更正された当時，Asahi Shimbun Weekly「AERA」2006.10.30「国税庁への企業大逆襲」（17-18頁）という記事において，この来料加工取引について，船井電機は1年分の利益が吹っ飛ぶ165億円のタックス・ヘイブン対策税制による課税がなされたことが報道されている。それによると，「船井は，中国大陸の協力会社に家電の生産を委託し，香港にある子会社を通じて北米市場に輸出している。香港子会社は，協力会社に部品を卸し，完成品を買い上げる商社機能を持つ企業実態があるため，これまで意図的な租税回避を狙ったものとは受け止められず，先述のタックス・ヘイブン対策税制の適用が除外されていた。それを除外せずに適用すると指摘されたのだ。」としており，この更正処分に対して，「これまで10年余もＯＫだったのに，突然指摘されました。ルールを変えるならば，法令の改正か，事前に指導があってしかるべきです。これでは，企業側に予見可能性がない。租税法律主義にもとります。」という元大蔵省出身の中島義雄副社長のコメントが掲載されている(32)。

　これによれば，来料加工貿易については，長年に亘り，課税当局はタックス・ヘイブン対策税制を適用していなかったようであるが，香港，華南地域で日本企業の来料加工取引は3,000件を超えているともいわれているところ(33)，現実のタックス・ヘイブン対策税制の適用による課税は，数件でありきわめて少ないという現実の課税実務の矛盾が指摘されているところである(34)。

　かかる来料加工貿易についての課税処分で，現在，訴訟提起された事件は，ここで紹介する東京地裁平成21年5月28日判決（『税資』261号20頁）がある。

　本件事案での争点は，次の3点である。
　① 非関連者基準の充足の有無（Ｂ社の主たる事業は卸売業か製造業か）
　② 所在地国基準の充足の有無
　③ 目的論的解釈による適用除外の可否

(2) 東京地裁判決要旨と若干の考察
＜非関連者基準の充足の有無（B社の主たる事業は卸売業か製造業か）＞
ア　本件では，生産管理，労務管理，財務管理等の活動内容の実質・実体を本件各契約書の全体を勘案しつつ具体的な事実関係に即した客観的な観察によって検討した結果，B社は，長安工場において販売製品の製造を自ら行っていたと認められ，その結果，製造問屋には該当せず，その主たる事業は製造業であると判定されるものである以上，<u>主観的な租税回避や所得の国外移転の意図がなかったとしても，上記制度の趣旨及び根拠条文の事実状態に即した文言・内容等に則した客観的な基準による判定の結果が左右されるものではないというべきである。</u>
イ　香港法人の人員及び資本の大半を長安工場における製造業務に集中的に投下していると認められるから，その主たる事業である製造業を主として行っているのは，長安工場の所在する東莞市長安鎮，すなわち中国のうち香港以外の地域であると認めるのが相当である。

この判示は，香港子会社を設立して来料加工貿易を行うことに，租税回避や所得移転の意図がないとしても，所定の適用除外基準に該当しない以上，タックス・ヘイブン対策税制は適用されないとしたものである。しかし，次に続く，「上記制度の趣旨及び根拠条文の事実状態に即した文言・内容等に則した客観的な基準による判定の結果は影響されないとしている点は，タックス・ヘイブン対策税制の趣旨は租税回避を是正するというものであるから，その趣旨を重視して解釈すれば，外国税額控除事件最高裁平成17年12月19日判決（民集59巻10号2964頁）が採用した限定解釈により，タックス・ヘイブン対策税制の適用を限定縮減して，租税回避のための香港進出とはいえないことが明白な本件来料加工貿易は，タックス・ヘイブン対策税制の適用を排除すべきであると解することは十分可能である(35)。この点については，後に考察する。

＜所在地国基準の充足の有無＞
本判決は，タックス・ヘイブン対策税制の適用上，中国本土とは税制が異なり租税の負担が著しく低く定められた「地域」に該当するというべきであるか

ら，本店所在地が香港であるB社が所在地国基準を満たすためには，その事業を主として本店の所在する「地域」たる香港において行っていると認められることを要するものと解される。そうすると，本件では，B社は，その主たる事業である製造業を主として香港以外の「地域」で行っているため，所在地国基準を満たさないといわざるを得ないと判示する。

　この判示については，特に異論は見られないが，敢えて，法の不備を指摘すると，措置法66条の6第3項2号では，「前号に掲げる事業以外の事業　その事業を主として本店又は主たる事務所の所在する国又は地域（かっこ内略）において行っている場合として政令で定める場合」と規定し，それを受け措置法施行令39条の17第15項2号では，「第10項各号及び前2号に掲げる事業以外の事業　主として本店所在地国において行っている場合」（下線筆者）が所在地国基準の内容とされている。その形式的解釈によれば，来料加工貿易の場合の，「本店所在地国」は中国という理解が可能であり，香港を「本店所在地国」ではないというのは不正確であろう。「一国二制度」ではあるが，香港は中国の一部であるから，香港子会社B社の「本店所在地国」は中国ということになる。かかる解釈が可能であれば，本件来料加工貿易はタックス・ヘイブン対策税制が適用除外とされることになる。

　しかし，ここでの「本店所在地国」というのは，法律を受けた政令であるから，「国又は地域」をいうと解することを意図しているのであろうから，政令の所在地国基準は，正確に「主として本店又は主たる事務所が所在する国又は地域において行っている場合」とすべきであろう。

　ところで，本件来料加工貿易が，製造問屋として卸売業か製造業かという論点は，法形式上は材料無償提供，中国企業の受託者に対する委託者の技術指導等の事実は，製造業ではなく，委託加工の場合もあり得るところであり，一方で，その来料加工の委託契約の実質からすれば，製造業としての事実関係も指摘できるようであるが[36]，委託契約の法形式を否定して，その作業実態から自ら製造しているという事実認定を行うことは，慎重な事実認定が必要である[37]。

　しかし，この問題は，事実認定の問題に帰するものであるから，当該判決の

事実認定の是非についてはここでは触れないこととする。
＜目的論的解釈による適用除外の可否＞

　租税法規は，多数の納税者間の税負担の公平を図る観点から，法的安定性の要請が強く働くから，その解釈は，原則として文理解釈によるべきであり，文理解釈によっては規定の意味内容を明らかにすることが困難な場合にはじめて，規定の趣旨・目的に照らしてその意味内容を明らかにする目的的解釈（ママ）が行われるべきであって，みだりに拡張解釈や類推解釈を行うべきではないと解される。そして，措置法は，①66条の６第１項において，課税要件を明確化して課税執行面における安定性を確保しつつ，外国子会社を通じて不当に租税の負担を回避する事例に対処して税負担の実質的な公平を図ることを目的として，タックス・ヘイブン対策税制を定めた上で，②例外的に，同条３項において，同様に課税要件を明確化して課税執行面における安定性を確保しつつ，正常かつ合理的な経済活動につき同税制の適用を除外する趣旨で，当該特定外国子会社等が独立企業としての実体を備え，かつ，その行う主たる事業が十分な経済的合理性を有すると考えられる一定の場合について，具体的かつ明確な要件を定めて，上記①の立法目的を損なわない範囲で，限定的に同税制の適用除外を認めたものであって，同条３項の適用除外要件の定めは明確であり，文理解釈によってその意味内容を明らかにすることが可能である。これに対し，原告は，同条１項が設けられた趣旨から忖度して，措置法の条文にはない一定の要件を付加して租税法規の適用範囲を限定すべき旨主張しているが，これは，要するに，措置法の条文にはない独自の適用除外要件を創設して同条３項の適用除外の範囲を拡大すべき旨を主張するものであって，実質的には立法論の範疇に属するものといわざるを得ず，しかも，原告が主張する同条１項への付加要件，すなわち，同条３項の適用除外の範囲拡大の要件自体（我が国企業の国際競争力の低下等）が極めて不明確なものであって，それによって課税執行面における安定性を確保することは到底不可能と考えられるから，上記のとおりの租税法規の解釈の在り方に照らし，措置法66条の６の解釈論として所論を採用することはできない。

本判決は，原告が所定の適用除外要件以外に，同条3項の適用除外の範囲拡大の要件自体（我が国企業の国際競争力の低下等）がきわめて不明確なものであって，それによって課税執行面における安定性を確保することは到底不可能と考えられると判示しているが，納税者が香港に進出したことの経済的合理性は，中国の政策目的により推進発展した来料加工貿易による経営メリットを求めて，内外の企業の香港進出という過去における実態等に照らして明白であるから，かかる場合には，タックス・ヘイブン対策税制の適用除外とすべきというのが納税者の理解である。その意味では，適用除外により納税者に有利な状況をもたらす解釈は，一つの合理的な解釈ということができるであろう(38)。

　この点に関連して，大蔵省で国際課税の立法に携わった経験を持つ品川克己氏は，「来料加工貿易が租税回避行為といえるのであろうか，日本の法人税を回避するために香港及び中国で行っているといえるであろうか。…（略）大いに疑問である。『実質的に自社工場』，『実質的に自ら製造』とまで理屈を使って課税すべき問題なのであろうか。また，そもそも，適用除外基準は，企業の合理的な海外進出を阻害しないために設けられた制度である。この基準を満たせないと主張するのであれば，それは来料加工貿易を合理性のない事業形態と断定することと同義である。そういう意図はないが法令を直接適用するとそうなってしまうというのであれば，それは法の欠陥ともいえよう。早急に法令改正を行うべき問題となろう。」と論じている(39)。

　その上で，同氏は，香港と中国の政治的な特殊の関係，バランスの上で，香港，華南といった特定の地域の中で発展してきた独特の来料加工貿易により活路を見出すべく多くの日本企業が香港，中国に進出し，韓国等，他国企業と熾烈な競争を繰り広げていることを指摘し，「こうした事業活動は租税回避とは全く無縁のものであり，応援されることはあっても，非難，糾弾されることなど考えられないといえよう。しかしながらこうした我が国企業の必死の事業展開に対して，租税回避防止策であるタックス・ヘイブン税制によって懲罰的な課税が行われたのが実情である。政府自ら自国の企業の国際競争力をそぐ行為を行ったのである。しかも，その必然性，合理性もなくである。税務執行当局

は，今一度，大局的に，冷静に，真摯に現状認識を行う必要があるのではないだろうか。」(40)と鋭い指摘による批判を展開されている。

　かかる指摘は傾聴に値する内容であり，単純に，来料加工貿易は，製造業であるという事実認定に立って，問題の解決を先送りすべきではない。

(3) 適用除外基準該当性を巡る法解釈上の論点の検証

　香港に子会社を設立して来料加工貿易事業を展開することには，「十分な経済的合理性」があることは明らかであり，しかるに，香港における来料加工貿易の事業としての経済的合理性が容認されるにもかかわらず，香港子会社が来料加工貿易事業を香港で行うことが法定の適用除外基準に該当しないから，その香港法人の利益留保は，香港の法人税が低率であることに基因した租税回避であるとして，タックス・ヘイブン対策税制を適用するというのが，課税の論理であり，本判決の論理である。

　そこには，立法上の制度趣旨・目的と齟齬が生じている。つまり，そのタックス・ヘイブン国に設立された子会社が，その地で事業を行うことに十分な経済的合理性があるにもかかわらず，所定の適用除外基準に該当しない場合には，タックス・ヘイブン対策税制が適用されるという矛盾である。本来，来料加工貿には，十分な経済的合理性が認められるから，この取引が実質的には卸売業ではなく製造業であると認定されたとしてもタックス・ヘイブン対策税制は適用されないという制度が，そのタックス・ヘイブン対策税制であるべきである。

　ところが，我が国のタックス・ヘイブン対策税制は，四つの適用除外基準に該当しない場合には，タックス・ヘイブン対策税制が適用されるという法解釈による課税実務が行われている。このような解釈論理は，本件来料加工貿易事件の判決のほかに，グラクソ事件の東京高裁平成19年11月1日判決（税資257号順号10816）でも採用されている。同高裁判決は，タックス・ヘイブン対策税制の適用が適法か否かの判断基準は，適用除外要件を充足しているかどうかであり，納税者が主張するように，「租税回避行為とは評価し難いような事情」がある場合には，その適用を除外すべきであると解することは，課税要件

第6章　国際課税を巡る税務訴訟の実際と課題(2)

明確主義に反するとし，タックス・ヘイブン対策税制の適用除外要件は，措置法66条の6に類型化しているのであって，それ以外の要件を付加することは許されない，と判示する（以下「租税回避行為不要説」という）。これが，司法の一般的理解であろう[41]。

　しかして，タックス・ヘイブン対策税制の法の趣旨・目的に鑑みれば，外国（香港）において，事業を展開することに十分な経済的合理性が認められる場合には，タックス・ヘイブン対策税制は適用されるべきではないにもかかわらず，事業展開の経済的合理性のある場合を類型化している適用除外基準に該当しない場合には，タックス・ヘイブン対策税制を適用すべきであるというのは，本来，適用除外基準を設定して，タックス・ヘイブン対策税制の適用を除外するという当該制度の「立法の趣旨・目的に照らしてみて著しく不合理な結果を生ずる場合にまで，そのような厳格な文理解釈をなお維持するとする見解は，我が国の『文理解釈』が許容するところではなかろう。」[42]という指摘がなされているところである。

　このような解釈に整合する判決も見られる。それは前記グラクソ事件の一審・東京地裁平成19年3月29日判決（税資257－10675）であり，控訴審判決とは異なるニュアンスの判示がなされている。すなわち，形式的にはタックス・ヘイブン対策税制の要件に当てはまる場合であっても，「海外において子会社が独立した活動を行うことに合理性が認められ，租税回避行為とは評価し難いような事情が存する場合にまでタックス・ヘイブン税制を適用することは許されないものというべきである。」と判示しているところである（「租税回避前提説」という）。

　かかる判示に照らして，来料加工貿易に当て嵌めれば，「来料加工貿易が形式的にはタックス・ヘイブン対策税制の要件に当てはまるとしても，来料加工の事業が香港と中国長安等において行われることに合理性が認められ，租税回避行為とは評価し難いような事情が存する場合にまでタックス・ヘイブン対策税制を適用することは許されない」ということになるであろう。

　そこで，このような「租税回避前提説」による法解釈が正当であるというた

めには，タックス・ヘイブン対策税制の趣旨目的に照らして，タックス・ヘイブン対策税制の条文自体の解釈として，「経済的合理性」のある事業の場合には租税回避とは認められない場合から，適用除外とするか，適用除外要件の規定の解釈として「経済的合理性」が認められ租税回避とはいえない場合には，適用除外要件に該当すると解するアプローチが考えられよう(43)。しかし，後者の場合には，グラクソ控訴審判決等の判示が指摘するように，租税回避のためではなく「経済的合理性」のある海外進出である場合には，タックス・ヘイブン対策税制は適用除外とするとする解釈は，明文の適用除外要件の他に要件を設定するということにならざるを得ず，租税法律主義の上で疑問もある。したがって，「経済的合理性」の要素をもってタックス・ヘイブン対策税制を適用しないという解釈は，当該税制自体の趣旨目的から解釈するという解釈手法というべきであろう。

　そうであれば，その解釈は，文理解釈であるのか論理解釈（目的論的解釈）であるのかという点が問題となる。占部裕典教授は，かかる制度の趣旨目的を加味して解釈することは文理解釈と位置づけているが，これとは異なり，明文の規定の文言等の文理解釈ではかかる解釈は困難であるという見解に立つとしても，一方で，論理解釈として制度の趣旨目的から，その国際的租税回避防止規定の射程範囲を限定的に解釈するか（縮小解釈），また，適用除外を規定する要件規定を拡大して解釈するのかという点が問題となるし，果たして，そのような縮小又は拡大解釈が許されるのかということにも疑問が生ずる。

　本来の論理解釈（目的論的解釈）の一つである縮小・拡大解釈とは，条文に使用されている文言の意味内容を，その条文の趣旨目的に則して縮小又は拡大解釈して，より整合性ある結果的妥当性を有する結論を導出する解釈手法である。

　ところが，本件タックス・ヘイブン対策税制の解釈の場合，当該税制の条文の文言自体を縮小又は拡大するというものではなく，例えば，租税回避目的のための香港と中国での来料加工貿易ではなく，経済的合理性のある香港進出であるから，これをタックス・ヘイブン対策税制の適用除外とするためには，適

用除外基準の事業基準・実体基準・管理支配基準を充足している本件来料加工の場合「非関連基準」か「所在地国基準」の該当性の問題となる。

しかし、この二つの基準の適用は業種によって決定されるために、業種の解釈を拡大解釈して、法形式的には、材料無償提供による委託加工する「製造問屋」であると解し、卸売業を認定するということが考えられる。しかし、かかる認定は、業種の解釈ではなく、事実認定の問題に帰着するということになるのではなかろうか。ここでも、解釈の限界があるように思われる(44)。

そうとすれば、前述したように、適用除外要件の規定の解釈ではなく、タックス・ヘイブン対策税制の趣旨目的から、その海外進出に「経済的合理性」がある場合には、そもそも、タックス・ヘイブン対策税制の適用はないという制度自体の限定解釈により適用除外とすること以外にはないように思われる。

この場合、かかる解釈に違和感があるのは、前記グラクソ控訴審判決等が指摘しているように、タックス・ヘイブン対策税制の適用除外要件にもない「経済的合理性」という要素をもって、同税制を適用しないという解釈に立つということである。それは、租税法律主義の視座からの解釈の限界からの違和感である。そして、このような疑問を超越して、「経済的合理性」の要素を適用除外要素として採り込んで解釈することは、その制度趣旨にも合致し納税者の利益にもなることであるから、課税当局が税務執行として、かかる解釈に立つ税務行政を採用し、「経済的合理性」のある海外子会社による事業展開が適用除外基準に該当しないとしても、広く適用除外とすることは、タックス・ヘイブン対策税制の制度の趣旨目的に合致することであり、望ましいことである。

＜外国税額控除事件最高裁判決との関連＞

このような課税庁の対応は、タックス・ヘイブン対策税制を限定解釈することにより、制度趣旨及び目的に適合した取扱いを実践するということであるが、その正当性を裏付けるものとして、外国税額控除制度を政策的立法と位置づけて解釈を展開し、銀行の利息に係る二重課税排除のための外国税額控除制度の利用を排斥した最高裁平成17年12月19日判決（判例時報1918号3頁）がある。当該事件は、その課税処分が納税者に不利益に働くにもかかわらず、制度の趣

旨目的等から政策目的の制度であると位置づけて，その制度の利用は濫用であると決めつけて，制度利用を縮小する限定解釈に立ち，銀行として利潤をもたらす取引に係る外国税額控除を否認した課税処分を適法としたものである。

　しかして，課税制度の趣旨目的に照らして，外国税額控除制度の利用を否定した当該判決を類推適用して，同様に，タックス・ヘイブン対策税制の趣旨目的に鑑み，外国での子会社設立による事業展開に経済的合理性が認められるのであれば，明文の適用除外要件の規定がない場合であっても，その制度趣旨から，タックス・ヘイブン対策税制の適用は認められないと解することも一つの法解釈であるといえよう。しかし，当該最高裁判決は，外国税額控除制度の控除枠を利用した制度の濫用がその否認の背景とされているが，一方，来料加工貿易においては納税者の制度の濫用等があるわけではなく，これと同列に論ずることには疑義があるともいえよう。

　これに対しては，当該最高裁判決の制度の趣旨目的からの解釈を政策立法による制度に限定するいわれはなく，したがって，タックス・ヘイブン対策税制においても，その趣旨目的からの文理解釈は認められるべきであるという見解も見られる(45)。いずれによるかは，論者によって異なると思われるが，外国税額控除事件において採用した限定解釈に立つ最高裁判決を前提とする限りは，少なくとも，タックス・ヘイブン対策税制も同様に解すべきであるという見解が妥当であり合理的であると考える(46)。

　しかし，外国税額控除事件の最高裁判決が，外国税額控除制度が政策目的による制度という点を強調し，その上で，銀行の外国税額控除を否定した論理の展開には疑問を持っている筆者は，タックス・ヘイブン対策税制の適用範囲につき，明文の規定にない「経済的合理性」の要素の存在をもって，適用除外とするということには違和感もぬぐいきれない。かかる違和感を払拭するためにも，最高裁判決において明確な解釈が示されることを期待されたが，平成25年12月11日に不受理決定とされている。しかし，原審判決のような解釈と制度趣旨との制度的齟齬につき，早期に立法的解決が図られるべきであろう。

　ちなみに，本件来料加工取引に係る委託契約が製造問屋（卸売業）に該当す

第6章　国際課税を巡る税務訴訟の実際と課題(2)

れば，非関連者基準を充たしていることから適用除外とされるが，本件は委託契約の実質が製造業と認定された結果，所在地国基準を充たさないことになり，タックス・ヘイブン対策税制が適用されたものである。しかして，非関連者との取引が50％を超え非関連者基準を充たしているとしても，その主たる事業が卸売業等の特定業種以外の事業（本件の場合製造業）が本店所在地の国以外の国又は地域で行われている場合には，適用除外の対象外というのが現行制度である。

　卸売業，銀行業等の特定業種の場合には，本店所在地国又は地域以外での国際的な取引が行われることから，その取引の50％超が非関連者との間で行われている場合には，その国又は地域で事業展開を図ることに「経済的合理性」があるという趣旨である。すなわち，非関連者間の取引が過半を占めているのであれば，適用除外とするというのであるから，かかる非関連者取引の基準は，普遍的な合理性基準といえるであろう。しかるに，卸売業等以外の業種に該当すれば，その合理性基準である非関連者取引の基準が無視されるということに合理性が認められるのであろうか。換言すれば，製造業等の他の業種の場合には，唯一所在地国基準に限定して，適用除外基準該当性を判断して，合算課税するというのであるが，単なる業種の相違が，販売取引の経営場面では非関連者基準を充たしながら，適用除外とはされずに合算課税がなされ，卸売業等の一定の業種の場合には，合算課税が免れるという制度自体の合理性の問題である。

　非関連者基準による業種の選定は，現行法でも異論がないものの，その他の業種に該当すれば，非関連者取引基準を充たしているとして合算課税されるというのは，いかがなものであろうか。事業基準・実体基準・管理支配基準を充たした法人であれば，それ自体で当該外国において独立企業としての実体を有しているといえるのであり，しかして，非関連者取引基準を重視して，製造業等については所在地国基準を充たしていれば，非関連者取引基準を満たさない場合であっても適用除外とし，他方，所在地国基準を充たさない場合であっても，非関連取引基準を充足していれば，適用除外とするという法改正を検討す

459

べきではないかと考える。

　なお，来料加工貿易に係る更正処分について，主たる事業である製造業がM区（香港）において行われるとして，取り消した事案として，平成20年2月20日裁決（裁決事例集76巻415頁）がある。

5　タックス・ヘイブン対策税制と租税条約との関係

　この問題は，我が国のタックス・ヘイブン対策税制が日星租税条約7条1項に違反するか否かという争いである。これが争点とされたのは，グラクソ事件判決である[47]。その最高裁判決は，租税条約に違反しないとする条約適合説を採用して，要旨，次のとおり判示した。

　「日星租税条約7条1項は，A国の企業に対するいわゆる法的二重課税を禁止するにとどまるものであって，同項がB国に対して禁止又は制限している行為は，B国のA国企業に対する課税権の行使に限られるものと解するのが相当である。措置法66条の6第1項は，外国子会社の留保所得のうちの一定額を内国法人である親会社の収益の額とみなして所得金額の計算上益金の額に算入するものであるが，この規定による課税が，あくまで，我が国の内国法人に対する課税権の行使として行われるものである以上，日星租税条約7条1項による禁止又は制限の対象に含まれないことは，明らかである。」

　この問題は，学説でも条約違反説と条約適合説に二分されていたが[48]。この最高裁判決で争いは終結した。

第6章　国際課税を巡る税務訴訟の実際と課題(2)

 結びに代えて

　本章は国際課税の税務訴訟上の論点について論述したところであり，さらに，外国税額控除の是非を巡り，金融機関が提起した税務判決についても取り上げる予定であったが，その後，最高裁判決が言い渡される以前の平成13年度及び14年度の改正により，条文の改正が行われており，すでに，法律的に解決がなされた事案であるので，ここでは，敢えて取り上げないこととした。なお，筆者の解釈は，最高裁判決の限定解釈による判断を否定するものではないが，外国税額控除制度が政策的税制という最高裁の論理には与しえない。
　そもそも，外国税額控除制度は，二国間の法人税の二重課税を排除する基本的制度であり，そのことが，資本の中立性に機能して投資促進を図るという副次的な機能を果たしていると考えており，したがって，外国税額控除制度を利用した原告の金融機関の行為が不正義であるというのであれば，その利用を制限する法律改正により手当すべきである。その意味で，外国税額控除を否定した最高裁平成17年12月19日判決（民集59巻10号2964頁）には疑問を持っている。
　結果として，法律改正が行われたことから，ここでは，格別，取り上げて検討することはしないこととする。
　ちなみに，平成13年度及び同14年度の税法改正により「通常行われると認められない取引」として，金融機関の外国税額控除事件のような取引は，その控除対象から除外されたが，その改正の適用時期が，平成13年又は同14年の各「4月1日以後に行う取引に基因して生ずる所得に対する外国法人税を納付することとなる場合について適用される」とされていることから，法律上の形式では，最高裁判決の訴訟事例は，改正法適用以前の外国法人税について控除が不適法として否認されて課税され，他方，訴訟事案以外の課税されていない事例があれば，改正法適用以前の取引に係るものは適法として課税されないとい

461

う不公平な結果を招来することとなっている。しかも，当該外国税額控除事件の大阪高裁平成15年5月14日判決（税資253号順号9341）では，本体取引に係る外国税額控除は，平成13年度改正により，不適用とされたのであり，それ以前の本件取引には，外国税額控除は適用されると解釈して，その控除を否認した本件更正処分を取り消している。

　ところが，本件最高裁平成17年12月19日判決（判例タイムズ1199号174頁）は，この原審判決の論点（法解釈）について，全く触れていないのは理解し難いところである。この判決については，この点を指摘するにとどめておく。

（注）

(24)　安宅木材事件・東京地裁平成2年9月19日判決（判例時報1368号53頁），同控訴審東京高裁平成3年5月27日判決（税資180号811頁）参照。

(25)　控訴審・東京高裁平成8年6月19日判決（税資216号619頁）。最高裁平成9年9月12日判決（税資228号565頁）。

(26)　この事件判決については，別途取り上げて検討を加えている。

(27)　東京高裁平成3年5月27日判決（行集42巻5号727頁）。

(28)　熊本地裁平成12年7月27日判決（税資248号453頁）。

(29)　税資261号20頁。控訴審・東京高裁平成23年8月30日判決（税資261号149頁）。同旨・大阪地裁平成23年6月24日判決（税資261号113頁，同大阪高裁平成24年7月20日判決（税資262号156頁)），東京地裁平成24年7月20日（税資262号158頁）。なお，この各事件の上告審はいずれも不受理決定とされている。ちなみに，小山浩判例研究（租税判例百選（第6版）ジュリストNo.228, 139頁）では，外国税額控除事件の最高裁判決とのバランス論から，経済的合理性のある取引につき，適用除外に当たらないとしても，解釈により，適用除外を認めることは，租税法律主義や課税の公平には反しないように思われると論じている。

(30)　宮武敏夫「来料加工」税研No.133（2007.5）44頁を参照した。

(31)　井上康一「来料加工取引についてタックス・ヘイブン対策税制の適用除外が認められなかった事例」山田二郎他編集代表『租税判例実務解説』信山社（2011年）208頁。

(32)　この中島副社長のコメントは，その後に言い渡された親会社株式方式のストック・オプション行使益の給与所得課税に対する加算税賦課決定処分を取り消した最高裁平成17年1月25日判決（判例時報1886号18頁）の論旨と同旨である。同判決は，課税当局が従前の課税実務の取扱いを変更する場合には，法改正によるか，少なくとも通達により，その趣旨を明示して納税者に周知することが必要であると判示しているところである。

(33)　品川克己「来料加工貿易に対するタックス・ヘイブン税制の適用について（下）」

第6章　国際課税を巡る税務訴訟の実際と課題(2)

税経通信63巻2号（2008年）212頁で引用の関光博「世界の工場／中国華南と日本企業」46頁（新評論）。

(34)　大蔵省主税局で国際課税関係の立案に携わった経験を持つ品川克己氏の同上論文（212頁）は，この課税件数の少なさは，「来料加工貿易に対するタックス・ヘイブン対策税制の適用が不合理であることをあらわしている」とされ，「そこには恣意性が介在しており，それは不公平，非中立的な課税といわざるを得ないのである。」と鋭く批判している。このような感情は，従前の課税実務が来料加工貿易について，長い期間，タックス・ヘイブン対策税制の適用をしていなかったにもかかわらず，突如として，同税制を適用して課税する方向転換に対する納税者の怒りであるといえよう。税務執行が，「調査，広報，相談，指導」の4本柱により成り立っていることに鑑みれば，かかる合算課税がゼロから数百億の課税に変更するというのであるから，納税者に十分に説明，指導して，今後，変更するという対応が必要であり，このことは，事実上の信義則の視座からも必要である。それが親会社株式方式によるストック・オプションの行使益課税への変更による遡及課税に伴う加算税を取り消した最高裁判決（注32の判決）が指摘するところである。

(35)　本判決は，タックス・ヘイブン対策税制の制度趣旨を忘却し，実際に必要があってタックス・ヘイブンに進出している場合にタックス・ヘイブン対策税制を適用する点において誤りであるとするものに，志賀櫻『詳解　国際租税法の理論と実際』民事法研究会（2011年），山田二郎「タックス・ヘイブン対策税制と来料加工取引」税務事例41巻10号（2009年）参照。ちなみに，宮塚久・北村導人「3　タックス・ヘイブン対策税制」中里実・太田洋・弘中聡浩・宮塚久編著『国際租税訴訟の最前線』有斐閣（2010年）167頁は，このような解釈の可能性は十分にあると思われる，としている。

(36)　私法上の法形式である委託加工契約を否認して，実質的には製造業と認定することについては疑問があることを指摘するとともに，中国長安工場は香港法人の製品工場と外見上明示している等，法形式とは異なる実体も見られることを指摘して，その否認はやむを得ないと評価するものに，宮塚久・北村導人前掲論文（注35）160－164頁がある。

(37)　このような来料加工貿易を製造業と認定することについての数々の疑問点について詳論しているものとして，品川克己前掲論文（注33）参照。

(38)　外国税額控除事件について，その制度の政策目的から限定解釈を採用した最高裁判決は，納税者に不利益をもたらすものであるために，租税法律主義の上から疑問があると解しているが，納税者に有利な限定解釈である来料加工貿易の適用除外の解釈は，一つの解釈であると考えられる。

(39)　品川克己「タックス・ヘイブン対策税制－適用除外基準③」T&AMaster No.453（2012年）22頁。

(40)　品川克己前掲論文（注33）214頁。

(41)　東京地裁平成20年8月28日判決（判例タイムズ1291号194頁）においても同様に，タックス・ヘイブン対策税制で定められた適用除外要件のほかに，「条文上全く規定されていない「経済合理性」というようなおよそ不明確な要件を付加して，同税制適

463

用の可否を判断することは，タックス・ヘイブン対策税制の適用についての明確性及び法的安定性を損なうことは明らかであるから，適用除外要件を充足しない外国法人について，更に，経済合理性の検討を要するという考え方はおよそ採り得ない。」としている。

(42) 占部裕典「租税法における文理解釈の意義」同志社法学61巻2号（2009年）175頁。この指摘はグラクソ事件の高裁判決に関するものである。

(43) 占部裕典同上論文は，適用除外要件の文理解釈であるという前提での解釈論を展開されているように思われるが，「適用除外要件にあらたな要件を付加するものではなく，同条の文理解釈の範囲内の問題である」（186頁）とされているところかすれば，タックス・ヘイブン対策税制の条文自体の解釈に経済的合理性を加味して解すべきであるとしているようにも思われる。

(44) ちなみに，来料加工貿易について，課税当局が10年余もの長い期間，問題にしていないという事実の意味は大きい。かかる現実の課税当局の対応の客観的事実を踏まえれば，本来，来料加工貿易を適用除外とする取扱いを継続すること（更正対象にしないこと）として対処することが，タックス・ヘイブン対策税制の趣旨目的に適っているということができる。

(45) 占部裕典前掲論文（注42）188－190頁は，外国税額控除制度の最高裁判決は，当該制度の政策目的のみに限定した解釈とみるべきではなく，その制度の趣旨目的からの文理解釈による限定解釈と位置づけている。したがって，タックス・ヘイブン対策税制の適用も，その趣旨目的に照らして同様に限定的に縮小して解すべきとしている。

(46) このような外国税額控除事件判決の存在と「経済的合理性」との関連から，本件来料加工貿易には「経済的合理性」が認められるとし，適用除外例を適用しないでタックス・ヘイブン対策税制の合算課税をすることは行きすぎではないかとするものに，宮武敏夫「来料加工」税研No.133（2007年）43頁がある。

(47) 最高裁平成21年10月29日判決（判例時報2061号27頁）。同旨の判決として，最高裁平成21年12月4日判決（判例時報2068号34頁）がある。

(48) この点に関しての学説の整理及び判例の論点の研究については，宮塚久・北村導人前掲論文（注35）168－185頁，弘中聡浩「タックス・ヘイブン対策税制の条約適合性」租税版列百選（第5版）別冊ジュリストNo.207（2011年），134－135頁を参照。

第7章

オウブンシャ・ホールディング事件判決再論
～第三者有利発行による収益認定の是非と株式評価の疑問～

I　はじめに

　オウブンシャ・ホールディング事件の判決については，本書の「第Ⅰ巻（改訂増補版）」において，その論点について検討を加えたところであるが，その後，あらたな論点について詳述する必要性を感じ，また，あらたな論説等が発表されたことを踏まえて，ここに再度取り上げて検討を加える必要があると思料したところである。

　ここで，再度取り上げたのは，同事件の最高裁判決には大いに疑問があり，その矛盾点の多さ，大きさに鑑みれば，同判決は誤謬であると考えているからである。そのような問題判決を課税の実践に適用することは，さらなる混乱を増幅させることを懸念しているところ，これを回避するために，同判決の論理は，有利発行増資により受けた新株主の法人の受贈益のオランダ税制による非課税措置，そのオランダ法人の株主が日本の公益法人であるために，タックス・ヘイブン課税が回避されていること等の特異な事例に関する判決に限定した判決として位置づけるべきであると考えている。そのためにも，ここで，再度取り上げて，その問題点の多くを検証して論ずることで，このオウブンシャ

事件判決の問題点を周知することが必要であると考えたからである。
　なお，ここでの論証は，前期「第Ⅰ巻」の論述と重複する部分があると思われるが，その点は，その論述の理解のためであるのでご理解を頂きたい。

II オウブンシャ・ホールディング事件判決の
問題点とその検証

1 判決の概要とその矛盾

　法人が第三者有利発行による増資を行ったことにより，相対的に既存株主の株式保有割合が減少し，それによる当該保有株式の経済的価値の喪失が，法人税法22条 2 項の資産の無償譲渡に当たると解釈されて，当該保有割合の減少に見合う含み益部分が収益と認定され寄附金課税が行われた課税処分が争われたのが，いわゆる「オウブンシャ・ホールディング事件」である。その判決における解釈は同条項の解釈に多くの問題を提起した。

　ところで，法人の意思決定機関である株主総会において，その構成員の当該株主が議決権を行使して有利発行増資を決議したことが，当該法人の法律行為（有利発行増資）とは別個に，議決権を行使した当該株主の法律上又は事実上の行為[1]として認識され，その保有株式割合の減少に伴う当該株式の経済的価値の減少について，当該法人の株主に対して譲渡収益が実現したとして，課税されたものであるが，過去の課税実務ではこれまでにはない課税である。

　第三者有利発行により新株主（個人）が受けた利益は発行法人から受けた利益であり（所令84条本文参照），かかる利益の所得区分は，発行法人と新株主との法律関係等（雇用契約等の有無）によって，給与所得又は一時所得等とする取扱い（所基通23～35共‐ 6 ）が定着している。かかる法律上の規定及び課税当局の行政解釈を前提とすれば，その一審・東京地裁平成13年11月 9 日判決（判例時報1784号45頁）が，法人の構成員としての株主（オウブンシャ・ホールディング）は法律行為の当事者にはなり得ないと判示して譲渡収益の課税処分を取り消したことは，もとより当然の判決であったということがいえる。

　しかるに，最高裁平成18年 1 月24日判決（判例時報1923号20頁）は，発行法

人の株主であるオウブンシャ・ホールディングと新株主との間の合意により，オウブンシャ・ホールディングは，その支配していた発行法人の保有株式の経済的価値を新株主に移転したと認定し，その資産価値の移転は法人税法22条2項の「取引」に該当し，その株式の経済的価値の移転相当額の収益を認定したものである(2)。しかしながら，かかる経済的価値の移転とは，実際には，「株式の持株（保有）割合」の減少，つまり議決権比率の減少であって，株式という資産自体（所有権）が移転したわけではないから，これを「無償の資産の譲渡」として捉えることは誤りである。また，株式とは別に，「株式の持株（保有）割合」という資産を認識することもできない。

2 第三者有利発行に伴う既存株主の収益認定の論理矛盾と不整合性

この判決に対しては，次のようないくつもの問題点が指摘できるが，本件最高裁判決はじめ，その結論を支持する論者は，かかる問題点に関して整合性ある論理を展開して，その結論の正当性を論証しているものは見当たらないように思われる。

(1) 「株式保有割合の減少」が「資産（株式）の移転（取引）」といえるか

増資発行法人の構成員の既存株主が株主総会において議決権を行使することは，法人の構成員としての意思表示であり，しかして，その株主総会の意思決定（第三者有利発行増資）は当該法人の法律行為として展開されるものであって，当該株主が独立して法律行為の当事者となるわけではない。

すなわち，法人税法22条2項の「その他の取引」(3)にいう「取引」は，記帳対象の会計事象である「簿記上の取引」であるから(4)，株主総会での第三者有利発行の既存株主の議決権行使は記帳の対象となる「簿記上の取引」には該当しない(5)。このような有利発行の場合には，新株主が発行法人の有利発行を引き受けた時（又は払込みをした時）に記帳の対象となる「簿記上の取引」が行わ

れたことになる。しかしながら，その取引は，新株主と発行法人の間の取引であるから，既存株主と新株主との間の取引が介在する余地はない。

　加えて，かかる保有株式の保有割合の減少に伴う経済的価値の喪失（減少）を企業会計上の実現概念で捉えることは困難であるから[6]，既存株主の保有割合の減少に伴う保有株式の経済的価値の喪失（減少）が，同項の「無償の資産の譲渡」に該当しない以上，法人税法上の収益を認識することはできない。

　ところで，「無償の資産の譲渡」により収益を認識する本質的な法理は，資産の所有者からその資産の支配管理が離れる（移転する）時に当該資産の経済的価値が顕在化し，それを機会にその含み益について清算課税することとしたのが，譲渡所得（利益）課税の本旨である。しかし，従前の資産の無償譲渡により収益を認識し寄附金等とする二段階的構成による課税は，その資産が現実に譲受人に移転していることが前提とされているものであり，それが「資産の譲渡」の意味内容である。

　ところが，第三者有利発行の場合には，既存株主が保有する発行法人の株式（オウブンシャ・ホールディングの場合には200株）は，既存株主の支配管理から1株も移転していないから，少なくとも，従前の清算課税の対象とされる資産の譲渡利益とは異質な課税であることは明らかであろう。すなわち，既存株主が現実に保有する資産（株式）の移転（移動）はなく，単に既存株主が保有する株式の保有割合が減少した結果，その経済的価値が喪失（減少）したものにすぎないから，それをもって株式の譲渡益が実現したとはいえない[7]。第三者有利発行において，既存株主が保有する発行法人の持株の保有割合の減少による経済的価値の喪失（減少）は，法人税法はもとより，企業会計においても認識されていない含み益部分が未実現のまま喪失（減少）したものにすぎないのである[8]。

　しかるに，かかる保有株式の経済的価値の減少は「保有株式の移転」ではなく，また，「持分の移転」（オウブンシャ・ホールディング事件控訴審判決）でもない。また，「資産価値の移転」（同最高裁判決）ともいえない。つまり，株式保有割合の減少は議決権比率のそれであって，その比率の低下による資産価

値の減少は，資産の移転，すなわち「資産の譲渡」には当たらない(9)。

(2) 現行法の下での課税実務との齟齬

次に，仮に，有利発行による発行法人の既存株主の株式保有割合の減少による「資産価値の移転」が「資産の譲渡」に該当し，既存株主に収益が発生（寄附金）すると解するとすれば，次のような事例の取扱いに関する税法上の問題点を払拭することはできない。

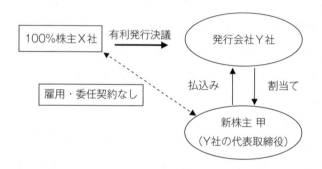

すなわち，所得税法施行令84条は，第三者有利発行やストック・オプションの行使により新株主（甲）が得た経済的利益は，<u>発行法人から与えられた権利</u>であるという前提で規定され，その所得区分は，発行法人と新株主との法的関係に基づいて判定することとされている（所基通23～35共－6）。したがって，上記事例では，所得税法上は，甲が受けた経済的利益はＹ社からその代表取締役甲に対する給与と認定されることになる。

しかるに，オウブンシャ・ホールディング事件の最高裁判決の論理は，既存株主Ｘ社が発行法人Ｙ社の株式を甲に無償譲渡したと認定して譲渡収益を認識し，一方で，Ｘ社が甲に経済的利益を無償供与したとして寄附金課税を行ったものであるが，そうであれば，同社から甲が受けた経済的利益の所得区分は，Ｘ社と雇用又は委任契約のない甲が贈与により取得した利益として一時所得となるというのが，その理論的帰結である。前記給与所得とする課税実務と一時所得とされるオウブンシャ・ホールディング事件最高裁判決の相克である。

ところが，親会社X社と子会社Y社の役員との関係は雇用又は委任契約類似の関係にあるから，親会社から子会社従業員等に対する行使益は給与所得というストック・オプション最高裁平成17年1月25日判決（判例時報1886号18頁）の論理によれば，親会社X社から子会社Y社の代表取締役甲に対する経済的利益の供与による所得は，給与所得となるが，そうであれば，所得区分の問題は解消する。しかしながら，その給与所得の源泉徴収義務者は親会社X社か子会社Y社のいずれかという，解決不能な新たな問題を惹起する。

　このことは，租税法律主義の下での現行法の解釈としては，発行法人が有利発行の第三者割当増資を行ったことによって，その法律行為の当事者ではない発行法人の既存株主が，新株主に対して資産の無償譲渡又は「その他の取引」を行い経済的利益の無償供与を行ったと認定することの不合理性の証左といえよう。

(3) 既存株主への有利発行の場合の課税関係の矛盾

　既存株主甲が80％所有している発行会社が，その株主である代表取締役甲に有利発行した次のような場合を考えてみる。

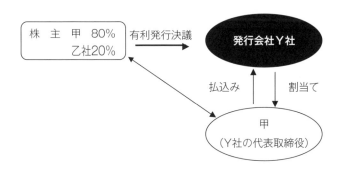

　所得税法施行令84条は発行法人から与えられた権利の価額に基づいて，その収入金額を算定することとしており，したがって，従前の課税実務は，Y社から代表取締役甲に対する利益供与として給与所得課税が行われている。ところが，オウブンシャ・ホールディング事件判決の論旨によれば，株主甲から同一

人の甲に対する利益供与となり給与所得にはなり得ないし，20％所有する法人株主乙社からは贈与として一時所得課税という奇妙な事態を招来する。

(4) 「株主と新株主」，「発行会社と新株主」の取引の二重構造による問題点

オウブンシャ・ホールディング事件の概要図は，次のとおりである。

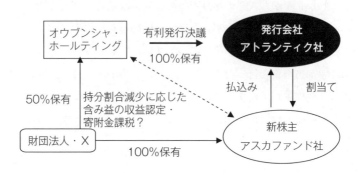

この場合，新株主の100％株主である公益法人は，オウブンシャ・ホールディングの株式を50％保有しているから，オウブンシャ・ホールディングの「資産価値の減少（移転）」はその株主の公益法人の資産価値の減少でもある。一方で，当該公益法人は新株主の有利発行増資により新株主が得た経済的利益の100％の資産価値を支配しているから，グループの株主の公益法人からみれば，オウブンシャ・ホールディングの資産価値の減少の50％相当の損失と，新株主が取得した100％の経済的価値の増加であり格別の問題はないといえるのではなかろうか。

(5) その他の論点

その他多くの問題点があるが，その論点のみ簡潔に指摘しておく。

①持株割合の減少を「無償の資産の譲渡」というのであれば，既存株主のオウブンシャ・ホールディングが保有する発行会社の帳簿価額（原価）について，その割合的減少に応じた額を減額して損金の額（譲渡原価）に算入すべきであるが[10]，それをしていない。

②既存株主が保有する発行会社の株式の資産価値の減少を「持分の移転」として譲渡として捉えると，既存株主（法人）の発行会社株式200株の帳簿価額1,000（時価1,000），その有利発行による保有割合の100％から50％に低下した場合，下記のように，株式の帳簿価額1,000のうち500を実現損として認識することになるが，かかる税務処理が認められるのか。それは，税法上認められない評価損を事実上容認することになるのではないか。

（借方）株 式 譲 渡 損　　500　　（貸方）株　　　　式　　500

また，そもそも，「（貸方）株式」を計上することは，株式200株の移転（譲渡等）による株式数の減少は発生していないのであるから，かかる仕訳自体が成立する余地はない(11)。すなわち，オウブンシャ・ホールディングの事例では，200株の子会社株式は1株も移転（減少）していないにもかかわらず，株式の「持株割合の減少」という事実を譲渡又は「その他の取引」として認識することが誤りであることを証明するものである。換言すれば，オウブンシャ・ホールディングが所有するのは200株の子会社株式であり，子会社株式とは別に「持株割合」という資産を保有するものではないということである。

③有利発行を決議した発行法人の株主が個人の場合で，増資を引き受けた新株主が法人の場合には，その有利発行価額が時価の2分の1未満の場合，所得税法59条1項により，賛成した当該個人株主にみなし譲渡課税が行なわれ，反対した個人株主には適用されないということになるが(12)，同一の低額譲渡に対して，賛成株主にはみなし譲渡課税が行なわれ，反対株主には適用されないという，株主の主観的意思によって課税関係が左右されることの合理的根拠は見い出しえない。しかも，所得税法59条1項は，「資産の低額譲渡」が対象とされるのであるから，前述したとおり，既存株主の保有する200株は1株も移転していない本件に同項を適用する余地はない。

④既存株主も新株主も個人の場合，みなし譲渡課税の規定は機能しないが，その場合には，所得税法は取得費の引継ぎを認めている。しかし，現実に株式が移転していない以上，取得費の引継ぎという概念自体あり得ないし，しかも，当該新株主の個人には，前述したように，発行法人からの経済的利益として課

税される法制度と解釈通達による所得区分が適用されるから、その取得費の引継ぎは無意義なものとなる。

以上のような問題点のほかに、最近の論説によれば、オウブンシャ・ホールディング事件判決の適用は、100％の完全親子会社間における有利発行増資に限定すべきである、という見解が述べられている(13)。しかしながら、100％の支配関係の場合に課税されて、95％の支配関係には適用されないという合理的根拠を現行法から導くことは困難である。この点について、以下検討を加えることとする。

なお、この点については、『本書第Ⅰ巻改訂増補版』においても、若干の考察を行ったところであるが、ここでは、さらに敷衍して評論することとしている。

3 最近の論説の検証

(1) 「取引」該当性について

オウブンシャ・ホールディング事件の最高裁判決を支持する論者のうち、その論点につき最も詳細に論じている最近の神﨑善子氏の論文(14)(以下「神﨑論文」ともいう)について付言しておきたい。

神﨑論文では、既存株主の「持株割合の低下」が、同株主から新株主に対する「資産の譲渡」に当たり、また、それに該当しないとしても、「無償によるその他の取引」に該当するから、法人税法22条2項の収益を構成すると論じている(15)。その論拠として、第三者有利発行において、「希釈化による株式会社に対する財産権の一部移転は、持株比率の低下をもたらし、この低下により支配権等の株主の『地位』は、既存株主の支配を離れ、新株主の支配下となる。これは『納税者がその資産に対する使用収益等の支配を最終的に失う』という、『譲渡』の要件を満たす。」とされ、さらに、既存株主が単独株主である場合、新株引受人との「合意」の成立により「取引」の存在が認められるとし、当該取引は、「外部取引であり、既存株主から新株引受人への所有権の移転を伴う」、

第7章　オウブンシャ・ホールディング事件判決再論

ということを根拠にされているようである(16)。

　そして，神﨑論文の特徴的なことは，論文のサブタイトル「〜一人会社を中心として〜」からもわかるように，本件最高裁判決の適用される射程範囲は，オウブンシャ・ホールディングのような一人株主の合意に限定すべきであるとする解釈論を展開しているという点である(17)。

　ところで，既存株主の「持株割合の低下」は，オウブンシャ・ホールディングの保有するアトランティク社の200株の株式移転をもたらすものではないから，神﨑論文のいう「既存株主から新株引受人への所有権の移転を伴う」というのは論理として成り立たない。

　すなわち，オウブンシャ・ホールディングの貸借対照表には，当該株式が有価証券勘定として計上され，本件増資後もその保有するアトランティク社株式200株の1株の所有権もその支配を離れ移転したという事実は認められないから，「無償による資産（株式）の譲渡」とはいえないし，また，株式とは別個に，「株主の地位」が資産として計上されない以上，株式価値の希釈化をもって法人税法22条2項の「譲渡」又は「その他の取引」に該当する余地はない(18)。

　同論文は，「既存株主の行為が新株引受人との『取引』に当たる」ともいうが(19)，通常の新株発行による増資の取引当事者が，発行法人と株式引受人であることを失念している。このことは，「第三者有利発行による増資」において異なるものでないことはいうまでもない(20)。株主総会の第三者有利発行増資は，構成員（株主）による株主総会での3分の2の特別決議により行われること，第三者の新株主の増資引受（同意）を得て，発行法人が新株主との間で行う資本取引（法律行為）であるということである(21)。

　会社法上の議論において，既存株主が支配していた株式の経済的価値が，有利発行増資により新株主に移転するという論理は，株式会社における法構造からの経済的実相を示すものではあるが，法律行為の当事者として，既存株主が登場するものでないという本件一審判決の論旨は，もとより当然の事理であるということである。

　ところが，神﨑論文は，「既存株主と新株主が，（直接的には）『なんらの行

475

為もしていない』として,『取引』に当らないという見解がある」と指摘して,本件一審判決及び筆者の見解を紹介している(22)。その上で,この筆者の見解に対し,神﨑論文は,株主総会での既存株主の賛成(同意)という,「対外的行為」によって,初めて「第三者有利発行」が実現するものであるとし,その私法上の行為を広く捉えることが必要であるとしている。

　この見解の問題点は,発行法人の株主総会で賛成した株主の行為が「対外的行為」と理解している点である。株主総会での議案に対する株主の賛否の意思表示は,当該法人の構成員としての法人の内部機関の意思決定に参画する行為であり,その賛否の意思表明自体が対外的な債権債務等の法律関係を生じさせるものではない。したがって,かかる法人内部の総会における意思表示が「対外的行為」ということはできないし,また,「簿記上の取引」としての仕訳の対象にもならない。その総会決議により,第三者有利発行が対外的な法的効力を発生し,「簿記上の取引」として仕訳の対象とされるのは,発行法人の第三者有利発行の意思表明に対して,株式引受人(新株主)がその株式を取得することの申し込みをした時である(所基通23～35共－6の2参照)。そのことにより,初めて,対外的行為としての法的効力が発生し,現実に仕訳の対象となる「簿記上の取引」とされるのである。

　増資の新株発行を行う取引行為の当事者は発行法人であり,株主総会で賛成の意思表示を行った構成員である既存株主の法律上の行為ではないという,当然の事理を判示したのが一審判決(藤山雅行裁判長)である。その正当性を再確認したいものである。

　ところで,このオウブンシャ・ホールディング事件は,新聞紙上で,究極の租税回避行為であるとして報道されたが,そのために,この課税処分を支持する論者による判例研究において,判決文で示されていない事実関係まで紹介されたこともある(23)。本件事件は,納税者敗訴の最高裁判決によって終結したが,その解釈の論理的正当性については,未だ,結着がついたとは言い難い。本稿の「再論」を含む以前の論稿により指摘した論点のすべてについて,整合性をもった合理的な説明ができないからである。

(2) 本件最高裁判決と「単独株主支配の一人会社限定論」

次に，オウブンシャ・ホールディング事件の最高裁判決は，株主が一人会社の場合に限定して適用されるべきであるという論理について検証する。かかる解釈は，本件最高裁判決の射程範囲を広く捉えると，多くの問題点が生ずることから導出された論理と考えられ，その点では，無条件支持派の論者に比較すれば，限定解釈により縛りをかけて，単独支配の一人会社の第三者有利発行に限定して適用すべきことを論じた点では，それなりの評価はできる。

神﨑論文では，単独株主で支配している法人の第三者有利発行に限定する根拠として，「一人会社の単独株主でなければ『合意』の成立すなわち『取引』の根拠が揺らぐためである。」[24]としている。そして，複数の株主がいる場合に，第三者有利発行に反対する株主は，第三者有利発行による既存株主が受ける経済的損失について「同意」していないから「取引」も存せず収益も発生しない，としている。

まず，ここでいう「単独株主支配の一人会社限定論」にいう，「単独株主」とは，オウブンシャ・ホールディング事件のように，法人株主に限定しているのか，個人株主の単独支配も含むのかという点であるが，「単独株主」としている以上，個人の単独支配の場合も含むということにならざるを得ない。本件最高裁判決が既存株主・発行会社・新株主の三者間の「同意」をもって取引としていることからすれば，100％支配の個人株主に対しても適用されるというのが必然的な解釈であろう。

そうであれば，既存株主の持株割合の減少による経済的価値の喪失が，同株主から新株主への「株主の地位の移転」として資産の譲渡と認識する神﨑論文は，それが無償であるから，既存の個人株主に所得税法59条1項（みなし譲渡課税）が適用されて課税されるというのが，その必然的な帰結ということになろう。

しかるに，神﨑論文及び同旨の論文[25]は，既存の個人株主の持株割合の減少について，無償又は低額の譲渡として，所得税法59条1項に該当すると解するのか，すなわち，本件有利発行増資による既存の個人株主の持株割合が減少し

たことが，同項の「譲渡所得の基因となる資産の移転があった場合」に該当するか否かの検討を要するところ，それがなされていない。

　その検討に当たっては，「譲渡所得とは，資産の譲渡による所得をいう。」（所法33①）としていることから，第三者有利発行増資によっては，既存株主の保有する株式（資産）が移転していないにもかかわらず，ここでの「資産の譲渡」に該当するといえるのかという視座からの検証が必要となるが，資産が現実に移転していない以上，「資産の譲渡」に該当しないことは明らかであろう。そのために，所得税法施行令84条は，有利発行等に係る発行法人からの経済的利益の流入と認識して，その収入金額の算定の規定を措置しており，そして，「所基通23〜35共－6」は発行法人からの所得として，同法人と新株主等との雇用契約等の法的関係から，その所得区分を明らかにしているのである。

　ちなみに，本件控訴審判決は，法人税法22条2項の無償による資産の譲渡に該当しないとしても，「その他の取引」に該当するとしているが，所得税の譲渡所得は，「その他の取引」という概念を措定していないから，控訴審判決のような二元的な「逃げの理論」は成り立たない。このような理論的な解釈問題が発生するにもかかわらず，本件最高裁判決は，いずれの取引に該当するのかについての論理的な解釈を示さずに，「三者間の合意」が取引であるとする判示に止まったことは，国民が期待する司法の最高峰としての判決としては不十分であるという批判は免れない(26)。

　ところで，この点に関しては，所得税法59条1項に該当し「みなし譲渡」課税の適用を肯定する見解がみられるが(27)，そもそも，第三者有利発行により，貸借対照表に計上されている株主の議決権等を表象する有価証券としての株式の支配管理が継続しているから資産の移転とはいえない。加えて，株式の移転（譲渡）の他に，既存の個人株主の「持分割合の低下」を「持分（割合）の移転」として捉えるとすれば，移転していない株式以外に，別途，「持分（割合）」という未計上の資産が移転しているということになるが，そのような理解は，これまでの課税実務では皆無であり，企業会計においても議論されていない。仮に，かかる解釈が正当であるというのであれば，租税法律主義の下で

第7章　オウブンシャ・ホールディング事件判決再論

は、個別規定により措置すべきことであり、それによることなく納税者の予測可能性を害する課税を行うことは「法の創造」であって、租税法律主義の下では許されない。

ところで、株主が複数の場合の第三者有利発行については、反対する株主には課税できないから、本件最高裁判決の射程距離は、「単独株主」に限定すべきであるという論理は、裏を返せば、本件最高裁判決の「三者間の同意＝取引」という論理の矛盾を指摘するものということができる。

すなわち、第三者有利発行を行う発行法人の株主が複数の場合には、法人税法22条2項の「無償の資産の譲渡」等に該当せず課税されないが、単独株主であればこの取引に該当し、既存株主のオウブンシャ・ホールディングに譲渡益250億円余が発生し課税されるという解釈の論理自体が矛盾している。

ちなみに、単独株主について課税されるというのであれば、第三者有利発行を行う前に、株式の一部を他に譲渡すれば課税されないことになるが、これが、租税回避行為として否認されるべきであるという解釈が可能かどうかが問題となる。

例えば、既存の単独株主が保有株式を一部譲渡して95％の持株割合とした上で、第三者有利発行を実行した場合、その株式譲渡を否認するためには、その譲渡行為が仮装であると認定して課税するほかはない(28)。しかして、その株式の譲渡を真実と認定した上で、その譲渡行為を租税回避のための行為として、同族会社の行為計算の否認規定を適用することは、法の予定するところではない。

何故ならば、単独株主が一部の株式を譲渡した結果、その法人の株主が複数株主に変更されたことが真実であるから、その譲渡が仮に「異常、不合理な行為」であるとしても、これと同等の法的、経済的成果（95％の支配関係）を得ることができる「正常な合理的行為」は存在しないから、同族会社の行為計算の否認規定による引き直しは不可能だからである(29)。

さらにいえば、単独株主が株式を譲渡し、結果として、当該発行法人の株主が複数株主とされた以上、神崎論文の上記の論理により複数の既存株主には課

479

税されないことになるが、それは当然の結果でありこれを不当として否認することはできない。

そして、仮に、かかる「単独株主外し」の株式譲渡が問題であるというのであれば、第三者有利発行の場合には、既存の単独株主に限定して譲渡として課税するという法制度を定立し、その中に、その第三者有利発行前の一定の期間内における「単独株主外し」のための株式譲渡は譲渡なかりしものとするという、みなし規定を措置すべきであり、租税回避行為を否認するための「同族会社の行為計算の否認」の規定を適用するのは誤りである。

いずれにしても、第三者有利発行が単独株主による決議により行われた場合に限定して、オウブンシャ・ホールディング最高裁判決が適用されて譲渡益課税がなされ、複数株主の決議の場合には適用されないというのは、それ自体が論理的整合性に欠けるということを指摘しておく。

ところで、組織再編成の行為計算の否認規定（法法132の2）を適用したヤフー事件判決事例が紹介されているが、それに関連して、適格組織再編成の適格要件を充足するために行った納税者の行為又は適格要件非該当とするために行った納税者の行為（適格外し）が租税回避として同規定により否認されるという論説がみられる。

例えば、子会社の欠損金を利用するために、40％の支配関係にある関連会社の株式を買収して100％の完全子会社化にし、その1か月後に適格合併する場合には、法人税法57条3項の規定によれば、50％超の支配関係の形成が適格合併の日前5年内であれば、その被合併法人（子会社）の欠損金の承継は認められないが、適格合併自体は認められる。一方、当初（5年前）から70％支配する子会社の株式を買い取り100％の完全子会社化することで適格合併した場合には、その適格合併による資産移転における課税の繰延べはもとより、子会社欠損金の承継も認められる。しかしながら、かかる適格要件適合のために行われた行為計算は、組織再編成の行為計算の否認規定により否認されるとも取れる解説がみられるが、5年前の完全支配関係形成後の適格合併を否認することはあり得ないことである。

第7章　オウブンシャ・ホールディング事件判決再論

　さらに，100％完全子会社化の適格合併によると，含み損が計上できないことから，その株式の10％を譲渡して90％の支配関係の下で非適格合併を行い，組織再編成の原則的課税制度である「時価による譲渡」として実現損を計上した場合，また，非適格合併とするために，その対価として一部現金交付した場合，80％の従業員引継要件に該当させないために，60％の従業員引継ぎに止めた場合等，いわゆる「適格外し」を行う場合には組織再編成の行為計算の否認規定を適用して課税するとも取れる解説もみられる。

　しかしながら，適格要件適合のための行為計算又は「適格外し」の行為計算であろうとも，個別規定による制限規定が措置されていない以上，組織再編成の行為計算の否認規定を適用して課税するというのは議論の飛躍であり許されない。

　すなわち，租税回避の意図の下での不合理な行為計算であることを理由に否認するとしても，そこで顕現されている経済的成果と同一の経済的成果が得られる他の合理的な行為計算に引き直すというのが租税回避行為の否認であるから，組織再編成の租税回避を否認する法人税法132条の2の適用に当たっても，同様に，顕現されている経済的成果と同様の成果をもたらす合理的な行為計算に引き直す必要がある。

　ところが，上記の各事例の場合，例えば，合併の対価として現金交付を行ったことが異常，不合理であるとした場合，これと同様の法的，経済的成果をもたらす合理的行為は他には認められないから，引き直しはできないことになる。つまり，この事例は，租税回避行為ではなく，許容された範囲の現金交付を行った結果，適格合併には該当せず，非適格合併とされて，移転資産の時価による譲渡損益を認識する法人税法の組織再編成の原則的な課税制度が適用されるにすぎない。それは節税であって，本来の講学上の「狭義の租税回避」とは異質なものである。

　例えば，完全子会社した後の近接した時期に適格合併を実行した場合，適格合併自体を否定する規定がない以上，その適格合併は認められることはいうまでもない。しかるに，仮に，これを租税回避行為として組織再編成の行為計算

481

の否認規定により否認して非適格合併として課税するということになれば，最早,「法の創造」であり，納税者の予測可能性は全く否定されることになろう。

このような危険な解釈は，前述した単独株主を複数株主にして第三者有利発行による既存株主の課税を回避するという行為も否認の対象とされかねないことになる。「異常不合理な行為計算により，経済的合理的な行為により獲得する経済的成果と同一の経済的成果を得ながら，租税を減免する」という，租税回避行為の本来の意義を再確認することが重要である。

そして，このような「適格外し」等の行為を不正義というのであれば，かかる行為が適格合併等日前の一定期間内に行われた場合は，その行為を否認するという規定を措く以外にはない。しかし，法制度として，かかる規定が適切かどうかは疑問がある。特に，非適格組織再編成の時価による譲渡損益の原則課税を異常不合理であるとして否認することは理論として成り立たない(30)。

(3) 小　括

オウブンシャ・ホールディング事件のスキームの特筆すべき点は，次の点にある。

①オウブンシャ・ホールディングが保有するテレビ関係会社の株式を現物出資してオランダにアトランティク社を設立し，特定現物出資の圧縮記帳を行ったこと(31)，②その3年半後に，公益法人を株主とするオランダ法人・アスカファンド社に本件有利発行増資を行ったが，その受贈益はオランダ税制により非課税とされたこと，③アトランティク社が現物出資により受け入れた株式の取得価額は，オウブンシャ・ホールディングの取得価額を引き継いでいるために，その株式をオランダの関連会社に時価で譲渡し多額な譲渡益を計上したが，オランダ税制により非課税とされたこと，④同社は，その時価譲受けしたテレビ関係会社株式を日本法人のグループ会社に譲渡したが譲渡益は発生せず，同株式は課税されないままに日本に還流されたこと，というものである(32)。

本件訴訟で問題なったのは，②のアスカファンド社に対する第三者有利発行増資であるが，本件スキームの最大のポイントは，オランダ税制では，第三者

有利発行を受けた法人の受贈益が非課税とされている制度を利用し，かつ，同社の株主を公益法人とすることにより，我が国のタックス・ヘイブン対策税制の適用を回避したという点である。

つまり，この第三者有利発行による増資に同意したアスカファンド社（新株主）の株主が，日本の営利法人であれば，タックス・ヘイブン対策税制が適用され，オウブンシャ・ホールディングに課税されたものと同額の収益について，合算課税できたのである。そこで，その合算課税を回避するために，オウブンシャ・ホールディンググループは，公益法人を株主とするアスカファンド社を設立したものと推測され，その結果，その受贈益のオランダ税制の非課税制度を利用するとともに，タックス・ヘイブン対策税制をも回避したというのが，本件スキームの特筆すべき点である。

したがって，このような巧みなスキームにより租税軽減を図ったことに対して，法人税法22条2項の基本規定の「取引」の範囲を拡大解釈して，本来，困難な解釈により是正されたのが，本件課税処分ということができるであろう。

そこで，本件課税処分の是非の検証，そして，最高裁判決の検証にあたっては，①オランダにより受贈益が課税されていた場合，②日本の株主に対してタックス・ヘイブン対策税制が適用されていた場合，③このスキームが国内の法人間で行われた場合，株式引受人（新株主等）に受贈益課税が行われる場合，かかる場合においても，本件最高裁判決及びそれを支持する論者は，オウブンシャ・ホールディングに対して，同様の譲渡益課税を行うという解釈に立つのかどうか，という点につき明確に議論することが必要である(33)。

しかるに，本件最高裁判決の論旨は，この受贈益課税の有無にかかわらず，既存株主と発行法人及び新株主の「三者間の合意」があれば「取引」に該当し，課税すべきであるということにならざるを得ない。このことは，従前の課税実務の変更であり，また，所得税法施行令84条の規定及びその所得区分を示達する通達にも違背したもので，信義則違反の問題が生じよう。

親会社株式方式ストック・オプション事件の給与所得とする課税処分に係る加算税の賦課決定処分について，一時所得とした納税者の申告には正当理由が

あるとして取り消した最高裁平成18年10月24日判決（判例タイムズ1227号111頁）は，課税庁が従前の課税実務を変更する場合には法令変更によるか，又は少なくとも解釈通達を創設又は変更して，その内容を納税者に事前に明示して，今後に向けた課税実務の変更を周知徹底すべきであると的確に判示して，かかる安易な変更等に警鐘を鳴らしたものであることに思いを致すべきであろう。オウブンシャ・ホールディング事件の最高裁判決は，このようなストック・オプション加算税賦課決定処分の最高裁判決の論旨にも違背した判旨といえよう。

そのために，第三者有利発行により，新株主に受贈益課税がなされていれば，既存株主に課税されないのではないか，仮に，課税されるとしても，どの程度の有利発行であれば，この最高裁判決の射程外となるのか，明確な回答が示されていないために予測可能性が担保されていない状況にある。正に，租税法律主義の根本的機能である「納税者の予測可能性と法的安定性」を阻害するという事態が憂慮されるのである。

そして，仮に，課税すべきというのであれば，従前の課税実務を根底から変更する必要があり，そのためには，法人税法，所得税法等の法律改正を要することはもとより，第三者有利発行により個人が受けた経済的利益の所得区分等に関する基本通達の抜本的改正が必要となる。

本件オウブンシャ・ホールディング事件の最高裁判決及びこれを支持する論者は，このような従前の課税実務を根底から覆すことになる解釈であることを認識していないのではないかと思料されるが，法律改正等が行われないという現実に鑑みれば，すでに「はしがき」で指摘したように，この最高裁判決は，オランダ税制を利用し，しかも，タックス・ヘイブン対策税制も適用できない事例に限定し，他の有利発行事例には射程外の事例判決として位置付けるべきであると考える[34]。

第7章　オウブンシャ・ホールディング事件判決再論

（注）

(1) それは既存株主の保有する株式保有割合の減少に伴う株式の資産価値の喪失（減少）を資産価値の移転＜譲渡＞という以外にはないであろう。しかしながら，保有する株式（200株）の移転はないから，そもそも，譲渡という概念は馴染まない（後述参照）。

(2) その控訴審・東京高裁平成16年1月28日判決（訟務月報50巻8号2512頁）は，かかる有利発行の第三者割当による既存株主の株式の経済的価値の喪失（減少）を法人税法22条2項の「資産の無償譲渡又はその他の取引」に該当すると判示しているのに対して，最高裁判決は，かかる経済的価値の移転は，同条項の「取引」に当たると判示するに止まっており，同項に規定する「無償の資産の譲渡」又は「その他の取引」のいずれに当るとしたのかは不明である。

(3) 「…無償による資産の譲り受けその他の取引で…」の「その他の取引」とは，企業会計上の取引である「債務免除益」，「償却済債権取立益」「損害賠償金の取得」等をいい，いずれも，現実に実現した収益を予定していることに留意すべきである。この点に関して，「本書第Ⅰ巻第2章」は，法人税法22条2項の「その他の取引」の範囲につき，上記損害賠償金の取得等のほかに評価益や貸倒引当金の戻入益の内部取引を例示したが，かかる内部取引の収益は取引ではあるが「別段の定め」による収益であるから，ここでの「その他の取引」には該当しないので，ここに補足して修正する。ちなみに，岡村忠生・高橋祐介・田中晶国「有利発行課税の構造と問題」岡村忠生編『新しい法人税法』有斐閣（2007年）280頁では，筆者の当該論文（48頁）について，「引当金の繰入れや災害，横領損失が『その他の取引』に含まれるとする。」と紹介されているが，ここでの説明は2項及び3項の「取引」について論述した部分であり，2項の「その他の取引」に横領損失等の損金項目が含まれることを述べたものではないことを指摘しておく。

(4) 法人税法上の「取引」の意義につき，私法上の概念や社会通念が優先し，企業会計的な考え方が優先する根拠はないとする見解（水野忠恒『租税法（第3版）』有斐閣（2007年）348頁）があるが，災害損失は「簿記上の取引」ではあっても，私法上の取引には該当しないし，また，前述したように，確定決算主義の下での「取引」は，会計事象として記帳対象とされる「簿記上の取引」を意味していると解すべきである。なお，「別段の定め」には貸倒引当金の繰入れ，戻入等のような「簿記上の取引」と，繰越欠損金の損金算入規定，法人税等の還付金の損金不算入規定のように，「簿記上の取引」とは無関係のものがある。

(5) 本件最高裁判決のように，合意をもって「取引」と認定するのであれば，有利発行に反対した株主はもとより，有利発行の割当先との間では事前に合意せずに，引き受けるかどうかを割当先に委ねることとすれば「取引」に該当しないということにもなる。もはや，租税法律主義の下での解釈とはいい難い。

(6) 岡村忠生・高橋祐介・田中晶国「有利発行課税の構造と問題」岡村忠生編『新しい法人税法』有斐閣（2007年）281頁は，企業会計とは異なる実現概念を措定して，無償取引によっても実現があり得るという立場から，株式保有割合の喪失（減少）を

「持分の移転」として捉えて，既存株主に収益が発生するという論理を展開している。しかし，ここでの「持分の移転」は，正確には「子会社株式の保有割合の減少」という意味として理解すべきものである。そもそも「持分」自体が移転するものではなく（つまりオウブンシャが保有する持株200株は1株も移転していない），また，「持分」が，保有株式以外に資産を構成するものでもない。

(7) この点を指摘するものに，占部裕典「法人税法22条2項の適用範囲について－オウブンシャ・ホールディング事件における第三者割り当て増資を通して」税法学551号（2004年）18－19頁。同論文は，控訴審判決は司法の枠を超えた新たな法創造を行っていると指摘し，第三者有利発行割当増資の既存株主に対する課税を否定する詳細な論理を展開している。同様に，本件控訴審判決は本規定の拡大解釈であり，法解釈の基本を踏み外したものであると批判するものに，山本守之・守之会編『納税者勝訴の判決』税務経理協会（2004年）40頁参照。現行法においては，未実現利益を課税するもので租税法律主義に反するとする鋭い批判を展開するものに，小池正明「旺文社事件／第三者割当による含み益の移動」租税訴訟学会『租税訴訟5』245頁（2012年）参照。

(8) このことは，未実現利益が実現しないまま喪失されたものであるから，そもそも，「簿記上の取引」に該当しないことはいうまでもないことであり，また，「法的意義の取引」にも該当しない。しかるに，このような未実現利益が未実現のまま喪失した事実が，「その他の取引」として収益を発生させるというのが法人税法22条2項の趣旨というのであれば，かかる文理上の解釈ができるような条文にすべきことは当然のことであろう。つまり，同項では，「有償又は無償による資産の譲渡又は役務の提供」という収益を構成する無償取引を具体的に資産の譲渡と役務の提供に例示しているところ，「その他の取引」に，具体的な取引内容が特定できないような有利発行増資により既存株主の株式保有割合が減少したことに伴う株式価値の喪失が含まれると解することは，飛躍であり妥当ではない。最高裁判決の解釈は，少なくとも，現行条文の趣旨・目的に照らした文理解釈よっても，また，論理解釈によっても不適切である。

(9) これに対して，保有株式の保有割合の減少による資産価値の喪失を「持分の移転」と捉えて，清算課税がなされるべきとする見解がある。例えば，岡村忠生ほか前掲論文（注6）253頁以下，渕圭吾「オウブンシャ・ホールディング事件に関する理論的問題」『租税法解釈論の重要課題と最近の裁判例』租税法研究第32号（2004年）40頁参照。また，作田隆氏（当時税大研究部長・税大ジャーナル2006.11）は，「持分割合の移転」として譲渡益課税に賛同しているが，ここでの「持分割合」は，資産といえるのであろうか，いえるとすれば，会計上の勘定科目はどのような名称となるのであろうか。そもそも，「持分割合」は株式所有数により示される割合であり，それ自体が資産として移転するというものではない。資産はあくまでも有価証券（株式）であり，それ以外に「持分割合」が資産として計上されているわけではない。資産の移転によりその支配を離れる場合が譲渡であるから，新株の有利発行による持分（保有）割合の減少によって，株主・オウブンシャ・ホールディングが保有するアトランティック社の株式は1株も移転もしていないのであるから，取引（譲渡）には該当し

第 7 章　オウブンシャ・ホールディング事件判決再論

ないと解すべきことはいうまでもないことである。
⑽　この点の指摘は大淵博義『法人税法解釈の検証と実践的展開（第Ⅰ巻・改訂増補版）』税務経理協会（2013年）55頁参照。なお，渕圭吾「法人税法22条 2 項にいう『取引』の意義」水野忠恒・中里実他編『租税判例百選（第 5 版）』別冊ジュリストNo.207　有斐閣（2011年）101頁は，このことを指摘されているが，株式保有割合の減少と資産の移転との関連の説明はなされていない。
⑾　株式保有割合の減少により，その株式の時価が帳簿価額を割り込んで減少した場合には，企業会計では評価損の計上が議論される余地はあろう。
⑿　岡村忠生ほか前掲論文（注 6 ）281頁は，既存株主が個人で新株主が法人の場合，個人株主にみなし譲渡課税が行われるとしているが，有利発行に反対した個人株主のみなし譲渡課税の適用には言及していない。
⒀　垂井英夫「第三者割当てによる新株有利発行と課税」税務事例43巻 2 号（2011年）60頁。同「一人会社の新株有利発行と課税－第三社割当て－」税経通信65巻14号（2010年）28頁。同旨・神﨑善子「『第三者有利発行』と課税（下）〜一人会社を中心にして〜」税経通信66巻14号（2011年）211頁。
⒁　神﨑善子「『第三者有利発行』と課税（下）〜一人会社を中心として〜」税経通信66巻14号（2011年）205頁以下。
⒂　神﨑善子同上論文205頁以下。
⒃　神﨑善子同上論文207－207頁。
⒄　神﨑善子同上論文211頁。同旨・垂井英夫「第三者割当による新株有利発行と課税」税務事例43巻 2 号（2011年）60頁。同「一人会社の新株有利発行と課税—第三者割当—」税経通信65巻14号（2010年）26頁。
⒅　「無償による資産の譲渡又は役務の提供」，「無償による資産の譲受け」と規定されているのは，「資産の譲渡」，「役務の提供」又は「資産の譲受け」という取引は，本来，有償取引が原則であるが，それとは異なる「無償による取引」もここでの収益に含まれることとする創設的規定と解すべきである。しかして，「第三者割当による有利発行」を決議し，その引受けと払込みが行われたことによる，既存株主の株式保有割合の低下に伴う経済的価値の減少が，取引に該当して収益に当たるというのであれば，かかる残余の概念としての「その他の取引」に含めて解するのではなく，条文に明示するのが租税法律主義による立法というべきである。法は，有利発行増資による持株割合の低下に伴う未実現利益の喪失を「…その他の取引」として課税することを予定していないために，ここで詳細に論じたように，最高裁判決の「三者間の合意」を取引とする論旨を前提とした場合，説明不能な事態を招来するということである。
⒆　神﨑善子前掲論文（注14）210頁。
⒇　所得税法施行令84条（株式等を取得する権利の価額）では，その有利発行等の権利にかかる収益の額について規定しているが，その本文では，その権利等が「発行法人から…与えられた場合」としているところである。既存株主から新株主に与えられたものとするためには，法律上，特別の規定を要するというべきである。
(21)　このことは，オウブンシャ・ホールディング事件最高裁判決をはじめとして，その

⑵ 判決を支持する論者のすべてに共通する。なお，その理論が法人格否認の法理によるものであれば，理論的一貫性を有するが，第三者有利発行増資について，かかる否認の法理が適用されるという解釈には到底与することはできないし，本件最高裁判決もそうであるが，かかる法理の適用を論じて支持する論者はみられない。

⑵ 神﨑善子前掲論文（注14）209頁は，大淵博義「第2回：最高裁判決の文理解釈の疑問点と理論的解明」租税研究728号（2010年）159頁を紹介している。

⑵ 判例研究は，判決文で摘示された事実関係に基づいて批判すべきであり，そこに現れていない事実関係は斟酌すべきではない。

⑵ 神﨑善子前掲論文（注1）211頁。

⑵ 垂井英夫前掲論文（注13「税経通信論文」）26頁。

⑵ 最近の最高裁判決は，武富士事件及びホステス事件判決で示した文理解釈からの秀逸な判決が言い渡されているが，その一方で，本件事件のような他の類似事例等との関連が検討されていないために，矛盾した判決，論旨が不十分な判決等も見られる。

⑵ この点に関しては，積極的に同条項に該当し「みなし譲渡」課税の適用を肯定する見解として，岡村忠生・髙橋祐介・田中晶国「有利発行課税の構造と問題」岡村忠生編『新しい法人税法』有斐閣（2007年）281頁がある。

⑵ 実質課税の原則による否認も考えられるが，この株式譲渡の場合は，法形式と実質の齟齬は考え難い。

⑵ この点に関しては，本書（第Ⅱ巻）の租税回避の論述参照。なお，う回行為又は多段階行為が租税回避行為として否認の対象とされるといわれているが，それは，う回又は多段階の行為による経済的成果と通常採用される行為形式による経済的成果とが同一性を有するものであるから，否認の対象となり得るということであり，この点が銘記されるべきである。

⑶ ちなみに，ヤフー事件判決の筆者の論考として，「租税回避行為の否認法理とヤフー事件最高裁判決の否認ロジックの相克」租税訴訟学会『租税訴訟10』79頁（2017年）。「『法人税法132条の2』の射程範囲を租税回避行為概念」税経通信2014年8月号17頁，「租税回避行為否認法理のロジックと税務実践との乖離」産業経理74巻3号（2014年）28頁を参照。

⑶ この事件の圧縮記帳後に，特定現物出資による海外子会社の圧縮記帳制度は廃止された。

⑶ このうち，③及び④の事実は，本判決文では明示されていないが，新聞報道，「日経ビジネス」等で明らかにされている。

⑶ これまでの課税実務では，このような場合には，既存株主の「持株割合の低下」を譲渡として課税されたことは皆無である。

⑶ 課税庁が課税実務上と齟齬を来たす課税処分を行い，それを判決が支持することにより，事実上，税務執行における課税の不公平が発生する場合がある。例えば，現行の出向・転籍通達においては，親会社から子会社に出向した社員の給料を親会社が負担した場合には，親会社と子会社従業員等との間には雇用契約等の関係は存在しないから，子会社に対する寄附金として処理し，また，親会社が子会社従業員等の慰安旅

第7章 オウブンシャ・ホールディング事件判決再論

行費用を負担しても同様に寄附金として課税される課税実務が行われている。ところが，親会社株式方式ストック・オプションの最高裁判決は，米国親会社と日本子会社の従業員等の関係を雇用契約類似の関係と認定し，親会社からの当該行使益を給与所得としたものである。そうであれば，前記事例の出向先法人の出向者に対する給与負担も出向元法人の親会社の給与であり，また，子会社従業員等に対する慰安旅行等の費用負担も親会社の福利厚生費とすべきものであり，かかる取扱いの変更をするのが課税庁の責務である。そうでない現状では，最高裁判決により新たな課税上の不公平をもたらしていることになる。

III オウブンシャ・ホールディング事件における非上場株式の評価上の論点

　この訴訟事件のもう一つの争点は，オウブンシャ・ホールディング（以下「オウブンシャ」という場合もある）が保有するアトランティク社株式の経済的価値の減少に伴う譲渡収益の額の認定に当たってのアトランティク社株式の評価額である。そこでは，評価実務の取扱いと異なる判示がなされており，興味深い論点が含まれているので，ここでは，最高裁判決と差戻し控訴審判決を詳細に紹介した上で，その論点を検証し，その問題点を論ずることとしたい。

1 非上場株式の保有状況

　この事件で，第三社有利発行に伴う譲渡収入金額の算定に当たっては，オウブンシャ・ホールディングが保有するアトランティク社（評価会社）の株式の時価評価を要するが，その評価に影響する株式の保有状況は次のとおりである。

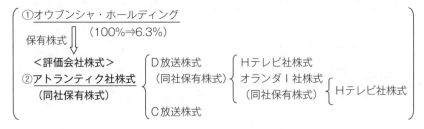

　オウブンシャ・ホールディングが所有するアトランティク社株式の評価に当たり，同社が保有するD放送株式の評価額を算定する必要があるが，そのためには，D放送が所有するHテレビ社の株式（1万20株）及びオランダI社株式200株を評価し，さらに，I社が保有するHテレビ株式（4500株）を評価することが必要となる。

第7章　オウブンシャ・ホールディング事件判決再論

　なお，これらの株式は，いずれも非上場株式で気配相場や適当な売買実例がなく，また，公開途上でもなく，各社と事業の種類や収益の状況等において類似する法人はなかった，と認定されている。

2　本件判決による非上場株式の評価額の認定

(1)　非上場株式の時価の評価方法

　財産評価基本通達（以下「評価基本通達」という。平成12年課評2－4，課資2－249による改正前のもの）185は，非上場株式1株当たりの純資産価額の評価につき，同通達に定めるところにより評価した資産と負債の評価額の評価差額に対する法人税額等（当時51％）に相当する金額（以下「法人税額等相当額」という）を控除した金額を基礎として算定する。なお，評価基本通達（平成11年課評2－12，課資2－271による改正前のもの）186－3は，評価会社について上記の1株当たりの純資産価額を算定するにあたって，評価会社が取引相場のない株式を保有する場合には，同株式の1株当たりの純資産価額の算定において法人税額等相当額を控除しないことを定めている。

　また，評価基本通達（平成15年課評2－15，課資2－5，課審5－9による改正前のもの）188(1)は，配当還元方式により評価すべき「同族株主以外の株主等が取得した株式」として，「同族株主のいる会社の株主のうち，同族株主以外の株主の取得した株式」とし，そして，この同族株主とは，評価会社の株主のうち，株主の1人及びその同族関係者の有する株式の合計数がその会社の発行済株式数の30％（グループの株主が50％以上支配している場合には50％超）以上である場合におけるその株主及びその同族関係者をいうものとしている。

　このような評価基本通達の非上場株式の評価方法は，法人税法の株式評価損の算定における当該株式の時価評価の方法として，法人税基本通達9－1－14「上場有価証券等以外の株式の価格の特例」（当時の改正前は「9－1－15」，以下，現行規定の通達番号で示す）において，課税上弊害がない限り，一定の

条件の下で，評価基本通達による評価が認められているところである。

　この一定の条件とは，①当該法人が，当該株式の発行会社にとって「中心的な同族株主」に該当する場合には，「小会社」として評価すること，②その発行会社が土地又は上場有価証券を保有する場合には，評価基本通達の価額ではなく時価により評価すること(35)，というものである。なお，当該通達は，法人の評価損の計上における時価評価の通達であるが，現実の売買取引でも，かかる評価基本通達の評価額が斟酌されていることから，上記の評価損に関する通達の解説では，関係会社間等の非上場株式の売買を行う場合の適正取引価額の判定に当たっても，準用されることとなろう(36)，という理解に基づいて実務は運用されているところである。

(2)　原審判決における株式評価

　原審・東京高裁平成16年1月28日判決（判例時報1913号51頁）は，「アトランティク社株式は非上場株式であり，気配相場や独立当事者間の適当な売買実例がなく，類似する法人もなかったことから，同社は，含み益を有する土地を所有するC放送及びD放送の各株式を保有しているから，アトランティク社株式の価額を財産評価基本通達に定める評価方法の例によって算定することには，課税上弊害がある」として，純資産価額法によるべきであると判示し，その上で，「アトランティク社が保有するC放送株式及びD放送株式，D放送が保有するI社株式並びにD放送及びI社がそれぞれ保有するHテレビ株式は，…アトランティク社株式と同様，法人税基本通達9-1-14(4)に基づき，時価純資産価額方式によるべきである」，と判示している。また，法人税額等相当額の控除については，「企業の継続を前提とした客観的交換価値を求めるのであるから，日本法人であるC放送，D放送及びHテレビの各株式の1株当たりの純資産価額の算定においても，法人税額等相当額を控除しないのが相当である。」と判示した。

　原審判決は，すべての保有株式は時価純資産価額により評価すべきであり，その評価に当たっての法人税額等相当額の控除は，評価会社が事業を継続して

いることを理由として否定したものである。また，本来，評価基本通達によれば，同族株主以外の株主の保有する株式は配当還元方式が適用されるが，アトランティク社は含み益を有する土地を所有するC放送及びD放送の各株式を保有していることを理由に，評価基本通達により評価することは課税上弊害があるとして排斥して，法人税額等相当額を控除しない時価純資産価額により評価すべきとしたものである。

(3) 最高裁判決・差戻し控訴審における株式評価

これに対して，本件最高裁判決は，次のとおり，本件の非上場株式についての評価方法について，法人税額等相当額を控除すべき可能性を示唆して，その是非を審理させるために，原審に差し戻した。

① アトランティク社保有のD放送株式の評価方法

最高裁判決は，「財産評価基本通達185が定める1株当たりの純資産価額の算定方式を法人税課税においてそのまま採用すると，相続税や贈与税との性質の違いにより課税上の弊害が生ずる場合には，これを解消するために修正を加えるべきであるが，このような修正をした上で同通達所定の1株当たりの純資産価額の算定方式にのっとって算定された価額は，一般に通常の取引における当事者の合理的意思に合致するものとして，法人税基本通達9－1－13(4)にいう『1株当たりの純資産価額等を参酌して通常取引されると認められる価額』に当たるというべきである。」と判示した。

その上で，最高裁判決は，「財産評価基本通達185が，1株当たりの純資産価額の算定に当たり法人税額等相当額を控除するものとしているのは，個人が財産を直接所有し，支配している場合と，個人が当該財産を会社を通じて間接的に所有し，支配している場合との評価の均衡を図るためであり，評価の対象となる会社が現実に解散されることを前提としていることによるものではない。したがって，営業活動を順調に行って存続している会社の株式の相続及び贈与に係る相続税及び贈与税の課税においても，法人税額等相当額を控除して当該会社の1株当たりの純資産価額を算定することは，一般的に合理性があるもの

として，課税実務の取扱いとして定着していたものである。

　したがって，企業の継続を前提とした株式の評価を行う場合であっても，法人税額等相当額を控除して算定された1株当たりの純資産価額は，平成7年2月当時において，一般には通常の取引における当事者の合理的意思に合致するものとして，法人税基本通達（平成12年課法2－7による改正前のもの）9－1－13(4)にいう「1株当たりの純資産価額等を参酌して通常取引されると認められる価額」に当たるというべきである。そうであるとすると，平成7年2月当時におけるD放送の1株当たりの純資産価額の評価において，企業の継続を前提とした価額を求める場合であることのみを根拠として，法人税額等相当額を控除することが不合理であって通常の取引における当事者の合理的意思に合致しないものであるということはできず，他に上記控除が上記の評価において著しく不合理な結果を生じさせるなど課税上の弊害をもたらす事情がうかがわれない本件においては，これを控除して1株当たりの純資産価額を評価すべきである。」（要旨）と判示し，継続事業を根拠とする法人税額等相当額の控除を否定した原審判決を排斥した。

②　D放送及びⅠ社が保有するHテレビ株式の評価方法

ａ）最高裁判決はHテレビ株式の評価について，次のとおり判示している。

　平成7年2月当時，非上場株式であるHテレビ株式は，その筆頭株主が51.1％ないし45.6％であり，D放送及びその同族関係者に当たるⅠ社が合計28.4％であり，したがって，Hテレビに対する関係において，上記筆頭株主は評価基本通達188(1)にいう同族株主に当たるが，D放送及びⅠ社は同族株主に当たらないというのである。そうであるとすれば，D放送及びⅠ社が保有するHテレビ株式は，同通達188(1)にいう「同族株主のいる会社の株主のうち，同族株主以外の株主の取得した株式」に該当し，評価基本通達では，配当還元方式により評価すべきこととなる。同通達が，上記株式の評価を配当還元方式によることとしているのは，少数株主が取得した株式については，株主は単に配当を期待するにとどまるという実質を考慮したものである。もっとも，上告人の主張するD放送及びⅠ社の合計持株比率は，同族株主に該当するかどうかの

第7章　オウブンシャ・ホールディング事件判決再論

基準である30％を下回り，筆頭株主の持株比率に劣るものの，その割合は低いものではないから，事業経営への影響力の実情によっては，D放送及びI社が単に配当を期待してHテレビ株式を保有していたと評価するのが適当でないこともあると考えられ，そうであるとすれば，本件において同株式を配当還元方式により評価することが著しく不合理な結果を生じさせるなど課税上の弊害をもたらす場合もあると考えられる。ところが，原審は，上記の持株比率や課税上の弊害について何ら審理判断することなく，Hテレビ株式を法人税基本通達9－1－13(4)に基づき時価純資産価額方式により評価すべきであるという結論を導いている。したがって，原審の上記判断には，判決に影響を及ぼすことが明らかな法令の違反がある。

　仮にD放送及びI社が保有するHテレビ株式を配当還元方式により評価することに前記の課税上の弊害があるとすれば，法人税基本通達9－1－13(4)に基づき時価純資産価額方式により評価すべきことになるが，この場合には，D放送の純資産価額の算定において法人税額等相当額を控除するのであるから，Hテレビの純資産価額については，重ねて法人税額等相当額を控除することなく算定すべきである。

　b）この最高裁の差戻し判決を受けて，差戻し控訴審判決は，要旨，次のとおり判示した。

　Hテレビ株式を配当還元方式によって評価することが著しく不合理な結果を生じさせないかどうかについて検討すると，(ア)D放送は，Hテレビの設立に関与し，筆頭株主に次ぐ株主グループとして，D放送の代表取締役の丙及び取締役のFが取締役に就任していたこと，(イ)平成7年3月のHテレビの第三者割当増資の際，上記丙及びFが株式の割当てを受けたこと，(ウ)D放送では，同業のHテレビの経営方針について取締役会で協議をするなど，同社の事業経営に関心を有していたといい得ること，(エ)Hテレビ株式を配当還元方式で評価すると1株につき約6万円であるのに対し，時価純資産価額方式で評価すると265万円であること，(オ)被控訴人（オウブンシャ）は，本件増資のころ，そのメディア事業の一環として，100％出資の株式会社P社を設立し，テレビ・ラジオ等

の情報媒体の企画・制作及び販売等を事業目的としていたことが認められる。

このような事実によると，Hテレビの28.4％ないし31.8％の持株割合があり，筆頭株主グループに次ぐ株主グループであったD放送及びI社が単に配当を期待してHテレビ株式を保有していたと解することは相当でなく，D放送及びI社は，Hテレビの事業経営につき上記持株割合に基づく影響力を有していたと推認するのが相当である。そして，本件増資当時，アトランティク社が被控訴人の100％出資のいわゆるペーパーカンパニーであったものであり，したがって，D放送及びI社が保有していたHテレビ株式を配当還元方式によって評価すると著しく不合理な結果を生じさせて課税上の弊害をもたらすということができるから，Hテレビ株式は時価純資産価額方式で評価するのが相当である。なお，上記のようにD放送の純資産価額の算定において法人税額等相当額を控除するから，Hテレビの純資産価額については，重ねて法人税額等相当額を控除することなく，これを算定すべきである。

③ アトランティク社が保有するC放送株式の評価方法

a) このC放送株式について最高裁判決は，要旨，次のとおり判示している。

平成7年2月当時，C放送の株主の持株比率は，その筆頭株主のグループが38.3％，アトランティク社及びその同族関係者が合計21.4％であり，したがって，テレビCに対する関係において，上記筆頭株主グループの株主は評価基本通達188(1)にいう同族株主に当たるが，アトランティク社は同族株主に当たらないから，同社が保有するC放送株式は，同通達188(1)の「同族株主のいる会社の株主のうち，同族株主以外の株主の取得した株式」に該当し，同通達188，同188-2においては配当還元方式により評価すべきこととなる。

もっとも，記録によれば，①上告人（オウブンシャ）は，平成7年3月1日，100％出資の子会社である株式会社Jを設立したこと，②上告人は，同月13日，株式会社Jに対し，C放送株式1242株を1株当たり540万円で譲渡したこと，③同価額は，上告人が株式会社Kに依頼して評価させた同月1日時点の同株式の時価純資産価額方式による評価額を基に算定されたこと，④上告人の主要株主である財団法人Lは，同月24日，株式会社Jに対し，C放送株式335

第7章　オウブンシャ・ホールディング事件判決再論

株を1株当たり540万円で譲渡したこと，以上の事実は当事者間に争いがなく，また，上記評価額は，法人税額等相当額を控除することなく算定されたことがうかがわれる。そうであるとすれば，上記のC放送株式の各売買において譲渡価額が1株当たり540万円とされたのが，同株式を時価よりも高額で売買するという特別の目的によるものでない限り，上記各売買の当事者は，同株式を配当還元方式により評価するよりも時価純資産価額方式（法人税額等相当額を控除しない）による方が適切であること，すなわち，同株式の価額を単に配当を期待して株式を保有する株主に妥当する配当還元方式によっては適正に評価することができないことを認識していたものというべきである。そうすると，上記各売買に近接した時期における上告人の100％出資の子会社であるアトランティク社の認識も同様であった可能性があり，同社の認識がそのようなものであるとすれば，本件において同社の保有するC放送株式を配当還元方式により評価することが著しく不合理な結果を生じさせるなど課税上の弊害をもたらす場合もあると考えられる。

b）以上のとおり判示して，原審はC放送株式を配当還元方式により評価することの課税上の弊害等について審理していないとして，原審に差戻したものである。なお，最高裁判決は，C放送が含み益を有する土地を所有することを配当還元方式を適用することの不合理性の根拠としている原審の判示について，それが直ちに不合理とされるものではない，とする的確な判示を行っている。

これを受けた差戻し控訴審判決は，上記最高裁判決の指摘した事実に加えて，C放送株式を配当還元方式で評価すると1株につき8万円であるのに対し，時価純資産価額方式で評価すると526万9,384円であること，アトランティク社が被控訴人（オウブンシャ）の100％出資のいわゆるペーパーカンパニーであったこと，さらに，他の関連法人の株式の売買事例の高額な価額での売買事例を認定した上で，アトランティク社が単に配当を期待してC放送株式を保有していたと解するのは相当ではなく，同社は，C放送の事業経営につき上記持株割合に基づく影響力を有していたと推認するのが相当であること，しかも，被控訴人と株式会社P社は，平成7年3月13日にC放送の株式1242株を1株540万

円で売買したのは，同株式を配当還元方式で評価するよりも時価純資産価額方式（法人税等相当額を控除しない）による方が適切であることを認識していたものということができると認定して，C放送の株式は時価純資産価額方式によって評価するのが相当である，としたものである。

3 本判決が認定した非上場株式の評価方法の問題点

(1) 法人税額等相当額の控除の是非

　最高裁判決は，原審判決が継続事業を前提とした株式の評価に当たっては，法人税額等相当額の控除は認めないとしたのに対して，これを否定したものであるが，その主たる根拠は，株式を通じての評価会社の財産の間接支配という関係と，当該会社の財産を直接保有している場合との所有形態の実質的差異を考慮すべきというものである。

　ところが，平成12年の通達改正において，この法人税額等相当額の控除を認めない旨が明確にされており，この取扱いは，本件最高裁判決が言い渡された後においても改正されてはいない。本来，最高裁判決によれば，評価会社の財産の所有形態には差異があること，すなわち，発行会社の財産をその株主が株式を通じて間接的に支配している場合と，その株主がその発行法人の財産を直接所有している場合とでは，その財産に対する支配関係の実態は異なり，そこに，資産価値の相違が発生していることは，もとより当然の事理であるから，その差異を評価差益に係る法人税額等相当額として控除することとしたのが，評価基本通達の規定である。

　つまり，評価会社の財産の株式を通じた間接支配から直接支配の状態にするためには，評価会社を解散して残余財産の分配を受ける場合に法人税額等相当額を支出することから，純資産価額から当該金額を控除するというのが，その法人税額等相当額の控除の趣旨である。この場合，事業を継続している法人の株式評価に際して，清算を前提とした法人税額等相当額を控除することは現実的ではないという論点は古くから議論のあるところであるが，相続財産から納

税することが前提とされている相続税においては、相続税の納税のために、非上場株式による物納が、現実には困難であることから、その法人を解散して、その財産を株主個人の直接所有とした上で納税することもあり得るところである。

このような視点から見れば、相続税法における時点的、静態的評価に当たっては、法人税額等相当額の控除を行うことは、その租税負担能力の視点からも合理性が認められるといえよう。

これに対して、法人税法における非上場株式の評価に当たっては、事業継続を前提としたものであり、解散による清算を前提とした場面ではないから、法人税額等相当額の控除は不要であるという議論がある。本件訴訟においても、課税庁は、平成12年改正前においても、継続事業を前提とした株式の評価に当たっては、法人税額等相当額の控除はしないことが適切であるとして取り扱っていると主張し、しかして、平成12年改正による法人税額等相当額の控除はしない旨の創設は、確認的規定であるとする主張を展開している。

しかしながら、法人税基本通達9－1－14の評価額の特例では、評価会社の土地等の評価額は路線価等の評価基本通達により評価するのではなく、通常の取引価額により評価すること等の一定の制限を規定する要素を除けば、評価基本通達を適用して評価することとされている。そうである以上、1株の純資産価額を算定する上で法人税額等相当額の控除を認めないというのは、その通達の文言の解釈からも不合理である。これを制限するのが合理的であるというのであれば、平成12年改正により手当てされたように、法人税額等相当額の控除は認めないという明文の規定を措置すべきことは当然であろう。その意味では、最高裁判決が、純資産価額の評価に当たって法人税額等相当額の控除を容認すべきとした評価理論は合理的であるということができる。

ところで、本件訴訟当時の平成7年7月に発行された国税庁法人税課長監修の解説書では、法人が非上場株式の評価損を計上するに当たり、「法基通9－1－15（筆者注・現9－1－14）」を適用する場合には、「評価差額に対する法人税相当額を控除する点についても、全く同じ扱いになると考えてもよい。」[37]

とされており，それは，昭和55年に同通達が新設された以降，平成12年改正までの20年間に亘り，法人税等相当額の控除が実務として定着して行われていたということの証左である。なぜならば，当該解説書は，昭和55年の法人税基本通達の改正に携わった国税庁担当者による執筆だからである。

しかるに，本件訴訟において，国税庁法人税課長監修・同担当者の法人税課課長補佐等の執筆の著書において，法人税基本通達9－1－14の特例については，評価基本通達の純資産価額の算定にあたり評価差額にかかる法人税額等相当額の控除を行うことが明示されているにもかかわらず，本件被告・国（課税庁）が，これに反する主張を展開したのがオウブンシャ・ホールディング事件訴訟である。本件被告（課税庁）が，かかる課税実務と二律背反の主張を展開するのであれば，それ相当の合理的根拠を示すべきであるが，本件被告主張には，そのような主張はなされていない。

ところで，平成12年改正により，法人税額等相当額の控除はできないことが明示されたが，今回の最高裁判決では，法人税額等相当額の控除について，一定の評価がなされているところであり，少なくとも，前述した評価会社の財産の直接支配とその株式を通じた間接支配との支配関係の現実的差異が，株価に影響しないということはいえないであろうから，その差異による株価への影響が，清算に係る法人税額等相当額と同額であるとするかどうかはともかく，株式評価の現実的な減額要因として，一定の率による減額を前提として時価純資産価額を評価すべく，法人税基本通達を改正すべきであると考える。

(2) 評価会社株式の評価と法人税額等相当額控除の疑問

前述したように，本件非上場株式の評価において，純資産価額の算定に当たり法人税額等相当額を控除すべきとした本件最高裁判決は，アトランティク社が保有するD放送株式である。ところが，本件課税処分は，オウブンシャ・ホールディングの保有するアトランティク社株式の経済的価値が本件第三者割当増資による持株割合の低下により減少したことを譲渡として捉えたものであるから，その経済的価値の減少額（譲渡収益の額）を算定するためには，アト

ランティク社の株式価値を評価する必要がある。しかし，本件訴訟事案の「評価会社」はアトランティク社であるから，評価基本通達上はその株式評価に当たっては法人税額等相当額の控除がなされることになる（評価基本通達185）。

ところが，本件において控訴審判決及び最高裁判決は，アトランティク社が保有するD放送株式の評価における法人税額等相当額の控除の是非を論じ，その上で，本件最高裁判決は，D放送株式の純資産価額方式による評価に当たっては，法人税額等相当額を控除すべきと判断したが，評価会社のアトランティク社の株式の評価については，控訴審判決での継続事業の純資産価額の評価に当たっては法人税額等相当額の控除は要しないとする判決を踏襲し，その法人税額等相当額の控除の是非については何らの判示もされていない。

前述したように，評価基本通達によれば，本件の場合には，純資産価額方式によるアトランティク社（評価会社）の株式の評価に当たっては法人税額等相当額が控除されるが，同社が保有する非上場株式の評価に当たっては法人税額等相当額を控除しないこととされているから（評価基本通達186－3（注）），本件控訴審及び最高裁判決がアトランティク社株式につき法人税額等相当額を控除せず，その保有するD放送株式の評価に当たり法人税額等相当額を控除したことは，少なくとも，評価基本通達とは齟齬を来していることになる[38]。

この点についての齟齬が何故に生じたのかは明らかではないが，納税者側においても，アトランティク社株式の評価にあたっての法人税額等相当額の控除については格別の主張を行っていないし，上告理由書においても同様である。それがいかなる理由によるのかは明らかではないが，課税庁（被告側）が，継続企業の場合の純資産価額の評価においては法人税額等相当額の控除は不要という主張に引きずられたとも解される。いずれにしても，控訴審及び最高裁の各判決はもとより，差戻し控訴審において，このことに触れていないのは疑問である。少なくとも，裁判所による訴訟指揮によりその論点が明確にされるべきであったと思料する。

(3) 配当還元方式の適用の是非

　本件訴訟において，配当還元方式の評価が問題にされたのは，D放送及びI社が保有する「Hテレビ株式」とアトランティク社が保有する「C放送株式」である。いずれの株式も，「同族株主以外の株主が取得した株式」に該当し，評価基本通達の配当還元方式により評価されることになる。

ア　評価基本通達上配当還元方式が適用されるHテレビ株式の評価方法の検証

　Hテレビ株式の評価に当たり，最高裁判決は，同通達が株式評価につき配当還元方式によることとしているのは，少数株主が取得した株式については，株主は単に配当を期待するにとどまるという実質を考慮したものであると判示し，その上で，その持株割合は低いものではないから，事業経営への影響力の実情によっては，D放送及びI社が単に配当を期待してHテレビ株式を保有していたと評価するのが適当でないこともあると考えられると判示し，この点の審理を求めて原審に差し戻した。

　このような最高裁判決の配当還元方式に関する理解は，評価基本通達の配当還元方式の一般的な理解とは異なるものといえる。すなわち，評価基本通達が配当還元方式の適用に関して，最高裁判決のような理解に立つのであれば，その事業経営への影響力を考慮することについて同通達に規定したことは当然のことであるが，同通達は，持株割合のみを前提とした法的支配力の視座から配当還元方式の適用を規定しているのである。最高裁判決のように，その実質的な経営への影響は事実上の問題にすぎず，かかる要素を前提として配当還元方式適用の是非を決定することは合理的とはいえない。

　評価基本通達では，評価会社の株主１人及びその同族関係者の有する議決権の合計数がその会社の議決権総数の30％以上（１人の株主グループの議決権合計数が50％超である会社では50％超）の株主グループの株主等，一定の要件を充たす株主等を同族株主というが（評価基本通達188)，この同族株主以外の株主等が取得した株式については，配当還元方式により評価することとしている（同188－２）。すなわち，かかる株主に該当すれば，少数株主として議決権等の行使による経営への参画は困難であるという実情を考慮して，配当期待の資

産価値として評価することとしたものである。また，それ以外にも，「評価手続きの簡便性をも考慮して特例的に採用した方式」(39)という要因もあることに思いを致すべきであろう。

その趣旨は，「同族株主以外の株主等」は少数株主であるから，評価会社は，経営権（法的支配力又は法的影響力）を有する同族株主により掌握されている会社の実態を踏まえたものである。しかして，評価会社における同族株主以外の少数株主等が，事実上，事業経営へ影響力を有する株主であるとしても，かかる不確実な事実上の要素を取り込んで，配当還元方式の適用の是非を決定することは，評価の客観性が担保できないという点に問題がある。評価基本通達は「評価手続の簡便性」という視座から，かかる事実上の影響力という抽象的な不確実な要素を考慮せず，株式の持株割合による法的支配力という客観的要素によって，その会社への影響力を評価すべきとしたものといえよう。

加えて，相続財産等の時価評価は，不特定多数の間で成立する客観的交換価額（処分価額）という「担税力の指標を示す価額」を算定するものであり，持株割合による事業経営に対する法的支配力の指標とは異なる「事実上の事業経営への影響力」という不確実な要素は，その株式の譲受人が評価する当該株式の経済的価値とは無関係である(40)。かかる「事実上の事業経営への影響力」は，当該株式の個々の所有者の事情であり，不特定多数の取引において成立する客観的交換価額とはいえないということを，最高裁判決は理解していない。

したがって，評価基本通達の「評価手続の簡便性」という配当還元方式の特例評価の趣旨目的をも併せ考慮すると，法人税基本通達9－1－14により，評価基本通達の配当還元方式が適用される株式につき，最高裁判決の指摘するような「事実上の経営への影響力」といういわゆる主観的事情のある場合には，配当還元方式により評価することに「課税上弊害がある」といえるかどうかということが問題となる。

ところで，最高裁判決を受けた差戻し控訴審は，前述の「2(3)②」で摘示した根拠に基づいて，①「D放送等は配当を期待してHテレビ株式を保有していたと解することは相当でない」こと，②「D放送及びI社は，その保有するH

テレビの事業経営につき上記持株割合に基づく影響力を有していたと推認するのが相当である」こと，その上で，本件増資当時，Ａ社が被控訴人の100％出資の「いわゆるペーパーカンパニーであったもの」であり，したがって，Ｄ放送及びＩ社が保有していたＨテレビ株式を配当還元方式によって評価すると著しく不合理な結果を生じさせて課税上の弊害をもたらすということができるから，Ｈテレビ株式は時価純資産価額方式で評価するのが相当である，と判示したものである。

　かかる判示の根拠となっているのは，㋐Ｄ放送代表取締役等のＨテレビの取締役就任（前述の「２(3)②(b)」の㋐），㋑右役員らがＨテレビの第三者割当を受けたこと（同㋑），㋒Ｄ放送ではＨテレビの事業経営に関心を有していたといい得ること（同㋒），㋓Ｈテレビ株式の配当還元価額は１株約６万円であるのに対し，時価純資産価額は265万円であること（同㋓）等である。

　同判決が，Ｄ放送及びＩ社はＨテレビの事業経営につき上記持株割合に基づく影響力を有していたと推認した根拠のうち，上記㋐ないし㋒の事実は，評価基本通達が少数株主の保有株式に配当還元方式を適用して評価することとしている合理的根拠を排斥する事実とは無関係であることはもとより，時価純資産価額を採用する論拠にもなり得ない。また，㋓の評価方式の相違による評価額の相違は，純資産価額方式と配当還元方式の評価方式の相違による当然の差異であり，その差異が大きいことを問題とするのであれば，配当還元方式の特例の適用は，相続財産の評価においても不適切として一切認められないことになるであろう。また，同判決は，アトランティク社がペーパーカンパニーともいうが，そもそも，同社は，オウブンシャ・ホールディングから現物出資により高額なＣ放送株式及びＤ放送株式を受け入れているものであり，本件増資当時，その各株式の時価総額は270億円を超えるものであるから，アトランティク社をペーパーカンパニーと認定すること自体誤りである。

　同判決は，配当期待で保有していたものとは認められないとか，Ｄ放送及びＩ社はＨテレビの事業経営につき上記持株割合に基づく影響力を有していたと推認しているが，持株割合に基づいて影響力を有することは，その経営の参画

第7章　オウブンシャ・ホールディング事件判決再論

の程度が持株割合により示される当然のことを述べているにすぎない。そのことは，少数株主等に適用される配当還元方式を排斥する合理的根拠とはいえないし，同方式により評価することが「課税上弊害がある」ということにもならない。したがって，このHテレビ社株式を時価純資産価額で評価したことは疑問というよりも，誤りであるというべきである(41)。

　ちなみに，本件課税庁及び控訴審等の判決が，配当還元方式を適用することは「課税上の弊害がある」として，配当還元方式の適用を排斥しているが，ここでの「課税上の弊害のある場合」とは，国税庁職員の執筆による小原一博編著『法人税基本通達逐条解説』税務研究会（2016年）によると，「例えば本通達の(2)に関連して，発行会社が有する資産のうち非上場株式については，財産評価基本通達により算定した評価額を純資産額の算定に織り込むことになるが，仮に被評価株式の発行会社は直接土地を有していないが，その子会社，すなわち孫会社がきわめて含み益の多い土地を有しているような場合には，その孫会社の株式についても，当該孫会社の有する土地の市場価額を考慮して評価しなければ不合理であろう。このような場合にも，ここでいう『課税上弊害がある場合』に該当するということになろう。」（同717頁・傍点筆者）とされているところである。

イ　C放送株式の評価方法の是非

　平成7年2月当時，C放送の株主の持株比率は，その筆頭株主のグループが38.3％，アトランティク社及びその同族関係者が合計21.4％であり，同社は同族株主に当たらないから，配当還元方式により評価すべきこととなるが，最高裁判決は，前述の「2(3)③」で示したように，本件増資と近接した時期に行われた1株540万円によるC放送株式の譲渡の事実等を摘示して，評価基本通達の配当還元方式の適用を排斥している。

　ただ，この売買実例に問題があるのは，同一のグループ法人間の売買による価額であり，その譲渡株数も明示されていないという点であり，しかして，少数株主等として配当還元方式が適用されるアトランティク社保有のC放送株式につき，その少数の株式を第三者に譲渡すると仮定した場合，このグループ法

505

人間で行われた1株540万円の価額による売買が可能であったかどうかという点の疑問は払拭できない。その点では、最高裁判決の審理においては、当該540万円によるC放送株式の譲渡の株式数を前提として、その譲渡価額の正当性をより深く検証すべきであったと考える。

しかしながら、本判決は、この譲渡価額は株式会社Kに依頼して評価させた時価純資産価額方式による評価額を基に算定されたことを認定しており、しかも、オウブンシャ・ホールディンググループ会社間の譲渡といえども、現実に、1株540万円で売買が行われており、この価額による売買について、高額譲渡等の税務認定も行われていないことからすれば、同一グループの法人であるオウブンシャ・ホールディング及びアトランティク社が、これを異常、不合理な高額な譲渡であると主張することは許されないともいえよう。その意味では、この点の最高裁判決の判示は、一応の根拠があると評価することもできる。

しかしながら、差戻し控訴審判決が、アトランティク社が単に配当を期待してC放送株式を保有していたと解するのは相当ではなく、同社は、C放送の事業経営につき上記持株割合に基づく影響力を有していたと推認するのが相当であるという論旨は、Hテレビ株式と同様に、論理的には説得力に欠けるものである。付言すれば、アトランティク社が単に配当を期待してC放送株式を保有していたと解されないというのは、アトランティク社の当該株式保有の主観的意思の問題であり、かかる意思の有無が配当還元方式を時価純資産価額方式に変更する合理的理由とはならない。

その株式保有者の経営に関する主観的意思の存否が同株式の客観的交換価額に影響することはあり得ないからである。

しかし、ここでの配当還元方式を排斥する理由づけは、C放送株式につき、本件増資の近接した時期に売買実例があり、その売買価額が適正と認められることから、同株式の評価に当たり配当還元方式を適用することは、「課税上弊害がある」ということには一応の合理性があるといえよう。それだけに、この売買実例の適正性の証明が、被告課税庁の主張及び判決等により詳細に摘示されることが重要であったということができる[42]。

本件判決においては，オウブンシャ・ホールディング側が類似会社比準方式を主張したために，この点について十分な議論が行われていないが，それは，本来，課税庁が論証すべきものであり，また，本判決が訴訟指揮により証明すべきことが求められたものということを付言しておく。

ウ 「純資産価額等を参酌して通常取引されると認められる価額」の意義

「法基通9－1－13(4)」は，「純資産価額等を参酌して通常取引されると認め・・・・・・・られる価額」と規定し，「その事業年度終了の時における1株当たりの純資産価額」としていないことから，評価会社の純資産価額を時価とすることを前提としていないこと，つまり，純資産価額を斟酌するとしても，かなり柔軟に対応すべきことが予定された規定である。

ちなみに，納税者勝訴の大分地裁平成13年9月25日判決（民集64巻7号1822頁）[43]では，現行の「法基通9－1－13(4)」と同様の所得税基本通達23～35共－9(4)のニに規定する「純資産価額を参酌して通常取引されると認められる価額」の意義について，被告税務署長は，「配当及び業績の優劣を示す収益の二つの要素が考慮されて取引価額が決定されるため，課税上弊害がない限り，純資産価額に加えて配当及び収益の2要素を考慮することを可能としたものと解釈できる」とし，「ニ」については，「純資産価額方式と，純資産，配当及び収益の3要素を考慮して評価する類似業種比準方式を規定しているものと解すべきである。」と主張し，最終的に，純資産価額より低い類似業種比準価額を採用して，課税処分を行い，訴訟上の適法性の根拠として主張していた。

このことは，「法基通9－1－13(4)」の場合も同様であるから，本件におけるHテレビ株式及びC放送株式等のように，仮に，配当還元方式を否定して法基通9－1－13(4)を適用するとしても，「類似業種比準方式」による評価額をも考慮する等，柔軟な対応による謙抑的な時価認定がなされるべきであろう。

(注)

㉟ 本件事件後の平成12年の評価基本通達の改正により，③として，純資産価額の評価に当たっては，法人税等相当額の控除はしないこと，という要件が追加されている。

㊱ 窪田悟嗣『法人税基本通達逐条解説（５訂版）』税務研究会出版局（2008年）709頁。

㊲ 大村雅基監修，渡辺淑夫・田中豊執筆『コンメンタール法人税基本通達』税務研究会出版局（1995年）445頁。

㊳ すでに，この点を指摘しているものに，筆者が指導教授を務めた野中真紀子氏（中央大学商学研究科博士前期課程）の修士論文「所得課税における時価の一考察」（2011年）の77頁以下がある。現在，同氏は税理士である。

㊴ 肥後治樹『財産評価基本通達逐条解説』大蔵財務協会（2010年）651頁。

㊵ 相続による非上場株式の評価は，相続人の相続した持株割合の情況により評価方式が決定されるものであり，しかして，非上場株式の売買に当たっても，その買主の持株割合による法的支配力による経済的価値が決定されることが合理的である。ところが，平成12年12月に，所得税基本通達59－6において，売主の持株割合で評価基本通達の評価方式が決定されるという通達改正が行われている。

㊶ 例えば，評価基本通達では，非上場会社（小会社）においてＡ株主が51％，Ｂ株主が49％所有している場合には，同株式の評価方式は，Ａ株主は純資産価額方式，Ｂ株主は同族株主以外の株主に該当し配当還元方式が適用される。この場合であっても，Ｂ株主は49％の経営への影響力を有しているが，Ａ株主が51％の過半数の株式を所有している以上，その経営上の法的支配権はＡ株主が掌握しているから，49％を所有するＢ株主は，配当還元方式が適用されるのである。事実上の経営への影響力というのは，経営における法的支配関係とは無関係の要素であるということであり，そのために，配当期待により株式を所有していると認定されるのである。

㊷ この点に関して，法人税基本通達９－１－13(1)では，その株式評価につき，事業年度終了の日前（本件の場合，本件増資の日前）６か月内に行われた売買実例があり，その価額が適正であれば，それによることになるが，本件は，本件増資後に行われた売買実例であるために，この規定を直接適用することはできない事例である。

㊸ この事件は，株主が譲渡した非上場株式の譲渡価額が低額であるとして，所得税法59条１項（みなし譲渡）が適用されたことが争われたものであり，筆者は低額譲渡に該当しないとする鑑定意見書を提出したところである。この鑑定意見書においては，法人税基本通達９－１－14に関する解説（国税庁法人税課長・大村雅基監修，渡辺淑夫・田中豊執筆『コンメンタール法人税基本通達』税務研究会出版局（1995年）446頁）を引用し，同通達は譲渡にも適用されるとされていること，その際には，「原則としてその売買取引の株数単位で（すなわち，買い手側の立場に立って），本通達による評価の特例を適用することになろう。」としていることに徴すれば，この大分地裁の低額譲渡は配当還元方式が適用され，低額譲渡には該当しないことを論じたところである。ところが，本件事件の大分地裁判決が納税者勝訴により確定する１年前の平成11年版の同書の解説では，「買い手側の立場に立って」という部分が削除されるとともに，平成12年所得税基本通達59－6が創設され，株式等の価額の認定にあたっ

ては、法人税基本通達9－1－14と同様の評価基本通達による評価を認める特例規定が措置されたが、その際、評価基本通達の適用に当たっては、「売手の立場」でその評価方法を適用するとする通達が創設された。しかして、この場合には、100％所有する株主がその株式の10％を他に譲渡したとしても、原則法の純資産価額方式により評価されるという、前記法人税の解説書とは矛盾する通達が措置されたということである。しかし、この規定は、第三者間で行われた公正な取引価額には適用されないであろうから、その適用は、個人株主と関係会社間の売買においてのみ適用されるものと考えられる。しかし、個人と関係会社間の取引といえども、その買主の取得後の持株割合により経営上の支配力が評価されるのであるから、かかる通達の規定は疑問であるというほかはない。

　ちなみに、大分地裁判決は納税者勝訴して確定したが、その後、その所得税還付請求権が判決確定時前1年3か月前に発生した原告（被相続人）の相続に係る相続財産を構成するかどうかが争われた（上野事件）。一審納税者勝訴、控訴審・上告審平成22年10月15日判決（民集64巻7号1764頁・判例時報2099号3頁）は納税者敗訴で確定した。原告である被相続人が死亡した時（相続開始の時・課税時期）においては、当該被相続人が納付した所得税の還付請求権を行使して国に還付を求めても、その請求権は未発生として排斥されるのであるから、「相続開始の時」に、所得税課税処分の取消訴訟が係属している以上、納付した所得税の過納金は発生しておらず、その還付請求権は存在しない。それにもかかわらず、取消訴訟の遡及効により、相続財産と認定されたものである。「相続開始の時」という法律用語の「時」の概念の文理解釈を逸脱した解釈であると考えている（この点につき大淵博義「判例研究」税務事例41巻11号・12号参照）。この最高裁判決及び論者の見解については、改めて検証の機会を得たいと考えている。

IV 結　語

　以上，オウブンシャ・ホールディング事件判決を再度取り上げ，最近に至り新たな矛盾点，問題点が認識されたが，かかる問題点について，最近のオウブンシャ・ホールディング事件判決の評釈等の論説はほとんど議論していないことから，最近の論説等の検証を加えて，その是非を検討したところである。そこで，明らかになったことは，オウブンシャ・ホールディングの所有するアトランティク社の株式の所有権が1株も移転していない以上，オウブンシャ・ホールディングに「資産（株式）の譲渡」の法的，経済的事実（簿記上の取引）は発生していないということである。筆者は，本件控訴審において，このことを指摘するとともに，「資産の譲渡」というのであれば，その資産の譲渡に係る譲渡原価（法法22③）を控除すべきであること，株式の評価に当たっては，法人税額等相当額を控除すべきであること，という鑑定意見書を提出したところである。

　それに対して，被告国側は，「資産の譲渡」に該当しないとしても，「その他の取引」に当たるという予備的主張を加えたところ，本件控訴審判決は，これを支持する趣旨の判示を行っている。これについては詳論したように，みなし譲渡（所法59①）では，「その他の取引」という概念は措定されていないから，法人税法上は「資産の譲渡」に該当しないが「その他の取引」に該当し収益を認識できるという論理を採用したとしても，所得税法上は，「資産の譲渡」には該当せず，みなし譲渡課税が行われないという不整合な事態を招来することになる。このような事実は，「持株割合の低下」による株式の経済的価値の減少を「簿記上の取引」として仕訳の対象とすることの矛盾を示すものということができる。

　第三者有利発行増資に伴う新株主の払込価額と取得した新株式の時価との差

額は，我が国の法人税制では，新株主の受贈益として課税されるが，その場合であっても，既存株主に対して，資産の譲渡等として収益を認識して課税されるのかは，本件最高裁判決によっては明確に判示されてはいない。しかし，その利益移転に関する「三者間の同意」があるから「取引」であるという最高裁判決の論旨によれば，新株主に有利発行増資に係る受贈益課税が行われたとしても，既存株主に課税されることになるというのが，その判示の趣旨ということにならざるを得ない。ここでも，従前の課税実務とは齟齬を来す解釈となり，新たな混乱が生じることになるであろう。

本件事件における租税負担軽減（節税）の巧みなテクニックは，第三者割当増資を引き受けたアスカファンド社の株主を公益法人の財団法人としたことであり，その結果，株主の財団法人に対するタックス・ヘイブン対策税制の適用が排除されたことにある。これが不正義であるというのであれば，公益法人にもタックス・ヘイブン対策税制を適用する法改正をすればよい。

この日本の株主（公益法人）に同税制が適用されたのであれば，本件課税は行われたのであろうか。しかるに，最高裁判決は，これを取引とみて課税するという論理であることに留意されたい。

また，その収益の額の認定のための非上場株式の評価方法についても，多くの疑問点が指摘できることを明らかにしたところであるが，このことは，非上場株式の評価の困難性の証左でもある。そのために，「同族株主以外の株主等」の少数株主が所有する非上場株式の評価について，収受した過去の配当金による収益還元法を許容したのが配当還元方式である。

そして，この配当還元方式の適用を排斥した本件最高裁判決等は，売買当事者間で決定される客観的交換価額とはおよそ無関係な「配当を期待して所有していたものではない」という主観的意思や「事実上の経営への影響力」という，およそ法的視点とは異なる要素をもって配当還元方式の適用を否定することの不当性を指摘したものである。

このようなオウブンシャ・ホールディング事件判決は，課税実務上，説明し難い矛盾点を露呈しているのであるから，この最高裁判決による課税実務の執

行にあたっては，課税庁は再度，深度ある検討と検証を行った上で，課税上，問題が生じないよう慎重な対応，つまり，この事件の特異な事実関係（アスカファンド社の受贈益非課税・同社の株主のタックスヘイブン不適用等）の下での事例判決として，他に適用しないという対応が望まれるところである。

用語索引

〔あ行〕

相手方到達日基準 …………………… 33
安宅木材事件判決 …………………… 446
泡盛酒造会社事件 …… 207, 219, 222, 238, 242
異時両建説 ……… 43, 44, 47, 107, 114, 117
一般に公正妥当と認められる
　　会計処理の基準 …………… 22, 26, 29, 56
移転価格税制 ………………………343, 344
違法所得 ……………………………………2
今治造船事件 …………………………345, 359
打切支給 …………………………………262
売上原価 …………………………………139, 143
横領損失に係る損害賠償請求権 … 107, 191
オウブンシャ・ホールディング事件 … 465

〔か行〕

外国税額控除事件 ……………………… 457
外国税額控除制度 …………………457, 461
会社更生法 ………………………………175, 185
回収基準 ………………………… 44, 114, 116
回収基準説 ……………………………… 47
解除権の行使 …………………………… 195
解除条件付債権放棄 ……… 64, 134, 136
価格幅(レンジ) ………………………392, 397
拡大解釈 ………………………………456, 457
拡張解釈 ………………………………… 438
確定決算主義 …………………………… 64
貸倒損失の損金計上時期 …………… 64
課税の公平 ……………………………… 126
過大給与 ………………………………… 207
過大役員給与 ……… 208, 210, 212, 214, 235
過大役員退職給与 …… 207, 211, 215, 334
為替取組日基準 ………… 25, 27, 29, 32, 37
間接的な期間的対応関係 …………… 123
管理支配基準 ………2, 19, 79, 103, 190,
　　　　　　　　　　421, 444, 457, 459
企業会計原則 ……………………………126
狭義の租税回避行為 ………………436, 441
強制収用裁決による補償金 ………… 89
グラクソ控訴審判決 …………………… 457

グラクソ事件 ……………………………454, 460
経済的帰属説 ………………………417, 438
経済的合理性基準説 ………………… 235
契約効力発生日基準 …………………… 4, 6
欠損金の繰越し ………………………… 180
欠損金の繰戻しによる還付 ………… 180
原価基準法 ……………………347, 351, 396
現金主義 ……………………………………1
検収基準 ………………………………32, 33
健全な会計慣行 ………………………… 20
限定解釈 ………………… 450, 457, 461, 477
権利確定基準 …………………………… 56
権利確定主義 ……………… 2, 4, 6, 18, 20, 100
工事進行基準 …………………………… 10
更生会社 ………………………………180, 181
更生債権 ………………………………177, 191
公正処理基準
　……… 6, 7, 11, 25, 30, 50, 64, 71, 85, 125,
　　　　136, 162, 178, 190, 201, 267, 356
公正性 ……………………………………… 19
公正妥当と認められる会計処理基準
　…………………………………………19, 72
更正の請求 ……… 177, 181, 191, 193, 200
更正の請求の排他性 ………………… 203
功績倍率 ………………………………334, 335
後発的事由 ……………………………… 183
後発的事由による更正の請求
　………………………………185, 194, 198, 200
合法性の原則 …………………………… 267
合理的経済人 ……………… 349, 355, 371, 397
国外関連者 …… 347, 373, 378, 395, 398, 401
国外関連者間の取引 ………………… 345
国外関連取引 ………… 346, 350, 372, 382,
　　　　　　　　　　　390, 402, 404
国際的租税回避 ………………………414, 435
個別的対応関係 ………………………… 123

〔さ行〕

最高功績倍率法 ………………………… 335
財産評価基本通達 ……………………491, 493
再販売価格基準法 ……… 347, 351, 396, 401

513

債務確定基準 ……… 128, 135, 140, 168, 175
債務の確定 ………………… 127, 133, 170
債務の成立 ………………………… 127
時価純資産価額 ………………… 493, 495
時価純資産価額方式 …… 492, 496, 504, 506
時間基準 ………………………10, 83, 197
事業基準 ……………… 420, 444, 457, 459
事実認定における実質主義 …………… 65
事前確定届出給与 ………………………223
事前確認制度 …………………… 387, 394
自然環境回復費用 ……………… 148, 150
実額課税 ………………………………360
実現概念 ……………………… 13, 21, 22
実現基準 ………………………………56
実現主義 …………………… 1, 7, 9, 18, 199
実質課税の原則 ………………… 298, 299
実質基準 ………………………………228
実質所得者課税の原則 ……… 415, 426, 432
実体基準 ………………… 421, 444, 457
支払期日基準 …………………………86
資本の中立性 …………………………461
砂利埋戻し費用 ………… 145, 146, 149
収益計上時期 ……………………… 1, 4
収益の年度帰属 ………………………1
修繕費 ……………………………… 130
重要性の原則 …………… 126, 159, 163
授業料・入学金の収益計上時期 ……… 103
純資産価額方式 ……………………… 501
使用期間基準 …………………………82
使用人賞与 ………………………… 131
使用人退職給与の打切支給 …… 323, 331
条約違反説 ………………………… 460
条約適合説 ………………………… 460
所在地国基準 …………… 421, 444, 451
所有権移転基準 ………………… 5, 7, 18
歯列矯正料の収益計上時期 …………94
信義則違背 ………………………… 126
信義則違反 ………………………… 483
真実性の原則 ……………………… 136
推計課税 …………… 219, 234, 360, 404
制限超過利息 ……………………… 181
生産基準 …………………………… 10
精算返戻金 …………………………39
製品保証引当金 ………………127, 129

前期損益修正 ……………………175, 179
前期損益修正損
 ……………… 184, 189, 192, 195, 199, 201
船舶建造請負取引 …………………… 345
双輝汽船事件 ……………………… 422
相互協議 …………………………… 367
組織再編成の行為計算の否認規定 …… 480
租税回避 ………………… 238, 248, 480
租税回避行為 … 212, 360, 418, 453, 476, 480
租税回避行為の否認 …………… 215, 216
租税法律主義 ………… 114, 126, 134, 267,
 449, 456, 471, 484
損害賠償金等の帰属の時期 …………… 43
損害賠償請求権 ……………………… 194
損害賠償請求権の収益計上時期 ……… 42
損失の確定 ………………………… 136

〔た行〕

第三者有利発行 ……… 469, 475, 480, 482,
 490, 510
退職給与 …………………………130, 245
退職給与の打切支給 ……… 270, 273, 303,
 312, 377, 388
退職所得 ……………………… 246, 287
タックス・ヘイブン対策税制 …… 343, 413
タックス・ヘイブン対策税制適用 …… 346
タックス・ヘイブン課税 …………… 465
脱税協力金 ……………………………30
短期定年制 ……………… 248, 255, 324
短期前払費用 ………… 126, 157, 161, 163,
 167, 169
超過利息 …………………………… 176
通常人基準 ………………………… 114
適格組織再編成 …………………… 480
適格外し ……………………………482
適用除外基準 ……………………… 456
同時両建説 ……………43, 107, 115, 194
同族会社の行為計算の否認 …… 207, 236, 480
同族株主以外の株主等 …………502, 511
特定外国子会社等 …… 422, 426, 430, 434, 439
独立価格比準法 ……… 347, 354, 372, 382, 396
独立企業間価格 …… 345, 351, 362, 372, 380,
 384, 389, 391, 401, 404
独立企業間価格幅（レンジ）

………………356, 361, 387, 391, 400
独立企業原則 ……………………347, 370
独立当事者間取引 …………………… 348
独立当事者間の原則 ………………… 347

　　　　　〔な行〕

荷為替取組日 ……………………………36
ニコニコ堂事件判決 ………………… 446
農地転用許可日基準 ……………………5

　　　　　〔は行〕

配当還元方式 …………491, 494, 497, 502
倍半基準 ………………219, 222, 226, 233
発生主義 …………………… 1, 9, 83, 123
販売基準 …………………………………14
比較対象取引 ………………………… 358
比較法人 ……………………………… 240
非関連基準 …………………………… 457
非関連者間取引 ………………… 345, 380
非関連者基準 …………421, 444, 449, 459
非関連取引 ……351, 354, 389, 391, 396, 398
引渡基準 …………………………… 6, 18
非上場株式 ………………………491, 511
非上場株式の評価 …………………… 499
非同族会社比準説 …………………… 235
費用収益対応の原則 …………123, 125, 145
不相当に高額 ………………………… 214
不相当に高額な給与 ………………… 224
不相当に高額な役員給与 …………… 208
不動産賃貸の保証金 ……………………78
不当利得還付請求権 ………………… 182
不当利得返還請求 ……………… 200, 202
不当利得返還請求権の収益計上時期 …… 42
船積日基準 ……………… 25, 28, 32, 37, 118
船荷証券引渡基準 …………………… 118
不法所得の無効な利得 ……………… 193
分掌変更 ………………………… 261, 262
分掌変更等による退職給与の打切支給
　………………………………309, 310, 316
分掌変更等の退職給与 ………… 288, 297
分掌変更等の退職給与の打切支給
　………………………………294, 298, 299

分掌変更等の場合の退職給与 ……… 286
文理解釈 …………………………486, 509
平均功績倍率法 ……………………… 335
別段の定め ………………………… 63, 65
便宜置籍船 …………345, 370, 395, 416, 429, 433, 437, 440
法人税額等相当額 …………………… 493
法人税額等相当額の控除 …………492, 498
法的帰属説 …………………………… 417
法的実質主義 ………………………… 440
簿記上の取引 ………468, 476, 485, 486, 510
保守主義 ……………………………… 136
ホンコンヤオハン事件 ……………… 445

　　　　　〔ま行〕

みなし譲渡課税 ……………………… 510
未払経理による退職給与 …………… 311
目的論的解釈 ……………………452, 456

　　　　　〔や行〕

役員給与 ……………………………… 208
役員退職慰労金 ……………………… 130
役員退職給与 …………215, 222, 224, 262, 264
役員退職給与の打切支給 …………268, 274
役員退職給与の損金経理要件 ……… 264
役員の過大退職給与 ………………… 340
役員の分掌変更 ……………………… 274
ヤフー事件判決 …………………480, 488
有利発行 ……………………………… 473

　　　　　〔ら行〕

来料加工事件 ………………………… 446
来料加工貿易 …………448, 450, 453, 460
利息制限超過利息 ……7, 183, 185, 188, 193, 196, 198, 202
利息制限法の超過利息 ……………… 175
利払期基準 ………………………………83
類似業種比準方式 …………………… 507
類似法人 ……………………………… 208
類推解釈 ……………………………… 452
論理解釈 …………………………456, 486

判決・裁決等索引

【大審院・最高裁判所】

大正15年4月21日判決／大審院 …………………………………………………… 87
昭和43年10月17日判決／最高裁判所 ………………………… 44, 53, 107, 194
昭和47年6月15日第一小法廷判決／最高裁判所 ……………………………… 87
昭和53年2月24日判決／最高裁判所 …………………………………………… 53, 87
昭和56年5月11日判決／最高裁判所 ……………………………………………… 318
昭和56年5月11日判決／最高裁判所 ……………………………………………… 328
昭和58年9月9日判決／最高裁判所 ……………………………………………… 315
昭和58年12月6日判決／最高裁判所 ………………………………………… 250, 252
昭和58年12月6日判決／最高裁判所 ……………………………………………… 324
昭和58年9月9日第二小法廷判決／最高裁判所 ………………………………… 285
昭和58年9月9日判決／最高裁判所 ……………………………………………… 250
昭和61年9月25日判決／最高裁判所 ……………………………………………… 79, 119
平成4年10月29日第一小法廷判決／最高裁判所 ……………………………… 45, 114
平成4年10月29日判決／最高裁判所 ……………………………………………… 39
平成5年11月25日判決／最高裁判所 ……………………………………………… 25
平成5年11月25日判決／最高裁判所 ……………………………………………… 118
平成6年9月16日判決／最高裁判所 …………………………………………… 65, 205
平成6年9月16日判決／最高裁判所 ……………………………………………… 30
平成9年9月12日判決／最高裁判所 ……………………………………………… 462
平成11年1月29日判決／最高裁判所 ……………………………………………… 318
平成16年10月29日判決／最高裁判所第二小 …………………………………… 152
平成16年12月24日判決／最高裁判所 …………………………………………… 137
平成17年1月25日判決／最高裁判所 ………………………………………… 462, 471
平成17年12月19日判決／最高裁判所（外国税額控除事件）……… 450, 457, 461, 462
平成18年1月13日判決／最高裁判所第二小 ………………………………… 185, 204
平成18年1月24日判決／最高裁判所 ……………………………………………… 467
平成18年10月24日判決／最高裁判所 …………………………………………… 484
平成18年11月27日判決／最高裁判所第二小 …………………………………… 104
平成19年9月28日判決／最高裁判所第二小 …………………………………… 414
平成19年9月28日判決／最高裁判所 ……………………………………………… 422
平成21年10月29日判決／最高裁判所 …………………………………………… 464
平成21年12月4日判決／最高裁判所 ……………………………………………… 464
平成22年10月15日判決／最高裁判所 …………………………………………… 509

【高等裁判所】

昭和53年8月31日判決／大阪高等裁判所	328
昭和53年12月25日判決／大阪高等裁判所	251
昭和54年10月30日判決／東京高等裁判所	121
昭和57年9月29日判決／東京高等裁判所	119
昭和59年5月31日判決／大阪高等裁判所	254
昭和59年5月31日判決／東京高等裁判所	250
昭和60年6月26日判決／東京高等裁判所	119
昭和61年11月11日判決／東京高等裁判所	200
平成3年5月27日判決／東京高等裁判所	462
平成3年5月27日判決／東京高等裁判所（安宅木材事件）	462
平成3年5月29日判決／東京高等裁判所	41
平成8年3月26日判決／高松高等裁判所	96
平成8年6月19日判決／東京高等裁判所	462
平成8年10月31日判決／福岡高等裁判所	89
平成10年4月7日／仙台高等裁判所	211
平成10年4月28日判決／東京高等裁判所	318
平成12年9月27日／札幌高等裁判所	211
平成12年10月20日判決／東京高等裁判所	153
平成12年12月15日判決／福岡高等裁判所	158
平成13年7月26日判決／大阪高等裁判所	122
平成13年11月15日判決／福岡高等裁判所	168
平成14年3月14日判決／東京高等裁判所（旧興銀事件）	64, 134
平成15年5月14日判決／大阪高等裁判所（外国税額控除事件）	462
平成16年1月28日判決／東京高等裁判所	485
平成16年1月28日判決／東京高等裁判所	492
平成16年5月11日判決／大阪高等裁判所	71
平成16年5月11日判決／大阪高等裁判所	62
平成16年9月10日判決／大阪高等裁判所	104
平成16年12月7日判決／高松高等裁判所	422
平成17年9月29日判決／東京高等裁判所（葛飾事件）	311
平成18年6月13日判決／東京高等裁判所（蒲田事件）	288, 310
平成18年10月13日判決／高松高等裁判所	359
平成18年10月13日判決／高松高等裁判所	368
平成18年10月25日判決／大阪高等裁判所	269
平成18年10月25日判決／大阪高等裁判所	300
平成19年11月1日判決／東京高等裁判所（グラクソ事件）	454
平成20年10月30日判決／東京高等裁判所（アドビ事件）	401

平成21年2月18日判決／東京高等裁判所	54
平成21年2月28日判決／東京高等裁判所	107
平成22年1月27日判決／大阪高等裁判所（日本圧着端子事件）	404
平成23年8月30日判決／東京高等裁判所	462
平成24年7月20日判決／大阪高等裁判所	462
平成26年4月23日判決／東京高等裁判所	176

【地方裁判所】

昭和45年7月15日判決／仙台地方裁判所	86
昭和45年7月15日判決／東京地方裁判所	155
昭和50年9月29日判決／仙台地方裁判所	86
昭和56年7月1日判決／岐阜地方裁判所	210, 212
昭和57年6月14日判決／東京地方裁判所	119
昭和57年11月17日判決／大阪地方裁判所（西野建設事件）	148
昭和61年5月23日判決／秋田地方裁判所	130
昭和61年9月25日判決／大阪地方裁判所	54
平成2年9月19日判例／東京地方裁判所（安宅木材事件）	462
平成4年10月19日判決／福島地方裁判所	336
平成6年6月15日判決／名古屋地方裁判所	212
平成6年12月14日判決／沖縄地方裁判所	89
平成7年4月28日判決／徳島地方裁判所	96
平成7年11月9日判決／静岡地方裁判所（ホンコンヤオハン事件）	445
平成8年3月18日判決／福島地方裁判所	211
平成8年11月29日判決／東京地方裁判所	318
平成9年8月8日判決／東京地方裁判所	211
平成11年5月31日判決／水戸地方裁判所	153
平成11年12月10日判決／札幌地方裁判所	211
平成12年1月25日判決／長崎地方裁判所	158
平成12年7月27日判決／熊本地方裁判所	462
平成13年3月2日判決／東京地方裁判所	134
平成13年7月16日判決／名古屋地方裁判所	57
平成13年9月25日判決／大分地方裁判所	507
平成13年11月9日判決／東京地方裁判所	467
平成14年9月12日判決／神戸地方裁判所	72
平成15年7月16日判決／京都地方裁判所	104
平成15年9月19日判決／大阪地方裁判所	104
平成15年10月6日判決／大阪地方裁判所	104
平成16年2月20日判決／松山地方裁判所	422
平成16年4月14日判決／松山地方裁判所	368

平成17年2月4日判決／東京地方裁判所（葛飾事件）	269, 311
平成17年9月29日判決／京都地方裁判所	300
平成17年12月6日判決／東京地方裁判所（蒲田事件）	269, 270, 288, 299, 310
平成18年2月10日判決／京都地方裁判所	269, 273
平成18年3月23日判決／岡山地方裁判所	211
平成18年10月26日判決／東京地方裁判所（ダイハーツ貸付事件）	404
平成19年3月23日判決／名古屋地方裁判所	120
平成19年3月29日判決／東京地方裁判所（グラクソ事件）	455
平成19年12月7日判決／東京地方裁判所（アドビ事件）	401
平成20年2月15日判決／東京地方裁判所	45
平成20年2月15日判決／東京地方裁判所	106
平成20年2月15日判決／東京地方裁判所	107
平成20年2月29日判決／大阪地方裁判所	273, 325
平成20年2月29日判決／大阪地方裁判所	273
平成20年2月29日判決／大阪地方裁判所	322
平成20年6月27日判決／東京地方裁判所	268, 273, 274, 285
平成20年7月11日判決／大阪地方裁判所（日本圧着端子事件）	404
平成20年8月28日判決／東京地方裁判所	463
平成20年12月1日／大分地方裁判所	211
平成21年2月26日／大分地方裁判所	211
平成21年2月26日判決／大分地方裁判所	334
平成21年3月10日判決／長崎地方裁判所（長崎事件）	268, 285
平成21年3月10日判決／長崎地方裁判所	280
平成21年5月28日判決／東京地方裁判所（来料加工事件）	446
平成21年5月28日判決／東京地方裁判所（来料加工事件）	448, 449
平成23年6月24日判決／大阪地方裁判所	462
平成24年7月20日判決／東京地方裁判所（来料加工事件）	462
平成25年10月30日控訴棄却／東京地方裁判所	176
平成27年2月26日判決／東京地方裁判所	265
平成28年4月22日判決／東京地方裁判所	207

【国税不服審判所】

昭和46年12月10日裁決／国税不服審判所	105
昭和56年10月28日裁決／国税不服審判所	105
昭和60年11月5日裁決／国税不服審判所	97
昭和60年12月19日裁決／国税不服審判所	97
昭和61年3月29日裁決／国税不服審判所	99
昭和61年4月30日裁決／国税不服審判所	97
昭和63年6月22日裁決／国税不服審判所	119

平成２年２月15日裁決／国税不服審判所	315
平成11年３月26日裁決／国税不服審判所	100
平成12年４月20日裁決／国税不服審判所	211
平成15年６月25日裁決／国税不服審判所	314
平成15年12月15日裁決／国税不服審判所	313
平成16年７月９日裁決／国税不服審判所	315
平成16年12月１日裁決／国税不服審判所	315
平成18年11月28日裁決／国税不服審判所	313
平成23年５月31日裁決／国税不服審判所	315

〔著者紹介〕
大　淵　博　義（おおふち　ひろよし）
中央大学商学部卒業。東京国税局直税部訟務官室（訴訟事務担当）。同局法人税課審理係（審理事務担当）。国税庁直税部審理室訴訟専門官。東京国税局調査第一部特別国税調査官。税務大学校教授等を経て，平成７年４月中央大学商学部教授，平成26年３月中央大学名誉教授。この間，昭和62年４月〜平成２年３月，明治学院大学講師。

【主要著書】
『法人税法の解釈と実務』（大蔵財務協会，1993年）
『役員給与・交際費・寄付金の税務（改訂増補版）』（税務研究会，1996年）
『知っておきたい国税の常識（第15版）』（税務経理協会，2013年）
『法人税法解釈の検証と実践的展開　第Ⅰ巻［改訂増補版］』（税務経理協会，2013年）
『法人税法解釈の検証と実践的展開　第Ⅱ巻』（税務経理協会，2014年）

著者との契約により検印省略

平成29年11月10日　初　版　発　行	法人税法解釈の検証と 実践的展開　第Ⅲ巻

著　者　　大　淵　博　義
発行者　　大　坪　克　行
印刷所　　税経印刷株式会社
製本所　　牧製本印刷株式会社

発行所　〒161-0033 東京都新宿区　　株式　税務経理協会
　　　　下落合２丁目５番13号　　　　会社
　　　振　替 00190-2-187408　　電話（03）3953-3301（編集部）
　　　ＦＡＸ（03）3565-3391　　　　　（03）3953-3325（営業部）
　　　　　　URL　http://www.zeikei.co.jp/
　　　　　　乱丁・落丁の場合は，お取替えいたします。

Ⓒ　大淵博義　2017　　　　　　　　　　　　　　　Printed in Japan

本書の無断複写は著作権法上での例外を除き禁じられています。複写される場合は，そのつど事前に，（社）出版者著作権管理機構（電話 03-3513-6969，FAX 03-3513-6979, e-mail : info@jcopy.or.jp）の許諾を得てください。

JCOPY ＜（社）出版者著作権管理機構 委託出版物＞

ISBN978-4-419-06443-3　C3032